日本經濟の歷史 6

현대 일본경제의 역사

안정성장기에서 구조개혁기까지 (1973~2010)

深尾京司 · 中村尚史 · 中林眞幸 편
윤종인 역

도서출판 해남

현대 일본경제의 역사

초판1쇄 인쇄 2023년 5월 30일
초판1쇄 발행 2023년 6월 12일

편저자 深尾京司·中村尙史·中林眞幸
역 자 윤종인
발행인 노현철
발행처 도서출판 해남

출판등록 1995. 5. 10 제 1-1885호
주 소 서울특별시 마포구 마포대로8길 9 영명빌딩 405호
전 화 739-4822 **팩스** 720-4823
이 메 일 haenamin30@naver.com
홈페이지 www.hpub.co.kr

ISBN 978-89-6238-175-7 93320

| 역자 서문 |

이 책은 이와나미출판사(岩波書店)의 『일본경제의 역사』 시리즈 중 안정성장기에서 구조개혁기까지인 1973~2010년을 다룬 제6권(현대 2)을 번역한 것이다. 따라서 이 책의 내용은 경제사이기도 하지만 일본경제론이라고 보아도 좋다.

이 시리즈는 중세(제1권), 근세(제2권), 근대(제3권, 제4권), 현대(제5권, 제6권)로 이어져 있다. 또한 각 권은 총론에 해당하는 서장, 노동과 인구(제1장), 금융(제2장), 농업과 토지 이용(제3장), 광공업(제4장), 상업과 서비스(제5장), 생산·물가·소득의 추정(권말 부록)으로 구성되어 일본경제의 통사적 파악이 부문별로도 가능하도록 기획되어 있다.

이 책은 가장 최근의 40년사를 대상으로 하고 있으므로 현대 일본경제론으로 읽는 독자도 많을 것이다. 흥미로운 것은 그 40년의 절반이 이른바 '잃어버린 10년'의 시대라는 점이다. 요즘은 일본의 '잃어버린 30년'이라고 말하는 사람도 많은데, 세계사적으로 유례를 찾기 힘든 놀라운 현상을 이해하고 싶은 독자라면 이 책이 좋은 지침서가 될 것이다.

사실 일본화(Japanization)라고까지 불리는 현상으로부터 우리는 많은 것을 배워야 한다. 이 시기 일본경제는 정말로 극적인 모습을 연출하였다. 1980년대에는 미국을 위협하는 경제대국으로서 철저하게 견제받았다. 하지만 1990년대 초 거품이 꺼지면서 일순간에 상황이 역전되었다. 글자 그대로 요즘은 미국인들이 동정하는 듯하다. 불과 10년 사이에 무슨 일이 있었길래 일본경제는 저렇게 되었을까? 많은 책들은 주로 정부의 정책 실패 등을 거론하며 단기적인 시각에서 분석하는 경향이 강하다. 하지만 이 책은 역사적인 맥락에서 일본화를 바라본다. 즉, 제2차 세계대전을 거치면서 형성된 일본경제의 다양한 구조적 요인이 1970년대 이후에도 상당히 유지되면서 이것이 1990년대 이후 장기정체와 어떻게 연결되어 있는가를 보여 준다.

서장은 거시경제 분석을 통하여 장기정체를 개관하는 것으로 시작한다. 총수요 측면의 저축과잉과 총공급 측면의 총요소생산성 정체에 초점을 맞추고 있다. 사회보장 확대와 이를 추구하였던 정부정책도 논의되고 있는데, 이 문제는 일본의 천문학적 국가 채무와 관련되어 있다. 끝으로 소득과 자산의 분배 문제를 논의하면서 40년간의 일본경제를 일목요연하게 정리한다.

장기정체의 핵심에는 총요소생산성(TFP) 둔화가 있게 마련이다. 이 문제는 노동시장(제1장), 금융산업(제2장), 농업(제3장), 제조업과 건설업(제4장), 서비스산업(제5장) 등 각 부문에서 다루어지고 있다. 그중에서 핵심은 구조 변화에 초점을 맞춘 제4장이다. 왜 그리고 어떻게 구조 변화가 지연되었는가? 구조 변화의 지연은 어떻게 총요소생산성 둔화로 이어지고 장기정체를 초래하였는가? 물론 장기정체와 관련하여 고령화는 특별한 의의를 갖는다. 고령화 문제는 제1장에서 다루어지고 있다. 일본과 비교할 때, 더 심각한 우리나라의 저출산 문제를 생각하면 막막하기만 하다. 또한 제1장에서는 일본 특유의 노동시장을 논의하면서 다음의 질문을 던진다. 일본적 고용관행은 어떤 역할을 하였고, 장기정체의 시대에 어떻게 개선되어야 했는가? 일본의 장기정체는 거품 붕괴와 함께 시작되었다. 하지만 장기정체를 금융정책의 실패 탓으로만 돌릴 수 있을까? 여전히 논쟁이 진행되고 있는 만큼 쉽지 않은 문제이지만 이 문제를 외면할 수는 없을 것이다.

일본경제를 공부해야 하는 이유 중의 하나는 일종의 자연실험(natural experimentation)으로 생각해도 좋을 만한 사례가 많다는 점이다. 우리나라에서는

「방 안의 코끼리」처럼 애써 외면하는 듯한 문제를 일본 사회는 회피할 수 없었고 회피하지도 않았다. 예를 들어, 쌀 소비감소와 함께 나타난 쌀 생산과잉의 문제를 해결하기 위해 감반(減反)이라는 정책를 시행하였다(제3장). 이 정책은 쌀 생산농가에게 생산량 감축 목표를 할당하여 쌀 생산량을 줄이려는 정책이었는데, 1960년 말 시작되어 2000년대까지도 이어진 다분히 강제적인 정책이었다. 거품 붕괴 이후 장기간 지속된 부동산시장의 에 대응하기 위하여 도쿄를 중심으로 도심 고밀도 개발이 진행되었는데, 우리나라에서도 하나의 사례로 고려해 볼 만하다고 생각된다(제3장). 제5장에서 다루어지고 있는 흥미로운 주제 중의 하나는 우리나라에서 나타나고 있는 수도권 집중과 비슷한 현상이 일본에도 있다는 점이다. 일본은 전통적으로 도쿄권과 오사카권의 양극체제였다. 제2차 세계대전 이후에는 태평양 연안이 발달하면서 변화가 나타나기도 하였으나, 최근에는 도쿄 중심의 일극(一極)체제가 굳어지고 있다. 많은 정책이 시도되었으나 흔히 말하는 국토균형 발전은 결국 실패하였다. 이런 문제들에 대해 한국 사회는 현명하게 대처하고 있는 것일까?

일본의 공식 경제용어 중에는 우리나라와 다른 것이 의외로 많다. 예를 들어, 우리나라에서는 「국민계정」이라고 부르는 것을 일본에서는 「국민경제계산」이라고 부른다. 또한 「경제활동인구」와 「비경제활동인구」를 일본에서는 「노동력인구」와 「비노동력인구」라고 부른다. 이 경우 가급적 일본식 용어를 따랐는데, 그때마다 역자 주를 추가하여 설명하였다. 지명은 가급적 일본식 발음으로 번역하였다. 다만 우리나라에 이미 알려진 용어는 한국식 발음으로 번역하였다. 예를 들어, 일본식 발음으로는 「겐탄」이지만 이 책에서는 「감반」(減反)으로 표기하였다.

일본경제사의 이해를 위해 이 책이 널리 읽히기를 바란다. 또한 일본의 과

거와 현재를 통해 우리나라의 과거와 현재를 이해하고, 더 나아가서 우리가 직면한 문제를 해결하는 데 도움이 되기를 바란다. 이 책은 그 역할을 담당하기에 충분한 내용을 담고 있다. 이 책의 번역을 위해 꼼꼼하게 챙겨 주신 도서출판 해남 노현철 사장님께 감사드린다. 또한 일본경제사에 대해 질문할 때마다 항상 준비된 답변을 해 주었던 박이택 교수에게 감사드린다.

2023년 5월

윤 종 인

| 간행에 즈음하여 |

우리가 알고 있는 일본 사회는 언제 형성되었고, 경제는 언제부터 가속적으로 성장하기 시작하였을까? 그리고 경제성장의 구조는 어떻게 변화해 왔을까? 본 강좌는 11세기부터 21세기에 이르는 장기적인 경제성장의 역사를 통일적으로 동시에 수량적으로 파악함으로써 이 질문에 대한 답을 찾으려 한다.

고대 일본에서 문명화 노력의 도달점은 율령 국가의 건설이었지만 그것이 곧바로 풍요를 가져다준 것은 아니었다. 야마노우에노 오쿠라(山上憶良)가 「힌큐몬도우카」(貧窮問答歌)[1]에서 한탄하였듯이 경제제도의 기능 부족과 그것으로 인한 빈곤은 수세기 동안 일본경제를 속박하였다. 이와 대조적으로 중국은 계속해서 성장을 거듭하였고 겐페이 캇센(源平合戰)[2] 시기에 이르면 중국의 1인당 국내총생산은 일본의 2배에 달하였다. 오랜 정체의 시대가 끝나고 오늘날로 이어지는 성장이 시작된 것은 14~15세기였다. 농민은 정주하였고, 촌락(무라)을 만들었으며, 지속적으로 생산성 향상을 꾀하였다. 전국시대 다이묘(戰國大名)에 의한 통치가 확립되면서 이들이 공공투자에 책임을 가지게 되었고 그것으로부터 우리가 전통적이라고 생각하고 있는 일본경제의 모습이 형성되기에 이른다.

우리가 11세기까지 거슬러 올라가면서 초장기 국내총생산 추정치를 새로이 구축한 이유도 여기에 있다. 성장의 요인을 보다 잘 이해하기 위해서는 성

1 역자 주: 야마노우에노 오쿠라가 지은 장가(長歌)로 『만엽집』(万葉集)에 수록되어 있다. 곤궁한 생활의 괴로움을 문답 형태로 노래한 특이한 작품이다.

2 역자 주: 1180년 일본의 패권을 다투던 미나모토(源) 가문과 다이라(平) 가문이 벌인 전쟁으로 5년간 지속되었다. 미나모토를 겐(源), 다이라를 페이(平)라고도 읽기 때문에 겐페이 전쟁이라 부른다.

장이 상식이 되기 이전의 시대를 잘 알아야 하기 때문이다. 초장기 국내총생산의 새로운 추정치와 그것에 근거한 각 시대의 개관은 중세를 다루는 제1권에서 현대를 다루는 제6권에 이르기까지 모든 권의 서장과 권말 부록에 제시되어 있다. 일본경제의 정체와 성장의 역사를 수량적으로 개관하고 싶은 독자는 우선 각 권의 서장과 권말 부록을 읽기 바란다.

성장을 가져온 하나의 조건은 무가(武家)권력과 농민이 새로이 창출한 경제제도, 단적으로는 재산권을 보호하고 자유로운 교역을 보호하는 제도였다. 그것이 기초가 되기는 하였지만 우리 조상들은 시장과의 합치를 향하여 많은 시행착오를 겪어 왔다.

성장이 시작되었던 14~15세기의 시장 통치는 자유방임주의였다. 토지소유권이 증권화되고 활발하게 거래되었으며, 금융은 농업 경영뿐만 아니라 장원(莊園) 경영이나 무사(武士)의 영지(所領) 경영에도 침투해 있었다. 게다가 인신매매도 자유로웠다. 철저한 자유방임주의하에서 자산 격차는 확대되었고 그것이 사회적으로 허용 가능한 한도를 넘게 되면 사람들은 덕정폭동(德政一揆)[3]을 일으키기도 하였다. 이에 무로마치 막부는 사회안정을 위하여 덕정령(德政令)을 발동하고 강제적으로 자산의 재분배를 시행하기도 하였다. 그 교훈 위에 세워진 근세 국가는 인신매매를 금지하고 토지시장과 금융시장을 규제하였다. 그리하여 농민생활은 안정되었고 농업을 중심으로 경제성장의 속도가 빨라져서 1인당 국내총생산 면에서 중국을 추격 또는 추월할 수 있었다. 그러나 서구를 따라잡는 정도는 아니었을 것이다. 메이지 유신 후 다시 토지시장

3 역자 주: 덕정(德政: 도쿠세키)은 가마쿠라(鎌倉)시대 말기부터 무로마치(室町)시대에 걸쳐서 행해진 것으로 자산 격차의 확대를 줄이고자 매매나 대차(貸借)의 계약을 파기하도록 한 법령이다. 무로마치시대에는 덕정을 요구하며 도쏘우(土倉), 사카야(酒屋) 등의 금융기관을 습격하여 약탈을 저지르는 일도 있었는데, 이를 덕정폭동(德政一揆: 도쿠세키 잇키)이라고 한다.

과 금융시장이 자유화되고 통합된 자유로운 세계시장에서 경합하면서 구미의 산업혁명을 추종하게 되었다. 그 성과는 성장의 가일층 가속화로 나타났지만 그와 동시에 소득 격차의 확대와 엄청난 경기순환의 파도를 초래하였다. 결국 산업화된 국가들의 자유방임주의는 세계공황을 겪으면서 대전환을 피할 수 없었다. 사람들은 다시 시장의 규제를 통한 안정을 선택하였다. 규제된 시장경제는 제2차 세계대전 후 고도성장을 가져왔고, 안정된 시장 환경 덕분에 성장의 과실은 장기고용을 통해 사회의 구석구석에까지 퍼져나갔다. 그러나 또 다시 변화가 찾아왔다. 선진국들은 성장을 지속시키기 위해 1980년대 이후 각 시장의 개방화를 선택하였다. 19세기 후반부터 반세기를 넘는 동안 확대되어 왔던, 세계적으로 통합된 자유로운 시장경제를 재건하는 것이었다. 메이지 유신 직후만큼이나 오늘날의 우리는 격동하는 세계경제의 와중에 살고 있다.

무로마치시대 이후 그러한 시행착오는 산업마다 다르게 전개되었다. 그런 이유 때문에 우리는 제1권에서 제6권을 노동과 인구(제1장), 금융(제2장), 농업과 토지이용(제3장), 광공업(제4장), 상업과 서비스(제5장)로 나누었고, 각 장의 편집협력자를 가와구치 다이지(川口大司)(제1장), 데라니시 쥬로(寺西重郎)(제2장), 사카네 요시히로(坂根嘉弘)(제3장), 아베 다케시(阿部武司)(제4장), 미야모토 마타오(宮本又郎)(제5장)에게 맡겨서 각 산업의 제도와 조직의 변화를 가급적 구체적으로 기술하고 있다.

본 강좌를 일관하는 접근방법은 단순하다. 첫째, 반증 가능성에 대해 열려 있어야 한다는 근대 실증사학의 방법을 우직하게 따르고 이에 따라 사실을 확정하며 그것을 경제학적으로 해석한다. 국내총생산의 추정은 과거로 갈수록 어렵다. 특정 지역에 대한 사료를 해석하고 거기에 무엇인가 승수를 곱하여 일본 전체의 값을 추정하는 방법을 채택할 수밖에 없다. 그런 의미에서 성장에 대한 필진의 이해는 필연적으로 불완전하다. 그러나 근거가 되는 사료와 그것의 해석은 본문 또는 본문에 인용된 저자들의 논문과 저서에 제시되어 있다. 사료 해석에 대한 필진의 비판적인 검토를 통해 일본경제사의 참모습에 점점 더 가까워지기를 기대한다.

둘째, 협의의 경제사학계의 유행에 휩쓸리지 않고, 현대 일본경제를 살아가는 사람들에게 중요하다고 생각되는 논점을 채택하였고 가장 타당성이 높다고 생각되는 해석을 취하였다. 경제사학계만 그런 것은 아니겠지만, 직업적 연구자가 모인 학계에서는 자칫하면 작은 신기(新奇)함을 내세우는 단기적 업적주의에 빠질 위험이 상존한다. 게다가 신기함만을 노리는 새로운 학설이 유행처럼 번져 정설로 유포되는 경우도 있다. 이 강좌에서는 수량적인 증거를 축적한 결과 과거 30년 동안 정착되어 왔던 몇몇 새로운 학설은 부정되었고 그 대신 이전의 고전적인 학설을 채택하였다. 또한 경제학적 상식에 비추어 볼 때 인정할 수 없는 학설도 기각하였다.

예를 들어, 재지영주(在地領主)로부터 대두하였던 전국시대 다이묘가 경제성장의 문을 열었다고 하는 견해는 거의 잊혀질 뻔한 고전 학설이었지만 수량적인 증거는 그것을 지지한다. 따라서 우리는 그 학설을 채택하였다. 또한 근세 초의 인구가 1,700만 명 정도라는 학설도 고전적인 것으로 여겨졌고, 이에 대해 오랫동안 '1,200만 명설'이 막번 체제하의 인구급증설을 주창하면서 새로운 학설의 지위를 누려 왔다. 하지만 최근의 연구에 따르면 수량적인 증거는 고전 학설을 지지한다. 영국(領國) 경영의 효율성을 다투었던 전국시대는 도쿠가와 이에야스를 등장시킨 셈이지만 이에야스 혼자서 기적을 일으킨 것은 아니었다. 근세의 토지소유권 보호의 의의를 경시하는 학설도 종종 들리지만, 소유권이 부정되면서 시장경제가 성장하였을 리는 없다. 그러므로 우리는 토지소유권을 중시한다. 근대의 산업혁명을 경시하는 학설도 인기가 높았다. 그러나 그 시기의 성장이 산업혁명에 의한 것이 아니라 근세적 성장이 지속된 것이라는 견해는 아무래도 이상하다. 그랬다면 일본경제는 도저히 서구를 추격할 수 없었을 것이다. 현재의 풍요를 누릴 수 있게 해 준 산업혁명을 경시하는 태도는 정직하지 못하다. 우리 필진은 메이지 유신 후의 혁명적인 산업화를 중시하고 있다. 한편, 요즈음 우리는 학생의 취직활동 환경을 보면서 일본적이라고 부르는 장기고용 관행이 후퇴하고 있음을 피부로 느낄 수 있다. 이러한 직감에 대한 반론도 없지는 않지만 수량적인 증거는 이 직감을 지지하고 있다. 그러므로 우리는 이러한 현실을 직시하고자 한다.

우리는『일본경제사』전8권(岩波書店, 1988~90년)의 개정과 확장을 기획 의도로 삼고 편집에 임하였다.『일본경제사』가 그랬듯이 독자 제현의 비판적 검토를 기꺼이 받아들인다. 이 책이 일본경제의 이해를 심화시킬 수 있는 발판이 된다면 기쁘기 그지없을 것이다.

2017년 6월 15일

후카오 교지(深尾京司) · 나카무라 쇼지(中村尚史) · 나카바야시 마사키(中林眞幸)

| 감사의 글 |

본 강좌의 편집은 2014년 봄부터 16년 여름까지 진행되었다. 봄과 여름에는 히토츠바시대학 경제연구소에서 1박 2일의 연구회의를 총 4회, 학기 중에는 도쿄대학 사회과학연구소에서 월례 연구회의를 총 20회 개최하였다. 모든 집필자가 담당 부분에 관해 1~2회 중간보고를 발표하였고, 편집자 및 편집협력자가 개정 의견을 서술하고 논의하는 장을 만들었다.

그것이 가능하였던 것은 공익재단법인 전국은행학술연구진흥재단의 2013년 연구조성, 공익사단법인 일본경제연구센터의 2013년 연구장려금, 히토츠바시대학 경제연구소의 2014년 소내(所內) 전략 추진 경비, 도쿄대학 사회과학연구소의 2014년 소내 프로젝트 지원 경비, 일반재단법인 통계연구회의 2014~15년 자주연구급부금, 히토츠바시대학 사회과학 고등연구원의 2015년 중점 영역 연구프로젝트 경비, 일본학술진흥회의 2015~17년 과학연구보조금(15K13026)에 의한 재정 지원과 히토츠바시대학 경제연구소 기술보조원 모리야마 유미코(森山由美子) 씨와 도쿄대학 사회과학연구소 학술지원 직원 오데아라이 유미코(御手洗由美子) 씨의 운영 지원을 받을 수 있었기 때문이다. 이와나미서점(岩波書店) 편집부의 다카하시 히로시(高橋弘) 씨와 이시바시 세이메이(石橋聖名) 씨는 준비연구회에 참석해 주셨고, 또한 원고를 마무리하는 과정에서도 각별한 노력을 기울여 주셨다. 이에 대해 감사를 표하고 싶다.

2017년 6월 15일

편집자 일동

| 차례 |

제1장 노동과 인구
현대의 노동시장과 생활수준의 변천

제2장 금융

저성장하의 일본 금융시스템 – 버블·위기·정체하의 안정

제3장 농업과 토지이용
전환기의 일본 농업과 도시 부동산업

제4장 광공업

구조 변화와 생산성 정체

제5장 상업과 서비스

서비스산업의 전개와 정책

권말 부록

생산·물가·소득의 추정

서장

제1절 성장과 거시경제	후카오 교지(深尾京司)
제2절 정부의 역할	오시오 다카시(小塩隆士)
제3절 소득과 자산의 분배	미나미 료신(南亮進) · 마키노 후미오(牧野文夫)

고도성장기의 생산성 상승은 자본장비율 상승, 북미 및 유럽으로부터의 기술 이전, 장기 고용관계에 기초한 기업 내 훈련, 계열 거래를 통한 중소기업으로의 기술 전파에 의해 총요소생산성이 상승함으로써 유지되어 왔다. 그러나 노동인구 증가의 둔화, 기술 이전의 완료, 생산의 해외 이전 등 1980년대 이후의 환경 변화 속에서 이 시스템은 변혁을 늦추는 질곡으로 작용하였다. 국제화·기술 혁신에 뒤처진 중소기업과 기업 내 훈련으로부터 배제된 비정규 노동자가 생산성 향상을 둔화시켰다. 특히, 정보기술의 혁신은 정규·비정규 노동자 간의 소득 격차를 확대시켰다. 70년대 이후 사회보장제도는 소득재분배 기능이 강하였다. 하지만 90년대 이후에는 사회보장 급여에 필요한 정부저축의 적자를 조달하기 위해 현역 세대의 부담을 증가시켰으며, 수익자 세대의 급여를 억제하는 것이 아니라 민간저축에 의한 국채 매입에 의존하는 구조가 정착되고 말았다. 결국 저출산 고령화로 인해 민간저축에서 정부저축 적자를 뺀 국민저축은 0에 가깝게 줄어들고 있다. 이와 같은 지속 불가능한 길에서 벗어나려면, 출생률과 고령자 취업률을 높이고 교육투자를 늘림으로써 현역 세대의 생산성을 높이는 일이 긴급한 과제이다.

후카오 교지(深尾京司) · 나카무라 쇼지(中村尚史) · 나카바야시 마사키(中林眞幸)

제1절 성장과 거시경제

1. 고도성장에서 안정성장으로, 그리고 장기정체로

이 절에서는 고도성장이 끝난 1973년부터 2010년대까지를 대상으로 일본의 경제성장과 거시경제를 개관한다.

[그림 0-1]은 1955~2015년 1인당 실질GDP의 추이를 국제적으로 비교한 것이다.[1] 고도성장에 의해 1970년대 초 일본의 1인당 GDP는 미국에는 미치지 못

[그림 0-1] 인구 1인당 GDP의 추이 - 일본과 다른 주요국의 비교(1955~2015년)

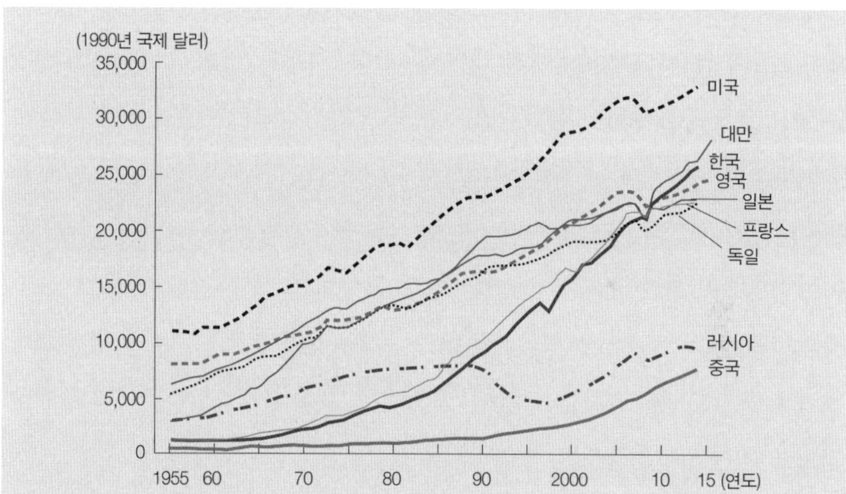

출전: Conference Board의 The Conference Board Total Economy Database, 2016년 5월판(http://www.conference-board.org/data/economydatabase/)으로부터 구하였음. 중국의 수치는 중국 공식 통계의 과대 추계 문제를 고려하여, China-Official이 아니라 China-Alternative를 이용하였음. 1960년 이전 러시아는 소련의 수치와 연결한 것임. 1990년 이전 독일은 동독을 포함한 것임. Conference Board의 데이터와 본 강좌 제5권 서장 제1절에서 이용한 New Maddison Project의 1955년 이후 데이터(http://www.ggdc.net/maddison/maddison-project/data.htm에서 2010년까지를 포함)는 각국 정부의 GDP·인구 통계와 세계은행·UN·OECD의 국제 비교 프로그램(ICP)의 구매력 평가 추계에 기초한 것이므로 중국을 제외한 나라의 경우 거의 일치함.

하였지만(미국의 65%), 영국, 프랑스, 서독 등 유럽 주요국에 견줄 정도까지 높아졌다. 70년대에 들어 1인당 GDP 증가율은 크게 낮아졌지만 그래도 미국 및 유럽 주요국의 증가율보다는 높았다. 따라서 1990년 일본의 1인당 GDP는 미국의 85% 수준, 유럽 주요국보다는 10~20% 높은 수준에 도달하였다. 하지만 1991년 버블경제가 붕괴된 후 일본의 1인당 GDP 증가율은 미국 및 유럽 주요국보다 낮아졌다. 결국 2015년 일본의 1인당 GDP는 미국의 69% 수준, 그리고 유럽 주요국과 비슷한 수준으로 후퇴하고 말았다.[2] [그림 0-1]을 보면, 한국과 대만은 70년대에서 90년대에 걸쳐, 또한 중국은 90년대 이후 일본의 고도성장기와 비슷한 급속한 경제성장을 경험하였다.[3]

[그림 0-1]로부터 명확하지만, 일본의 1인당 GDP의 경로는 1970년대 초와 1990년 초에 두 번 크게 하방으로 꺾였다. 이하에서는 ① 1955~70년을 고도성장기, ② 성장률이 하락하긴 하였지만 다른 주요 선진국보다는 우수한 성과를 유지하였던 1970~90년을 안정성장기, ③ 성장률이 더 낮아져서 주요 선진국에 뒤처졌던 90년 이후를 장기정체기라고 부른다. 고도성장의 종언 자체가 중요한 현상이기 때문에 고도성장기와 그 이후 두 시기를 비교하면서 시작한다.

일본이 고도성장에서 안정성장으로 이행하였던 1970년대 초에는 심각한 경제 충격이 일본을 강타하였다. 우선 닉슨 쇼크(71년 8월)[4]와 그 직후 스미소니

1 국제 비교를 할 때 각국 간 물가수준의 차이를 조정하였으며, 각국 GDP를 1990년 미국 달러의 구매력 기준으로 환산하였다.

2 2013년 이후 아베노믹스 이후 엔-달러 환율에서 엔화 가치가 싸졌기 때문에 시장환율 기준으로 1인당 GDP를 비교하면, 미국과 일본의 격차는 더 커진다.

3 최근 한국과 대만의 1인당 GDP는, 국내 물가가 싸다는 점을 고려하는 (1990년 기준) 구매력평가 기준을 적용할 경우 종종 일본과 유럽 주요국을 상회하기도 한다.

4 제2차 세계대전 후 참여한 국제통화 체제(IMF 체제)에서는, 고정환율제(기초적인 불균형이 발생할 때에는 평가의 변경이 인정되기 때문에 Adjustable peg라고 부르는 것이 정확하다)의 일환으로 미국은 달러와 금의 태환을 의무로 하였다. 인플레이션과 금 보유 감소로 인해 달러 신인도가 약해진 미국으로서는 1971년 8월 닉슨 대통령이 태환의 일시 정지와 수입 과징금 도입 등을 일방적으로 선언하였다(닉슨 쇼크). 이것이 고정환율제 종말의

[그림 0-2] 각종 물가수준의 추이 - 1970~2016년(2000년=1)

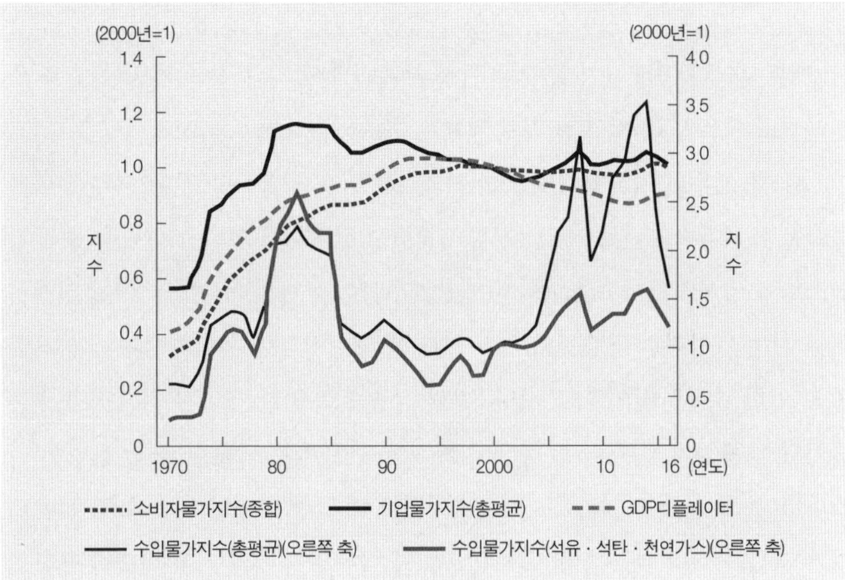

출전: 권말 부록 [부표 1] 참조.

언 체제 붕괴(73년 봄)에 따라 일본도 변동환율제로 이행하게 되었다. 이에 따라 엔화 가치는 급등하였다([그림 0-5] 참조). 결국 엔고 저지를 위한 조치가 시행되었는데, 이때 취해진 과도한 금융완화조치(1971~73년)가 이후 인플레이션의 주요 요인이 되었다(小宮, 1988, 제1장). 여기에 '일본열도개조론'의 구호 아래 행해진 대규모 재정지출(1972~73년) 및 제1차 석유위기(1973~74년)가 가세하였다. 이른바 '광란의 물가'가 발생한 것이다(물가수준의 추이에 대해서는 [그림 0-2] 참조). 한편, 60년대 후반부터 70년대에는 공해 등 환경 문제가 심각하게 대두되어 여

••••••••

계기가 되었다. 70년대까지 국제통화 체제의 변천과 일본의 대응에 대해서는 小宮(1975)의 제6, 7장 및 小宮(1988)의 제1장을 참조할 것.

러 가지 환경규제가 도입되기 시작하였다(후생성, 『공해백서』; 환경청·환경성, 『환경백서』 각호 참조). 이것이 산업 구성과 경제성장에 큰 영향을 주었다. 예를 들어, 대도시권의 공장입지 규제는 인력 부족과 맞물려 공장의 지방 이전을 촉진하였고 이로 인해 지역 간 경제 격차는 축소되었다(德井 외, 2013).

제1차 석유위기로 인해 발생한 해외로의 막대한 소득 이전은[5] 자본수익률 하락을 통해 투자를 감소([그림 0-6] 참조)시켰고 실질임금 상승률 하락을 통해 가계소비를 정체시켰다(小宮, 1988, 제2장). 그뿐만이 아니었다. 인플레이션 진정을 위해 취해진 엄격한 금융긴축(1973~74년), 엔고와 심각한 무역마찰(본서 제4장 참조)로 인한 수출산업의 타격, 원유 가격 상승으로 인한 에너지 집약적인 수출산업의 정체(본서 제4장 참조) 등에 의해 1976~78년에는 막대한 공급 과잉이 발생하였다([그림 0-3] 및 小宮, 1988, 제2장 참조). 게다가 1979~80년에는 제2차 석유위기가 터졌다. GDP 대비 비율로 보면, 제1차 석유위기 때와 거의 비슷한 규모로 해외로의 소득 이전이 발생하였다(小宮, 1988, 제2장; 近藤, 2011).

제1차 석유위기 후 일본에서는 에너지 집약적 산업이 축소되거나 에너지 절약기술을 도입함으로써 에너지 절약을 추구하였다. 이에 따라 1990년 실질 GDP 대비 에너지 소비량은 1974년의 2/3 수준까지 떨어졌다(近藤, 2011, 도표 2-5). 석유 가격 통제에 의해 에너지 절약이 지연되었던 미국과는 대조적인 양상이다. 제2차 석유위기 후 많은 공업국들은 장기간에 걸친 인플레이션, 국제수지

5 1973년에 발생한 제1차 석유위기의 결과, 74년 5월까지 일본이 수입하는 원유 가격은 73년 전반기보다 약 4배 급등하였다(엔화 기준으로 석유·석탄·천연가스의 수입물가의 추이는 [그림 0-2] 참조). 이에 따른 산유국으로의 일종의 소득 이전은 74년 GDP의 3.1%에 달하였다(小宮, 1988, 제2장). [그림 0-2]에 나타나듯이, 석유·석탄·천연가스의 수입물가는 제2차 석유위기 당시에도 2배 이상 올랐다. 또한 2006~08년 중국 등 개도국의 대두와 북미·유럽의 호황에 따라 자원 붐이 일어났을 때에도 대폭 상승하였다. 11년 이후에는 동일본대지진(11년 3월) 후 원자력 발전소 정지와 천연가스 투입 증가에 따른 수입물가 상승이 12년 말 이후 엔화 가치 하락에 기여하였다고 생각된다.

[그림 0-3] GDP 갭의 추이(1970~2017년)

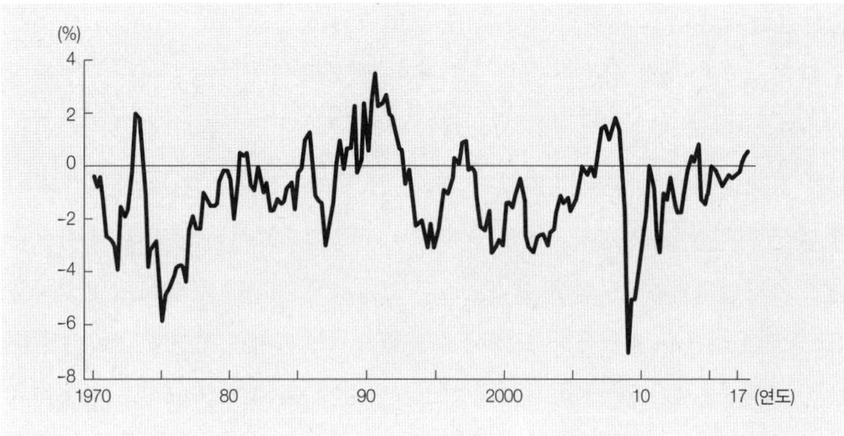

출전: 1970년 이후는 내각부, 「월례경제보고」(http://www5.cao.go.jp/keizai3/getsurei/getsurei-index.html)로부터 구한 것임. 그 이전의 데이터는 小宮(1988), p. 64의 추계치를 이용하여 외삽한 것임. 양자는 추계방법이 다르기 때문에 비교할 때 주의가 필요함.

적자, 높은 실업률, 공업생산 정체 등에 시달렸지만, 일본의 거시경제 성과는 다른 나라들과 비교할 때 또는 제1차 석유위기 때와 비교할 때 상당히 양호하였다(小宮, 1988, 제2장). 에너지 절약화가 이루어졌을 뿐만 아니라 후술하는 바와 같이 제2차 석유위기 후에는 노동조합이 고용을 중시하여 임금 인상을 고집하지 않았던 점, 금융정책이 적절하게 운용되었던 점 등이 작용하였다고 생각된다. 여기까지가 일본의 안정성장기이다.

드디어 장기정체기가 시작된다. 1990년대 초 '버블경제'의 붕괴는 안정성장기로부터 장기정체기로 이행하는 계기가 되었다. 그런데 '버블경제'는 왜 발생하였을까? '버블경제'를 초래한 하나의 요인은 1986년 전후의 이상한 금융완화정책에 있었다. 이를 이해하려면 1980년대 전반 미국의 강한 달러를 이해해야 한다(상세한 내용은 深尾, 2002 참조).

미국은 1981년부터 레이거노믹스라는 극단적인 고금리정책과 대폭 감세, 군사지출 확대와 그 이상의 세출 삭감 등 일련의 정책을 시행하였다. 그중에서도 달러 금리의 대폭 상승은 다른 통화에 비해 달러 가치가 급등하도록 만들었다(近藤, 2011 참조). 달러 가치가 상승하고 달러 금리가 급등하자 각국은 다음과 같은 정책을 채택할 수밖에 없었다. 즉, 한편으로는 79년 제2차 석유위기로 인해 발생한 경상수지 적자를 메우기 위해 국제은행으로부터 달러 표시 자금을 단기로 차입하면서, 또 다른 한편으로는 고성장을 추구하는 정책을 채택하였다. 하지만 이로 인해 중소득 국가에서 문제가 발생하였다. 라틴아메리카를 중심으로 중소득 국가의 채무 상환이 곤란해졌고, 누적된 채무 문제는 급속하게 심각해졌다. 결국 중소득 국가의 성장 둔화는 1차 산품 가격을 하락시켰다. 흥미롭게도 누적 채무 문제와 원유를 포함한 1차 산품 가격의 혼미는 당시 국제자금시장에서 최대 차입자를 바꾸기에 이른다. 우선 1차 산품의 가격 하락은 국제자금시장에서 최대의 대출자인 산유국의 비중을 줄였다. 또한 80년대 초까지 국제자금시장에서 최대 차입자는 중소득 국가였는데, 누적 채무 문제로 인해 그들의 비중이 감소하였다. 그 대신 미국이 고금리에 의한 고달러, 재정적자, 84년 이후 투자 붐에 의해 세계 최대의 경상수지 적자국이 되었다. 이제 미국이 국제자금시장에서 최대의 차입자가 된 것이다.

미국은 고달러와 수입 확대에 시달렸지만, 일본은 수출 주도로 제2차 석유위기에서 탈출하였다. 이 시기에 일본은 세계 최대의 경상수지 흑자국이 되었고, 초과저축은 대미 투자로 운용되었다. 한편, 수출 주도 성장에 따라 일반정부 재정적자도 감소하였다([그림 0-4] 참조). 하지만 미국 의회는 대규모 경상수지 적자가 자국의 정책 탓인 것을 이해하지 못하였다. 미국 의회는 막대한 대미 흑자를 이유로 일본을 비판하였고, 미국에서는 반일 성향의 보호주의가 득

[그림 0-4] 일본의 저축 투자 수지의 추이 - 1955~2016년, 명목GDP 대비 비율

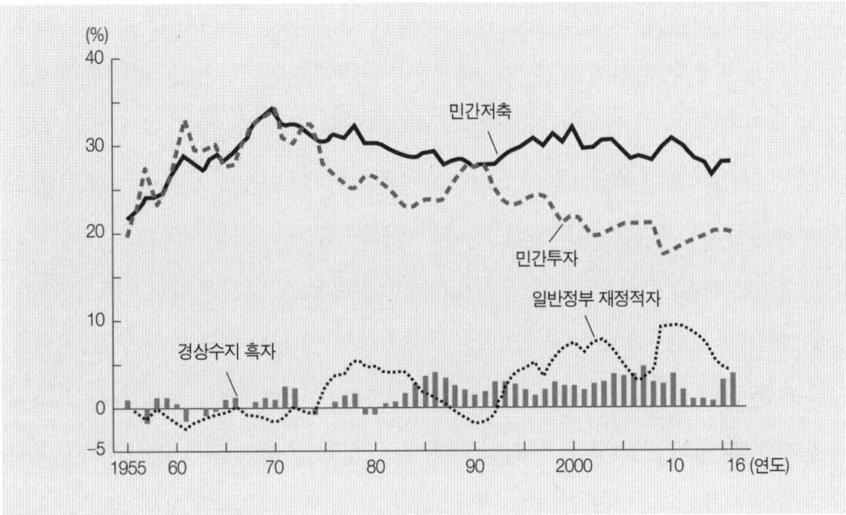

출전: 권말 부록 [부표 7] 참조.

세하게 된다.

미국은 1980년대 중반 달러 가치의 연착륙을 향해 정책 전환을 시도하게 된다(深尾, 2002). 강력한 금융 긴축·재정 확대의 정책 조합(policy mix), 강한 달러의 방임이라는 환율정책을 변경한 것이다. 미국의 금리는 대폭 하락하였고, 재정적자는 삭감되었다. 또한 플라자합의(1985년 9월)에 따라 선진국의 협조 개입에 의한 고달러 수정, 미국의 재정적자 삭감, 일본과 독일의 내수 확대라는 정책 조합을 골자로 하는 선진국 간 '정책협조'가 개시되었다. 플라자합의에 기초한 협조 개입을 계기로 86년 엔화 가치는 급등하였고 국내 경기는 급속히 냉각되어 갔다.

이에 따라 일본은행은 1985~87년 5번에 걸쳐 공정금리(公定步合)를 인하하

는 등 대규모 금융완화 조치를 시행하였다. 즉, 1989년 공정금리를 인상할 때까지 저금리를 지속하면서 민간투자 주도의 경기 회복을 꾀하였다. 반면에 일반정부 재정적자의 지속적인 감소가 보여 주듯이([그림 0-4] 참조), 경기대책으로서 재정정책은 거의 발동되지 않았다. 87년 이후 경기 확장 및 자산 가격 상승과 함께 재정적자는 빠르게 축소되었고, 내수 확대와 엔고로 경상수지 흑자도 축소되어 갔다. 하지만 부작용은 컸다. '버블경제'가 시작된 것이다.

1987년 전후 자산 가격이 급상승(제2장 참조)하고 민간설비투자도 급증([그림 0-4] 참조)하였다. 이에 따른 경기과열의 조짐이 있었음에도 불구하고, 일본은 금융긴축을 늦추었다. 그 이유는 통화당국이 더 이상의 엔고를 방치하려 하지 않았기 때문이다. 즉, 당시 통화당국에게는 엔고를 방치해선 안 된다는 강박관념이 작용하였던 것 같다. 후나바시(船橋)는 당시 일본은행 지휘부의 금융정책이 "전적으로 환율에 휘둘려졌다"고 회상한다(船橋, 1988, p. 86). 이 시기 금융정책에서 중요하였던 것은 환율 안정에 관한 미국과의 합의를 준수한다는 것, 그리고 달러 가치 하락 유도를 위한 구두개입을 끝내기 위해서라도 협조적인 차원에서 – 일본의 내수 확대로 이어질 수 있는 – 저금리 요구를 받아들인다는 것이었다. 거기에 더해 미국에서 블랙먼데이(87년 10월)가 발생하였을 때에도, 미국에 대한 배려 차원에서 금융완화를 취하게 되었다. 하여간 미국과의 관계가 금융긴축을 늦추는 한 요인이 되었다고 볼 수 있다.

1989년 이후 엄격한 금융긴축이 시행되었다. 드디어 '버블경제'는 붕괴되고, 은행의 불량채권 문제와 기업의 대차대조표 훼손이 나타났다. 민간투자는 급감([그림 0-4] 참조)하였고, 공급은 과잉([그림 0-3] 참조) 상태가 되었으며, 그 후 지속적인 디플레이션([그림 0-2] 참조)이 시작되었다. 디플레이션은 이후에도 오랜 기간 완만하게 진행되었다.

이상에서 살펴본 바와 같이 석유위기, 플라자합의에 의한 엔고, 버블경제 붕괴 등 거대한 경제 쇼크는 수요 부진과 민간투자 감소를 통해서 일본의 경제성장을 둔화시켰다. 그러나 1981년 이후 레이거노믹스하에서 원유를 포함한 1차 산품 가격의 폭등([그림 0-2] 참조), 2000년 이후 금융의 불완전한 작동, 기업의 대차대조표 훼손 문제 등이 거의 해결된 다음에도, 수요 부진은 계속되었다. 사실 1970년 이후 최근까지의 기간을 보다 장기적인 관점에서 분석해 보면, 장기정체기만이 아니라 안정성장기에도 수요 부진과 자본축적 정체가 나타났음을 알 수 있다. 즉, 1990년대 이후 정체에는 앞에서 열거한 개별적인 경제 쇼크만 작용하였던 것은 아니었다. 오히려 그 이전부터 있었던 장기적이고 구조적인 문제가 수요 측면과 공급 측면 모두에서 나타났으며, 그것이 더 중요하였다고 판단된다(深尾, 2002, 제1장). 이하 제2항에서는 수요 측면, 이어서 제3항에서는 공급 측면의 구조적인 문제에 대해 자세하게 논의하기로 한다.

2. 저축초과 문제

일본의 1인당 GDP 증가율이 떨어진 원인을 찾으려면, 성장회계기법을 이용하여 공급 측면으로부터 자본축적 부진이나 총요소생산성(TFP) 상승의 둔화 등을 분석할 수 있다. 그러나 경제성장은 수요 측면에 의해서도 크게 좌우된다. 수요 부족을 예상하여 기업이 설비투자를 늦추거나 노동력과 자본설비의 유휴로 인해 생산성이 하락하기도 하기 때문이다. 특히 1970년대 이후 2010년까지 일본경제는 심각한 수요 부족으로 고민하였고, 이것이 저성장의 중요한 원인 중 하나가 되었다고 판단된다(吉川, 1992, 제1장; 深尾, 2002, 제1장). 이하에서는 우선 수요 측면의 구조적 요인에 대해 분석한다. 물론 언급한 대로, 생산연령인구의 감소나 총요소생산성 상승률 저하 등 공급 측면의 변화는 설비투자를 줄이고 수요 부족을 초래한다. 따라서 수요 측면과 공급 측면이 상호 관련되어 있다는 점에 대해서는 이론(異論)의 여지가 없다.

이제 거시경제를 총수요 측면에서 살펴보자. 1970년대 이후 일본은 자주 심각한 총수요 부족에 시달려 왔다. [그림 0-3]은 GDP 갭(=(실제GDP−잠재GDP)/잠재GDP)의 추이를 보여 준다.[6] 이 추계에 의하면, 일본은 1974~76년과 2008~09년에는 −6% 전후, 1971~72년, 1993~95년, 1998~2003년에는 −3%를 넘은 대규모의 마이너스 GDP 갭을 경험한 바 있다.

수요 부족의 원인으로는 제1차 석유위기(1973~74년), 세계 금융위기(2007~08년) 등 외적인 충격 그리고 광란의 물가(1973~74년), 버블경제의 형성 및 붕괴(1980년대 말~1990년대 초) 등 금융정책의 실패(제2장 참조)를 들 수 있다. 하지만 외적 충격과 정책의 실패만이 수요 부족을 초래하였던 것은 아니다. 오히려 深尾(2002; 2012, 제1장)가 지적하는 바와 같이, 1970년대부터 만성적으로 지속되어 온 저축 과잉 문제가 일관되게 수요 부족의 원인이 되었다.

일본은 선진국 중에서 민간저축률이 높은 편이었다. 그렇지만 1960년대까지의 고도성장기에는 아무런 문제가 되지 않았다. 민간투자가 대단히 활발하였기 때문에 저축초과 문제도 발생하지 않았던 것이다. 오히려 높은 민간저축률은 왕성한 민간투자를 지탱하는 중요한 기반이 되었다. 그러나 [그림 0-4]로부터 알 수 있듯이, 70년대에 들어서면 일본경제는 저축초과 기조로 변화하였다.[7] 그 이유는 이하에서 서술하는 바와 같이 민간투자가 대폭 감소하였기 때

6 내각부의 정의에 따르면, 잠재GDP는 "경제의 과거 트렌드를 볼 때 평균적으로 생산요소를 투입하였던 시기에 실현 가능한 GDP"이다. 거시경제에 관한 생산함수에, 시계열 데이터의 평활화 등을 통하여 얻은 생산요소 부존량과 TFP의 추계치를 대입하여 산출한다.

문이다.

첫째, 제1차 베이비 붐 세대가 성년이 된 1960년대를 넘으면, 생산연령인구(15~64세)의 증가율이 대폭 낮아진다. 생산연령인구의 평균증가율을 보면, 고도성장기(1955~70년) 1.8%, 안정성장기(1970~90년) 0.9%, 장기정체기(1990~2015년) −0.5%로 꾸준히 하락하여 왔다(총무성, 「인구추계」). 생산연령인구의 증가율 둔화는 신규 노동자의 자본 장비를 위한 투자의 필요성을 줄이기 때문에 설비투자에도 부정적 영향을 미친다.

둘째, 미국의 생산기술 수준과 비교할 때, 제조업에서 총요소생산성(TFP)의 캐치업 과정은 1970년대 초까지 거의 달성되었다.[8] 하지만 아마도 이것이 원인이 되어, 1970년대 이후 거시경제의 총요소생산성 상승률은 낮아졌다. 게다가 장기정체기가 되면, 총요소생산성 상승률은 더욱 하락하였다(그 원인은 후술한다). [표 0-1]에 의하면, 총요소생산성 상승률은 고도성장기에서 안정성장기로 이행하면서 2.7% 포인트, 안정성장기에서 장기정체기(1990~2012년)로 이행하면서 1.2% 포인트나 하락하였다. 총요소생산성 상승률의 저하는 투자수익률의 저하를 통해서 민간투자를 감소시킨다.

민간투자 감소의 대부분은 이상의 두 가지 구조적 요인으로 설명할 수 있다.[9] 다만 한 가지 요인을 추가한다면 다음과 같다.

7 [그림 0-4]의 저축투자 균형의 추계는, 경기변동과 불량채권 문제 등 일시적인 요인에도 영향을 받을 수 있음에 주의해야 한다. 그러나 경기변동 요인을 제거해도, 이하의 결론은 달라지지 않는다. 상세한 것은 千明·深尾(2002), 內閣府(2009)를 참조할 것.

8 미국과 일본의 산업별 TFP 수준의 장기간 비교에 대해서는 Jorgenson, Nomura, and Samuels(2016)을 참조할 것.

9 예를 들어, Solow 타입의 신고전파 성장모형에서 균제 상태(steady state)와 Harrod 중립적(노동절약적) 기술진보를 가정하고, 민간자본/국내총생산 비율이 2, 노동분배율은 2/3(당시 Harrod 중립적 기술진보율은 TFP 상승률의 1.5배가 된다)라고 하자. 그렇다면 고도성장기로부터 안정성장기에 걸쳐 생산연령인구 증가율(노동투입 증가율은 이와 같다고 가정한다)이 0.9% 포인트 하락하고 총요소생산성 상승률이 2.7% 포인트 하락한다는 것은,

셋째, 전후 일본은 노동자 1인당 자본장비율을 높임으로써 고도성장기와 안정성장기에 비교적 높은 경제성장을 달성하였다. 하지만 자본장비율의 상승은 자본 과잉에 의해 자본수익률을 떨어뜨리게 된다. 그리고 이것이 투자를 더욱 줄이는 효과를 가져왔을 것이다. 역시 1970년대에서 2000년대 초까지 나타난 생산연령인구 증가율의 저하도 자본장비율 상승과 그에 따른 자본수익률 하락에 기여하였다.

이상의 세 가지 요인은 시간이 흐르면서 강화되었고, 결국 추세로 자리 잡았다. 반면에 [그림 0-4]가 보여 주듯이, 민간저축률은 거의 하락하지 않았다. 민간투자는 매우 완만하게 증가하였으나 민간저축은 꾸준히 증가하면서 시간이 지날수록 저축초과 문제가 심각해진 것이다.

민간의 저축초과는 사후적으로(*ex post*) 해외로 대출되거나(경상수지 흑자) 아니면 정부에 대출된다(일반정부 재정적자). 케인스 경제학에 의하면, 의도된 민간저축의 초과가 의도된 경상수지 흑자와 의도된 일반정부 재정적자의 합을 상회하는 경우 재화의 초과공급이 생긴다. 이 경우 GDP가 줄어들게 되는데, 그 이유는 민간의 초과저축을 감소시킴으로써 재화시장의 균형이 회복되기 때문이다. [그림 0-4]의 하단에는, 사후적으로 민간의 저축초과가 해외로의 대출(경상수지 흑자)과 정부로의 대출(일반정부 재정적자) 각각에 얼마나 사용되었는가를 보여 준다. 레이거노믹스로 인해 미국에서 대규모 재정적자와 경상수

....

일본의 자연성장률(균제성장에서의 경제성장률을 의미하며, 이는 노동투입 증가율과 Harrod 중립적 기술진보율의 합과 같다)이 각각 0.9% 포인트, 4.1% 포인트 하락함을 의미하며, 균제성장에서 민간투자/국내총생산 비율이 각각 1.8% 포인트, 8.2% 포인트(합계 10.0% 포인트) 하락함(이 하락은 자연성장률의 변화에 민간투자/국내총생산 비율을 곱하여 산출한다)을 의미한다. 같은 방식으로 안정성장기에서 장기정체기에 걸쳐 생산연령인구 증가율이 1.4% 포인트 하락하고 총요소생산성 상승률이 1.2% 포인트 하락한다는 것은, 일본의 자연성장률이 3.2% 포인트 하락함을 의미하며, 균제성장에서 민간투자/국내총생산 비율이 6.4% 포인트 하락함을 의미한다. 고도성장기부터 장기정체기까지 누적 효과를 보기 위하여 이상의 요인을 모두 더하면, 균제성장에서 민간투자/국내총생산 비율은 16.4%나 하락하게 된다.

지 적자가 나타났던 1980년대 전반에는 일본의 경상수지 흑자가 급증하였다(近藤, 2011 참조). 또한 버블경제하에서 활발하게 민간투자가 행해진 80년대 말부터 90년대 초반, 그리고 수출 주도의 경기가 호조를 보였던 2006~08년에도 경상수지 흑자가 나타났다. 하지만 이 시기를 제외하면, 대부분의 경우 초과된 민간저축의 최대 사용처는 일반정부 재정적자였다.

개방거시경제학 교과서(예를 들면, Obstfeld and Rogoff, 1996)에서 가르치듯이, 1980년대 이후 일본처럼 자유롭고 활발하게 국제자본 이동이 이루어지는 개방경제에서는 재화와 생산요소의 가격 그리고 실질환율이 신축적으로 조정되어 완전고용균형이 달성된다. 이것이 바로 신고전학파 조정 메커니즘이다. 이 메커니즘이 작동하면, 거대한 민간의 초과저축이 생긴 경우 자국 통화가치의 대폭 하락과 경상수지의 확대에 의해 자국 재화의 초과공급은 해소되게 마련이다. 여기에서 완전고용균형을 달성하는 실질환율은 – 폐쇄경제에서 완전고용을 달성하는 '균형실질금리'(또는 자연이자율)와 같은 의미에서 – '균형실질환율'로 부를 수 있다. 이와 같은 사고방식을 경상수지와 환율의 결정에 관한 저축투자균형론이라고 말한다.

실질환율은 자국 통화 표시 금융자산과 해외 통화 표시 금융자산의 상대 가격이다. 그런데 단기적으로는 국내외 금리 차이와 미래에 대한 예상(expectation)에 의해 좌우되는 자산 가격으로서의 성격을 갖는다. 반면에 장기적으로는 자국 재화와 외국 재화의 상대 가격으로서 '균형실질환율'에 접근해 간다고 생각할 수 있다.

그러나 1977년 일독(日獨)기관차론[10]의 시기 또는 1985년의 플라자합의 후

10 역자 주: 1970년대 후반 세계경제의 회복을 위해서 미국·일본·서독 등 3개국, 특히 일본과 서독이 확대정책을 써야 한다는 '기관차론'과 선진공업국들이 공동으로 이끌어 가야 한다는 '호송선단론'이 논쟁을 벌인 바

엔고 불황, 그리고 1991년 버블 붕괴 후의 불황 등 여러 경기후퇴기에도 경상수지 흑자는 충분히 확대되지 않았다.[11] 왜 완전고용을 달성하기에 충분할 정도로 엔화 가치가 하락하지 않았을까? 또 경상수지 흑자가 나타나지 않았을까? 이에 대한 답변은 다음과 같다.

첫째, 1977년 전후 또는 1980년대 중반과 같이 세계적으로 최종수요가 부족한 시기에는 모든 나라가 경상수지 흑자를 통해 수요를 늘리려고 한다. 하지만 세계 최대의 경상수지 흑자를 지속해 온 일본으로서는 세계 최대 경상수지 적자를 지속해 왔고 경상수지 흑자국의 내수 확대를 압박하고 있던 미국에 대해 충분한 교섭력을 갖지 못하였다(미국 기업에 대해 수출기지로서의 역할이 감소하였거나 또는 안전보장상의 이유 때문이었을 것이다).[12] 이는 최근 그 역할을 물려받은 중국과 비교할 때 대조적이다. 또한 자본 이동을 엄격하게 규제하는 중국과 달리,[13] 일본은 1964년 OECD 가입 등을 통해 70년대 말에는 이미 국제자본 거래를 대폭 자유화하였다. 따라서 일본이 개입정책을 통해 엔화 가치를 하락시킨다는 것은 어려운 일이었다. 게다가 일본이 미국과의 거래에서 대규모 경상수지 흑자를 기록하면 - 일독기관차론 또는 플라자합의 전후에 본 바와 같이 - 미국에서는 보호무역주의가 대두하였고 일본은 정부지출 확대에 의해 내수를 확대하거나 엔고에 의해 경상수지 흑자를 축소해야 하였다. [그림 0-5]는 명목 엔-달러 환율, 일본과 미국의 기업물가 및 GDP디플레이터에 의해 조정된 실질 엔-달러 환율, 일본의 주요 교역 상대국 간의 실질환율을 가중평균한 실질

있다.

11 千明·深尾(2002)은 '균형실질환율'을 계산한 바 있는데, 일부 기간의 경우 실제 환율보다 균형실질환율에서 엔화 가치가 더 낮다는 것을 보여 주고 있다.

12 최근 독일은 유로지역 내에서 환율이 고정됨에 따라 막대한 경상수지 흑자를 누리고 있다.

13 2010년대 중반 이후 중국은, 일대일로(一帶一路) 정책에 의한 대외 융자, 활발한 대외 직접투자, 간접투자의 유출 등이 위안(元)화의 강세를 막는 측면도 있다고 생각된다.

[그림 0-5] 환율의 추이 – 4분기 기준 분기 평균, 1970년 1/4분기~2017년 3/4분기

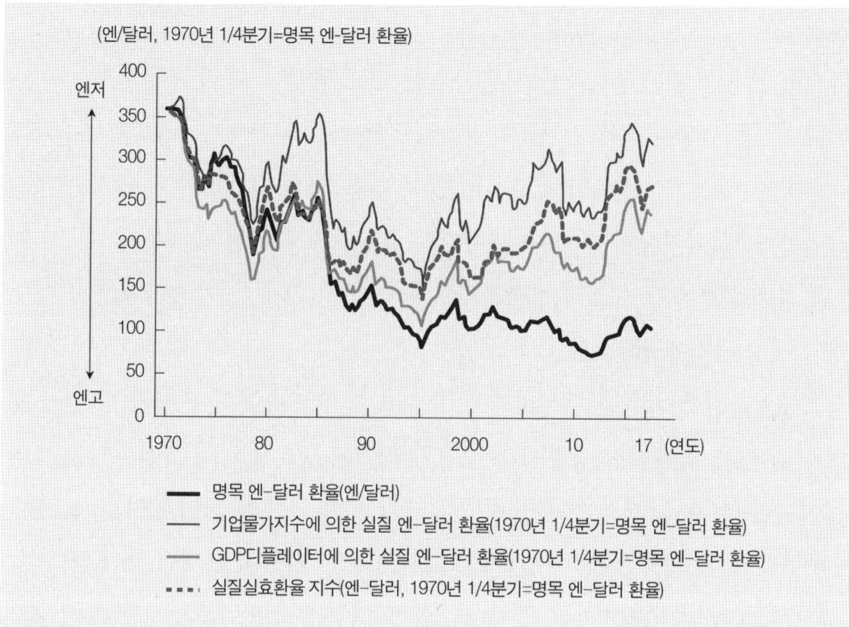

출전: 권말 부록 [부표 1] 참조.

실효환율을 보여 준다.[14] 하지만 이 그림을 보더라도, 플라자합의 이후의 엔고와 일본의 대미 흑자가 축소된 것은 1980년대 중반 미국의 정책 조합이 바뀌고 저축 부족이 축소되면서 실질금리가 낮아진 것 때문이었다.

둘째, 일본에서는 자본자유화가 진행되었지만 1980년대 이후 일본의 거대한 저축 과잉을 흡수할 수 있을 정도로 국가 간 자본 이동이 원활하게 작동하지는 않았다. 대부분의 나라가 변동환율제를 채택한 상황에서는 국가 간 대차

14 1990년대 환율과 경상수지에 대해서는 深尾(2002)와 河合·高木(2009)을 참조할 것.

(대출과 차입)가 환위험을 수반하는 경우가 많기 때문이다. 예를 들어, 대미 투자의 많은 부분이 달러 표시 채권에 투자되었기 때문에 엔고와 저달러가 나타나면서 일본의 기관투자가들은 환차손을 입게 되었다. 이러한 환위험을 두려워하여 이를 부담하려는 주체(즉, 외화 표시 자산을 보유하려는 거주자 또는 엔화 표시 부채를 지려는 비거주자)가 충분하지 않는 경우, 대규모 경상수지 흑자는 머지않아 엔고로 이어지게 마련이다. 따라서 경상수지 흑자는 축소될지 모르지만 오히려 대외투자가 축소되는 결과가 나타났다. 이와 같은 현상이 78년 또는 95년의 엔고 시기에 관찰되었다.

저축과잉국에서 자본 유출과 경상수지 흑자가 충분히 유지될 수 없는 경우, 신고전파 경제학적 상황에서는 재화의 초과공급에 의해 실질이자율이 자연이자율 수준까지 하락하고 민간투자가 확대되어 완전고용이 달성된다. 1980년대 후반 일본은행이 행한 금융완화정책이 이러한 상황을 가져왔다. 하지만 그 후 불량채권 문제에서 드러났듯이, 비효율적인 자본형성으로 인해 버블경제의 폐해를 낳고 말았다(1980년대의 금융정책에 대해서는 제2장 및 深尾, 2002 참조).

셋째, 앞에서 살펴본 바와 같이, 민간저축초과의 대부분은 일반정부의 재정적자를 보전하는 데 사용되었다. 하지만 1990년대 말 오부치 내각의 경기대책에서 전형적으로 나타나듯이, 정부지출이 효과적으로 사용되었다고 보기는 어렵다.

1990년대 이후 일본 장기정체의 주요 요인이 수요 부족에 있다고 주장하는 연구자 다수는 디플레이션과 유동성 함정으로 인해 높은 수준에 머문 실질이자율, 불량채권 문제 등에 의한 금융기관의 기능 마비, 기업의 대차대조표 훼손 등이 투자를 저해하였다고 주장한다. 그리고 투자 부진이 정체를 초래하였다고 말한다. 그러나 대차대조표 훼손에 의해 설명할 수 있는 것은 투자 부진의 일부일 뿐이다(제2장 참조).

사실 [그림 0-4]에서 본 바와 같이, 많은 논자들이 말하는 투자 저해 요인의 대부분은 실제로 있지도 않았다. 또한 총요소생산성의 상승이 비교적 견조하였던 1970년대 중반부터 1980년대에도 (버블경제 시기를 제외하면) 대규모의 저축초과는 있었다. 따라서 앞에서 설명하였듯이, GDP 대비 민간투자 비율 하락의 배경에는 이상에서 언급한 일시적인 요인만이 아니라 저출산 고령화에 의한 자본 과잉 또는 자본축적에 의존하는 경제성장으로 인한 자본수익률의 저하 등과 같은 구조적인 요인이 작용하였다고 보는 것이 옳다. 디플레이션은 제로금리 제약으로 인해 금융정책을 현저히 제약하기 때문에 일본이 디플레이션에서 빨리 벗어나려 하였던 것은 당연하다. 그러나 디플레이션에서 벗어나기만 하면, 수요 부족 문제가 해결되리라고 생각하는 것은 너무나 낙관적인 견해이다. 만약 인플레이션에 의해 마이너스의 실질이자율을 계속 유지하고,[15] 막대한 저축초과를 흡수할 수 있게끔 강력한 투자촉진정책을 장기간 계속 시행하였다면, 오히려 버블경제가 재발할 위험도 있었기 때문이다.

또한 자본계수가 거의 안정적이었던 미국과 달리, 일본에서는 1990년대에도 자본계수가 급속히 상승하였다([그림 0-6] 참조). 그러므로 안정성장기와 장기정체기의 평균을 비교하면, 1990년대부터 2000년대 중반까지 일본에서 투자가 저해되었다고는 결코 말할 수 없다. 고령화와 투자수익률 저하에도 불구하고 저금리정책 또는 정부의 채무보증 등으로 인해 자본축적은 활발하게 지속되

15 鎌田(2009)는 투자 확대 등에 의해 GDP 갭을 0으로 만드는 실질이자율 수준(균형실질이자율)이 얼마인가에 대해 다양한 방법을 이용하여 추계한 바 있다. 균형실질이자율이 가장 낮았던 1990년대 후반 그 수준은 0이 아닌 –1% 전후였다고 한다.

었던 것이다. 물론 2000년대 중반 이후 일본의 자본장비율이나 자본계수의 상승이 현저히 둔화된 것은 사실이다([표 0-1] 또는 [그림 0-6] 참조). 하지만 이는 디플레이션에 의해 실질이자율이 상승하였기 때문이 아니라 (후술하게 될 공급 측 분석이 보여 주듯이) 총요소생산성 상승의 정체, 무형자산 투자 또는 IT 도입의 지체 등에 기인한 것이었다.

이상에서 살펴본 ① 경상수지 흑자, ② 민간투자의 가속, ③ 일반정부 재정적자와 저축초과의 세 가지 중 그 어느 하나만 발생해도 곤란한 결과가 나타날 수 있다. 그중에서도 저축초과를 제대로 관리하지 않으면, 수요는 부족해지고 결국 불황에 빠지게 된다. 일본은 이러한 수요 부족의 위험을 1970년대부터 만성적으로 지니고 있었다. 일본에서는 1970, 1973, 1977, 1980, 1985, 1991, 1997, 2000, 2008, 2012년 경기후퇴가 나타났는데, 저축의 용도(사용처)가 변화하였던 시기와 대부분 일치한다. 도식화하면 다음과 같다. 초과저축이 사용되었던 중심적 용도는 1970년까지는 민간투자, 1973년까지는 경상수지 흑자, 1977년까지는 경상수지 흑자, 1980년까지는 재정적자, 1985년까지는 경상수지 흑자, 1991년까지는 민간투자, 1997년까지는 재정적자, 2000년까지는 경상수지 흑자와 재정적자, 2008년까지는 경상수지 흑자, 2012년까지는 경상수지 흑자이었다. 이처럼 초과저축의 용처가 바뀔 때마다 경기는 후퇴하였다. 그러므로 초과저축은 다른 용도로 사용되었어야 하였다. 국제환경이나 재정적자 문제 등으로 인해 그렇게 되지 못하였을 때, 여지없이 불황이 찾아왔다고 말하고 싶다.

특히, 2008년 세계 금융위기 후 일본의 GDP 갭은 거의 −7%에 달하였다([그림 0-3] 참조). 그때까지 일본은 자본재 및 내구소비재 부품 중심의 수출 호조에 힘입어 버티고 있었다. 하지만 수출이 급격하게 감소하는 일이 벌어졌다. 그 이유는, 첫째 금융위기로 인해 세계경제의 성장률이 낮아지고 (가속도원리에 따르면) 전 세계의 설비투자가 대폭 부진해졌던 것(Fukao and Yuan, 2009), 둘째 이미 저금리정책이 지속되었던 일본에서는 제로금리 제약으로 인해 금융완화의 여지가 작았기 때문이다. 하지만 구미 각국은 대담한 금융완화정책을 시행할 수 있었기 때문에 결과적으로는 엔고가 진행되고([그림 0-5] 참조) 말았다. 금융위기는 미국에서 시작하여 유럽으로 파급되었지만, 오히려 GDP는 구미 주요국보다 일본에서 더 크게 감소하였다.

2012년 말 아베노믹스 개시 후 대담한 금융완화정책이 시행되었다. 해외 경기회복과 함께 장기금리 상승에 따른 엔저([그림 0-5]에서 실질실효환율의 추이를 보면, 1973년 변동환율제 이행 이후 가장 낮은 수준까지 엔화는 하락하였다)가 나타나면서 수출이 확대되었고 경상수지 흑자는 증가([그림 0-3] 참조)하였다. 이 시기에는 실제GDP가 잠재GDP를 상회하는 정도까지 경기가 회복되었다([그림 0-3] 참조). 그러나 민간투자가 민간저축에 크게 못 미치는 현상은 여전하였다. 또한 일반정부 재정적자는 여전히 커서(본 장 제2절 참조) 재정정책의 여지는 제한될 수밖에 없었다. 물론 제로금리가 지속되면서 금융완화정책의 여지도 적었다(제2장 참조). 그 때문에 무역마찰, 엔고의 재연, 해외 경기둔화 등으로 경상수지 흑자가 급감하면 언제든지 경기는 악화될 수 있다.

이상과 같이 일본은 장기간 저축초과 문제로 고민해 왔다. 1990년대 일본의 디플레이션을 분석한 Krugman(1998)도 일본의 높은 민간저축률과 미국의 극히 낮은 민간저축률을 비교하면서, 고도성장 종언 후 일본은 항상 디플레이션 위험을 안고 있었다고 지적하였다. 그는 일본의 정책당국을 동정하는 듯하다.

저축초과 문제를 해결하는 또 하나의 방법은 민간소비를 증가시켜 저축률을 떨어뜨리는 것이다. 1986년 4월에 발표된 마에카와 보고서(국제협조를 위한 經濟構造調整硏究會 편, 1986)[16]는 민간소비와 주택투자의 촉진이 바람직하다고 주장하였다.

그러나 불황대책을 통해 일시적인 소비를 자극하는 것은 고사하고, 정부 개입을 통해 장기적인 민간저축률을 낮추는 것은 그렇게 간단한 문제가 아니다. 그럼에도 많은 경제학자들은 라이프 사이클(life cycle) 가설에 기초하여, 고령화가 진행되고 있는 일본에서는 저축률의 급속한 하락이 불가피하다고 보았다. 따라서 그들은 저축초과 문제도 머지않아 해소될 것이라고 생각하였다. 예를 들어, Horioka(2008)는 2010년경까지 일본의 가계저축률이 제로 또는 마이너스까지 급락할 것으로 예상하였다. 실제로 그의 예상처럼 가계저축률은 크게 하락하였다. 하지만 기업저축은 달랐다. 기업저축률이 급속히 상승하면서 가계저축률 하락을 상쇄하였고 결과적으로 GDP 대비 민간저축률은 30% 정도에서 안정된 추이를 보이고 있다. 전체적으로 보면, 민간저축의 초과 문제는 아직도 해소되지 않고 있다.

일본의 저축초과 문제를 생각할 때, 기업저축과 가계저축의 대체성(이를 corporate veil의 문제라고 부른다)이 어느 정도인가, 그리고 민간저축과 정부저축의 대체성은 어느 정도인가가 중요한 논점이 된다. 이에 관한 여러 연구에 따르면, 세 가지 저축 간의 대체성은 그다지 높지 않은 것으로 알려져 있다.

가계저축의 결정 요인에 대해서는 많은 실증연구가 진행되었지만 기업저축에 대해서는 그렇지도 않다. 가계저축과 기업저축의 대체성이 높지 않다는 설명을 받아들인다면, 기업이 최근 왜 이 정도로 저축을 증가시켰는가에 대한 연구도 필요하다.[17] 기업저축의 대부분은 대기업에 의해 이루어진다고 알려져

16 역자 주: 당시 나카소네 총리에게 제출된 보고서로 이 연구회의 책임자는 마에카와 하루오(前川春雄) 일본은행 총재였다.

17 기업저축은 세계적으로 확대되는 경향이 있다. 이 문제에 대해서는 Chen, Karabarbounis, and Neiman(2017)이 상세하다. 일본의 기업저축의 결정 요인에 관한 연구로는 祝迫(2017)을 참조할 것.

있다(深尾, 2012 제1장). 그런데 대기업은 비교적 높은 생산성에도 불구하고, 국내 투자가 활발한 편이 아니다. 그렇다면 대기업은 자금잉여를 설비투자가 아니라 부채의 상환이나 유동자산의 축적에 쓸 가능성이 높다.[18] 이러한 자금배분이 경제 전체적으로 바람직한가, 또한 자금배분과 관련하여 대기업의 지배구조가 충분히 기능하고 있는가 여부도 향후 중요한 연구과제가 되어야 할 것이다.[19]

3. 공급 측면으로부터 본 경제성장 둔화의 원인

이제 공급 측면에서 경제성장 둔화의 구조적 원인을 살펴볼 차례이다. [표 0-1]은 일본과 주요 선진국을 대상으로 인구 1인당 실질GDP의 성장을 성장회계기법에 의해 공급 측면으로부터 분해한 결과를 보여 준다. 1970년 이후 일본에 대해서는 10년 간격으로 결과가 제시되어 있다.

[표 0-1]의 2열과 3열에는 실질GDP 증가율과 인구 증가율이 나타나 있다. 실질GDP 증가율에서 인구 증가율을 빼면 4열의 인구 1인당 실질GDP 증가율이 나온다. 인구 1인당 실질GDP란 인구 1인당 노동시간×노동생산성(노동시간당 실질GDP)과 같다. 따라서 인구 1인당 실질GDP 증가율은 5열의 인구 1인당 노동시간 증가율과 6열의 노동생산성(노동시간당 실질GDP) 상승률의 합과 같다. 달리 표현하면, 실질GDP 증가율은 인구 증가율, 인구 1인당 노동시간 증가율,

18 대기업은 자사보다 오히려 국내 자회사의 고용을 활발히 확대하거나(權·金, 2010을 참조할 것), 해외 직접투자를 하고 있다. 대기업 저축의 일부는 이러한 목적으로 사용되고 있다고 생각된다.

19 기업의 지배와 기업의 저축·투자 행동에 대해서는 『フィナンシャルレビュー〈特輯〉企業の資金余剰とコーポレートガバナンス』(福田愼一 책임 편집) 2017년 제4호(통권 제132호)에 게재된 논문에서 상세하게 다루고 있다.

[표 0-1] 일본과 주요 선진국의 경제성장의 원천 - 1955~2012년

(연율 평균, %)

		실질 GDP 성장률	인구 증가율	인구 1인당 실질GDP 증가율	인구 1인당 노동시간 증가율	노동 생산성 상승률	자본장비율 상승률	노동의 질 상승률	TFP 상승률
		a=b+c	b	c=d+e	d	e=자본 분배율× f+g+h	f	g	h
일본	1955~70 (고도성장기)	9.2	1.0	8.2	0.8	7.5	7.7	0.9	4.2
	1970~90 (안정성장기)	4.4	0.9	3.6	-0.4	3.9	4.6	1.1	1.5
	1990~2012 (장기정체기)	0.9	0.1	0.7	-0.9	1.6	1.9	0.7	0.3
	1970~80	4.6	1.2	3.4	-0.8	4.1	4.5	1.2	1.7
	1980~90	4.3	0.5	3.8	0.0	3.7	4.8	0.9	1.3
	1990~2000	1.1	0.3	0.8	-1.1	1.9	3.4	0.8	0.0
	2000~12	0.7	0.0	0.7	-0.7	1.4	0.7	0.7	0.5
미국	1955~70	3.6	1.4	2.2	-0.3	2.5	1.7	1.0	0.9
	1970~90	3.2	0.9	2.3	0.7	1.6	0.8	0.6	0.7
	1990~2012	2.5	1.0	1.5	-0.4	1.8	1.5	0.4	0.9
영국	1955~70	2.5	0.6	1.9	-0.9	2.8	3.1	0.7	0.9
	1970~90	2.5	0.1	2.4	-0.4	2.8	2.0	0.8	1.2
	1990~2012	2.0	0.5	1.5	-0.2	1.7	0.8	0.7	0.7
프랑스	1955~70	5.3	1.1	4.2	-1.4	5.6	5.8	0.2	4.2
	1970~90	3.0	0.6	2.4	-1.0	3.4	3.6	1.0	1.4
	1990~2012	1.6	0.5	1.1	-0.4	1.5	1.7	0.5	0.4
독일	1990~2012	1.5	0.1	1.4	-0.5	1.9	2.1	0.3	0.9

출전: 일본의 1970년대 이후 데이터는 JIP 데이터베이스 2015와 총무성 『인구 추계』에 기초한 것이며, 그 이외의 데이터는 Penn World Table 제9판(http://www.rug.nl/productivity/pwt/)으로부터 구하였다. 또한 반올림 오차 때문에 등식이 완전히 성립하지는 않는다. 일본에 관한 1970년 이후 데이터는 권말 부록 [부표 1]에 게재되어 있다.

노동생산성 상승률의 곱으로 분해할 수 있다.

일본에서는 고도성장기, 안정성장기, 장기정체기가 이어지면서 인구 1인당 실질GDP 증가율(및 실질GDP 성장률)이 하락해 왔다. 그리고 그것의 주요한 원인은 노동생산성 상승률의 대폭 하락에 있었다. 인구 1인당 실질GDP 증가율(이하 연율, 즉 annual rate을 의미함)은 고도성장기 8.2%에서 안정성장기 3.6%, 장기정체기 0.7%로 무려 7.5% 포인트나 하락하였다. 그런데 그중 80%가량인 5.9% 포인트는 노동생산성 상승률 저하에 따른 것이다. 또한 일본에서는 고도성장기부터 장기정체기까지 인구 1인당 노동시간 증가율의 하락이 다른 주요 선진국보다 심해서 인구 1인당 실질GDP 증가율을 1.7% 포인트나 하락시켰다. 인구 1인당 노동시간 감소의 원인으로는 단카이 세대의 노동시장 신규 진입이 70년대 초 마무리되었다는 점, 88년에서 90년대 실시된 주휴 2일제의 도입과 법정 노동시간의 단축(神林, 2010), 고령화의 급속한 진행, 해외로부터의 이민자가 적었다는 점, 60년대 말부터 2000년대 초까지 대학진학률이 상승하였다는 점 등이 지적되어 왔다.[20]

비슷하게 실질GDP의 증가율에 대해서도 그 하락의 대부분은 노동생산성 상승의 둔화에 의한 것임을 알 수 있다. 고도성장기에서 장기정체기에 걸쳐 실질GDP 증가율은 8.3% 포인트 하락하였는데, 그중 70% 정도인 5.9% 포인트가 노동생산성 상승의 둔화에 기인한다.

[표 0-1]의 우측 부분에는 노동생산성의 상승이 어떤 요인에 의해 생기는가에 관한 성장회계 분석 결과를 보여 준다. 노동생산성(노동시간당 실질GDP)은 세 가지 요인에 의해 결정된다. 첫째, 자본장비율(노동투입 1단위당 자본투입량)이 상

20 한편, 여성과 고령자의 취업률 상승은 인구 1인당 노동시간을 증가시키는 방향으로 작용한다(제1장 참조).

승하는가(노동생산성 상승에 대한 기여도는 자본장비율의 상승률×자본분배율과 같다. 자본분배율은 대략 1/3 정도의 값이다), 둘째 노동의 질(quality)이 상승하는가, 셋째 총요소생산성(TFP)이 상승하는가에 의해 정해진다.

앞에서 서술한 바와 같이, 일본의 노동생산성 상승률은 고도성장기의 7.5%에서 안정성장기의 3.9%, 장기정체기의 1.6%로 대폭 하락하여 왔다. [표 0-1]을 보면, 일본의 노동생산성 상승률이 다른 주요 선진국보다 높았던 현상은 고도성장기뿐만 아니라 (격차가 좁혀지긴 하였으나) 안정성장기에도 이어졌다. [그림 0-1]을 보더라도, 높은 노동생산성 상승률이 – 고도성장기뿐만 아니라 안정성장기에도 다른 주요 선진국보다 – 일본의 인구 1인당 실질GDP 증가율을 높이는 원동력이 되었음을 알 수 있다. 이 시기 일본의 노동생산성 상승률이 비교적 높았던 이유는 자본장비율의 상승과 TFP의 상승이 다른 주요 선진국보다 대체로 높았기 때문이다. 그러나 장기정체기가 되면 자본장비율의 상승과 TFP의 상승이 다른 주요 선진국보다 둔화되었다. 따라서 [표 0-1]에 나타난 바와 같이, 노동생산성 상승률도 프랑스 다음으로 낮은 편이었다. 특히, 2000년대 이후에는 자본장비율 상승의 둔화가 현저하다.

정리하면 다음과 같다. 고도성장기에서 장기정체기에 걸쳐 일본의 노동생산성 상승률의 저하 5.9% 포인트 중에서 70% 정도인 3.9% 포인트는 TFP 상승 둔화에 의해 초래된 것이다. 또한 하락의 나머지 대부분은 자본장비율 증가의 대폭 둔화에 기인한다. 반면에 노동의 질 상승 둔화에 따른 노동생산성 상승률의 하락은 그렇게 크지 않았다.

단, 1980년대 말 이후 비정규 고용의 증가가 노동의 질 상승의 둔화에 미친 영향이 상당하다는 점은 지적해 두고 싶다. 만약 고용자 총수 중 비정규 노동의 비율이 88년 수준에서 더 높아지지 않았고, 그 후 증가한 비정규 노동자도 전부 고졸의 정규 노동자로 취업하였다고 가정하기로 하자. 이 가정하에 JIP 데이터베이스를 이용하여 계산해 보면, 1989~2012년 노동의 질 상승률은 실제 수치보다 연 0.24% 포인트 높은 것으로 나타난다. 이 계산에 따르면 – 바꾸어 말해서 비정규 노동이 증가하지 않았다고 가정하면 – 2012년 노동의 질은 실제 수치보다 5.7% 높고 노동생산성과 GDP도 같은 비율만큼 높아졌을 것이다. 이처럼 비정규 고용의 증가가 노동생산성을 둔화시킨 효과는 무시할 수 있는 것이 아니었다.[21] [22]

4. 자본축적은 왜 둔화되었는가?

앞에서 노동생산성을 좌우하는 요인은, 첫째 자본장비율, 둘째 노동의 질, 셋째 TFP라고 말한 바 있다. 그리고 일본에서 문제가 되는 것은 TFP 상승의 둔화와 자본장비율 증가(자본축적)의 둔화였으며, 노동의 질은 그렇게 심각한 문제가 아니었음을 확인하였다. 그렇다면 자본축적과 TFP 상승은 왜 그렇게 둔화되었던 것일까? 우선 이 항에서는 자본축적이 부진하였던 원인을 살펴보고, 다음 항에서는 TFP 상승이 둔화된 원인을 살펴본다.

기업이 설비투자를 할 때 가장 중요한 판단 기준은 자본의 이윤율이다.[23]

21 표준적인 성장회계 분석의 기법에 따르면, 노동 질의 차이는 노동 속성 간 임금 격차로 측정한다(深尾 · 宮川 편, 2008, 제2장). 예를 들어, 고령의 대졸 노동자가 늘어나면 그만큼 노동의 질이 상승한다고 생각하는 것이다. 그런데 정규 고용자와 비정규 고용자 간에는 큰 임금 격차가 존재한다. 제조업의 경우 노동 속성 간 임금 격차와 노동의 한계생산성 격차를 비교한 川口 외(2007)에 의하면, 정규 고용자와 비정규 고용자 간의 노동의 한계생산성 격차는 임금 격차에 거의 필적하는 규모라고 한다.

22 노동자가 생활과의 병행을 위해 비정규 고용을 선택하는 경우도 있기 때문에, 여기에서는 노동공급 증가에 대해서 특별히 낙관적인 가정을 하는 것에는 주의해야 한다.

23 기업이 자본을 추가 투입할 때 명목수익률은 자본의 이윤율 – 자본감모율 + 자본재 가격상승률과 같다. 기업은 이것이 명목이자율보다 높으면 투자하고, 낮으면 투자하지 않는다(본 강좌 제5권 p. 17 참조). 이하에서는 이 중 자본의 이윤율의 추이에 대해 분석한다.

[그림 0-6] 이윤율, 자본분배율, 자본계수의 추이(1955~2012년)

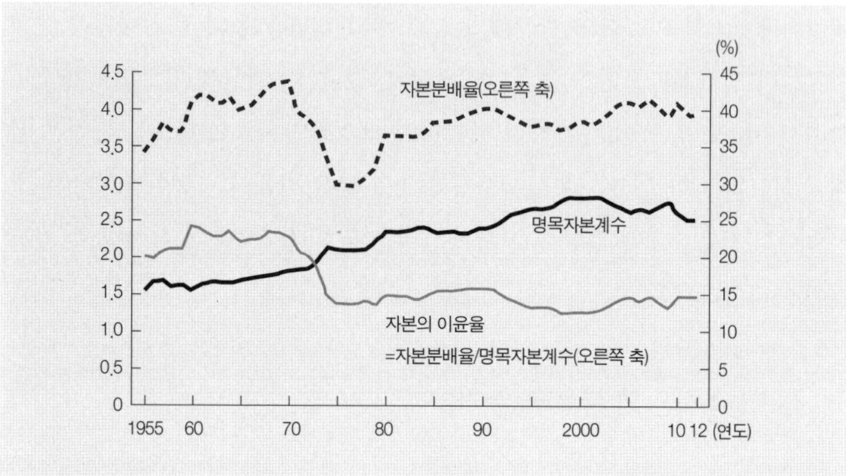

출전: 1970년 이후에는 JIP 데이터베이스 2015로부터 구하였음. 1970년 이전의 경우 본 강좌 제5권 [그림 0-4]의 원자료(본 강좌 제5권 권말 부록 [부표 1], [부표 2]에 게재된 바 있음)를 외삽한 것임. 자본스톡의 경우 주거용 건물과 일반정부의 자본을 포함한 것이며, 재고, 사회자본, R&D 스톡 등 무형자산, 방위장비품은 제외하였음.

[그림 0-6]은 이윤율과 그 결정 요인이 고도성장기 이후 어떻게 변화해 왔는가를 보여 준다. 이 글에서는 영업잉여(기업의 명목부가가치에서 임금지불분을 뺀 값)를 명목자본스톡으로 나눈 값을 자본의 이윤율이라 부르기로 한다. 영업잉여는 자본분배율과 요소비용 표시의 명목부가가치의 곱이기 때문에, 이윤율은 자본분배율을 명목자본계수(=명목자본스톡/명목부가가치)로 나눈 값과 같다.[24] 따라서 명목자본계수가 상승하는 만큼 그리고 자본분배율이 하락하는 만큼,

24 역자 주: 본문을 쉽게 읽을 수 있도록 이 내용을 수식 형태로 정리하면 다음과 같다.
이윤율 = 영업잉여/명목자본스톡
= (자본분배율 × 명목부가가치)/명목자본스톡
= 자본분배율/(명목자본스톡/명목부가가치)
= 자본분배율/명목자본계수

자본의 이윤율은 하락하고 기업의 투자의욕도 떨어지게 된다. 자본축적에 극도로 의존하는 경제의 경우, 자본스톡 증가율이 GDP 성장률을 상회하면 명목자본계수는 상승하게 된다. 명목자본계수의 상승은 이윤율을 떨어뜨리고 이에 따라 자본축적은 둔화된다. 따라서 이러한 성장은 지속될 수 없다. 이상이 표준적인 경제성장론의 사고방식이다.

[그림 0-6]에서 알 수 있듯이, 고도성장기의 이윤율은 1970년대 이후와 비교할 때 현저히 높았다. 그리고 이것이 당시의 왕성한 민간설비 투자를 촉진하였다고 생각된다. 오히려 궁금한 것은 이것이다. 자본스톡이 급속하게 증가하였음에도 불구하고, 왜 이윤율도 상승하였을까? 그 이유로는 두 가지를 지적할 수 있다. 첫째, TFP 상승과 노동투입 증가에 의해 GDP가 확대되었기 때문에 자본계수는 별로 상승하지 않았다. 둘째, 자본집약적이고 자본분배율이 높은 중화학공업이나 일부 서비스업의 확대를 통해 – 일부 산업에서는 자본분배율이 하락하였더라도 – 거시경제 전체적으로는 자본분배율이 상승하였기[25] 때문이다(본 강좌 제5권 서장 제1절 참조).

이윤율의 추이를 보면, 1970년부터 1975년까지 10% 포인트 급락하였고 그 이후에는 거의 회복되지 않았다. 단기적인 변동에 초점을 맞추면, 1970년대 전반에 이윤율이 하락하였는데 가장 큰 원인은 자본분배율의 저하였다. 그리고 당시 자본분배율이 하락한 이유는 다음과 같았다. 닉슨 쇼크 후의 엔고, 제1차 오일 쇼크, 물가 폭등 후의 금융긴축에 따른 자본가동률 하락 등에 의해 기업이윤은 정체되는 반면 임금이 비교적 견조하게 상승하였기 때문이다.

25 추가적으로, 고도성장기에는 GDP 디플레이터의 상승에 비해 자본재 가격의 상승이 완만하였다는 점도 실질자본계수(실질자본스톡/실질GDP)의 상승에 비해 명목자본계수(자본재 가격 × 실질자본스톡/(GDP 디플레이터 × 실질GDP))의 상승이 완만해지도록 한다(본 강좌 제5권 서장 제1절 참조).

1970년대 후반이 되면, 노동자·노동조합이 고용을 중시하여 기업에 대해 타협적인 태도를 갖게 되었고(小宮, 1998, 제2장; 奧野, 2002) 때마침 경기도 회복되었기 때문에 자본분배율은 회복되었다. 80년대 이후에도 자본분배율은 조금씩 상승하였다. 그러나 70년대 말 이후 이윤율의 부진은 계속되었다. 그 이유는 1970년 이후 명목자본계수가 계속해서 상승하였기 때문이다.

그렇다면 명목자본계수가 상승한 원인은 무엇인가? 첫째, TFP 상승과 노동투입 증가가 모두 둔화되었음에도 불구하고 이에 비해 자본축적은 견조하게 진행되었고, 둘째 두 번의 오일 쇼크가 초래한 소득 이전 효과와 불황으로 인해 명목자본스톡에 비해 명목GDP의 성장이 떨어졌기 때문이다.[26] 1980년대에도 명목자본계수는 상승하였다. 미국의 고금리에 의해 자원 가격이 하락하고 플라자합의 이후의 엔고로 인해 일본의 수입 에너지 가격은 대폭 하락하였지만([그림 0-2] 참조), 자본축적에 의한 명목자본계수의 상승 추세는 계속되었다. 1990년대에도 마찬가지였다. 90년대에는 저성장이 나타났음에도 불구하고 자본축적은 여전히 견조하게 진행되었다. 따라서 90년대까지 명목자본계수는 급속히 상승하였고 이윤율은 급속히 하락하였다고 정리할 수 있다.

[그림 0-4]에서 볼 수 있는 바와 같이, GDP에서 민간투자가 차지하는 비율은 – 1980년대 후반 버블경제 시기를 제외하면 – 70년대 이후 하락하여 왔다. 그 배경에는 이상에서 살펴본 바와 같이, TFP 및 노동생산성의 정체 속에서도 자본축적이 진행되면서 명목자본계수가 상승하였던 현상이 있었다. 그렇기

26 완전경쟁과 완전고용을 가정하면, 한 나라가 만들어 낼 수 있는 실질임금률과 실질이윤율에는 상한이 존재하고, 실질임금률이 상승하면 실질이윤율이 낮아지는 우하향(downward) 스케줄을 그릴 수 있다. 이를 요소 가격 프런티어(frontier)라고 부른다. 석유위기에 의한 소득 이전은 요소 가격 프런티어를 아래로 이동시켰다(Bruno and Sachs, 1985 및 吉川, 1992, 제2장 참조). 이 변화는 [그림 0-6]에서 2번의 석유위기 후 명목자본계수의 높은 성장(자본재 가격이 상승하는 비율로 요소 가격이 정체됨으로써 GDP 디플레이터가 정체된다)으로 나타난다.

때문에 이윤율이 그렇게 낮은 수준에서 유지되었던 것이다.

다만 [그림 0-6]에서 알 수 있듯이, 2000년대 전반부터는 민간투자/GDP 비율이 더욱 하락하였다. 그리고 명목자본계수의 상승세도 멈추었다. 일본에서 새로운 상황이 전개된 것이다.[27] [표 0-1]에서 볼 수 있듯이, 2000년 이후 일본에서 자본장비율의 상승은 다른 주요국보다 둔화되었다. 명목자본계수 하락의 원인에 대해서는 후속 연구가 필요해 보인다. 하지만 후술하듯이 일본의 IT 투자가 정체되었다는 점, 무형자산 투자가 정체되면서 그것과 보완적인 유형자산 투자 일반도 정체되었다는 점, 제조업 생산의 해외 이전(제4장 참조), 노인요양(介護) 수요의 확대 등에 의해 노동집약적인 산업이 확대되었다는 점 등이 요인으로 작용하였을 것이다.

이 항을 요약하면 다음과 같다. 2000년대 초까지 자본축적이 부진한 원인은 TFP 및 노동생산성의 상승이 정체된 가운데 자본축적이 진행되면서 명목자본계수가 상승하였고 그것으로 인해 이윤율이 낮게 유지되었기 때문이다. 2000년대 이후 명목자본계수의 상승이 멈추었는데, 그 원인과 향후 전망에 대해서는 조금 더 연구가 필요하다고 판단된다.

5. 총요소생산성(TFP)의 정체

앞의 항에서 자본축적이 부진하였던 원인을 살펴보았으므로, 이 항에서는 TFP 상승이 둔화된 원인을 살펴본다. TFP는 공급 측면에서 장기정체를 설명하는 가장 중요한 요인이다.

27 2008~09년 명목자본계수가 일시적으로 상승하였지만, 이는 리만 쇼크를 계기로 세계 금융위기에 의해 분모의 명목GDP가 감소하였기 때문이다.

일본의 실질GDP 성장률은 고도성장기, 안정성장기, 장기정체기에 걸쳐 순차적으로 하락하였다. [표 0-1]에서 볼 수 있듯이, 실질GDP 성장률 하락의 대부분은 노동생산성 상승의 둔화 때문이었다. 또한 노동생산성 상승 둔화의 절반 이상은 TFP 상승률 저하에 그 원인이 있었다. 물론 자본장비율 상승의 정체도 노동생산성 상승 둔화의 원인이기는 하다. 하지만 그것보다는 [그림 0-6]에서 볼 수 있듯이, ① TFP 상승 둔화가 명목자본계수를 상승시켰고, ② 이것이 이윤율을 저하시켰으며, ③ 그것으로 인해 자본장비율 상승의 정체가 초래되었다고 생각된다. 즉, 자본장비율 상승의 정체가 노동생산성 상승을 둔화시킨 것은 사실이지만 이 인과관계에서도 TFP 상승 둔화는 보다 더 근원적인 요인으로 작용한다. 이처럼 1990년대 이후 장기정체기를 이해하려면, 90년 이후 왜 TFP 상승률이 떨어졌는지에 답하지 않으면 안 된다.

[그림 0-7]은 일본과 미국의 제조업과 비제조업(시장경제만을 포함하였고, 건설·부동산·귀속임료를 제외한 것임)을 대상으로 부가가치 기준 TFP의 추이를 보여주고 있다.[28] 1990년을 1로 만든 지수이므로 산업 간 또는 미·일 간 수준 비교는 불가능하다는 점에 주의해야 한다.

일본의 경우 제조업과 비제조업 모두 1990년경을 전후하여 TFP 상승률이 크게 꺾였다. 안정성장기(1970~90년)와 장기정체기(1990~2012년)를 비교하면(연평균 기준), 제조업에서는 3.8%에서 1.3%로, 비제조업에서는 1.6%에서 0.3%로 하락하였다. 제조업의 하락 폭이 2배 가까이 크지만 GDP에서 차지하는 비중이

28 JIP 데이터베이스를 기초 데이터로 사용하는 일본의 GDP 통계에는 문제점이 있다. 예를 들어, 건설업에 관한 디플레이터는 건설 output의 질 측정 면에서 심각한 결함을 지닌다. 또한 JIP 데이터베이스에서는 토지 투입을 무시하기 때문에, 부동산업의 TFP 측정에도 문제가 있다. 이러한 점을 고려하여 [그림 0-7]에서는 건설·부동산업을 대상에서 제외하였다. 또한 상업의 경우에도 일본의 통계는 output의 질 측정이 불충분하므로 실질생산성 증가와 TFP 상승을 과소평가할 위험이 있다(일본의 GDP 통계의 문제점에 대해서는 深尾, 2017; Fukao et al., 2017 참조).

[그림 0-7] 미·일의 제조업 및 비제조업 TFP 수준의 비교(1990년=1)

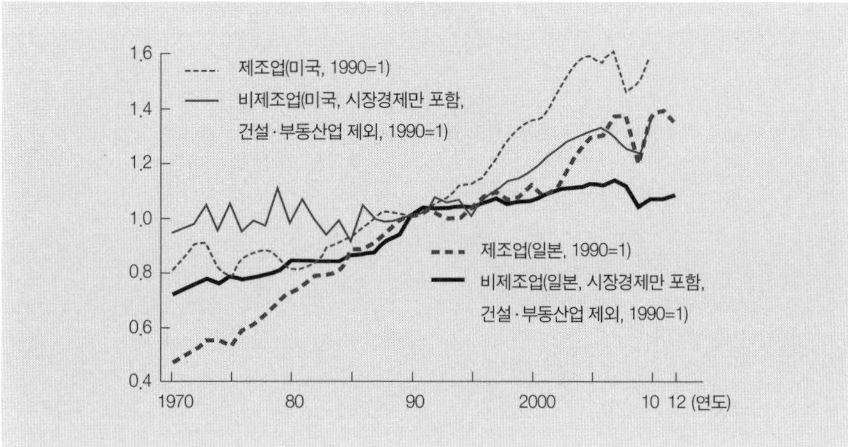

출전: 일본은 JIP 데이터베이스 2015, 미국은 World KLEMS 데이터베이스 중 미국 데이터(2013년 4월 발표)에 기초한 것임. TFP는 부가가치 기준이고, 비제조업은 제조업을 제외한 산업의 TFP 상승을 집계한 것이며, TFP 추계가 곤란한 공공성이 강한 활동(일반정부, 의료, 교육 등)을 제외하고 시장경제만을 대상으로 하였음. 귀속임료와 건설·부동산업은 포함하지 않았음.

제조업은 비제조업의 1/2 정도 된다. 따라서 [표 0-1]에서 본 바와 같이, 거시경제 전체의 TFP 상승 둔화의 원인을 분석할 때에는 제조업과 비제조업이 거의 비슷하게 기여하였다고 보면 된다.

흥미로운 것은 안정성장기 비제조업의 TFP 상승률이 연 1.6%나 된다는 점이다. 이는 결코 작은 수치가 아니다. 20년간으로 환산하면 39%나 상승하였다는 뜻인데, 비제조업도 거시경제 전체의 노동생산성 상승 및 1인당 GDP의 확대에 크게 기여하였음을 보여 준다.

[그림 0-7]에서 제시된 미국의 TFP 추이를 보기로 하자. 일본과는 대조적이다. 미국에서는 1995년을 전후로 제조업, 비제조업 모두에서 TFP 상승 속도가 빨라졌다. TFP 상승이라는 측면에서 볼 때, 미국은 1970~90년에는 제조업, 비

[그림 0-8] 비제조업 각 산업의 TFP 상승에 대한 기여(연율, % 포인트)

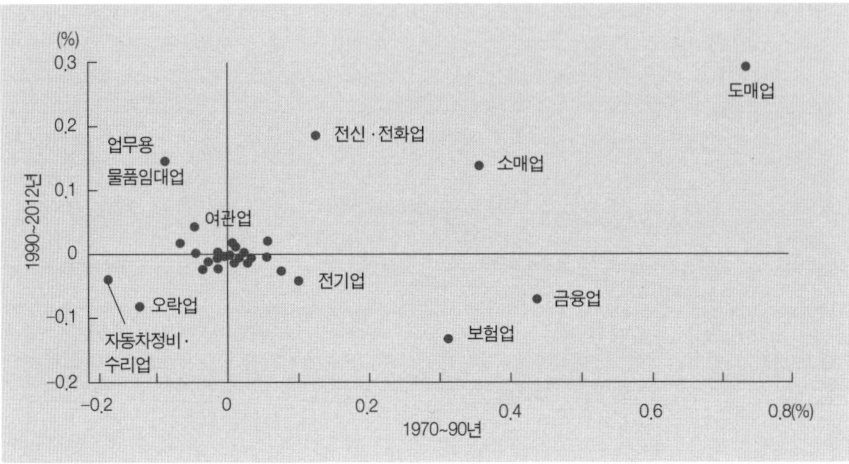

출전: JIP 데이터베이스 2015.

제조업 모두에서 일본에 압도당하였지만 90년대 이후에는 제조업, 비제조업 모두에서 일본을 능가하였다.

일본 제조업의 TFP 상승이 둔화된 원인에 대해서는 제4장에서 자세하게 설명하기로 한다. 여기에서는 비제조업만을 대상으로 살펴본다.

[그림 0-8]은 안정성장기와 장기정체기 동안 부가가치 기준 TFP 상승에서 비제조업(시장경제만을 포함하였고, 건설·부동산·귀속임료를 제외한 것임)의 각 산업(비제조업의 하위분류로 모두 37개 산업)이 비제조업 전체에 기여한 크기를 보여 준다.

이 그림에서 우선 지적할 수 있는 것은, 두 기간 모두 비제조업 TFP 상승의 대부분이 일부 소수의 산업에서 만들어졌다는 점이다. 안정성장기부터 살펴보자. 비제조업 전체의 TFP는 1.6% 상승하였으며, 가장 크게 기여한 5개의 산업은 도매, 금융, 소매, 보험, 전기·전화였다. 이 5개 산업의 TFP 상승을 모두 더하면 2.0% 포인트이다. 나머지 산업은 비제조업 전체의 TFP 상승에 기여하지 못하였을 뿐만 아니라 자동차정비·수리 및 오락은 오히려 TFP를 끌어내렸다. 다음으로 장기정체기를 살펴보자. 이 시기 비제조업 전체의 TFP 상승은 0.3%이었으며, 가장 크게 기여한 5개의 산업은 도매, 전신·전화, 업무용 물품 임대, 소매, 여관이었다. 이 5개 산업의 TFP 상승을 모두 더하면 0.8% 포인트이다. 정리하면 비제조업의 TFP 상승은 안정성장기 이후 일관되게 소수의 산업에 의해 견인되어 왔다.29

이제 두 가지 중요한 사실을 알게 되었다. 첫째, [그림 0-7]로부터 비제조업의 TFP 상승률이 안정성장기의 연 1.6%에서 장기정체기의 연 0.3%로 1.3% 포인트나 하락하였다. 둘째, [그림 0-8]로부터 소수의 산업이 TFP 상승을 주도하였다. 따라서 비제조업의 TFP 상승이 둔화된 주요 요인은 이들 소수 산업의 TFP 상승이 둔화되었던 데 있다. 구체적으로 금융·보험의 기여 하락은 0.9% 포인트, 도매·소매의 기여 하락은 0.7%이었으므로 비제조업 전체의 하락 1.3% 포인트를 뛰어넘는다. 동일본대지진 이후 원전의 가동이 정지되었던 전기에서도 2011년 이후 TFP가 급속히 하락하였다. 반면에 전신·전화, 업무용 물품 임대, 여관에서 TFP의 상승 속도는 빨라졌다. 하지만 비제조업 전체의 TFP 상승 둔화를 반전시킬 만한 효과는 나타나지 않았다.

장기정체기 금융·보험의 기여는 2000년대에도 계속 (-)이었다. 그런데 버블경제 붕괴 후 발생한 불량채권 문제만으로는 이 문제를 설명할 수 없다. 금융·보험의 부진에 대해서는 추가적인 설명이 필요할 듯한데, 그 내용은 다음과 같다. [그림 0-4]에서 살펴본 바와 같이, 기업저축이 확대되고 기업투자가 감

29 거시경제의 TFP 상승이 극소수의 산업에 의해 견인되어 왔다는 특징이 있는데, 이는 제조업의 경우에도 마찬가지이다. 또한 미국에서도 비슷한 현상이 보고되어 왔다(深尾·宮川 편, 2008, pp. 26~28 참조).

소함에 따라 일본 국민경제의 자금순환에서 정부가 최대의 차입자가 되었기 때문에(제2장 참조) 은행의 역할이 후퇴하였다는 점, 저금리정책의 영향에 따라 금융은 잉여노동과 유휴자본을 떠안고 있는 구조적 불황업종이 되었다는 점에 그 원인이 있을 것이다. 한편, 도소매업의 기여도 하락하였는데, 이에 대해서는 다음과 같이 설명할 수 있다. 안정성장기에는 도매업의 합리화·근대화와 소매업에서의 슈퍼마켓·편의점의 진입(제5장 참조) 등 구조 변화가 TFP 상승을 이끌었다. 하지만 장기정체기에는 그러한 구조 변화가 약화되었다.

그렇다면 1990년대 이후 일본의 TFP 상승이 왜 그렇게 둔화되었던 것일까? 1995년 이후 미국에서 TFP 상승률이 높아진 원인은 IT 혁명이라고 생각된다(Jorgenson, 2001). 즉, 전기·통신기기, 컴퓨터·소프트웨어, 통신·정보처리서비스 등 IT 재화와 서비스를 생산하는 산업에서 TFP가 급속하게 상승하였다. 하지만 이것은 그 이전부터 그리고 일본을 포함한 많은 나라에서도 관찰되는 현상이다. 그런데 1995년 이후 미국에서 나타난 현상은 그것 이상이었다. IT 혁명이 IT 재화와 서비스를 생산하는 산업만이 아니라 다른 산업으로도 파급된 것이다. 즉, 미국의 IT 혁명에서 획기적이었던 것은 IT 자본·서비스가 집약적으로 투입되는 산업(구체적으로는 전기 이외의 제조업, 상업, 운수 등)에서도 TFP 상승이 가속화되었다는 점이다. 다른 분야를 향한 IT의 투입은 비즈니스 모델의 혁신, 작동방식의 개혁, 고객·공급자의 네트워크 심화 등을 통해 생산효율을 향상시키고 TFP를 상승시킨다. 주목할 것은 이러한 움직임이 미국에서만 나타났으며 일본과 유럽 대륙 국가에서는 거의 나타나지 않았다는 점이다.

그렇다면 왜 일본과 유럽에서 IT 혁명이 늦어졌을까? 이에 대해서는 몇몇 연구가 진행되었는데, 그 결론은 의외로 단순하다. 미국·영국과 달리, 일본과 유럽 대륙 국가에서는 IT 자본·서비스의 투입이 이루어지지 않았다는 것이었

[표 0-2] 노동생산성 상승을 위한 IT 자본축적의 기여 – 산업별 미·일 비교

(연율, %)

	일본: 1990~2010 (연율, %)	미국: 1990~2007 (연율, %)	일본의 시장경제 전체에서 차지하는 각 산업의 노동투입의 비중 (1990~2010년 평균, %)
IT 재화·서비스 생산 (전기·정보비스·통신 등)	1.0	1.7	5.0
전기 이외의 제조업	0.4	0.6	21.0
기타 생산활동 (1차 산업, 건설, 전력·가스·수도 등)	0.1	0.3	18.8
유통(상업·운수업)	0.2	0.7	25.8
금융·대사업소 서비스(부동산 제외)	0.9	1.4	13.9
대개인 서비스	0.1	0.2	15.6
시장경제 전체	0.4	0.8	100.0

출전: JIP 데이터베이스 2014, EU KLEMS ISIC Rev.4, March 2011 공표판.

다(Inklaar, Timmer, and van Ark, 2007; Fukao, 2013; Jorgenson, Nomura, and Samuels, 2016). [표 0-2]는 미국과 일본을 대상으로 IT 자본축적이 노동생산성 상승에 미친 영향을 산업별로 비교하고 있다. 미국과 비교할 때, 일본은 전기 이외의 제조업과 유통, 금융·대사업소 서비스 등 IT 자본을 집약적으로 투입하는 산업에서 – 노동생산성 상승을 위한 – IT 자본축적의 기여가 적다.

일본에서 IT 자본·서비스의 투입(이하 IT 투입이라 약칭함)이 적었던 이유로는 몇 가지를 지적할 수 있다(상세한 내용은 Fukao et al., 2016 참조). 첫째, IT 투입이 기업에 가져다주는 이익 중 하나는 노동투입의 절약이라고 생각되는데, 일본에서는 노동자의 해고가 곤란하기 때문에 IT 투입을 증가시킬 인센티브가 낮았을 가능성이 있다. 둘째, 창업기업은 성장기업만큼 IT 투입에 적극적인 편이지만, 일본에서는 오랜 역사를 가진 기업이 압도적인 비중을 차지하고 있다.

셋째, 일본의 대기업은 업무를 아웃소싱할 때 고용유지 등을 위해 그룹 기업 내에서 하는 경우가 많다. 따라서 그룹 외부의 효율적인 공급자(vendor)가 경쟁을 통해 마켓 셰어를 차지할 기회가 적다. 이 때문에 IT 서비스를 제공하는 IT 벤더가 육성되지 못하였고, 더 나아가 스스로 IT 기술자나 설비를 갖추기 어려운 중소기업의 경우 IT 투입을 곤란하게 만들었다. 또한 일본에서는 미국과 달리 우수한 기술자가 대기업을 지향하는 경향이 강해서 중소기업이 IT 기술자를 고용하기가 쉽지 않다. 넷째, 미국과 달리 일본에서는 IT의 역할을 단순하게 비용 삭감의 수단으로 여기는 경우가 많다. 즉, 새로운 타입의 대고객 서비스 창출 등 비즈니스 모델의 혁신 수단으로 인식하지 못하였다. 다섯째, 미국과 달리 일본에서는 기업조직의 혁신이나 고용의 조정을 피하기 위하여 패키지 소프트웨어보다 커스텀 소프트웨어를 선택하는 경향이 강하다. 이로 인해 소프트웨어의 가격이 비싸지게 되고, 기업 간 네트워크의 심화를 방해한다.

장기정체기 일본의 TFP 상승을 늦추었던 또 다른 요인은 무형자산 투자의 정체였다. 기업이 미래의 생산과 수익성 확대를 위해 행하는 유형자산 투자 이외의 지출을 무형자산 투자라고 말한다. 일본의 경우에도 무형자산 투자 중에서 연구개발 투자는 비교적 활발하다. 하지만 스스로의 경제적 경쟁력을 강화하는 투자(구체적으로 조직개편에 대한 지출, off-the-job-training에 대한 지출 등)가 다른 선진국 기업들에 비해 적다(深尾, 2012, 제2장; 宮川, 2018). 비정규 고용의 경우 기업의 off-the-job-training이 적기 때문에 최근 비정규 고용의 증가(제1장 참조)는 무형자산 투자를 정체시키는 측면이 있다. 무형자산 투자에 의해 기업이 생산을 확대한다든지 또는 다른 생산요소의 투입을 절약한다든지 하는 효과는 통상의 성장회계 분석에서 자본축적의 기여에 포함되지 않고 잔차(residual)인 TFP 상승에 포함된다. 따라서 [표 0-1]에서 1990년 이후 일본의 TFP 상승이 다른 선진국보다 정체되었던 원인 중 하나는 무형자산 투자가 정체되었던 것이라고 생각된다.

이외에도 일본의 TFP 상승이 정체된 원인으로는 경쟁을 통한 도태 메커니즘이 제대로 기능하지 못하였던 것을 들 수 있다. 생산성이 높은 기업 또는 사업장이 신규 진입하거나 규모를 확대하고, 생산성이 낮은 기업 또는 사업장이 퇴출되거나 규모를 축소하게 되면 경제 전체의 TFP는 상승하기 마련이다. 그러나 일본에서는 이러한 메커니즘이 충분히 작동한다고 볼 수 없다. 그 원인 중 하나로는 아무래도 종신고용제에 의한 고용의 경직성을 지적할 수밖에 없다(深尾, 2012, 제3장 및 본권 제4장 참조).

또한 여러 산업에서 기업 규모 간 생산성 격차가 확대되고, 중소기업의 TFP 상승이 뒤처지는 것도 일본의 생산성 상승을 정체시켰다(深尾 외, 2014). 예를 들어, 기계산업에서는 1990년대 이후 생산이 해외로 이전되고 현지 생산이 가속화됨에 따라 공급사슬(supply chain)이 세계화되었다. 결과적으로는 조립을 담당하는 대기업과 부품을 공급하는 중소기업 간의 거래관계가 유동화되고 말았다. 이는 지속적인 거래관계를 통해 이루어지던 대기업으로부터 중소기업으로의 기술 파급(spill-over)을 약화시켰을 가능성이 높다(제4장). 사실 일본의 중소기업은 스스로 연구개발을 하거나 신기술을 도입할 여유가 없다고 말하고 싶다.

정리하면 다음과 같다. TFP 상승을 정체시킨 요인은 IT 투자의 지연, off-the-job-training 등 무형자산 투자의 부진, 시장의 도태 기능 부족, 중소기업의 생산성 부진 등이다. 그리고 이 요인들이 나타난 이유는 노동시장의 문제점 때문이라고 생각된다. 즉, 종신고용제에 의한 고용의 경직성, 비정규 고용의 증가, 우수한 노동자의 대기업 지향 등에 상당한 정도로 기인한다.

1990년대 중반 이후 고용에서 차지하는 비정규 고용의 비율이 증가하였지만(제1장) 그것은 종신고용제에 의한 고용의 경직성과 표리일체(表裏一體)의 관계에 있다. 장기정체기에 들어서면, 많은 기업들은 고도성장기·안정성장기와 같이 성장과 고용 증가를 동시에 기대할 수 없게 되었다. 또한 국제경쟁의 격화(제4장)와 기술혁신으로 인해 각 기업이 경쟁력을 지닌 활동 분야에서조차 눈이 팽팽 돌 정도의 변화가 나타나고 있다. 기업으로서는 고용자 수와 고용의 구성을 유연하게 하는 일이 절실하였다. 그러므로 비정규 고용의 증가는 불가피한 것이었을 것이다.[30] 하지만 비정규 고용의 증가는 [표 0-1]에서 논한 바와 같이, 숙련의 축적을 통해 노동의 질을 향상시켰던 활동을 떨어뜨리고 경제성장을 저해하였을 가능성이 높다.

고도성장기·안정성장기에 종신고용제와 긴밀한 공급사슬 형성 등 일본형 경제시스템은 숙련 형성과 기술 파급 등을 통해 일본의 성장에 일정한 기여를 하였다. 그러나 1990년대 이후 저성장, 경제의 세계화, 기술혁신 등 환경 변화에 따른 폐해가 나타났고 이제는 유지하기도 어렵게 되었다. 이제는 변화가 불가피해 보이는데, 일본의 경우 노동생산성의 장기정체는 이러한 시스템 변혁의 산고(産苦)로 이해해야 하지 않을까 생각한다.

30 川口 외(2007) 참조.

제2절 정부의 역할

높아지는 사회보장의 중요성

1970년대에 들어서자마자 때마침 닥친 제1차 오일 쇼크까지 겹치면서 고도성장기는 종말을 고하고 일본경제는 저성장의 시대에 들어선다. 본 강좌 제5권 서장 제2절에서는 전후 부흥기~고도성장기 정부의 역할을 개관한 바 있다. 그 논의에 이어서 본 절에서는 70년대 전반부터 2010년대까지의 시기를 대상으로 정부가 거시경제와 국민경제에 어떤 영향을 미쳐 왔는가를 장기적인 관점에서 개관한다.

1970년대 이후 정부의 역할을 둘러싼 최대의 주제는 재정적자의 확대일 것이다. 국가 예산편성을 보더라도, 매년 거액의 국채가 발행되었고 GDP 대비 정부채무잔고의 비율은 다른 선진국 수준을 대폭 상회하기에 이른다. 최근에는 대량으로 발행된 국채의 실질적 인수자로서 일본은행이 중요한 역할을 떠안고 있는 듯하다.

정부의 활동은 지출과 조달의 두 가지로 구분할 수 있다. 우선 지출과 관련하여 본 절에서 특히 강조하고 싶은 것은, 1970년대 이후 재정에서 사회보장의 중요성이 꾸준히 증가하였다는 점과 사회보장을 통해서 재정이 소득재분배 장치로서의 측면을 강하게 갖게 되었다는 점이다. 반면에 정부지출은 공공투자 및 정부의 최종소비지출을 통해 최종 수요항목으로서 경기를 조절하는 역할을 하는데, 이를 통해 경제성장에 미치는 기여도는 서서히 하락하여 왔다. 즉, 정부지출과 관련하여 성장정책의 역할은 약화되었고 사회보장정책의 역할만이 강화되었다.

다음으로 조달과 관련하여, 90년대 이후 정부활동을 지탱하는 재원의 조달방식이 바뀌었다는 점에 주목해야 한다. 즉, 조세나 사회보험료와 같이 소득으로부터 조달하는 직접적인 형태가 아니라 저축을 통해 국채를 매입하는 방식으로 조달하는 간접적인 형태로 바뀌어 왔다. 간접적인 형태의 재원조달 방식을 선택한 결과로 재정적자는 확대되었고 정부채무는 누적되어 갔다. 문제는 이러한 재정운영 방식과 그것을 전제로 한 경제 전체가 고령화의 진전 속에서 지속 가능한 것인가이다.

본 절에서는 이상의 문제를 논의하기 위해 1970년대 이후 재정운영의 특징을 개괄적으로 정리한다. 다음으로 재정의 역할을 거시경제 및 국민경제와의 연관 속에서 고찰하기 위하여 '일반정부'라는 형태의 정부를 상정한다. 그리고 일반정부 기준에서 본 재정지출과 재정수지의 장기적 경향을 개관하여, 재정운영에서 사회보장의 중요성이 증가해 온 점을 지적하게 될 것이다. 다음으로 사회보장 확충의 역사적 경위를 되돌아보고 재원조달의 변화를 지적한 토대 위에서, 국민저축의 관점으로부터 정부 운영을 평가해 본다. 끝으로 고령화가 진전되는 상황 속에서 바람직한 정책이 과연 무엇인가에 대해 고찰한다.

1. 1970년대 이후의 재정운영 – 개관

고도성장기의 정부는 기본적으로 '작은 정부'였고, 재정수지도 거의 균형을 이루었다. 개괄적으로 말하면, 민간부문이 견인하는 형태로 경제성장이 실현되었고, 정부의 역할은 민간부문으로의 자원배분을 높이고 민간부문의 자본축적을 촉진하는 것에 역점이 두어졌다.

구체적으로는, 첫째 민간부문의 경제활동과 자본축적을 보완하는 사회적인프라의 정비가 목표였고, 둘째 고도성장 하에서 지연되었지만 두드러졌던 중소기업과 농업부문 등 저생산성 부문의 보조, 또는 지방교부세 교부금 등을 통한 지방으로의 소득 이전, 소득재분배적 기능을 기대하였다. 즉, 기본적으로는 민간부문이 주도하며 정부는 민간부문과 협력하는 역할에 머물렀다고 보아야 한다. 더 나아가 민간부문의 활동을 측면에서 지원하고, 그 활동의 성과를 경제 전체가 균점하도록 하는 것이 정부의 중심적인 기능이었다고 말할 수 있다.

1970년대 이후에도 경제성장은 여전히 민간주도였다. 정부가 경제성장을 견인하는 상황은 기본적으로 보이지 않았다. 다만 경기부양을 목표로 케인스적 정책을 시도하는 국면이 늘어나기는 하였다. 예를 들어, 73년 제1차 오일 쇼크 후에 경기가 후퇴하자 내수 확대를 요청받은 재정정책은 경기자극형으로 전환하였고, 그에 따라 재정적자가 확대되었다. 75년에는 10년 만에 특례공채가 발행되었고, 그 후에도 재정정책은 확장적인 태도를 유지하였다.

재정수지의 악화에 직면하였던 정부는 1980년대부터 재정정책의 스탠스를 확장형에서 긴축형으로 전환하였다. 재정 재건과 행재정 개혁을 재정운영의 목표로 재설정한 셈이다. 80년대 전반에는 제2차 오일 쇼크 후의 경기 부진 때문에 재정수지를 개선하기가 쉽지 않았다. 그러나 80년대 후반이 되면 '플라자합의'(1985)에 의한 엔고 불황에 대응하기 위해 일본은행이 대대적인 금융완화를 시행하게 된다. 이른바 '버블경제'가 발생하였고, 재정수지는 세수의 대폭 증가에 힘입어 크게 개선되었다. 급기야 90년에는 특례공채에 대한 의존도 해소되었다. 그 시기 선진국 중에서 재정수지가 흑자인 나라를 찾아볼 수가 없었으나 일본만은 흑자였다.

그러나 버블경제 후 재정수지는 악화일로를 걷기 시작한다. 이어지는 금융완화에도 불구하고 경기부양에는 실패하였는데, 세수는 부진하였던 반면 경기 자극을 위한 공공투자는 확대되었다. 재정 상황 악화에 직면한 정부는 '재정구조개혁'(1997)이라는 슬로건을 내걸었고, 재정 건전화를 위한 모양새를 갖추었다. 하지만 경기의 장기부진 속에서 번번이 궤도를 수정하는 상황이 반복되었다.

2012년 말 시작된 이른바 '아베노믹스'는 소비세율을 인상하고, 경기 회복에 의해 재정수지를 개선하겠다는 접근방법을 취하였다. 하지만 재정 건전화를 위한 조치에는 소극적이었다. 최근 재정 건전화와 관련하여, 국가와 지방을 더한 기초적 재정수지(primary balance)의 흑자라는 일반적인 목표를 제시하기는 하였지만 낙관적인 경제전망에 기초한 것일 가능성이 높다. 결과적으로 1990년 전후 흑자이었던 재정수지는 그 후 꾸준하게 적자 상태였고, GDP 대비 정부부채의 비율이 200%를 상회하는 등 선진국 중에서도 가장 심각한 수준에 이르고 있다.

1970년대 이후 재정운영의 추이에 대해서는 이상과 같이 요약할 수 있다. 물론 재정운영이 어디까지 케인스적인 것이었는가에 대해서는 논자에 따라 견해가 다르다. 공공투자와 GDP의 관계를 통계적으로 검증한 井堀·川出(2003)에 의하면, 제1차 오일 쇼크 이후 공공투자는 GDP의 움직임에 마이너스로 반응하였고, GDP는 공공투자의 움직임에 플러스로 반응하였던 것으로 나타났다. 그런 의미에서 보면, 1970년대 이후 전개되었던 일본의 재정정책은 케인스적인 특징을 갖고 있었다고 보아야 할 것이다.

2. 일반정부로부터 본 재정

일본 재정운영의 발자취를 평가하려면, 재무성(대장성)이 추진해 온 정책을 논의의 중심으로 삼는 것이 일반적이다(大矢 편저, 2015). 하지만 거기에는 한계가 있다. 거시경제 혹은 국민생활 전체의 관점에서 보면, 재정은 그것보다 훨씬 더 넓은 범위에서 영향을 미치고 있기 때문이다.

그 대표적인 예가 공적 연금과 의료, 노인요양(介護) 등 사회보장인데, 이것도 재정에 포함하여 다루어야 한다. 재무성이 관할하는 일반회계의 세출경비 중에는 사회보장관계비의 비중이 가장 크다. 즉, 2015년 예산에서는 32조 엔으로 일반회계 세출총액 96조 엔의 1/3에 달한다. 그러나 국립사회보장·인구문제연구소의 「사회보장비용통계」에 의하면, 사회보장급여의 총액은 2015년에만 115조 엔에 달한다. 따라서 재무성의 재정운영만을 보게 되면, 사회보장의 전체상 중 1/3만을 보는 셈이다. 사회보장이 정부와 국민을 연결하는 파이프라고 생각하면, 협의의 의미로 재정정책을 한정할 경우 정부의 역할을 정확히 평가할 수 없게 된다.

따라서 이하에서는 재무성 또는 국가(중앙정부)만이 아니라 지방자치단체(지방정부) 그리고 사회보장 관련 금액을 수령하고 지불하는 사회보장기금의 3개 부문을 더하여 '일반정부'라는 광의의 정부 개념을 설정하고, 일반정부가 해왔던 역할을 평가하고자 한다. 여기에서 말하는 사회보장기금은 국민경제계산[31]에 등장하는 통계상의 개념이지만, 사회보장과 관련된 각종 특별회계의 계수(計數)를 종합하는 곳이기도 하고 정부의 역할을 평가하기 위한 작업에

31 역자 주: 일본에서 국민경제계산(國民經濟計算)이란 우리나라의 국민계정에 해당된다. 우리나라에서는 한국은행이 국민계정을 작성하지만 일본에서는 내각부(內閣府)가 국민계정을 작성한다.

서 중요한 정보를 제공하는 곳이기도 하다.

일반정부에 주목하는 이유는 다음과 같다. 첫째, 일반정부 기준으로 논의해야만 정부와 민간 간의 돈의 흐름을 포괄적으로 파악할 수 있다. 왜냐하면 국민은 조세뿐만 아니라 사회보험료도 국가에 내기 때문이다. 그런데 사회보험료 수입은 국가 또는 지방정부의 수입으로 계상되지 않는다. 따라서 이를 파악하려면, 사회보장기금의 수입을 함께 고려하지 않으면 안 된다. 연금과 의료, 노인요양의 사회보장급여도 비슷하다. 일반회계에 등장하는 사회보장관계비는 사회보장급여 내의 조세(또는 국채)를 재원으로 한 것에 국한하기 때문이다.

둘째, 정부의 각 부문 간 돈의 흐름을 명시적으로 파악할 수 있다는 점에서도 일반정부를 분석하는 것이 좋다. 예를 들어, 기초연금급여의 1/2은 국고부담금으로서 중앙정부(국가)의 일반회계로부터 조달된다. 그런데 이 국고부담금을 중앙정부의 입장에서 보면 지불이고, 사회보장급여의 입장에서 보면 수취가 된다. 결국 일반정부라는 관점에서 보면, 이러한 지불과 수취는 상쇄된다. 즉, 일반정부를 분석 대상으로 해야만 국민은 사회보장 재원을 어떠한 형태로 부담하는가, 정부의 성청(省廳) 간의 이해관계는 어떻게 갈라지는가를 논의할 수 있다.

같은 맥락에서 중앙정부와 지방정부 간 돈의 수취와 지불에 대해서 논의할 수 있다. 지방분권을 기치로 지방정부가 스스로의 지출 확대를 요청한다고 해도 그 재원이 중앙정부로부터의 이전(지방교부세, 교부금 또는 국고지출금 등)에 의해 이루어지는 것이라면 이를 두고 지방분권의 강화라고 말하기는 어렵다.

3. 정부지출 · 재정수지의 장기적 변화

그러면 일반정부의 지출 구성은 어떻게 변화해 왔을까? [그림 0-9]는 일반정부의 지출을 사회보장급여, 사회보장급여 이외의 경상적 지출, 투자적 지출의 세 가지로 분류하여 각각이 일반정부 지출 전체에서 차지하는 비중을 보여주고 있다. 사회보장급여에는 연금·의료 등 사회보험에 포함되는 현금·현물급여 외에 생활보호 등 세금을 재원으로 하는 사회부조금이 포함된다. 투자적 지출에는 공적 고정자본형성(공공투자) 외에 토지 구입비가 포함된다.

이 그림으로부터 명확하지만, 사회보장급여가 일반정부 지출에서 차지하는 비중은 1970년대 24.1%에서 2014년 55.3%로 상승하여 현재는 절반 이상을 차지한다. 다른 한편으로 공공투자 등 투자적 지출의 비중은 순환을 보이기도 하지만, 전반적으로 감소 추세에 있다.

[그림 0-9] 일반정부 지출 구성의 장기적 추이

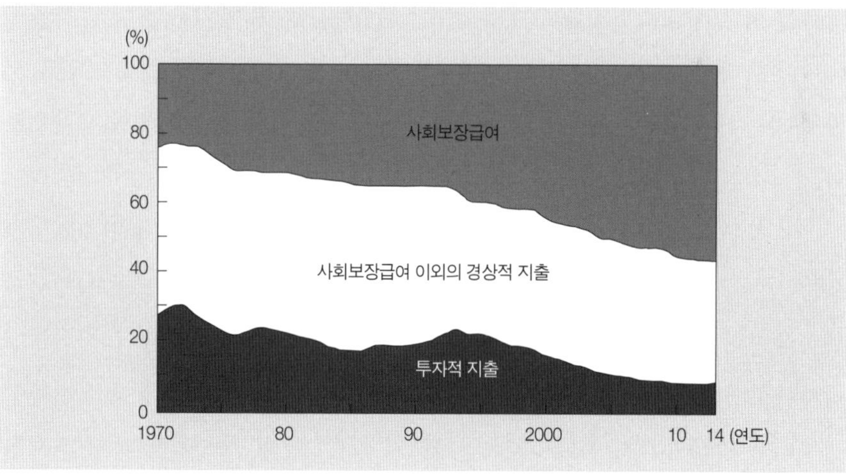

출전: 내각부, 「국민경제계산」으로부터 저자가 작성.

[그림 0-10] GDP 대비 일반정부 지출의 장기적 추이

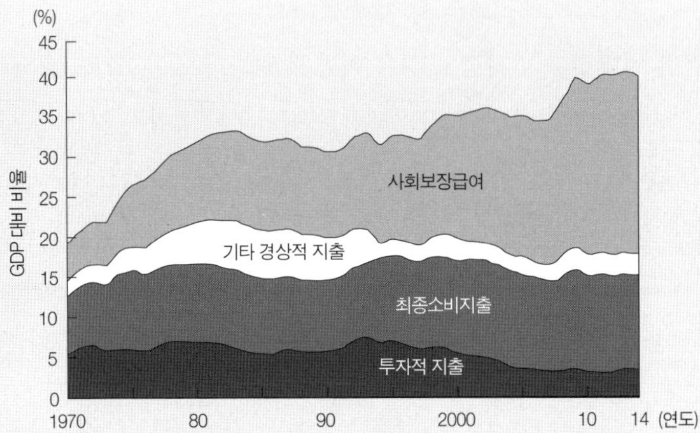

출전: 내각부, 「국민경제계산」으로부터 저자가 작성.

[그림 0-10]에는 일반정부 지출 세 가지 항목의 추이를 GDP 대비로 보여 준다. 이 그림에서는 [그림 0-9]에서 '사회보장급여 이외의 경상적 지출'이라는 항목을 정부 최종소비지출로 분류할 수 있는 부분과 그 이외의 경상적 지출로 나누어 나타내고 있다. 정부 최종소비지출에는 하수도 등 사회보장 이외의 서비스 지출이 포함되어 있고, 그 이외의 경상적 지출에는 정부로부터 민간으로의 경상이전 중 사회보장급여 이외의 항목을 포함하고 있다.

이 그림에서 알 수 있듯이 정부지출/GDP 비율에 초점을 맞추면, 일본 정부는 점차 '큰 정부'가 되어 왔음을 알 수 있다. 물론 그 원인은 전적으로 사회보장급여의 증가에서 찾을 수 있다. 이에 대해 정부 최종소비지출이나 공적 고정자본형성(공공투자) – 그림에서는 그것과 토지 구입비를 더한 투자적 지출이 제시되어 있다 – 의 규모는 거의 변화하지 않았다. 즉, 거시경제에 대한 재정정책의 영향을 논할 때, 가장 주목하는 공공투자는 – 공공투자/정부지출 또는

공공투자/GDP의 비율 중 어느 것으로 보더라도 – 그 중요성이 감소하고 있다. 이 그림에서 제시되지는 않았지만, 공공투자의 GDP 성장에 대한 기여도가 하락하여 왔다는 것은 「국민경제계산」에 의해서도 확인할 수 있다.

일본의 재정지출이 사회보장급여에 편중된 것은 다른 나라와 비교해 보더라도 두드러진 특징이다(大矢 편저, 2015). OECD 회원국 중 일반정부의 사회보장급여가 GDP에서 차지하는 비율은 2011년 기준 22개국 중 10위로 중간 순위에 해당한다(1995년에는 22위였다). 반면에 사회보장급여 이외의 정부지출이 GDP에서 차지하는 비율은 2011년 기준 22개국 중 꼴찌이다(1995년에는 17위였다). 국가예산편성을 보더라도 사회보장관계비는 국채비와 나란히 가장 큰 비중을 차지하고 있다. 사회보장급여의 편중 때문에 재정의 경직화가 나타나고 있는 것이다.

이상과 같이 일본 재정에서 사회보장의 역할은 높아져 왔다. 그 배경에 대해서는 이하에서 논의하기로 하고, 여기에서는 사회보장이 일본 재정수지에도 중대한 영향을 미치고 있음을 확인하고자 한다. [그림 0-11]은 일반정부 기준의 재정수지와 사회보장수지(사회보장부담에서 사회보장급여를 뺀 것)의 대GDP 비율의 추이를 비교하고 있다.

이 그림에서 알 수 있듯이, 재정수지는 순환적인 움직임도 보이지만 최근에는 적자의 확대 추세가 명확해지고 있다. 물론 1980년에서 90년도 전후에는 재정수지가 대폭 개선되어 흑자가 된 적도 있다. 버블경제에서 세수가 대폭 증가하였기 때문이었다. 그 후에도 재정수지의 변동 폭이 상당히 큰 시기도 있었다. 하지만 이는 일반정부에 포함되지 않는 공적 금융기관과 일반정부 간의 회계상 조정을 반영한 것일 뿐 실제 경제와는 직접적인 관계가 없다.

또 하나의 곡선은 사회보장부담을 나타낸다. 이는 연금과 의료, 노인요양

[그림 0-11] 일반정부의 재정수지와 사회보장수지의 비교

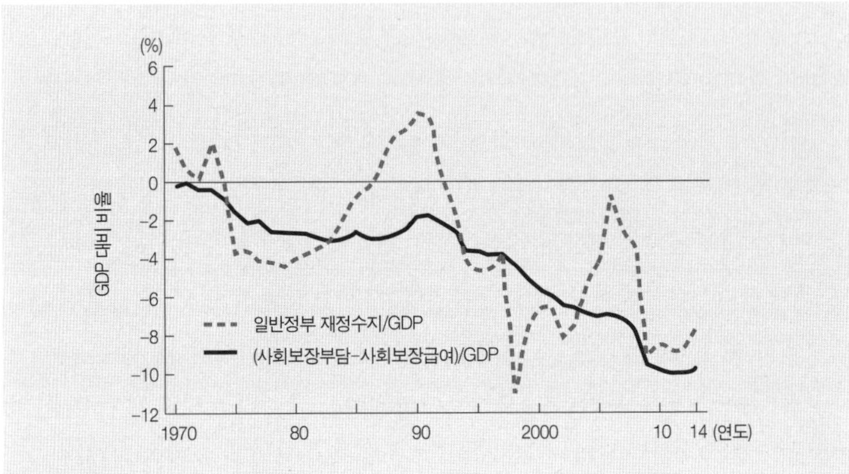

출전: 내각부, 「국민경제계산」으로부터 저자가 작성.

등 사회보험료 수입에서 사회보장급여를 뺀 것이다. 여기에서 급여는 사회보험으로부터 급부된 것에 국한하며, 전액이 조세에서 지불되는 생활보호 등 사회부조금을 포함하지 않는다. 반면에 기초연금급여의 국고 부담 등 사회보장의 재원으로 국가나 지방정부가 제공하는 부분은 포함한다. 그것을 포함하는 금액이 국민에게 사회보장급여로 지급된 것이기 때문이다. 즉, 이 곡선은 현행 사회보험을 운영하기 위하여 정부가 어느 정도의 돈을 국민에게 지불하는가와 어느 정도의 돈을 보험료 형태로 수취하는가를 조사하여 두 값의 차이를 GDP로 나누어 구한 비율이다.

[그림 0-11]에서 2개의 곡선을 보면, 일본 재정수지를 둘러싼 문제를 쉽게 이해할 수 있다. 경기 동향에 따른 순환적 움직임과 회계상의 조정에 따른 영향을 제거한 후 일반정부 재정수지의 장기적 추세를 구해 보면, 사회보장수지

– 사회보장부담에서 급여를 뺀 금액 – 가 재정수지의 장기적 추세의 대부분을 설명하고 있음을 알 수 있다. 물론 보험료 수입도 경기순환의 영향을 받기 때문에 사회보장수지에도 순환적인 변화가 있기는 하다. 그러나 사회보장수지의 경우 순환은 매우 완만하며 추세는 매우 확고하다. 그 이유는 잘 알려져 있다. 완만하지만 착실하게 진행되어 온 고령화, 즉 인구 구성의 변화 때문이었음은 두말할 나위가 없다.

일본 재정수지의 동향은 – 수준과 방향 모두를 보더라도 – 사회보장수지에 의해 좌우되어 왔음이 틀림없다. 경기변동이 재정수지에 영향을 미치는 것은 분명하지만, 경기변동은 – 재정수지의 기조에서 벗어나 발생하는 – 일시적인 괴리만을 설명할 수 있을 뿐이다. 이것이 일본의 재정운영을 논할 때 반드시 염두에 두어야 할 사실이다.

4. 사회보장급여의 확충과 그 영향

지금까지 논의한 것을 한마디로 요약하면, 1970년대 이후 일본 재정의 동향은 유난히 사회보장의 동향에 의해 설명될 수 있다는 것이다. 물론 그 배경에는 다음과 같은 사실이 깔려 있다. 즉, 사회보장은 꾸준히 확충되어 왔음에도 불구하고 그것을 지탱하는 부담의 증가는 억제되어 왔다. 이에 대한 자세한 내용을 본 항과 다음 항에서 설명하고자 한다(일본 사회보장제도의 연혁에 대해서는 厚生勞動省 監修(2012)가 상세하게 정리하고 있다).

1970년대 전반이 되면, 경제성장의 성과를 국민복지로 환원해야 한다는 움직임이 강해졌다. 공해 문제의 심각화 등 고도성장이 경제사회에 초래한 왜곡을 인식하게 되었을 뿐만 아니라 소득수준의 향상과 함께 생활의 질 향상도 중요한 정치적 목표가 되어 갔다.

사회보장 분야에서는 일반적으로 1973년을 '복지 원년'이라고 부른다. 사회보장의 충실화 움직임을 가장 전형적으로 보여 주는 제도가 같은 해에 시행된 노인의료비 지급제도였다. 이전에도 노인의료비의 일부 부담금(환자 부담)을 공비(公費)로 지원하는 제도가 있었다. 즉, 일부 지자체가 그 정책을 실시한 바 있고, 이 정책은 점차 다수의 지자체로 확산되어 갔다. 따라서 1973년 노인의료비 지급제도의 도입은 이 제도를 국가수준에서 정비하려는 것이었다.

노인의료비 지급제도에 의하면, 70세 이상의 고령자가 의료보험으로 진료를 받을 경우 자기부담금 전액을 공비에서 부담하게 되었고 고령자의 의료비 부담은 무료가 되었다. 그 후 노인의료비 지급제도는 노인보건제도의 창설(1983)로 이어진다. 하지만 이제 와서 재평가해 보면, 이 제도는 1970년대 이후 사회보장급여의 일방적 확대를 초래한 커다란 요인이 되고 말았다. 그 이외에도 의료비 측면에서 건강보험의 가족급부율 인상(50%에서 70%로)과 고액요양비제도의 창설 등 제도의 골격이 완성되었다.

연금제도에 대해서는 1973년 물가 변동에 맞추어 연금액을 개정하는 물가슬라이드제가 도입되었다. 이 제도 도입 직후 제1차 오일 쇼크가 있었지만 이 제도로 인해 인플레이션에 대응할 수 있었고, 현재에도 노후 소득보장의 중핵을 담당하는 제도가 되고 있다. 물가슬라이드제 도입 이후에도 급여수준은 점차 인상되어 갔다. 이러한 제도 확충이 가능하였던 이유는 당시 일본에서는 고령화가 진전되지 않았기 때문이다. 또한 처음에는 연금수급자도 적었으며, 제도 자체도 북미나 유럽 선진국에 비하면 미성숙 단계였던 점을 들 수 있다.

사회보장제도의 확충 그 자체는 국민생활을 위해 바람직한 일이다. 다만 고령화 진전에 따라 정부지출이 팽창하게 되면 재정수지를 악화시키는 최대 요인이 되고 만다. 이러한 인식은 정부 내에서도 강하였는데, 결국 1980년대에 들어서면서 사회보장정책의 방향이 수정되었다. 즉, 의료보험의 경우 82년 「노인보건법」이 제정되면서(다음 해부터 시행), 노인의료비 지급제도는 폐지되었다. 이에 따라 고령자도 일부 부담금을 내게 되었으며, 나머지 노인의료비에 대해서는 국가와 지자체가 30%, 각 보험자가 70%를 부담하게 함으로써 전 국민이 공평하게 부담하도록 하였다. 물론 방향 전환의 목표는 국민건강보험 재정을 구제하는 것이었다.

공적연금제도의 경우에도 1980년대 들어 대대적인 개혁이 있었다. 연금 분야에서는 산업구조 변화에 따라 농민, 자영업자 등을 피보험자로 하는 국민연금의 재정 기반이 불안정해지는 문제가 있었다. 이를 바로 잡기 위하여 국민연금은 전 국민을 대상으로 하는 기초연금제도로 바뀌었고, 기초연금에 추가되는 방식으로 후생연금과 공제연금 등 피용자연금이 재편성되었다. 즉, 2층 구조가 된 셈인데, 피용자연금은 보수비례연금이다. 그와 동시에 급여 확대라는 기존의 방침이 크게 수정되어 급여수준의 억제가 새로운 목표가 되었다.

그 후에도 공적연금제도에서 지급 개시 연령의 인상(2001년 이후), 노인요양보험제도의 도입(2000년), 후기 고령자 의료제도의 창설(2008년), 공적연금제도에 거시경제 슬라이드의 도입(2004년 개정) 등 고령화 시대에 대응하는 제도개혁이 순차적으로 실시되기에 이른다. 그러나 사회보장급여의 대폭적인 삭감은 정치적인 반발을 초래할 것이 뻔하였기 때문에, 정부는 급여 삭감에 대해서 소극적인 태도로 일관하였다.

그 결과 [그림 0-12]에서 볼 수 있듯이, GDP 대비 사회보장급여의 비율은 1975년 7.7%에서 2014년 22.9%로 크게 높아졌다. 이 비율은 1980년대 후반 버블경제의 영향으로 횡보하기도 하였지만 2000년대 후반 이후에는 경기 부진의

[그림 0-12] 사회보장 급여비의 장기적 추이

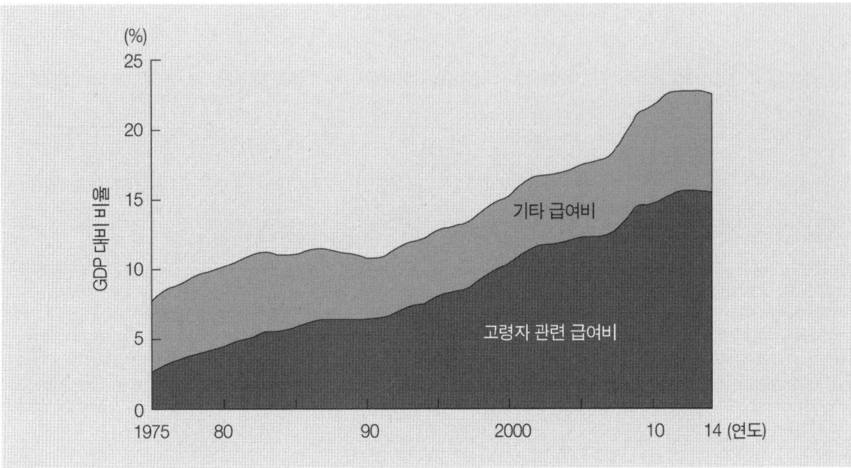

출전: 국립사회보장·인구문제연구소, 「사회보장비용통계」로부터 저자가 작성.

영향으로 급속하게 상승하였다. 고령화라는 장기적인 변화로 인해 상승 추세가 더욱 가파르게 된 것이다. 실제로 이 40년 동안 상승해 온 사회보장급여/GDP 비율의 86%는 고령자 관계 급여비의 증가로 설명할 수 있다.

5. 재정조달 방법에 관한 선택

이상과 같이 1970년대 이후 정부의 역할을 논할 때, 사회보장급여의 확대는 결정적인 변화였다. 그렇다면 사회보장급여를 포함하여 경제활동을 지탱하는 조세나 사회보장부담(사회보험료)의 움직임은 어떠하였을까? 상황은 버블경제 이전과 이후가 크게 다르다. [그림 0-13]을 보기로 하자. 그림의 하단은 사회보장급여와 사회보장부담의 추이를 보여 준다. 또한 그림의 상단은 사회보

[그림 0-13] 사회보장급여 및 사회보장·조세 부담의 장기적 추이

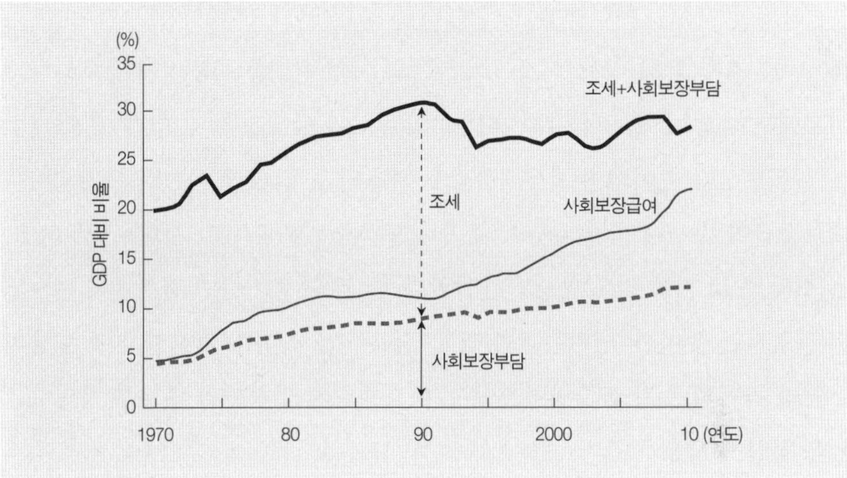

출전: 내각부, 「국민경제계산」으로부터 저자가 작성.

장부담과 조세(소득세 등의 직접세와 소비세 등의 간접세)를 더한 값, 말하자면 국민부담의 움직임을 보여 준다(국민부담을 말할 때 보통은 간접세를 포함하지 않는다).

이 그림에서 다음과 같은 점을 지적해야 한다. 우선 사회보장급여와 사회보장부담의 관계를 보면, 1990년 전후까지는 급여 증대와 연동하여 부담도 인상되었던 것을 알 수 있다. 하지만 1990년대 이후가 되면, 급여의 증가에는 가속도가 붙었던 반면에 부담의 증가는 매우 완만하게 진행되었다. 정부는 90년대 들어서 급여가 증가하는 것을 바라보기만 하였다. 이에 상응하는 부담 증가를 국민에게 구하려고 하지 않았던 것이다.

결국 발생하는 차액은 세수에 의해 조달할 수밖에 없다. 실제로 앞에서 언급한 바 있는 노인의료보험제도는 의료보험에 대한 국가와 지방의 재정 지원을 명시화한 것이었다. 게다가 기초연금급여에 대해서도 종래 1/3이었던 국고

부담을 1/2로 인상하는 방침이 2004년 제도개혁에 포함되기까지 하였다.

하지만 사회보장부담과 조세를 더한 국민 부담 전체의 움직임을 보면, 1990년도 전후까지는 사회보장급여 증가와 거의 평행을 이루면서 증가하다가 이후에는 (순환적인 움직임을 제거하면) 거의 변화가 없음을 알 수 있다. 물론 세수는 사회보장급여 이외의 정부지출로도 사용된다. 하지만 이 그림을 보면, 사회보장급여 증가에 따른 부담이 증가하였음에도 불구하고, 사회보장부담 또는 조세 중 그 어느 것도 인상되지 않았다. 즉, 부담 증가를 민간부문이 인수하지 않았다는 뜻이다. 이러한 사실과 [그림 0-11]을 함께 고려하면, 사회보장의 부담과 급여의 수지 불균형이 일반정부 재정수지의 동향을 대부분 설명하고 있음을 알 수 있다.

이상은 거시경제 차원의 설명이지만 미시경제 차원에서는 어떠하였을까? [그림 0-14]는 후생성 「소득재분배조사」를 이용하되, 세대주의 연령에 주목하여 소득재분배가 어떻게 달라졌는가를 살펴보려는 것이다. 여기에서는 비교가 가능한 데이터를 얻을 수 있는 최초의 시점인 1983년과 가장 최근인 2013년 2월의 값을 비교한다. 우선 본 조사의 전체 표본을 이용하여 세전소득[32]을 계산하고 두 시점의 값을 비교한다. 또한 각 연령층 사회보장급여(의료·노인요양의 현물급여 포함)의 총액에서 사회보장부담 및 조세의 총액을 뺀 금액을 '순수익'으로 정의하고, 순수익을 사회 전체의 세전소득 총액으로 나눈 후, 두 시점의 값을 비교한다. 이 비교에는 사회보장과 조세의 제도만이 아니라 인구 구성의 변화도 반영되어 있음에 주의하기 바란다.

이 그림을 보면, 지난 30년간 소득재분배의 구도에 큰 변화가 있었음을 알

32 역자 주: 소득재분배 이전의 소득으로 일본에서는 이를 당초소득이라고 부른다.

수 있다. 하지만 변화를 논하기 전에 우선 확인할 것이 있다. 어느 시점을 택하더라도, '순수익'은 59세 이하의 이른바 현역층에서는 (-)이고 60세 이상의 고령층에서는 (+)이었다는 점이다. 그 자체로는 극히 상식적인 이야기이다. 일본의 사회보장은 부과방식(pay-as-you go)으로 운영되는 공적연금에서 시작되었으므로 고령층의 급여를 현역층이 부담하는 구조로 되어 있다.[33]

문제는 30년에 걸쳐 나타난 변화이다. 이 기간에 고령층의 순수익은 대폭 증가해 왔다. 그것도 70세 이상의 연령층에서 매우 현저하게 나타났다. 급여 자체가 충실해졌을 뿐만 아니라 평균여명이 길어짐에 따라 급여 총액도 큰 폭으로 증가하였기 때문이다. 이처럼 고령층을 위한 사회보장급여가 사회보장급여 전체의 과반을 차지한다는 것은 이미 설명한 바 있다.

오히려 주목해야 할 것은 59세 이하 현역층에서 나타난 현상이다. 이 연령층에서는 순수익이 (-)가 된다. 즉, 순부담이 발생하게 마련이다. 놀라운 것은 현역층의 마이너스 폭, 즉 순부담의 크기에 별다른 변화가 보이지 않았다는 점이다. 현역층의 인구 비중 감소를 반영하는 것이기도 하지만 현역층에 대한 사회보장부담과 조세가 크게 인상되지 않았다는 것을 여실히 보여 준다. 이는 [그림 0-13]과도 일치하는 사실이다.

이러한 사실은 두 가지 점에서 중요하다. 첫째, 세대 간 격차의 문제를 제기한다. 대표적인 문제는 공적연금의 부담과 급여에서 제기되는데, 최근에는 사회보장을 둘러싸고 '세대 격차'의 존재가 자주 거론되곤 한다. 그 배경에는 '세대회계'(generational accounting)라는 사고방식이 깔려 있다. 세대 간 격차에 대

33 역자 주: 연금제도에는 두 가지 방식이 있다. 첫째, 부과방식(pay-as-you go)은 급여가 필요한 만큼 걷는 방식이다. 즉, 고령층을 위한 급여가 필요한 만큼 당시의 현역층이 부담하는 방식이다. 둘째, 적립방식(full funding)은 현역층일 때 기여(contribution)한 후 현역층이 고령층이 되면 스스로가 납입한 만큼 급여(benefit)를 수령하는 방식이다.

[그림 0-14] 가구주의 연령등급별 순수익 – 1983년과 2013년의 비교

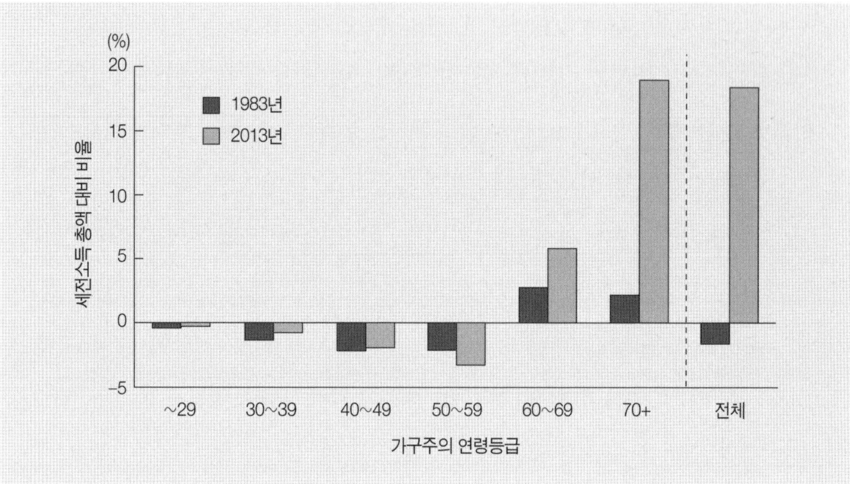

주: 순수익=사회보장급여-(조세+사회보장부담).
출전: 국립사회보장·인구문제연구소, 「사회보장비용통계」로부터 저자가 작성.

해서는, 그것을 해결해야 할 중대한 과제로 보는 견해와 부정적인 생각에 지나지 않는다고 보는 견해가 첨예하게 대립하고 있다.

그러나 [그림 0-14]에서 세대 간의 문제를 자세히 살펴보면, 일본에서 나타난 상황은 단순한 제로섬 게임도 아닌 것 같다. 왜냐하면 고령층의 순수익이 증가하였다고 해서 현역층의 순부담도 증가하였던 것은 아니기 때문이다. 물론 이 그림은 순부담을 연령층 간에 비교하는 것에 불과하므로 정확한 세대 간 비교라고 보기는 어려울 수도 있다. 따라서 해석에는 세심한 주의가 필요하다. 그럼에도 불구하고 현 시점에 생존하고 있는 각 세대 간에 제로섬 게임이 존재하고, 게다가 그것이 확대 경향을 보인다는 주장은 사실이 아닌 것 같다. 적어도 이 그림이 그런 설명을 지지한다고 보기는 어렵다.

그렇다면 심각한 것은 둘째 문제이다. 즉, 사회 전체적으로 급여와 부담의

균형이 크게 무너지고 있다는 것이다. 이 그림의 우측에는 모든 연령층의 순부담 합계에서 사회 전체의 세전소득을 뺀 값이 제시되어 있다. 1983년에는 이 값이 -1.8%이었으므로 급여와 부담이 거의 균형을 이루었다고 볼 수 있다. 하지만 2013년에는 이 값이 +18.2%나 되었다. 이는 사회 전체 차원에서, 부담을 훨씬 뛰어넘는 급여가 지불되었음을 의미한다.

그렇다면 급여를 초과하는 부분은 어떻게 조달되었을까? 이 부분이 국채발행에 의해 조달되었음은 누구나 쉽게 관찰할 수 있다. 즉, 일본인들이 스스로 얻은 소득으로부터 부담한 조세와 사회보장부담, 즉 '직접적인 형태'만으로 정부가 재정지출을 감당해 왔던 것은 아니다. 오히려 그와 반대로 정부는 가급적 직접적인 형태의 부담을 억제하였고 그 대신 소득에서 부담을 빼는 방식, 특히 소비하고 남은 저축의 일부로 국채를 구입하는 방식 - 현실적으로는 은행 등 금융기관이 일본인들의 예금을 이용하여 국채를 구입하는 방식 - 이라는 '간접적인 형태'로 정부의 재정지출을 감당해 왔던 것이다.

정부지출의 재원을 구하는 스타일은 나라마다 다르다. 직접적인 부담 스타일의 경우에는 재정수지의 악화를 피할 수 있지만, 간접적인 부담 스타일의 경우에는 어떻게 해도 재정수지의 악화를 피할 수 없다. 따라서 재정운영의 관점에서 보면 간접적인 부담 스타일은 바람직하지 않다. 다만 경제 전체로 보면, 양자의 우열이 그렇게 명확한 것도 아니다. 일본은 간접적인 부담 스타일을 선택하면서도 동시에 재정 건전화를 추진하기도 하였다. 따라서 직접적인 부담 스타일로 가야 한다는 이론적 근거가 그렇게 강력하다고 보기도 어렵다. 오히려 문제는 이러한 스타일을 유지하면서 경제에 큰 문제를 초래하지 않고 재정과 경제 전체가 제대로 기능해 나갈 수 있는가에 달려 있을 것이다. 이 문제는 다음 항에서 다루도록 한다.

6. 국민저축으로부터 본 정부

재정의 지속 가능성을 논할 때, 국가와 지자체를 더한 기초적 재정수지를 흑자로 만드는 것 그리고 정부채무의 발산적 누적(눈덩이처럼 증가하여 균형으로 되돌아오지 않고 계속해서 커지기만 하는 현상)을 회피하는 것이 정부가 마땅히 추구해야 할 목표라는 게 보통의 생각이다. 물론 정부채무의 누적이 바람직한 것은 아니다. 하지만 정부가 떠안은 채무는 민간에게는 자산이기 때문에 그 자체로 골칫거리가 되는 것은 아니라는 반론도 있다. 특히 일본은 거액의 대외순자산을 보유하고 있기 때문에(2015년 말 339조 엔), 유럽 몇몇 나라에서 발생하였던 재정위기(sovereign bond의 위기)와 같은 사태가 발생할 가능성은 높지 않다.

그러나 현행 제도의 지속 가능성은 재정수지와 정부채무의 동향만으로는 판단하기 어려운 측면이 있다. 이하에서는 국민(순)저축이라는 개념을 이용하여 이 문제를 고찰해 보기로 한다. 우선 국민저축(national saving)은 경제 전체의 저축으로 민간저축(private saving)과 정부저축(government saving)의 합이다. 이 중에서 민간저축은 가계저축(household saving)과 법인저축(corporate saving)의 합이다. 가계저축은 노동소득과 사회보장급여를 더한 값에서 소비지출, 조세, 사회보장부담을 뺀 것이다. 또한 법인저축은 내부유보(사내유보)라고 보면 된다. 끝으로 정부저축이라는 것은 조세와 사회보장부담이라는 수입에서 사회보장급여, 정부 최종소비지출 등 경상적 지출을 뺀 것이다(민간·정부 어디에서도 투자적 지출 – 가계의 주택건설 투자, 법인의 설비투자, 정부의 공공투자 – 을 빼지 않는다는 점에 주의하기 바란다).

국민저축이란 어느 시점에 생산된 것 가운데 소비되지 않고 미래로 남겨지는 것을 말한다. 정부저축이 적자라고 해도 민간저축이 그것을 상회하는 흑자가 된다면, 미래에는 새로운 부(wealth)를 남겨 줄 수 있다. 사회보장급여가 부담을 크게 상회한다는 것은, 정부저축에 대해서는 적자 요인이지만 민간저축에 대해서는 흑자 요인이므로 경제 전체로는 상쇄된다. 따라서 사회보장급여가 부담을 크게 상회하는 것, 그 자체는 그렇게 큰 문제가 아닐 수 있다.

오히려 마땅히 문제가 되어야 하는 것은 다른 곳에 있다. 즉, 정부와 민간부문 간에 소득의 상쇄를 감안하여 국민저축을 구한 후에도, 국민저축이 플러스가 되고 미래를 위해 새롭게 남겨지는 부가 있는가의 문제이다. 이 문제를 엄밀히 고찰하기 위해서는 고정자본소모(capital consumption)를 국민저축에서 차감해야 할 필요가 있다. 고정자본소모는 회계상의 용어이며, 소위 사회 전체의 감가상각(depreciation)이다. 즉, 정부·민간부문에서 기존의 자본을 유지·보수하기 위한 비용이다. 따라서 미래를 위해 남겨진 새로운 부의 크기를 파악하기 위해서는 고정자본소모를 국민저축에서 뺀 값, 즉 국민순저축의 동향을 살펴보아야 한다.

[그림 0-15]는 GDP 대비 국민순저축의 추이를 요약하고 있다. 이 그림에서 제시된 민간저축과 정부저축은 두 부문의 고정자본소모를 빼고 구한 순저축이며, 이 두 값을 더한 국민저축도 마찬가지이다. 이 그림으로부터 세 가지 특징을 찾을 수 있다. 첫째, 정부순저축은 1990년 전후 흑자 폭이 컸지만 그 직후부터 이미 적자로 반전되었으며 이후 계속해서 적자 폭이 커지고 있다. 이는 [그림 0-11]에 제시된 일반정부 재정수지의 동향과 일치한다. 다만 [그림 0-15]에 제시된 통계는 정부순저축이므로 – 공공투자 등 투자적 지출이 차감되지 않았다는 점을 감안하면 – 수치상으로는 조금 더 흑자에 가까운 값을 갖는다.

둘째, 민간순저축은 흑자이기는 하지만 완만한 감소 추세를 보인다. 이는 민간부문 중 가계부문의 저축 감소를 반영하는 것이다. 고령화가 진행될수록

[그림 0-15] 국민순저축의 장기적 추이

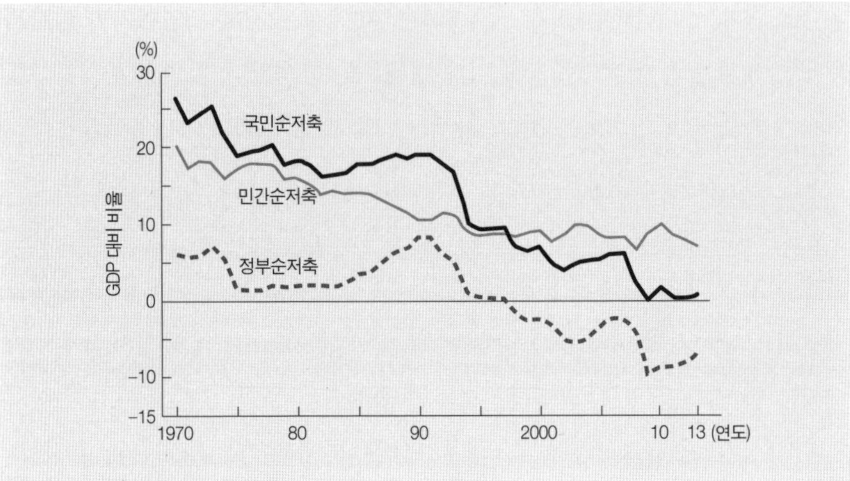

출전: 내각부, 「국민경제계산」으로부터 저자가 작성.

저축을 써버리는 고령 세대의 비중이 높아지기 때문에 가계부문의 저축은 감소 경향을 보이게 된다. 그런데 1990년대 이후부터 가계부문의 저축 감소를 상쇄하는 방향으로 법인부문의 저축(내부유보)이 증가하였다. 따라서 가계부문과 법인부문의 합인 민간순저축의 감소 추세는 완만하게 나타난다.

셋째, 민간순저축과 정부순저축을 더한 국민순저축은 서서히 감소하였고, 2010년대 이후에는 거의 0에 가까워지고 있다. 그 과정을 정리하면 다음과 같다. 우선 1990년대 중반 이후 정부순저축이 적자로 반전되었다. 하지만 민간순저축이 여전히 큰 폭의 흑자였기 때문에 (−)의 정부순저축을 흡수할 수 있었다. 그러나 이후에도 정부순저축의 적자는 계속해서 확대되어만 갔다. 게다가 민간순저축의 흑자도 완만하지만 계속해서 줄어들었다. 결국 정부순저축과 민간순저축의 합인 국민순저축은 거의 0에 가까워지고 있다.

일본경제 전체의 관점에서 보면, 국민순저축의 감소는 미래를 위해 새롭게 남겨진 여유분이 사라지고 있음을 의미한다. 지금까지의 추세가 앞으로도 이어진다면 국민순저축은 마이너스를 면치 못할 것이다. 이는 일본경제가 제대로 된 상태였다면, 미래 세대가 마땅히 누렸어야 할 부(wealth)에 현재 세대가 손을 댄다는 것을 의미한다. 물론 이상은 유량(flow) 기준의 이야기이고, 저량(stock) 기준으로는 아직 부가 남아 있다. 특히 일본의 대외순자산은 300조 엔을 넘는다. 그러나 연간 사회보장급여가 100조 엔을 초과하는 상황을 생각해 보면, 저량 기준으로 본 여유라는 것도 그렇게 큰 것은 아니다.

우리가 지금까지 축적해 왔던 부에 손을 대지 않고 미래 세대에게 물려줄 생각이라면, 국민저축을 증가시키는 것밖에는 달리 방법이 없다. 그것을 위해서는 우리가 생산한 것 중에서 스스로 소비하는 부분을 줄여서 생활수준을 낮추는 수밖에 없다. 역으로 우리가 생활수준을 유지하려고 할 때, 미래 세대가 이용할 수 있는 부는 감소한다. 그런 의미에서 일본의 현재 세대와 미래 세대는 제로섬 게임의 상태에 놓여 있다고 말할 수 있다. 결론적으로 세대 간 격차의 문제는 현재 세대와 미래 세대 간의 제로섬 게임의 문제로 인식되어야 한다.

7. 저출산 고령화에의 대응

본 절에서는 1970년대 이후 정부의 역할을 살펴보고 있다. 본 절에서 강조한 것은 다음의 세 가지이다. 첫째, 정부는 사회보장제도를 매개로 하여 소득재분배 장치로서의 역할을 강력하게 수행해 왔다. 그 결과 사회보장을 위한 급여와 부담의 관계가 재정수지의 동향에 결정적인 영향을 미치게 되었다. 둘째,

사회보장급여를 중심으로 하는 재정지출의 재원을 조달하기 위해 정부는 조세와 사회보장부담이라는 직접적인 방식이 아니라 국채 발행이라는 간접적인 방식을 선택하는 방향으로 이행하였다. 셋째, 재정수지(정부저축)와 민간저축을 더한 국민저축의 동향이 시사하고 있는 바와 같이, 고령화의 진전에 따라 거시경제 차원에서 생산과 소비의 균형이 무너졌고 현재 세대와 미래 세대의 이해가 대립하는 구도가 선명하게 만들어지고 말았다.

국민저축이 (+)에서 제로 가까이 감소하고 게다가 (−)까지 갈지도 모를 상황을 두고, 전적으로 정부정책의 탓이라고 해석하는 것은 단순한 잘못이다. 고령화가 진행되면 생산에 종사하는 현역층의 비중이 낮아지고 피부양층의 비중이 높아지기 때문에 재화·서비스의 수급균형은 어떻게 해도 무너지게 마련이다. 문제는 일본의 고령화 속도가 다른 선진국에 비해 너무 빠르다는 데 있다. OECD 데이터베이스를 이용하여 국민저축/GDP 비율의 장기적인 변화를 비교해 보면, 다른 나라의 경우에도 고령화를 반영하여 국민저축/GDP 비율이 완만한 하락세를 보인다. 하지만 일본의 하락 속도가 OECD 평균보다 훨씬 빠르다는 것이 문제이다.

이런 상황을 해결하기 위하여, 사회보장급여를 삭감하고 사회보장의 부담·조세를 인상함으로써 정부저축(혹은 재정수지)의 흑자를 추구하는 것도 생각해 볼 수 있다. 그러나 그런 정책에 기대를 거는 것은 금물이다. 다음과 같이 생각해 보면 간단하게 이해할 수 있다.

예를 들어, 정부가 고령층을 위한 사회보장급여를 삭감하는 정책을 생각해 보자(논의를 간단하게 하기 위하여 가계부문은 현역층과 고령층 2개만 있다고 가정하고 법인부문은 영향을 받지 않는다고 가정하자). 이러한 제도개혁 자체는 정부저축의 적자를 줄이게 된다. 그러나 고령층의 입장에서 보면, 이는 정부로부터 받는 수입이 감소하는 것에 불과하다. 이를 막기 위하여 고령층이 종전의 생활수준을 유지할 수 있도록 한다고 하자. 예를 들어, 정부에 의한 급여 삭감분만큼 현역층이 스스로의 소득을 염출하여 고령층에게 이전하는 방식이다. 결과적으로 고령층과 현역층을 합친 가계부문 전체의 차원에서 보면, 정부에 의한 급여 삭감분만큼 가계저축은 감소하게 마련이다. 결국 사회보장급여 삭감을 통해 정부저축이 증가할 수는 있지만 (법인저축은 변화하지 않는다고 가정하고 있으므로) 민간저축이 그만큼 감소하기 때문에, 국민저축은 달라지지 않게 된다. 같은 방식으로 생각하면, 정부가 증세를 하거나 사회보장부담을 인상하는 정책도 효과가 없음을 쉽게 확인할 수 있다.

이러한 논의는 경제학 교과서에서 말하는 이른바 '중립명제'의 발상에 기초하고 있다. 따라서 그 주장의 현실적인 타당성에 대해서는 실증분석의 여지가 남아 있다.[34] 그러나 이상의 간단한 사고실험만으로도, 재정 건전화·사회보장개혁이라는 통상의 정책을 이용하여 고령화의 영향을 극복하는 것이 얼마나 어려운 문제인가를 쉽게 알 수 있다.

가장 쉬운 방법이면서 정치적으로도 받아들이기 쉬운 해결책은 무엇일까? 아마도 고령층·현역층 모두 현재의 생활수준을 유지하고 현행 제도를 유지하는 것으로 생각된다. 실제로 일본인들은 1990년대 이후 이러한 해법을 선택해 왔다. 하지만 이러한 선택이 미래 세대의 경제적 후생을 저해하게 된다는 것은 이미 앞에서 서술한 바 있다.

고령화의 압력을 극복하기 위해서는 기본적으로 세 가지 방안을 생각해

34 역자 주: 조세와 사회보장부담이라는 직접적인 방식으로 조달하는 것은 사회보장급여를 위한 재원을 현재의 세대가 부담한다는 뜻이다. 반면에 국채 발행이라는 간접적인 방식으로 조달하는 것은 현재의 사회보장급여를 위한 재원을 미래 세대가 부담한다는 뜻이다. 본문에서 말하는 '중립명제', 즉 리카도의 등가(Ricardian equivalence)가 성립하면 이 두 가지 방식에는 차이가 없다.

[그림 0-16] 고령층의 평균여명과 취업률의 관계 - 1975년과 2010년의 비교

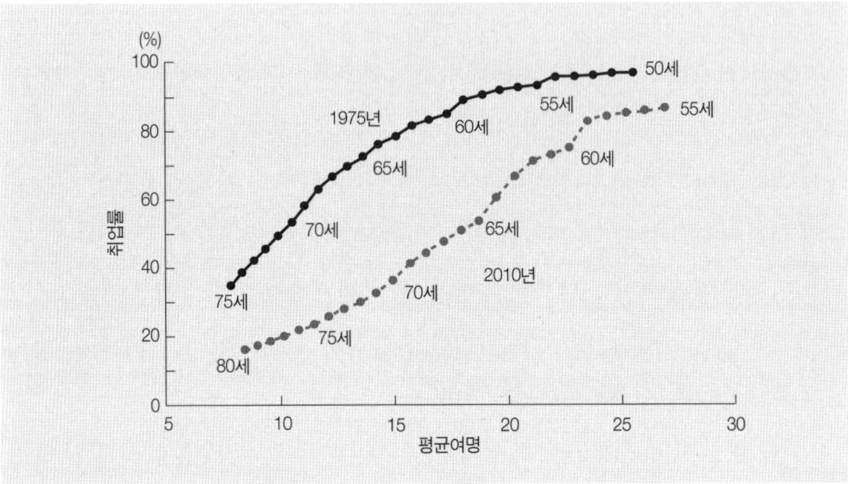

출전: 후생노동성, 「생명표」; 총무성, 「국세조사」로부터 저자가 작성.

볼 수 있다. 첫째, 말할 필요도 없이 자명하지만 출생률을 회복하는 것이다. 일본의 합계특수출생률(合計特殊出生率)[35]은 제2차 세계대전 이후 장기적으로 하락 추세를 보였다. 하지만 2005년에는 1.26명으로 최저점을 찍었으며, 2016년에는 1.44명까지 회복되었다. 여성의 취업률이 상승해 왔음을 감안한다면, 여성이 일하면서 자녀를 양육할 수 있는 환경의 정비 등은 출산율 대책으로 절실한 것이다. 따라서 합계특수출생률의 반전은 출산율 대책이 어느 정도 성공을 거두었음을 보여 준다고 하겠다(小塩, 2014b). 하여간 고령화의 압력을 줄이기 위해서는 일본만큼 그 압력이 심하지 않은 구미 여러 나라의 수준까지 출산율

35 역자 주: 일본 후생성의 정의에 따르면, 합계특수출생률은 15~49세 여성을 대상으로 연령별 출산율을 구한 후 이를 모두 합계한 것이다. 우리나라의 경우 합계출산율은 15~49세 여성 1명이 평생 낳을 것으로 예상되는 자녀의 수로 정의하는데, 이것이 일본의 합계특수출생률에 해당된다.

을 회복하는 조치가 요망된다. 하지만 정책의 효과는 극히 불투명하며, 그 효과가 나타나더라도 먼 미래의 일일 것이다.

둘째, 고령층의 취업률을 높이는 것이다. 일본의 여성 취업률은 다른 선진국과 비교해도 손색이 없는 수준이고, 고령층의 취업률도 다른 선진국보다 높다. 그럼에도 불구하고 고령층의 경우에는 취업률을 높일 수 있는 여지가 꽤 남아 있다. [그림 0-16]은 1975년과 2010년의 두 시점을 대상으로, 각 연령의 평균여명(건강 상태의 대리변수)과 취업률의 조합을 그림으로 보여 준다. 이 그림을 이용하면, 연령에 따른 취업률이 아니라 건강 상태에 따른 취업률을 분석할 수 있다. 결과에 따르면, 2010년의 그래프가 1975년 그래프보다 아래에 있음을 확인할 수 있다. 즉, 35년 전과 같은 건강 상태에 대응하는 취업률은 훨씬 더 낮음을 의미한다.

평균여명의 신장, 취업률의 저하는 – '전국민보험', '전국민연금'이라는 말에서 나타나듯이 – 의료보험과 공적연금 등 사회보장을 통해 달성된 것이고 그 자체로 바람직한 성과이다. 즉, 사회보장이 있었기 때문에 고령층이 더 건강해질 수 있었다. 이제는 건강해진 고령층의 취업 기회를 확대할 차례이다. 이것은 정말로 좋은 기회가 될 수 있다. 우선 고령층의 취업 기회를 확대하면, 어느 정도 고령화 압력을 줄일 수 있다. 게다가 이는 사회보장제도의 성과가 경제성장과 국민생활의 향상으로 이어지도록 한다는 의미에서 중요한 성과가 될 수 있다.

셋째, 노동생산성의 가일층 향상이다. 앞에서 언급한 두 가지는 노동력 인구의 증대정책이다. 그런데 현역층의 쇠퇴를 초래한 폐해를 조금이라도 줄이기 위해서는 1인당 생산성을 끌어올리는 것이 무엇보다 중요하다. OECD 자료를 이용한 국제 비교에서 명확하게 드러나듯이 일본의 공교육, 특히 고등교육에 대한 지출/GDP 비율은 다른 선진국에 비해서 상당히 낮은 편이다. 과거 수십 년 동안 국민저축의 감소 추세에 비추어 보더라도, 인적자본 형성을 지원하고 노동생산성을 향상시킬 수 있는 방책의 중요성은 점점 더 높아지고 있다고 말하고 싶다.

제3절 소득과 자산의 분배

1. 소득불평등화

전후의 고도성장이 끝나고 저성장의 시대에 접어들면서, 소득과 자산의 분배는 어떻게 변화하였을까? 제2차 세계대전 이후에는 열 가지 이상의 소득 통계를 이용할 수 있다. 그런데 그중 어느 것을 이용하더라도 1980년대 이후 지니계수는 상승 경향을 보인다(田辺·鈴木, 2013, 표 2). 물론 이용하는 통계에 따라 정도의 차이는 크다. 상승 추세가 가장 가파른 것은 「소득재분배조사」(세전소득에 의한 것)를 이용한 것이고, 반대로 상승 추세가 가장 완만한 것은 「가계조사」를 이용한 것이다. [그림 0-17]에는 두 가지 조사 결과와 함께, 지니계수의 상승 폭이 중간 정도인 「국민생활기초조사」 및 「소득재분배조사」(재분배소득에 의한 것)를 이용한 결과를 보여 준다.[36] 상승 속도에는 차이가 있지만, 1980년

36 후생노동성의 「소득재분배조사」는 「국민생활기초조사」의 샘플 일부를 대상으로 하고, 세전소득과 재분배소득에 의한 지니계수를 둘 다 발표한다. 「소득재분배조사」는 처음부터 샘플 크기가 작다(2014년 조사에서는 집계 세대수가 5,000이 안 된다). 하지만 고령자 세대의 관측치가 많다는 장점이 있다. 더욱이 공적연금 등 사회보장 급여는 세전소득에 포함되지 않고 재분배소득에만 포함된다. 따라서 세전소득에 의한 지니계수는 다른 조사에 비해 훨씬 높은 편이다.

[그림 0-17] 전후의 소득분배(지니계수와 소득집중도)의 추이

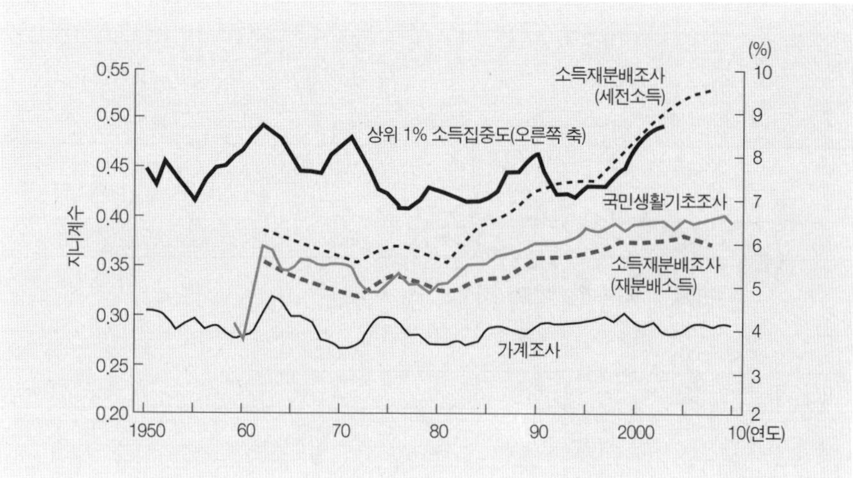

주: 소득의 정의: 「국민생활기초조사」는 가구의 세전수입(현물수입 포함), 「가계조사」는 연간 현금수입, 「소득재분배조사」의 세전소득은 세전수입과 사적 급여(송금, 기업연금, 생명보험금 등)의 합계, 「소득재분배조사」의 재분배소득은 세전소득에서 세금, 사회보험료를 빼고 사회보장급여(현금, 현물)를 더한 것임.
출전: 지니계수는 田辺·鈴木(2013) 표 2, pp. 123~124. 상위 1% 소득집중도는 Moriguchi and Saez(2010), pp. 135~136.

대 이후 불평등이 진행되었다는 사실 자체에는 변함이 없다. 이와 같은 불평등화 현상은 같은 그림에 제시된 (조세통계를 이용한) 상위 1%의 소득집중도에서도 확인할 수 있다.

최근 소득의 불평등화가 다수 선진국에서도 관찰된다는 사실은, 특히 토마 피케티의 저서(2014년)가 발표된 이후 세계적으로 주목을 받고 있다. 피케티의 책은 소득 상위 그룹의 소득집중도(top income share)를 지표로 삼고 있으며, 대략 1980년대 이후 선진국에서의 불평등화를 분석하고 있다. 다른 한편 등가가처분소득[37]을 이용하여 지니계수를 추정한 다른 연구에서도, 소득집중도만큼은 아니지만 불평등화가 진행되었음을 확인할 수 있다(Salverda et al., 2014, ch.2;

[그림 0-18] 지니계수와 상대빈곤율의 관계(2012년)

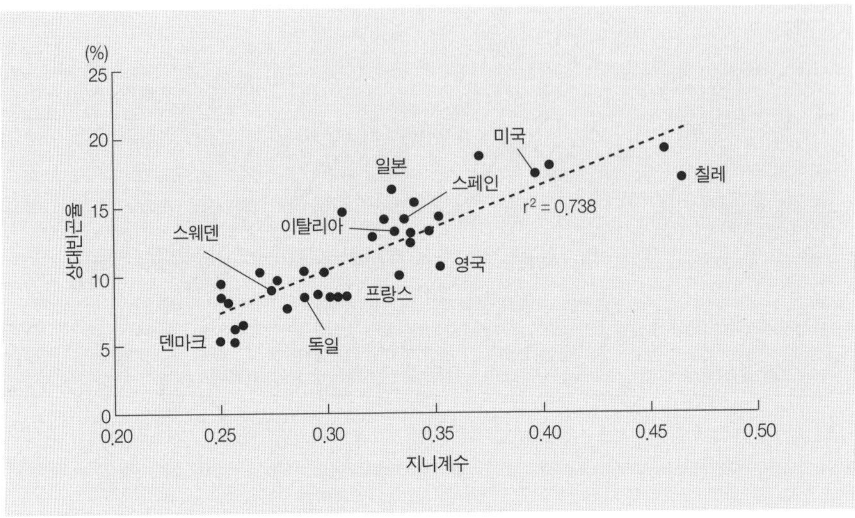

주: 1) 지니계수, 상대빈곤율은 모두 등가가처분소득 기준임.
2) 미국, 스위스는 2013년 값임.
출전: http://stats.oecd.org/Index.aspx?DataSetCode=IDD#(2016년 10월 확인).

Nolan et al., 2014).

최근 일본의 불평등도를 다른 나라와 비교해 보자([그림 0-18]). [그림 0-18]의 횡축에는 OECD 가입국과 가입후보국 36개 나라의 지니계수를 보여 준다. 덴마크·스웨덴 등 스칸디나비아 국가들, 독일·프랑스 등 유럽 대륙 국가들에 비해서는 일본이 불평등하고, 이탈리아·스페인 등 남유럽 국가들, 영국·미국 등 앵글로색슨 국가들에 비해서는 일본이 평등하다. 복지정책을 발전시킨 나라들과 치열한 경쟁에 노출되는 신자유주의 나라들의 중간에 일본이 있다는 것

37 역자 주: 등가가처분소득이란 가구의 가처분소득을 가구 구성원 수의 제곱근으로 나누어 일인당 가처분소득으로 환산한 수치이다. 우리나라에서는 (가구원 수) 균등화 소득 등으로 부른다.

은 일본의 경제정책의 방향을 생각해 볼 때 납득할 수 있는 사실이다.

이하의 두 항에서는 연령구조 및 세대구조가 인적 소득분배의 불평등화에 어떤 영향을 미쳤는가에 대하여, 제3항에서는 기능적 소득분배(노동분배율)에 대해 살펴본다. 제4항에서는 소득분배의 변화를 초래한 가장 큰 요인인 노동시장의 변화에 초점을 맞춘다. 제5항에서는 자산의 분배로 초점을 바꾸고, 제6항에서는 빈곤 문제를 다루기로 한다. 제7항에서는 소득불평등화를 시정하기 위한 재분배정책(세제)에 대해 논한다. 끝으로 제8항에서는 본 절을 요약하고 특히 소득분배의 불평등화에 대해 세계적 관심을 불러일으킨 피케티의 『21세기의 자본』(2014)에 대해 논평한다.

2. 소득불평등화와 연령구조, 세대 유형의 변화

지니계수가 연령층 또는 세대 유형에 따라 다르다는 것은 잘 알려져 있다. 본 항에서는 지니계수의 변화를 연령별과 세대구성별로 상세하게 살펴본다.

첫째, 연령 효과이다. 사회보장급여를 포함하지 않는 세전소득을 기준으로 하면 지니계수는 당연히 더 높다. 세전소득을 기준으로 세대주의 연령층별 지니계수를 구하면, 연령에 대해 J자형이 된다. 예를 들어, 「2014년 소득재분배 조사」의 세전소득을 이용하여 구한 지니계수는 세대주 연령이 29세 이하인 세대에서 0.392, 35~39세인 세대에서는 가장 낮은 0.294이다. 그 이후에는 세대주 연령이 많을수록 지니계수가 상승하는데, 60~64세인 세대에서는 0.521, 70~74세인 세대에서는 0.716이 된다. 이것으로부터 인구구조의 고령화야말로 전 국민 지니계수가 상승한 주요 요인임을 알 수 있다. 이에 대해 大竹(2005, 제1장) 및 大竹·小原(2010, pp. 278~279)만이 아니라 평균대수편차(mean log deviation)를 이용하여 격차를 요인 분해한 大石(2006, pp. 24~26) 및 内閣府 편(2009, pp. 231~232) 등에서도 강조되고 있다.[38]

그러나 최근에는 뚜렷한 변화가 감지되고 있다. 즉, 소득 격차가 큰 고령자층에서는 감소 경향을 보이는 반면 30세 미만의 젊은 세대와 왕성하게 일하고 있을 40~59세의 연령층에서는 소득 격차가 눈에 띄게 증가한다는 점이다(「소득재분배조사」의 세전소득 기준).[39]

둘째, 소득 격차는 세대구조에 따라서도 크게 다르다. 세대 수입을 이용하여 구한 세전 지니계수는 부부와 미혼 자녀로 이루어진 세대(0.358)와 3대로 이루어진 세대(0.356)에서 낮고, 단독 세대(0.701)에서 가장 높다(「2014년 소득재분배조사」). 과거의 조사(「2008년 소득재분배조사」)와 비교해 보면, 단독 세대의 지니계수(0.654)는 대략 0.05포인트 상승하여 다른 세대에 비해 상승 폭이 가장 컸다. 그런데 「국세조사」(國勢調査)에 의하면, 단독 세대가 일반 세대 총수에서 차지하는 비율은 1980년 18.9%에서 2015년 34.5%로 대폭 상승하였다. 따라서 단독 세대의 증가만으로도 거시 차원의 지니계수가 상승하였을 수 있다(이 점에 대해서는 본 절 제6항 참조).

셋째, 최근 맞벌이 부부 세대가 증가하고 세대 소득에서 부인의 소득이 차지하는 중요성이 커졌지만[40] 그것이 소득불평등화의 요인인가에 대해서는 이견이 있다. 「취업구조기본조사」를 이용한 연구에 따르면, 고소득 남녀끼리의

38 따라서 불평등화는 피상적인 것에 불과하다는 견해도 있다. 하지만 이와 반대로 고령화 때문에 가난한 고령자 세대 자체가 증가한 것이라고 보아야 하기 때문에, 사회 전체적으로는 빈곤이 줄어들지 않는다는 비판도 있다(橋本, 2009, p. 185).

39 청년층 내의 지니계수 상승에 대해서는 「가계조사」(Ohtake et al., 2013, Figure 2.20, p. 33), 「전국소비실태조사보고」(財務省, 2015, p. 17) 및 「취업구조기본조사」(太田, 2006a, pp. 47~48)에서도 확인할 수 있다.

40 2인 이상 근로자 세대의 1개월당 실수입(세 공제 전 세대원 전원의 현금수입 합계액)에서 차지하는 부인의 소득 비율은 1973년 5.8%에서 2015년 12.3%까지 높아졌다(「가계조사」).

[그림 0-19] 노동분배율의 추이 - 국제 비교

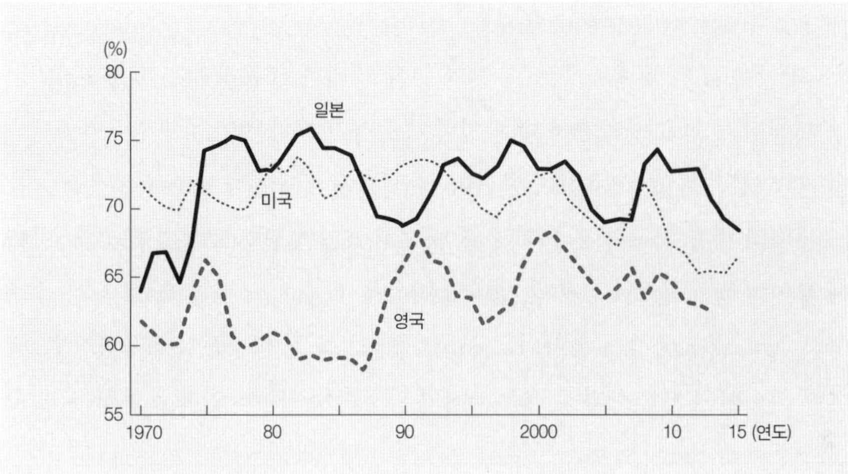

주: 1) 노동분배율=피용자보수/순부가가치액. 각국의 순부가가치액: 일본에서는 피용자보수(개인기업의 귀속노동소득을 포함하지만 법인기업의 임원 상여는 포함하지 않음), 지급 이자 등, 동산·부동산 임차료, 조세 공과, 영업순익의 합계임. 미국에서는 피용자보수(임원 상여 포함), 기업이윤, 혼합소득, 이자순수취액의 합계임. 영국에서는 피용자보수(임원 상여 포함), 영업잉여, 혼합소득의 합계임. 해외로부터의 요소소득 수취에 대해서는, 일본에서는 피용자보수에 포함되지 않지만 영업수익에는 일부 포함되는 경우가 있음. 미국에서는 이자순수취액에 포함됨. 영국에서는 모두 포함되지 않음.

2) 일본과 미국은 민간 1차 산업 제외, 영국은 민간산업 대상임.

출전: 일본: 牧野(2016), p. 86. 미국: 상무성 경제분석국 웹사이트의 데이터베이스(http://www.bea.gov/iTable/iTable.cfm?ReqID=9&step=1#reqid=9&step=1&isuri=1, 2016년 10월 확인), 영국: 국가통계국 국민경제계산 데이터베이스(http://webarchive.nationalarchives.gov.uk/20160105160709/http://www.ons.gov.uk/ons/rel/naa1-rd/united-kingdom-national-accounts/index.html, 2016년 10월 확인).

결혼이 증가함에 따라 세대 수준의 소득불평등도가 커졌다고 주장하였다(大竹, 2005, pp. 13~15). 반면에 또 다른 연구에서는 맞벌이 부부가 세대 간 소득 격차를 줄였다는 반대의 결론을 제시하기도 하였다(大石, 2006, pp. 28~29; 安部·大石, 2006, p. 192). 또한 부인의 취업은 대체로 세대 소득의 평등화에 기여하는 것으로 보이지만 특이하게도 최근의 젊은 부부 세대에서는 불평등화에 기여하는 경향이 강하다는 주장도 있다(尾嶋, 2011, pp. 122~124). 다른 한편으로 비정규 노동자(과반이 배우자가 있는 여자)의 소득은 세대의 소득 격차를 축소시켰다는 연구가 있다(石井·樋口, 2015, pp. 53~54).

맞벌이 효과에 대해서는, 부인의 고용 형태가 정규직인가 비정규직인가에 따라 세대의 소득 격차에 대한 영향이 달라지는 것은 아닐까 생각한다. 「취업구조기본조사」를 이용하여 남편이 취업 중인 세대에서 부인이 비정규 고용인 세대의 비율을 구하면, 1997년 25.1%에서 2012년 33.3%로 증가하였다. 반면에 부인이 정규직으로 고용된 세대의 비율은 두 시기 모두 19.0%로 같은 수준이었다. 비정규 여성 노동자의 소득이 세대의 소득 격차를 축소시켰다면, 맞벌이 세대의 증가는 대체로 소득분배의 평등화에 기여하였다고 말할 수 있을 것이다.

3. 노동분배율의 추이

앞의 항에서는 인적 소득분배에 대해 논하였고, 여기에서는 기능적 소득분배에 대해 논하고자 한다. [그림 0-19]는 일본, 미국, 영국을 대상으로 민간부문의 노동분배율의 추이를 보여 준다.[41] 미국은 1982년 이후, 일본은 1983년 이후 노동분배율이 통계적으로 유의한 하락 추세를 보여 왔다. 그러나 30여 년의

41 OECD 데이터베이스는 각국의 노동분배율을 제공한다. 거기에서는 노동분배율을 피용자보수(개인기업에 귀속된 노동소득도 포함)의 대GDP 비율로 정의한다. 그러나 분모의 GDP에는 – 본원적 생산요소에 대한 지불 대상이 아닌 – 고정자본소모액이 포함되어 있기 때문에, gross 개념의 노동분배율은 net 개념의 노동분배율에 비해 인적 소득분배와의 관련성이 약하다. 일본과 영국의 경우, gross와 net의 노동분배율을 추계할 때 분모의 부가가치액 추세가 다르다는 문제가 나타난다. 따라서 어떤 정의를 이용할 것인가에 따라서 평가도 달라질 수 있다. 또한 귀속노동소득을 추계하기 위한 전제조건(피용자의 피용자보수와 개인 업주의 1인당 피용자보수가 같다)에도 문제가 있다. 결과적으로 추계치가 혼합소득(부가가치총액)보다 훨씬 더 커지는 결과를 얻게 된다. OECD 데이터베이스는 법인기업의 영업잉여와 혼합소득의 합산치만을 공표하기 때문에 그 문제가 표면으로 드러나지는 않지만, 内閣府 「국민경제계산」을 이용하면 결과는 크게 달라진다. 예를 들어, 후자의 경우 일본의 2009년 OECD 데이터베이스 귀속노동소득은 순(純)혼합소득의 2.5배까지 커져 버린다.

하락 추세를 보면, 연평균 하락 폭은 일본(-0.06% 포인트)이 미국(-0.21% 포인트)보다 훨씬 더 작았다. 한편 영국의 노동분배율은 2001년부터 하락 추세를 보였는데, 연평균 -0.34% 포인트로 매우 큰 편이었다.

최근 영미의 인적 소득분배의 불평등화(지니계수 상승)는 노동분배율의 하락과 밀접한 관계를 갖는다고 알려져 있다. 하지만 일본의 상황은 다르다. 일본의 지니계수 악화는 노동분배율의 저하보다는 노동소득 내부의 변화에서 주요 원인을 찾을 수 있다. 따라서 다음 항에서는 노동시장에서 일어나고 있는 변화를 소개하고 소득분배가 악화된 배경을 살펴본다.

4. 노동시장의 변화

소득분배를 악화시킨 제1의 요인은 실업률의 상승이다. 「노동력조사」에 의하면 실업률은 1991년 2.1%에서 서서히 상승하여 2002년에는 5.4%까지 올라갔다.[42] 실업률은 청년층에서 높지만 1991~2002년 월별 실업률의 변동계수는 남성 45~54세에서 가장 높고, 다음으로는 남성 25~34세에서 높다. 실업률의 상승은 왕성하게 일할 남성에게 가장 큰 타격을 입혔다.

실업기간도 현저하게 장기화되었다. 실업기간이 1년 이상인 비율은 1991년 17.6%에서 2001년 26.1%로 높아졌다.[43] 게다가 연령이 높을수록 장기실업자의 비율도 높았다. 청년층의 실업률은 높지만 비교적 조기에 재취업하는 데 비

42 다른 한편 고도성장기에 나타났던 현상 중에 경기변동에 따른 기혼여성의 단기적 노동력률의 변화, 즉 주변노동력의 성격은 1990년대가 되면 현저하게 약해졌다(南, 2002, p. 196). (역자 주: 일본에서 말하는 노동력과 비노동력은 우리나라의 경제활동인구와 비경제활동인구에 해당된다. 주변노동력은 노동력과 비노동력을 넘나드는 사람인데, 기혼여성이 대표적이다.)

43 실업기간의 공표치는 1983~2001년 각 2월 기준이고, 2002년 이후에는 연평균이기 때문에 불연속성이 있음을 주의해야 한다.

[그림 0-20] 학력 간 임금 격차의 추이

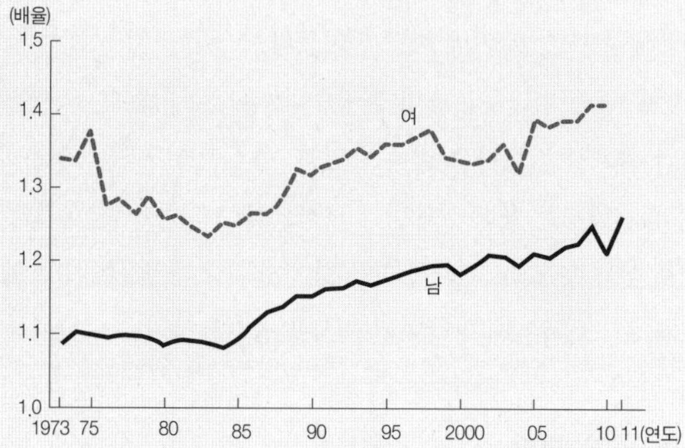

주: 1) 대학·대학원 졸 임금의 고졸 임금에 대한 배율.
2) 임금은 정해진 현금급여 총액, 연간 상여, 기타 특별 상여액의 합계임.
3) 연령층은 25~34세이며, 전 산업 합계치임.
출전: 후생노동성, 「임금구조 기본통계조사」.

하여 중고령층은 일단 실업 상태에 들어가면 재취업할 때까지 많은 시간이 걸린다. 앞에서 왕성하게 일할 세대의 지니계수 상승이 두드러졌다고 말한 바 있는데, 이것과 무관하지 않을 것이다.

둘째로 임금 격차가 확대되었다. 하지만 다른 선진국과는 양상이 다르다. 예를 들어, 유럽과 북미에서는 종업원의 보수에 비해 경영자의 보수가 크게 상승한 것이 문제라고 지적된다. 반면에 일본에서는 그 격차가 그렇게 심하지 않다(*The Economist*, 2016, p. 53).[44] 오히려 일본의 문제는 종업원 간의 임금 격차가

44 이는 일본 기업(특히 대기업) 경영자의 선임에 '본토박이 등용' 관행(小野, 1989, pp. 146~159)이 있다는 사실과 밀접한 관련이 있다.

확대되고 있다는 데 있다. [그림 0-20]은 25~34세 남녀별 학력 간 임금 격차(대학·대학원 졸업자 대 고졸자의 배율)이다. 1970년대부터 80년대 전반까지 임금 격차는 일정하였거나(남자) 또는 축소되었지만(여자), 83~84년경부터는 남녀 모두 확대 경향을 보이기 시작하였고 그 경향은 2010년대까지도 이어지고 있다.[45] 일본을 포함한 선진국에서 학력 간 임금 격차가 확대된 이유는 최근 정보통신기술(ICT)과 금융을 중심으로 급속한 기술진보가 있었기 때문이다. 기능편향적인 기술진보에 따라 고도의 기술수준을 가진 나라일수록 교육수준과 기술취득 능력이 소득을 결정하는 중요한 요인이 되었다(ドーア, 2011, p. 75; Machin, 2009, pp. 423~426). 결국 이러한 기술진보가 선진국에서 학력 간 임금 격차가 커진 주요 요인이다.[46] 일본에서도 이러한 기능편향적인 기술진보가 있었으므로 고학력 노동자로의 수요 이동이 생겨서 학력 간 임금 격차가 확대되었다고 볼 수 있다(佐々木·桜, 2004).

셋째로 특히 청년층 세대의 경우 비정규 노동이 증가하였다(太田, 2006a, p. 47; 厚生勞動省 편, 2010, pp. 205~206). 34세 이하의 비정규(파트타임·아르바이트, 파견사원, 계약사원 등)의 직원·종업원은 1990년 255만 명(피용자 전체의 15.2%)에서 2010년 414만 명(피용자 전체의 27.0%)으로 대폭 증가하였다. 비정규 노동 증가의 배경으로는 버블 붕괴와 리만 쇼크 등에 따른 불황대책으로 기업이 인건비를 삭감하였다는 점을 들 수 있다(李, 2012, pp. 31, 36~37).

학력 간 임금 격차의 확대와 인건비 삭감의 배후에는 1980년대 이후 현저해진 경제의 세계화(무역과 해외 투자의 확대) 현상이 있다. 예를 들어, 일본의 무

45 이는 다른 선진국에서도 관찰되는 현상이다(Ballarino et al., 2014, pp. 140~144; OECD, 2011, p. 137).

46 예를 들어, 컴퓨터 사용이 임금 격차에 미친 영향이 반드시 명확한 것은 아니지만 학력이 높은 35세 미만의 남자 정사원의 경우에는 양자 간에 (+)의 상관관계가 있음을 확인할 수 있다(大竹, 2005, pp. 198~201).

[그림 0-21] 가계자산 및 연간 수입의 지니계수 추이

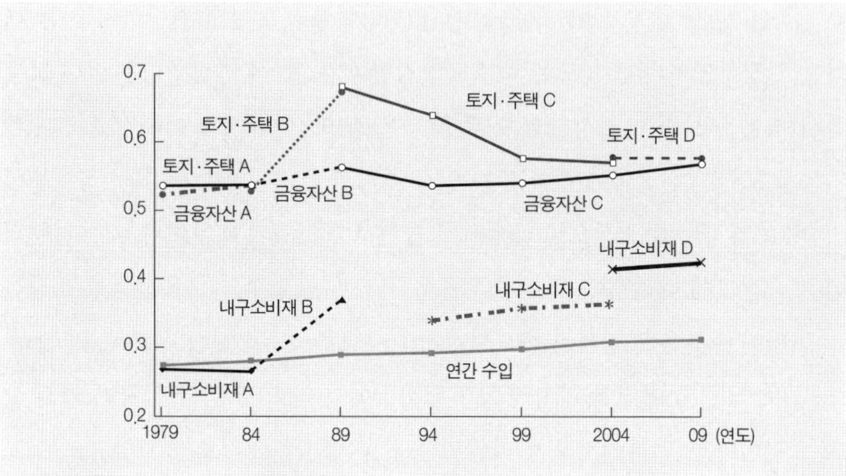

주: 1) 2인 이상 가구 대상이며, 모든 A계열(1979~84년)은 농가를 포함하지 않음.
2) 토지·주택 A, B계열은 내구소비재를 포함한 지니계수이고 또한 모든 토지·주택의 지니계수는 비보유자도 포함하고 있음.
3) 금융자산은 부채를 공제하기 전의 값임.
출전: 각 A계열은 高山 편저(1992), p. 46, B계열은 高山·有田(1994), p. 69(두 자료의 원자료는 「전국소비실태조사」임). 기타 계열은 「헤이세이(平成) 21년 전국소비실태조사－각종 계수 및 소득분포에 관한 결과」, p. 1(http://www.stat.go.jp/data/zensho/2009/keisu/pdf/yoyaku.pdf, 2016년 10월 확인), 연간 수입은 田辺·鈴木(2013) p. 124, 표 2(원자료는 「전국소비실태조사」).

역의존도(무역 총액이 GDP에서 차지하는 비중)는 90년의 약 20%에서 리만 쇼크의 영향이 나타나기 직전인 2008년 35%로 높아졌다(「국민경제계산」). 무역의 자유화·확대에 의해 일본을 포함한 선진국에서는 저기능(저학력) 노동자의 임금이 하락하고, 반대로 고기능(고학력) 노동자의 임금이 상승하여 소득은 불평등해졌다(IMF, 2007, p. 142). 해외로부터의 경쟁 압력과 장기간 디플레이션의 영향으로 일본 기업은 저가경쟁을 벌일 수밖에 없었고, 그것이 인건비가 싼 비정규 종업원의 증가를 초래하였다. 山口(2011)의 계량경제학적 연구는 정규 노동자

와 비정규 노동자 간에 대체관계가 있고 노동비용 절감 압력에 의해 정규 사원 대신 비정규 사원이 채워지고 있음을 보였다.[47]

비정규 노동의 증가에는 노동시장의 규제 완화, 특히 「노동자파견법」(1986년 시행)에 의한 규제 완화가 영향을 미쳤다. 이 법은 그 후 1996년, 99년, 2003년에 크게 개정된 바 있는데, 구체적인 내용을 보면 대상 업무의 확대, 수속의 간소화, 파견기간의 연장 등이 추진되었다. 그 결과 파견노동자는 크게 증가해 왔다.

5. 자산의 분배

지금까지는 유량(flow)인 소득의 분배를 살펴보았지만 여기에서는 저량(stock)인 자산의 분배로 눈을 돌린다. 1970년대 전반 작성된 「저축동향조사」에서는 비농가가 보유한 금융자산의 지니계수를 추계한 바 있다. 이에 따르면, 고도성장기에는 평등화 경향이 보였지만 72년경부터는 평등화 경향이 정체되거나 또는 불평등화로의 역전이 나타나기 시작하였다. 일본열도 개조 붐, 제1차 오일 쇼크로 인해 인플레이션이 급속히 진행됨에 따라 – 자산분배의 평등화를 가져온 – 저소득 세대의 저축률 상승이 둔화되었던 것이 원인이었다.

1970년대 말 이후에는 「전국소비실태조사」를 이용하여 토지·주택, 금융자산, 내구소비재별로 지니계수의 추이를 제시하였다([그림 0-21]). 첫째, 자산의 불평등도는 연간 수입의 불평등도보다 크다. 둘째, 80년대 전반에는 토지·주택과 금융자산의 지니계수가 거의 같은 수준이었지만 버블기의 부동산 가격

47 다만 정규 노동자와 비정규 노동자의 보완·대체관계에 대해서는 일치된 견해가 있는 것은 아니다. 이에 관한 문헌을 고찰한 것으로는 阿部(2010, pp. 453~456)를 참조할 것.

폭등에 의해 토지·주택의 지니계수가 급속히 상승하였다. 셋째, 버블 붕괴 후 각 자산의 지니계수는 하락하였다. 그러나 자산마다 차이가 있었다. 94년 이후 토지·주택의 지니계수는 2009년까지 꾸준히 하락하였다. 하지만 금융자산·내구소비재의 지니계수는 1990년대 후반부터 다시 상승하기 시작하였다. 결국 2009년에는 토지·주택의 지니계수와 금융자산·내구소비재의 지니계수가 거의 같아졌다.

일반적으로 소득이 많은 세대일수록 저축률이 높으므로, 소득 격차 이상으로 자산 격차가 발생한다. 또한 소득이 많은 사람일수록 부모로부터 많은 유산을 상속받게 된다는 조사 결과도 있다. 따라서 재산증여나 유산상속에 의해 자산 격차는 더욱 확대되는 경향이 있다.

6. 빈곤 문제

소득의 불평등화는 두 가지 요인에 의해 생긴다. 하나는 고액 소득자의 비대화이고, 다른 하나는 사회 하층 사람들의 증가이다. 피케티가 강조한 것은 전자이다. 하지만 일본에서는 평균세대소득이 하락하였기 때문에[48] 후자(빈곤층의 증가)가 오히려 더 중요한 문제인 것으로 판단된다. 여기에서는 빈곤의 관점으로부터 소득불평등화의 문제를 바라보고자 한다.

최근 생활보호의 피보호자 세대가 급증하고 있음은 주지의 사실이다. 여기에서는 빈곤 현상을 파악하는 지표로 '상대빈곤율'의 개념(전체 세대 소득의

48 2인 이상 근로자 세대의 1개월당 실수입(소비자물가지수에 의해 실질치를 구한 것)은 1997년 정점이었고 이후 감소 추세를 보여서 2010년에는 10% 남짓 감소하였는데, 이는 1987년 수준으로 되돌아간 것이었다(「가계조사」).

중앙값의 1/2을 빈곤선으로 정하고, 그것보다 소득이 적은 세대가 전체 세대에서 차지하는 비율)을 이용한다. OECD 보고에 따르면, 일본의 상대빈곤율은 데이터를 구할 수 있는 1985년 12.0%에서 2000년 15.3%까지 뚜렷하게 상승해 왔다. 다만 그 후에는 15~16% 수준에서 거의 안정되어 있다(출처는 [그림 0-18]과 같고 원자료는 후생노동성 「국민생활기초조사」임). 가장 최근인 2012년에는 16.2%이고, 이는 인구의 1/6이 빈곤 상태에 있다는 뜻이다.[49]

이제 [그림 0-18]로 돌아가 보자. 상대빈곤율은 당연히 지니계수와 상관관계가 있다. 그런데 [그림 0-18]을 보면, 일본의 상대빈곤율은 회귀선(점선)보다 꽤 위에 있음을 알 수 있다. 또한 일본의 경우, 어린이가 있고 성인은 1명뿐인 세대의 상대빈곤율은 50.8%(2010년)로 OECD 나라 중 가장 높다(内閣府, 2014, p. 31). 결국 빈곤율 상승의 원인으로는 이미 설명한 바 있는 고령화, 청년층의 비정규 노동 증가 이외에도 근로 세대·고령층의 단독 세대 증가를 들 수 있다(본절 제2항 및 橘木·浦川, 2006, p. 110).

선진국 중에서 일본의 상대빈곤율이 높다는 사실을 일본 국민들은 잘 모른다. 고도성장이 가져온 소득수준의 급격한 상승과 평등화를 통해 인적 소득분배에서도 일본은 세계에서 보기 드문 '1억 총중류사회'가 되었다는 인식이 아직도 남아 있기 때문일 것이다.

가장 큰 문제는 '빈곤의 재생산'이다. 빈곤 가정의 자녀는 만족스러운 교육을 받지 못하고, 성인이 되어서도 양질의 일자리를 구하지 못하며, 다시금 부모와 같은 처지에 빠지는 악순환에 빠질 수 있다. 의무교육이므로 수업료, 교과서 대금은 무료이지만 학교에 다니려면 교재비, 급식비 등 적지 않은 비

49 표본에 중위소득층이 높은 「전국소비실태조사」에서도 상대빈곤율은 1999년 9.1%에서 2009년 10.1%까지 조금씩이기는 하지만 상승하였다.

용이 든다. 여기에 기숙사비 등 보습교육비도 더해진다. 빈곤 가정의 경우, 의무교육을 마치고 고등교육을 받으려면 길은 험난하다. 그래서 중졸·고등학교 중퇴자 다수는 구직활동에 어려움을 겪게 되고, 프리타족·니트족의 길을 걷고 만다(阿部, 2008).[50]

빈곤층은 당연히 불만을 갖게 될 것이고, 어떤 종류든 사회에 대한 적대심으로 발전하면 사회는 불안정해진다. 미래에 그들의 상황이 호전될 수 있다는 희망이 사라지고, 게다가 그들의 자녀도 비슷한 운명에 빠지리라고 생각하게 되면 불만은 한층 더 커질 것이다. 즉, '계층의 고정화'는 사회의 불안정을 초래한다. 인류의 역사를 보면 수많은 사회적 혼란이 발생해 왔다. 그런데 그 배후에는 언제나 이런 상황이 있었음을 쉽게 상상할 수 있다.[51] 사회의 안정을 지키기 위해서라도 도를 넘는 불평등 상황은 바로 잡지 않으면 안 된다.[52]

7. 세제와 재분배정책

조세제도는 소득과 자산의 분배 상황에 어떠한 영향을 미쳤는가?

林(2011, pp. 86~90)은 각종 소득 중에서 가장 큰 비중을 차지하는 급여소득을 대상으로 소득세 부담률(소득세/급여소득액)과 과세 전후의 지니계수 변화를 이용하여 소득재분배 효과를 추정하였다. 결과에 따르면, 1990년부터 2007년까지 조세의 누진성이 약화되어 왔던 점, 그중에서도 1995년 소득세 개정(과세소득의 등급 확대)에 의해 누진구조가 완화되었던 점으로 인해 소득재분배 효과

50 사회계층과 교육의 관계에 대해서는 苅谷(2001), 경제 격차와 희망·의욕의 관계에 대해서는 山田(2004), 경제 격차와 교육 격차에 대해서는 橘木(2010), Makino(2012)를 참조할 것.

51 본 강좌 제4권 서장 제3절 제6항 또는 南・キム・ファルカス 편(2000)에 수록된 각 논문을 참조할 것.

52 현행 경제정책에 대한 비판과 구체적인 제언으로는, 예를 들어 阿部(2008) 제7장, 橘木(2006) 제5장이 있다.

가 크게 줄어들었다고 주장하였다.[53]

특히 이자, 배당, 자본이득 등 자산소득에 대한 과세 경감조치, 즉 소액저축 이자소득에 대한 비과세(마루유제도[54]에서는 1987년까지 모든 사람에게 적용되었다)와 원천분리과세, 각종 소득·세액공제, 면제조치 등이 있기 때문에 포괄적 소득세(소득의 종류와 관계없이 모든 소득을 합산하여 과세)에 비해서 소득세의 누진구조는 완화된다. 이것이 소위 '소득과세표준의 침식' 문제로, 개인소득 과세표준의 침식도는 고소득자일수록 크다는 것이 문제이다. 예를 들어, 1996년의 경우 소득이 5천만 엔 이상인 소득자가 포괄적 소득세 방식을 적용받았다면 39.28%의 세율이 적용되어야 하지만 실제 세율은 21.93%에 불과하며 그 차이는 17.4% 포인트나 된다. 반면에 침식도가 가장 작았던 소득 200만~300만 엔의 계층에서는 이 차이가 6.7%에 지나지 않았다.

소득세가 재분배 효과를 발휘하기 위해서는 무엇보다도 소득의 정확한 파악이 필수불가결하다. 그렇지만 일본에서는 업태에 따라서 소득의 포착률이 크게 다르다. 예를 들어, '9 : 6 : 4', '10 : 5 : 3'이라는 말이 있듯이,[55] 급여소득, 자영업소득, 농업소득 간 포착률의 차이가 매우 크다.[56] 정확한 소득포착을 전제로 각종 소득공제의 합리성, 과세 최저한도의 수준, 과세소득 등급의 폭, 세율의 누진도 등을 재검토해야 할 것이다.

고령화가 진행되고 다른 한편으로 금융자산이 고령자에게 편중되어 있는 상황(「전국소비실태조사」에 따르면 가계총자산 중에서 세대주 연령이 60세 이상인 세대

53 단지 2000년부터 2007년까지 소득세제의 재분배 효과는 점점 증가하였다.

54 역자 주: 마루유(マル優)란 '장애자 등의 소액 예금의 이자소득에 대한 비과세제도'의 통칭이다.

55 역자 주: '9 : 6 : 4'라는 말은, 소득 포착률이 급여소득은 90%, 자영업자 사업소득은 60%, 농업소득은 40%라는 뜻이다. 또한 '10 : 5 : 3'이라는 말은, 소득 포착률이 급여소득은 100%, 자영업자 사업소득은 50%, 농업소득은 30%라는 뜻이다.

56 상세한 내용은 奧野 외(1990)를 참조할 것.

[표 0-3] 조세 · 사회보장에 의한 소득재분배정책의 효과

(%)

	조세와 사회보장급여의 효과1)			조세만의 효과2)
	1985	2000	2012	2012
핀란드	46.0[a)]	46.4	46.3	14.5
독일	42.8	43.9	42.1	16.2
영국	34.1[a)]	31.3	34.8[b)]	10.5
네덜란드	42.5	31.1	34.4	11.9
일본	11.9	22.0	32.4	6.2
뉴질랜드	33.6	30.0	28.7[c)]	7.5
캐나다	25.8	28.4	27.9[c)]	10.8
미국	22.7	25.0	23.1	9.4[d)]
8개국 평균	32.4	32.3	33.7	10.9

주: 소득재분배정책의 효과=(재분배정책 전 지니계수−재분배정책 후 지니계수)/재분배정책 전 지니계수×100.
1) 세전소득(market income)과 가처분소득의 지니계수의 비교.
2) 총소득(gross income, 세전소득+이전소득)과 가처분소득의 지니계수의 비교.
a) 1986년, b) 2010년, c) 2011년, d) 2013년.
출전: http://stats.oecd.org/Index.aspx?DataSetCode=IDD#(2016년 10월 확인).

가 차지하는 비중이 59.2%임)을 생각해 보면, 격차의 고착화를 막기 위해서는 상속세의 자산재분배 기능이나 소득세의 보완세로서 역할을 찾아야 한다. 물론 상속세에 대해서는 생각해 볼 만한 문제가 많다. 나라마다 이유는 다르겠지만, 선진국에서는 상속세를 폐지·축소시키는 경향이 강하다는 사실에도 주목할 필요가 있다(立岡, 2013, pp. 104~106).

끝으로 조세와 사회보장급여를 더한 재분배정책이 어느 정도 효과를 미쳤는지 살펴보기로 하자. 이를 위하여 그 정책이 시행되기 전과 후에 지니계수가 어떻게 변화하였는가를 추정하고, 그 결과를 다른 나라와 비교해 본다([표 0-3]). 조세만의 효과를 살펴보면, 자료의 이용이 가능한 2012년의 경우 일본은 8

개국 중 최하위이다. 또한 조세와 사회보장급여를 더한 정책의 효과를 살펴보더라도, 1985년 일본의 재분배정책 효과는 8개국 중 매우 낮은 편이었다. 이후 정책 효과는 서서히 개선되었지만 2012년에도 일본은 여전히 평균 이하이다. 아무래도 선진 제국에 비해 일본의 조세·사회보장급여의 재분배 효과는 열등한 것 같다.[57] 그 이유는 우선 일본의 조세·사회보장부담률이 다른 나라에 비해 전체적으로 낮고, 누진성도 약하기 때문이다. 특히 소득의 중위층과 하위층 간 부담률의 차이가 작은데(太田, 2006b, pp. 8, 21), 이는 하위층 부담률에 비해 중위층 부담률이 너무 작다는 뜻이다.

8. 결론을 대신하여 – 피케티 비판

본 절에서는 전후 저성장기 소득과 자산의 분배에 대하여 분석하였다. 이로부터 1980년대 이후 불평등화의 경향이 있었음을 보였으며, 그 요인이 노동시장의 다양한 변화 때문이었음을 지적하였다. 우리는 이미 본 강좌의 제3권과 제4권에서도 전전(1890년대~1937년)의 현저한 불평등화 경향을 도출한 바 있다. 그 요인으로는 농촌에 과잉 노동력이 존재하여 도시의 미숙련공의 임금이 정체되었기 때문이었음을 지적한 바 있다.[58]

소득분배의 불평등화 경향은 최근 세계적으로 주목받고 있는 피케티의 주장과 부합된다(피케티, 2014). 그를 포함한 연구자들은 일본을 포함한 많은 선진국의 조세통계를 정리하여 부유층의 소득집중도를 추계하였고, 그 동향으로부터 전전·전후 기간에 걸친 장기적인 소득분배의 추이를 밝히고자 하였

57 이 문제에 대해서는 橘木·浦川(2006, pp. 237~241)을 참조할 것.
58 일본 소득분배의 역사적 변화를 간결하게 논한 것으로는 南(2002, pp. 277~279), 南(2007)이 있다.

다. 그러나 그의 주장과 달리, 불평등화는 저소득층의 확대를 통해서도 나타난다는 점을 알아야 한다. 여기에서는 본 강좌 제3권 이후 각 권 서장 제3절에서 얻은 결론을 기초로 하여 피케티 주장에 대해 종합적으로 비판하기로 한다.

피케티는 전전기 일본(1910년 이후)에서 상위 1%의 소득집중도가 상승하였다는 것을 근거로 소득불평등화가 생겼다고 주장한다. 확실히 1920년대 중반까지는 불평등화를 제대로 포착하는 것으로 보인다. 하지만 그 후 제2차 세계대전 직전까지는 상위 1%의 소득집중도가 거의 변화하지 않았다. 즉, 피케티의 주장에 따르면, 이 시기에는 불평등화 경향이 보이지 않는 셈이다. 하지만 같은 기간 지니계수의 추이를 보면, 불평등화 경향은 지속되었다. 그 이유는 일본의 불평등화 경향이 부유층의 성장 때문이 아니라 빈곤층의 확대 때문에 생겼기 때문이다. 따라서 당시 불평등화의 진정한 요인은 빈곤층을 포함하는 농촌과 도시의 노동시장에서 찾아야 한다(쉽게 말해 지니계수가 포착하는 불평등화 경향을 피케티의 소득집중도는 포착하지 못한다).[59] 우리는 본 강좌의 제4권 서장 제3절에서 아더 루이스(Arthur Lewis)의 이론을 적용하여, 농촌에 다수의 과잉 노동력이 남아 있었기 때문에 도시 미숙련공의 임금 인상이 억제되었다는 것, 그 결과 노동분배율의 저하가 생겼다고 논한 바 있다.

또한 피케티는 전후 일본에서도 불평등화 경향이 있었음을 지적하였다. 그 근거는 상위 1%의 소득집중도가 1980년대 이후 증가하였기 때문이라는 것이다. 이 사실을 부정할 수는 없지만, 노동시장에서 임금 격차와 저임금 비정규 노동자의 증가 등 무시할 수 없는 변화가 나타났기 때문임을 강조한 바 있다(본 절 제4항). 이처럼 일본의 역사적 경험은 저소득층과 노동시장의 동향에

59 Moriguchi and Saez(2010)의 Fig.4 상위 1%의 소득집중도는 1923년과 1937년 각각 19.7%, 19.3%이었다(*Ibid.*, Table A1).

한층 더 주의를 기울이지 않으면 안 된다는 것을 보여 준다.

피케티에 대해 지적하고 싶은 가장 큰 문제는 그의 이론적 틀에 있다. 그는 자본수익률이 경제성장률을 상회하는 시기에 격차(자본분배율의 상승)가 발생한다고 주장한다. 그의 논의는 자본수익률이 일정(피케티, 2014, p. 369, 그림 10-9)하고 이윤은 모두 저축으로 되돌려진다는 칼도어(Nicholas Kaldor)형 저축계수를 가정하면 간단히 도출할 수 있다.

하지만 자본계수가 끊임없이 상승하는 상황에서 왜 자본수익률과 자본분배율이 하락하지 않는가라는 의문이 생긴다. 이 문제와 관련하여 피케티는 자본과 노동의 대체탄력성이 1보다 큰 생산함수를 가정한다(피케티, 2014, pp. 226~229). 그러나 이는 어디까지나 실증적인 문제이며, 사실 실증적 근거는 약하다. 즉, 현실 경제에서 피케티의 가정은 타당하다고 볼 수 없다.

피케티의 문제 제기는 의미심장하지만, 그의 이론적 틀이나 그것을 일본의 경험에 적용하는 경우의 타당성과 관련해서는 마땅히 고려해야 할 점이 너무 많다.

참고문헌

ドーア, R.(2011),『金融が乗っ取る世界経済 — 21世紀の憂鬱』, 中公神書.

ピケテイ, T./山形浩生・守岡桜・森本正史訳(2014),『21世紀の資本』, みすず書房.

ホリオカ, チヤールズ ユウジ(2008),「家計の資金の流れ」,『フイナンシヤル・レビユー』第88号, 6~18(http://warp.da.ndl.go.jp/info:ndljp/pid/8379094/www.mof.go.jp/pri/publication/financial_review/fr_list5/r88/r88_006_018.pdf).

加藤久和(2011),『世代間格差 — 人口減少社会を問いなおす』, ちくま新書.

岡崎哲二(1998),「日本の財政政策とマクロ経済 — 歴史的パースペクティブからの再評価」,『フイナシヤル・レビユー』第47号, 56~75.

岡崎哲二・奥野正寛(1993),「現代日本の経済システムとその歴史的源流」, 岡崎哲二・奥野正寛編,『現代日本経済システムの源流』, 日本経済新聞社, 1~34.

鎌田康一郎(2009),「わが国の均衡実質金利」, 深尾編(2009), 387~427(http://www.esri.go.jp/jp/others/kanko_sbubble/analysis_01_12.pdf).

経済企画庁(1979),『昭和54年年次経済報告』, 経済企画庁.

経済企画庁総合計画局編(1975),『所得・資産分配の実態と問題点 — 所得分配に関する研究会報告』, 大蔵省印刷局.

高山憲之・有田富美子(1994),「家計資産の分配とその変遷」, 石川経夫編,『日本の所得と富の分配』, 東京大学出版会, 59~78.

高山憲之編著(1992),『ストック・エコノミー — 資産形成と貯蓄・年金の経済分析』, 東洋経済新報社.

橋本健二(2009),『「格差」の戦後事 — 階級社会日本の履歴書』, 河出書房新社.

国際協調のための経済構造調整研究会編(1986),「国際協調のための経済構造調整研究会報告書(前川レポート)」, 内閣官房内閣内政審議室.

宮川努(2018),「生産性向上と日本経済」,『月刊 資本市場』第389号, 10~19(http://www.camri.or.jp/files/libs/1035/201802051136036420.pdf).

権赫旭・金榮愨(2010),「所有構造とTFP — 日本企業データに基づく実証分析」, RIETI Discussion Paper Series, No. 10-J-050.

橘木俊詔(2006),『格差社会 — 何が問題なのか』, 岩波新書.

橘木俊詔(2010),『日本の教育格差』, 岩波新書.

橘木俊詔・浦川邦夫(2006),『日本の貧困研究』, 東京大学出版会.

近藤誠(2011),「石油危機後の経済構造調整とグローーバリゼーションへの対応(1970年代~84年を中心に)」, 小峰陸夫編,『日本経済の記録 — 第2次石油危機への対応からバブル崩壊まで(バブル/デフレ期の日本経済と経済政策11)』, 慶応義熟大学出版会, 11~27(http://www.esri.go.jp/jp/prj/sbubble/history/history_01/analysis_01_01_00_tobira.pdf).

吉川洋(1992),『日本経済とマクロ経済学』, 東洋経済新報社.

南亮進(2007),「所得分布の戦前と戦後を振り返る」,『日本労働研究雑誌』第562号, 33~40.

南亮進・クワン S. キム・スルコム ファルカス編/牧野文夫・橋野篤・橋野知子訳(2000),『所得不平等の政治経済学』, 東洋経済新報社.

南亮進/牧野文夫協力(2002),『日本の経済発展』(第3版), 東洋経済新報社.

内閣府(2009),『平成21年度年次経済財政報告』, 内閣府.
内閣府編(2009),『平成21年度 経済財政白書』, 財務省印刷局.
内閣府編(2014),『平成26年版 子ども・若者白書』, 中和印刷.
大石亜希子(2006),「所得隔差の動向とその問題点」, 貝塚啓明・財務省財務総合政策研究所編著,『経済格差の研究 — 日本の分配構造を読み解く』, 中央経済社, 19~36.
大矢俊雄編著(2015),『図説 日本の財政(平成27年度版)』, 東洋経済新報社.
大竹文雄(2005),『日本の不平等 — 格差社会の幻想と未来』, 日本経済新聞社.
大竹文雄・小原美紀(2010),「所得格差」, 樋口編(2010), 253~285.
徳井丞次・牧野達治・深尾京司・宮川努・荒井信幸・新井園枝・乾友彦・川崎一泰・児玉直美・野口尚洋(2013), 「都道府県別産業生産性(R-JIP)データベースの構築と地域間生産性格差の分析」,『経済研究』第64巻 第3号, 218~239.
鈴木亘・増島稔・白石浩介・森重彰浩(2012), 「社会保障を通じた世代別の受益と負担」, ESRI Discussion Paper Series, No. 281.
柳沢房子(2008),「最近10年間における労働法の規制緩和」,『レファレンス』第58巻 第4号, 87~99.
李青雅(2012),「若者と非典型労働」, 小﨑・牧野編著(2012), 29~46.
林宏昭(2011),『税と格差社会 — いま日本に必要な改革とは』, 日本経済新聞出版社.
立岡健二郎(2013),「相続税の課税方式に関する理論的考察 — 取得税方式への回帰に向けて」,『JRIレビュー』第4巻 第5号, 88~110.
牧野文夫(2012),「若者世帯の消費行動」, 小﨑・牧野編著(2012), 103~122.
牧野文夫(2016),「戦後日本の所得分配率 — 民間非1次産」,『経済志林』第83巻 第3号, 47~90.
尾嶋史章(2011),「妻の就業と所得格差」, 佐藤嘉倫・尾嶋史章編(2010),『格差と多様性(現代の階層社会1)』, 東京大学出版会, 113~127.
本間正明(1991),『日本財政の経済分析』, 創文社.
濱秋純哉・堀雅博(2011),「我が国世帯における資産の世代間移転と資産格差 — アンケート調査の個票を用いた実証分析」,『個人金融』第6巻 第2号, 27~38.
山口雅生(2011),「正社員と非正社員の代替・補完関係に関する計量分析」,『日本経済研究』第64号, 27~55.
山田昌弘(2004),『希望格差社会 —「負け組」の絶望感が日本を引き裂く』, 筑摩書房.
石井加代子・樋口美雄(2006), 「非正規雇用の増加と所得格差 — 個人と世帯の視点から」, 『三田商学研究』第58巻 第3号, 37~55.
船橋洋一(1988),『通貨烈烈』, 朝日新聞社.
小宮隆太郎(1975),『国際経済学研究』, 岩波書店.
小宮隆太郎(1988),『現代日本経済 — マクロ的展開と国際経済関係』, 東京大学出版会.
小﨑敏男・牧野文夫編著(2012),『少子化と若者の就業行動(人口学ライブラリー10)』, 原書房.
小野旭(1989),『日本的雇用慣行と労働市場)』, 東洋経済新報社.
小塩隆士(2014a),『持続可能な社会保障へ』, NTT 出版.
小塩隆士(2014b),「女性の就業率, 家族支援策と出生率 — OECD加盟国における国際化較」, 西村周三監修/国立社会保障・人口問題研究所編,『社会保障費用統計の理論と分析』, 慶応義塾大学出版会, 211~234.
神林龍(2010),「1980年代以降の日本の労働時間」, 樋口美雄編,『労働市場と所得分配(バブル/デフレ期の日本経済と経済政策6)』, 慶応義塾大学出版会, 159~197(http://www.esri.go.jp/jp/others/kanko_sbubble/analysis_06_05.pdf).

深尾京司(2002),「日本の貯蓄超過と「バブル」の発生」, 村松・奥野編(2002), 217～247.
深尾京司(2012),『「失われた20年」と日本経済 ― 構造的原因と再生への原動力の解明』, 日本経済新聞出版社.
深尾京司(2017),「サービス産業の生産性 ― 正確把握へ統計改革急げ」,「経済教室」,『日本経済新聞』, 2017年 2月 15日(http://www.rieti.go.jp/jp/papers/contribution/fukao/11.html に再掲).
深尾京司・宮川努編(2008),『生産性と日本の経済成長 ― JIPデータベースによる産業・企業レベルの実証分析』, 東京大学出版会.
深尾京司・牧野達治・池内健太・権赫旭・金栄愨(2014),「生産性と賃金の企業規模間格差」,『日本労働研究雑誌』第649号, 14～29.
深尾京司編(2009),『マクロ経済と産業構造(バブル/デフレ期の日本経済と経済政策1)』, 慶応義塾大学出版会.
阿部正浩(2010),「非正規雇用増加の背景とその政策対応」, 樋口編(2010), 439～468.
阿部彩(2008),『子どもの貧困 ― 日本の不公平を考える』, 岩波新書.
安部由起子・大石亜希子(2006),「妻の所得が世帯所得た及ぼす影響」, 小塩隆士・田近栄治・府川哲夫編,『日本の所得分配 ― 格差拡大と政策の役割』, 東京大学出版会, 185～209.
野口悠紀雄(1984),『日本財政の長期戦略』, 日本経済新聞社.
苅谷剛彦(2001),『階層化日本と教育危機 ― 不平等再生産から意欲格差社会へ』, 有信堂高文社.
奥野正寛(2002),「バブル経済とその破綻処理 ―「1975年体制」の視点から」, 村松・奥野編(2002), 21～86.
奥野正寛・小西秀樹・竹内恵行・照山博司・吉川洋(1990),「不平等税制 ― 所得税・住民税の業態間・階層間負担構造」, 現代経済研究グループ編,『日本の政治経済システム(シリーズ現代経済研究1)』, 日本経済新聞社, 75～102.
財務省(2015),『経済社会の構造変化 ― 家計, 再分配の変化(2015年 7月 31日 第15回税制調査会説明資料)』(http://www.cao.go.jp/zei-cho/gijiroku/zeicho/2015/_icsFiles/afieldfile/2015/07/31/27zen15kai2_1.pdf, 2016年 10月 確認).
田辺和俊・鈴木孝弘(2013),「多種類の所得調査を用いた我が国の所得隔差の動向の検証」,『経済研究』第64巻 第2号, 119～131.
井堀利宏・川出真清(2003),「日本の財政政策 ― 公共投資の評価」, 高山憲之編,『日本の経済制度・経済政策』, 東洋経済新報社, 第3章, 43～70.
佐々木仁・桜健一(2004),「製造業における熟練労働への需要シフト ― スキル偏向的技術進歩とグローバル化の影響」, 日本銀行ワーキングペーパーシリーズ, No. 04-J-17.
川口大司・神林龍・金栄愨・権赫旭・清水谷論・深尾京司・牧野達治・横山泉(2007),「年功賃金は生産性と乖離しているか ― 工業統計調査・賃金構造基本調査個票データによる実証分析」,『経済研究』第58巻 第1号, 61～90.
千明誠・深尾京司(2002),「1990年代の構造的経常収支の動向 ― 貯蓄・投資バランス・アプローチによる実証分析」,『経済論集』第28巻 第1号, 99～123, 東洋大学経済研究会.
初岡道大・中居良司・本田創・篠原哲(2001),「公共投資の効率性の改善と地方経済の自立についての一考察」, 財務省財務総合政策研究所,『地方経済の自立と公共投資に関する研究会報告書』(http://warp.da.ndl.go.jp/info:ndljp/pid/1364654/www.mof.go.jp/jouhou/soken/kenkyu/zk052/zk052h.pdf).
村松岐夫・奥野正寛編(2002),『バブルの発生とその背景構造(平成バブルの研究 上形成編)』, 東洋経済新聞社.
祝迫得夫(2017),「日本の企業貯蓄とISバランス」,『経済研究』第68巻 第3号, 209～221.
祝迫得夫・岡田恵子(2009),「日本経済における消費と貯蓄 — 1980年代以降の概観」, 深尾編(2009), 35～58(http://www.esri.go.jp/others/kanko_sbubble/analysis_01_02.pdf).
太田清(2003),「日本における資産格差」, 樋口美雄・財務省財務総合政策研究所編著,『日本の所得隔差と社会階層』, 日本評論社, 21～43.
太田清(2006a),「非正規雇用と労働所得格差」,『日本労働研究雑誌』第557号, 41～52.
太田清(2006b),『日本の所得分配 — 国際比較でみたの特徴』, ESRI Discussion Paper Series, No. 171.
樋口美雄編(2010),『労働市場と所得分配(バブル/デフレ期の日本経済と経済政策6)』, 慶応義熟大学出版会.
河合正弘・高木信二(2009),「為替レートと国際収支 — プラザ合意から平成不況のマクロ経済」, 伊藤元重編,『国際環境の変化と日本経済(バブル/デフレ期の日本経済と経済政策3)』, 慶応義熟大学出版会, 235～275(http://www.esri.go.jp/jp/others/kanko_sbubble/analysis_03_07.pdf).
厚生労働省監修(2012),『厚生労慟白書(平成24年板)』, ぎょうせい.
厚生労働省編(2010),『平成22年版 労働経済の分析 — 産業社会の変化と雇用・資金の動向』, 厚生労働省.

Ballarino, Gabriele, Massimiliano Bratti, Antonio Filippin, Carlo Fiorio, Macro Leonardi, and Francesco Scervini (2014), "Increasing educational inequalities?" in Salverda et al.(eds.) (2014), pp. 121~145.
Bruno, Michael and Jeffrey D. Sachs (1985), *Economics of Worldwide Stagflation*, Cambridge (MA): Harvard University Press.
Chen, Peter, Loukas Karabarbounis, and Brent Neiman (2017), "The global rise of corporate saving," *Journal of Monetary Economics*, Vol. 89, pp. 1~19.
Fukao, Kyoji (2013), "Explaining Japan's unproductive two decades," *Asian Economic Policy Review*, Vol. 8, Issue 2, pp. 193~213.
Fukao, Kyoji and Tangiun Yuan (2009), "Why is Japan so heavily affected by the global economic crisis?: An analysis based on the Asian international input-output tables," *Vox EU*, 07 June (http://voxeu.org/article/why-has-japan-been-so-hard-hit-global-crisis).
Fukao, Kyoji, Kenta Ikeuchi, YoungGak Kim, and Hyeog Ug Kwon (2016), "Why was Japan left behind in the ICT Revolution?" *Telecommunications Policy*, Vol. 40, Issue 5, pp. 432~449.
Fukao, Kyoji, Taisuke Kameda, Kota Nakamura, Ryoichi Namba, and Masahiro Sato (2017), "Measurement of deflators and real value added in the service sector,"『経済分析』弟194号, 9~44.
IMF (2007), *World Economic Outlook, October 2007: Globalization and Inequality*, Washington, D.C.: IMF.
Inklaar, Robert, Marcel P. Timmer, and Bart van Ark (2007), "Mind the gap!: International comparisons of productivity in services and goods production," *German Economic Review*, Vol. 8, Issue 2, pp. 281~307.
Ishi, Hiromitsu (2001), *The Japanese Tax System*, 3rd ed., Oxford: Oxford University Press.
Jorgenson, Dale W. (2001), "Information technology and the U.S. economy," *American Economic Review*, Vol. 91, No. 1, pp. 1~32.
Jorgenson, Dale W., Koji Nomura, and Jon D. Samuels (2016), "A half century of trans-Pacific competition:

Price level indices and productivity gaps for Japanese and U.S. industries, 1955-2012," in Date W. Jorgenson, Kyoji Fukao, and Marcel P. Timmer (eds.), *The World Economy: Growth or Stagnation?* Cambridge (UK): Cambridge University Press, pp. 469~507.

Krugman Paul (1998), "It's baaack! Japan's slump and the return of the liquidity trap," *Brookings Papers on Economic Activity*, Vol. 29, No. 2, pp. 137~206.

Machin, Stephen (2009), "Education and inequality," in Wiemer Salverda, Brian Nolan, and Timothy M. Smeeding (eds.), *The Oxford Handbook of Economic Inequality*, Oxford: Oxford University Press, pp. 406~431.

Makino, Fumio (2012), "Growth and inequality in Japan: A study based on the family budget survey," in Jinjun Xue (ed.), *Growth with Inequality: An International Comparison on Income Distribution*, Singapore: World Scientific, pp. 207~227.

Moriguchi, Chiaki and Emmanuel Saez (2010), "The evolution of income concentration in Japan, 1886-2005: Evidence from income tax statistics," in A. B. Atkinson and T. Piketty (eds.), *Top Incomes: A Global Perspective*, Oxford: Oxford University Press, pp. 76~170.

Nolan, Brian, Wiemer Salverda, Daniele Checchi, Ive Marx, Abigail McKnight, István György Tóth, and Herman G. van de Werfhorst (eds.) (2014), *Changing Inequalities and Societal Impacts in Rich Countries: Thirty Countries' Experience*, Oxford: Oxford University Press.

Obstfeld, Maurice and Kenneth S. Rogoff (1996), Foundations of International Macroeconomics, Cambridge (MA): MIT Press.

OECD (2011), *Divided We Stand: Why Inequality Keeps Rising*, Paris: OECD Publishing.

Ohtake, Fumio, Miki Kohara, Naoko Okuyama, and Katsunori Yamada (2013), Growing Inequalities and Their Impacts in Japan (http://gini-reserch.org/system/uploads/449/original/Japan. pdf?1370090592, 2016年 10月 確認).

Salverda, Wiemer, Brian Nolan, Daniele Checchi, Ive Marx, Abigail McKnight, István György Tóth, and Herman van de Werfhorst (eds.) (2014), *Changing Inequalities in Rich Countries: Analytical and Comparativc Perspectives*, Oxford: Oxford University Press.

The Economist (2016), "Pay check bosses' salaries in Japan," *The Economist*, Aug. 6th, p. 53.

제1장 노동과 인구

현대의 노동시장과 생활수준의 변천

가와구치 다이지(川口大司)·무로가 기호(室賀貴穂)

일본의 고용은 1990년대 중반을 전환점으로 큰 변화를 경험하였다. 15~64세의 생산연령인구는 95년 사상 최다를 기록한 이후 지속적으로 감소하였고, 결국 여성과 고령자의 노동 참가에 의해 노동력 인구가 유지되는 상황에 이르렀다. 제2차 산업의 구성비는 90년대 중반까지 30%대 중반을 유지하였으나 2015년 25%까지 하락하였고, 서비스업의 구성비는 높아졌다. 이러한 구조적 변화를 배경으로 종신고용과 연공임금을 암묵적으로 약속하는 정규 노동자의 구성비도 1990년대를 정점으로 감소하였고, 2010년대 남성 노동자의 평균근속연수는 1970년대 수준으로 후퇴하였다. 이러한 '일본적 고용'의 축소의 영향은 새롭게 노동시장에 진입한 청년 노동자와 여성 노동자에게서 특히 강하게 나타났다. 동시에 이 시기는 생산성 상승의 성과가 두드러지고 삶의 방식이 변화한 시기이기도 하였다. 70년대까지는 노동생산성 상승이 소비수준의 상승을 이끌었던 데 비해, 90년대 이후에는 생산성 상승과 평균여명 연장의 성과 덕분에 현역 은퇴 후 많은 여가시간을 확보하는 형태로 생애의 여가시간/노동시간 비율이 높아지게 되었다.

후카오 쿄지(深尾京司) · 나카무라 쇼지(中村尚史) · 나카바야시 마사키(中林眞幸)

제1절 노동시장의 변화 - 안정성장기 · 저성장기 · 인구감소기

1. 네 가지 관점으로부터 본 노동시장

본 장에서는 1974년부터 현재까지 각종 정부 통계의 장기 시계열 자료를 이용하여 노동시장·생활수준의 변화에 대해 논의한다. 제1절에서는 생산연령인구·산업 구성·종업자 구성·일본형 고용 관행·연령 구성·여성의 노동시장 참여를 다루고, 이와 관련된 연구 결과를 소개한다. 계속해서 제2절에서는 노동생산성·소비·여가의 변천에 대해 다룬다.

1973년 제1차 오일 쇼크를 겪으면서 고도경제성장기는 종언을 맞이하였다. 이후 안정성장기·버블 붕괴 후의 저성장기를 통해서 일본경제에는 커다란 구조적 변화가 나타났다. 이러한 거시경제 환경의 변화 중에서 노동시장에서 일어난 변화를 소개한다.

노동시장의 변화를 분석함에 있어 이하의 네 가지 관점으로부터 접근한다. 즉,

(1) 생산연령인구(15~64세 인구)와 노동력 인구의 변화

(2) 산업 구성과 종업자 구성의 변화

(3) 일본형 고용 관행의 중요성 저하

(4) 연령 구성의 변화와 여성의 노동시장 참여

의 네 가지 관점이다.

본 절의 내용을 미리 요약하고 시작한다. 첫째, 생산연령인구는 전후 계속해서 증가하다가 1995년 정점에 도달한 이후 감소하고 있다. 이러한 인구 추세

는 74년 이후 노동시장을 규정하는 기초가 된다.

둘째, 산업·종업자 구성의 변화에 관해서는 다음과 같다. 경제성장에 따라 각 산업에서 기술진보가 진행되었지만 이와 함께 각 산업의 생산재에 대한 소득탄력성이 달랐던 탓에 산업 구성의 변화가 나타났다. 산업 구성의 변화를 종업자 구성의 변화로부터 파악해 보면, 1974년 이후 일본에서는 제1차 산업·제2차 산업의 중요성이 작아지고, 제3차 산업의 중요성이 커졌다. 동시에 자영업주·가족종업자 수가 감소하고 고용노동자가 증가하였다.

셋째, 일본형 고용 관행은 일반적으로 (1) 연공임금, (2) 종신고용, (3) 기업별 노동조합이라는 특징을 갖고 있다. 일본형 고용 관행에서 고용계약은 법적 구속력이 없는 '암묵적'인 것이다. 또한 화이트칼라 또는 블루칼라를 막론하고, 기업이 전체 정사원에게 인적자본 투자와 고용 보장을 약속하되 그 대가로 노동자에게는 숙련에 의한 높은 생산성을 요구하였다. 즉, 일본형 고용 관행은 기업 특정적인(firm specific) 인적자본의 축적을 촉진하는 시스템이라고 이해할 수 있다. 고도경제성장기에는 기업 특정적인 인적자본을 포함한 자본의 수익률이 상승하였기 때문에, 기업 특정적인 인적자본 투자를 촉진하는 일본형 고용 관행은 강화되어 왔다. 그러나 1990년 초부터 시작된 저성장기에는 기업 특정적인 인적자본 투자의 수익률이 하락하기 시작하였다. 따라서 일본형 고용 관행의 중요성도 서서히 감소하였다고 생각된다. 구체적으로는 연령·임금 프로파일(profile)의 편평화(flattening), 평균근속연수의 감소가 나타난 것이다. 더욱이 일본형 고용 관행의 '암묵'이 적용되는 정사원이 감소하고, 그 대신에 비정규 노동자가 증가하였다. 이로 인해 일본형 고용 관행이 적용되는 노동자의 비율이 감소하였다.

넷째, 여성의 노동시장 참여에 대해서는 다음과 같다. 우선 생산연령인구가 1995년을 정점으로 감소하였다는 점을 고려해야 한다. 생산연령인구의 감소는 잠재적인 취업자 수의 감소를 초래하지만 최근에는 여성의 취업률이 대폭 상승함에 따라 일본의 취업자 수 감소는 제한적이었다. 이에 더하여 산업 구성의 변화, 일본형 고용 관행의 중요성 감소, 성별 역할·분업 의식의 변화는 여성의 취업률을 높였고 적어도 외견상으로는 남녀 간 임금 격차를 축소시켰다.

이하에서는 정부 통계를 이용하여 여러 가지 변화를 개관한다. 먼저 생산연령인구·산업 구성·종업자 구성의 변화를 조사한다. 다음으로 고도경제성장기까지 증가하였던 '일본형 고용 관행'의 주요 구성 요소인 '연공임금'과 '종신고용'의 변화를 평균근속연수의 변화로부터 읽어내고자 한다. 또한 비정규 노동자 수의 변화와 노동시간의 변천도 함께 소개한다. 이와 더불어 여성의 노동시장 참여에 대해서도 논의함으로써 노동시장의 변화를 다각도로 조명해 본다.

2. 생산연령인구(15~64세)와 노동인구의 변화

노동시장의 상황을 생각할 때, 인구 동향은 노동공급의 근원적인 결정 요인으로서 중요하게 다루어져야 한다. 인구 동향 중에서도 특히 중요한 것은 의무교육을 마치기 전 15세 미만과 다수가 은퇴하는 65세 이상 인구를 제외한 이른바 생산연령인구의 크기이다. 물론 이보다 더 노동공급의 크기를 잘 나타내는 것은 노동력 인구(=취업자 수+완전실업자 수)이다.[1] 생산연령인구가 모두 노동

1 역자 주: 일본 총무성의 정의에 따르면, 15세 이상 인구는 노동력 인구와 비노동력 인구로 나누어진다. 또한 노동력 인구는 취업자와 완전실업자로 나누어진다. 끝으로 취업자는 종업자(従業者)와 휴업자(休業者)로 나누어진다. 따라서 이 책에서 말하는 노동력 인구와 비노동력 인구는 우리나라의 경제활동인구와 비경제활동인구에 해당된다. 또한 이 책에서 많이 언급되는 종업자란 취업자 중 휴업자를 제외한 것이다.

[그림 1-1] 생산연령인구(15~64세 인구)와 노동력 인구(남녀 합계)

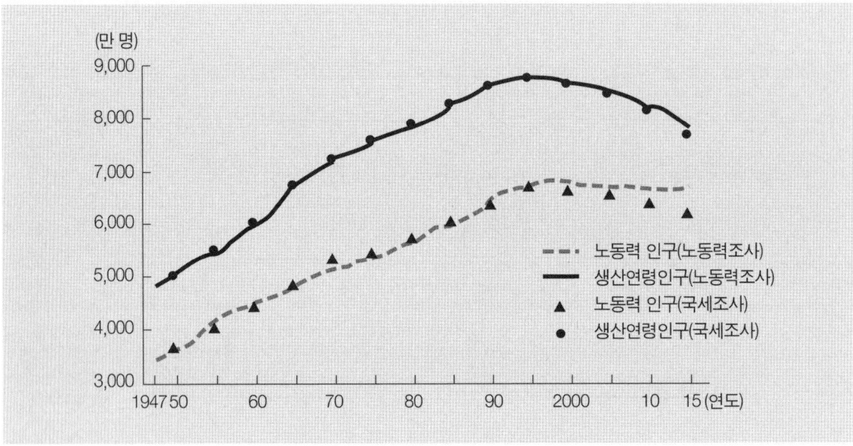

주: 1947년에는 연평균이 공개되지 않았으므로 노동력조사가 시작된 47년 7월부터 12월까지 6개월 동안의 평균을 계산하였다. 1948~52년에는 노동력조사 종합보고서의 연평균을 보여 준다. 1947~54년에는 14세 이상 인구 총수에서 65세 이상 인구를 차감하여 14~64세 인구를 구하였다. 또한 연령 등급을 14~19세, 20~39세, 40~64세, 65세 이상의 4등급으로 나누었기 때문에 14~64세 인구를 15~64세 인구의 대용치로 이용한다. '노동력조사'의 73년 수치는 오키나와 반환 전의 값이다.
출전: 총무성, 「노동력조사」; 총무성, 「국세조사(國勢調査)」.

력으로 참여하는 것은 아니고, 교육을 받고 있거나 또는 가사에 전념함으로써 노동시장에 참여하지 않고 비노동력화되는 사람들도 있음을 고려해야 하기 때문이다. 또한 일본의 노동시장에서 65세 이상의 사람들이 노동력화되는 비율이 높아지고 있음을 고려해야 한다. 물론 생산연령인구 중에도 노동력화되어 있지만 제대로 파악되지 못하는 사람도 있다는 점에 주의해야 한다.

전후 일본의 생산연령인구와 노동력 인구의 시계열 변화가 [그림 1-1]에 제시되어 있다. 이 그림을 보면, 1995년까지는 생산연령인구가 꾸준히 증가해 왔고 95년부터는 감소세로 반전되었음을 알 수 있다. 한편, 노동력 인구(=취업자 수+완전실업자 수)는 1995년까지 생산연령인구의 신장세와 보조를 맞추어 증가해 왔다. 하지만 95년 이후에는 생산연령인구가 감소하였음에도 불구하고 노동력 인구의 감소는 제한적이었다는 사실을 알 수 있다. 본 절 이후의 분석에서, 생산연령인구와 노동력 인구의 장기시계열 동향은 노동시장 변화의 기저가 된다.

3. 산업 구성과 종업자 구성의 변화

이 항에서는 1974년부터 91년까지의 안정성장기, 그리고 91년 이후의 저성장기 동안 산업 구성 및 종업자 수가 어떻게 변화하였는가를 개관한다.

시계열 그래프를 작성할 때, 총무성 「노동력조사」라는 집계 데이터를 이용하였다. 「노동력조사」는 1947년부터 조사를 시작한 기간(基幹)통계이고, 그 목적은 일본의 취업 및 미취업 상태를 명확히 파악하기 위한 기초자료를 얻는 것이다. 매월 말일 기준으로 조사하고, 대상 인원은 약 4만 가구의 가구원이다.

[그림 1-2]에는 남녀 합계의 총취업자 수와 산업 구성의 변화를 보여 준다. 우선 산업 구성은 다음과 같다. 제1차 산업에는 농업, 임업, 어업이 포함되고, 제2차 산업에는 광업, 건설업, 제조업이 포함된다. 제3차 산업에는 그 이외의 산업이 모두 포함된다. 총취업자 수는 1974년 약 5,200만 명에서 97년 약 6,500만 명으로 증가하였지만 이후 2015년까지 미세한 감소세가 이어지고 있다. 제1차 산업의 비율은 1974년 약 13%에서 2015년 4%까지 단조(monotonically) 감소하고 있다. 또한 제2차 산업의 비율은 1974년 약 36%, 91년 34%로 횡보하는 모습을 보였지만 그 후에는 급격하게 하락하여 2015년 25%까지 낮아졌다. 제3차 산업의 비율은 1974년부터 일관된 상승세를 지속하여 74년에는 51%, 2015년에는 약 72%나 되었다.

[그림 1-2] 산업 구성의 변화(남녀 합계)

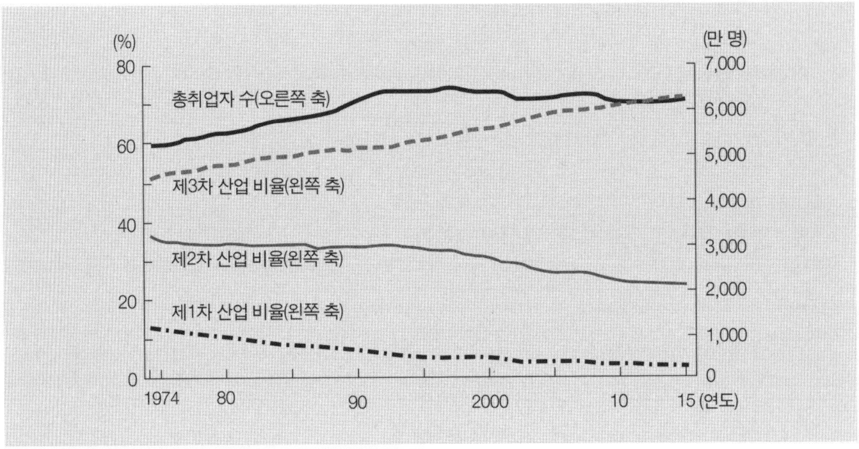

출전: 총무성, 「노동력조사」.

다음으로 남녀별 총취업자 수와 산업 구성의 변화를 조사한 결과이다. [그림 1-3]과 [그림 1-4]는 남녀별 산업 구성의 변화를 보여 준다. 남성의 총취업자 수는 1974년 약 3,300만 명에서 96년 3,900만 명까지 증가하였고, 그 후 2015년에는 3,600만 명까지 감소하였다. 이는 앞에서 살펴본 바와 같이, 1995년을 정점으로 생산연령인구가 감소하였다는 사실과 일치한다. 청년인구가 감소하고, 2000년대 중반부터 시작된 1947~49년생 단카이 세대의 은퇴가 큰 영향을 미쳤다. 한편, 여성 총취업자 수는 74년 약 2,000만 명에서 97년 약 2,700만 명으로 증가하였고, 이후에도 그 수준 근방에서 움직이고 있다. 남성의 생산연령인구가 감소하였음에도 불구하고, 총취업자 수가 감소하지 않았던 것은 여성의 취업률이 그만큼 상승하였기 때문이다.

산업 구성으로 눈을 돌려보자. 제1차 산업의 비율은 1974년에는 남성이 약 10%, 여성이 약 18%이었지만 2015년에는 남성이 약 4%, 여성이 약 3%가 되었

[그림 1-3] 산업 구성의 변화(남성)

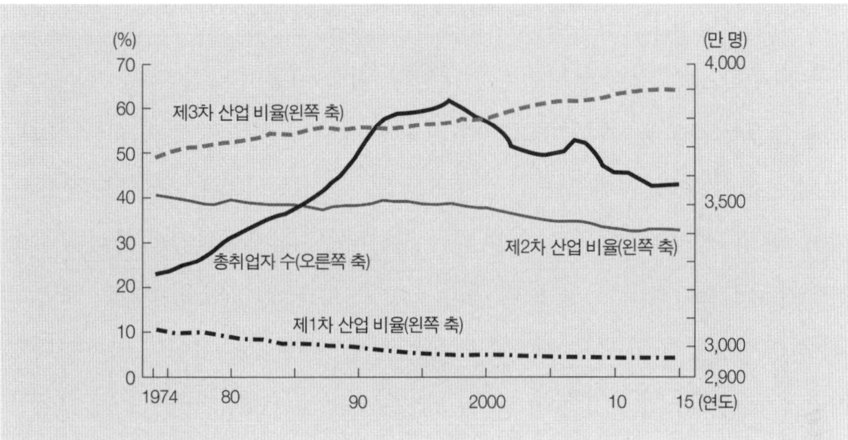

출전: 총무성, 「노동력조사」.

[그림 1-4] 산업 구성의 변화(여성)

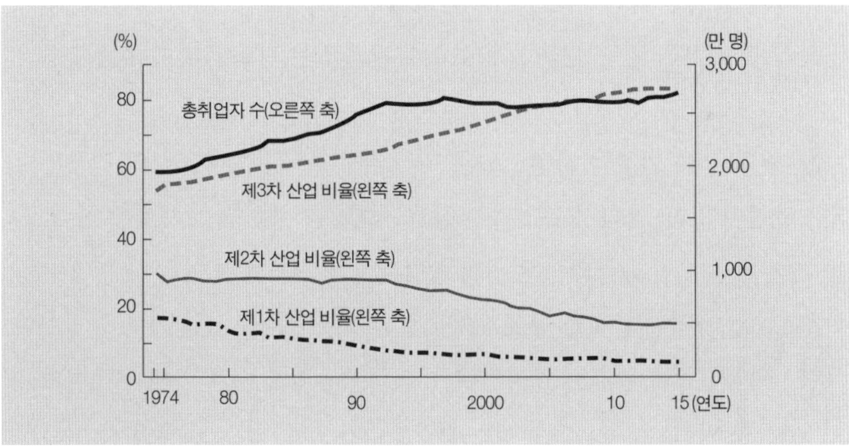

출전: 총무성, 「노동력조사」.

다. 여성의 감소가 더 컸음을 알 수 있다. 다음으로 제2차 산업의 비율은 1990년대까지 남녀 모두 거의 변화가 없었다. 하지만 남성은 98년 무렵, 여성은 93년 무렵부터 감소 경향을 보이기 시작한다. 감소 시점이 약간 다른 이유는 제조업 중에서도 노동집약적이고 여성의 비율이 높은 산업이 먼저 쇠퇴하였다는 점을 보여 준다. 74년에는 남성이 41%, 여성이 30%이었지만 2015년에는 남성이 32%, 여성이 14%이었다. 이것 역시 제1차 산업과 마찬가지로 여성의 감소 경향이 남성보다 더 컸음을 보여 준다. 끝으로 제3차 산업의 경우에는 남녀 모두 증가 경향을 보였다. 특히 1974년에는 남성이 약 49%, 여성이 약 53%이었지만 2015년에는 남성이 약 64%, 여성이 약 82%로 여성의 증가가 더 컸음을 알 수 있다.

제1차·제2차 산업의 중요성이 작아지고 그와 동시에 제3차 산업의 중요성이 커졌음을 알 수 있다. 특히 제2차 산업의 비율은 1990년대 이후 급격한 하락 추세를 보였는데, 그 대신 제3차 산업의 비율이 급격히 상승하고 있다. 제3차 산업에 취업하려는 사람의 비율이 높아지고 있는 것도 특별히 언급해 둘 만하다.

산업 구성의 변화와 자영 · 고용으로 정의되는 종업자 구성의 변화는 밀접한 관련이 있다. 따라서 종업자 구성의 변화를 자세하게 조사해야 한다. [그림 1-5]에는 남녀 합계 종업상 지위별 종업자 수의 변화를 보여 준다. 우선 가족종업자란 농가와 개인상점 등에서 농사일과 점포업무를 돕는 가족을 말한다. [그림 1-5]에서 남녀 합계로 자영업주 수와 가족종업자 수가 거의 비슷하게 감소하였음을 알 수 있다. 1974년에는 자영업주가 958만 명, 가족종업자가 633만 명이었지만 2015년에는 자영업주가 543만 명, 가족종업자가 162만 명까지 줄어들었다. 또한 고용자 수는 전 기간을 통해 증가해 왔다. 다만 1974년에는

[그림 1-5] 종업상 지위별 종업자 수(남녀 합계)

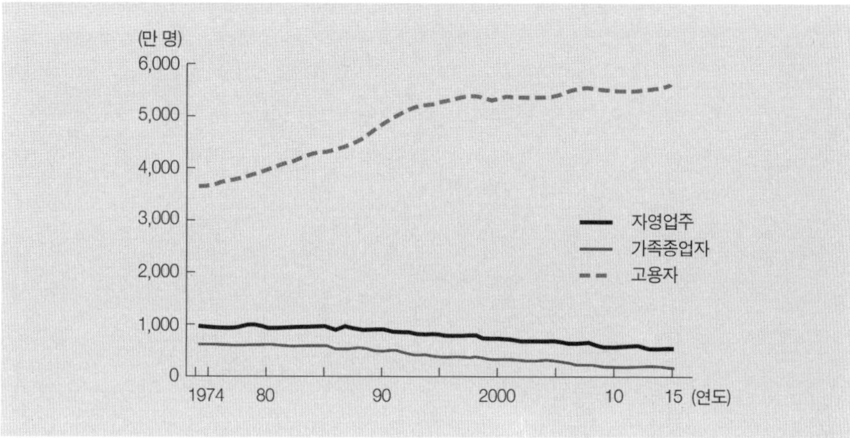

출전: 총무성, 「노동력조사」.

3,637만 명, 91년에는 5,002만 명으로 급격히 증가하였다가 2015년에는 5,640만 명으로 완만한 증가에 그치고 있다. 최근의 완만한 증가세는 취업자 수의 감소를 반영하는 것으로 보인다.

[그림 1-6]과 [그림 1-7]은 남녀별 변화를 보여 준다. 자영업주 수는 남성의 경우 전 기간에 걸쳐 완만하게 감소해 왔다. 한편, 여성의 경우에는 1992년경까지 거의 변화가 없다가 92년부터 감소세로 반전되었음을 알 수 있다. 가족종업자 수는 74년에 남성 131만 명, 여성 501만 명이었지만 2015년에는 남성 30만 명, 여성 132만 명으로 크게 감소하였다. 玄田·石原·神林(1998)은 실질자산 보유액과 자영 취업 확률이 (+)의 상관관계를 갖는다는 것을 관찰하였다. 이를 근거로 1980년대 후반 이후 자영업주 수가 감소한 배경에는 90년대 초반의 버블 붕괴에 따라 자산액이 감소하였다는 점과 유동성 제약이 심해졌다는 점이 작용하였음을 지적하고 있다.

[그림 1-6] 종업상 지위별 종업자 수(남성)

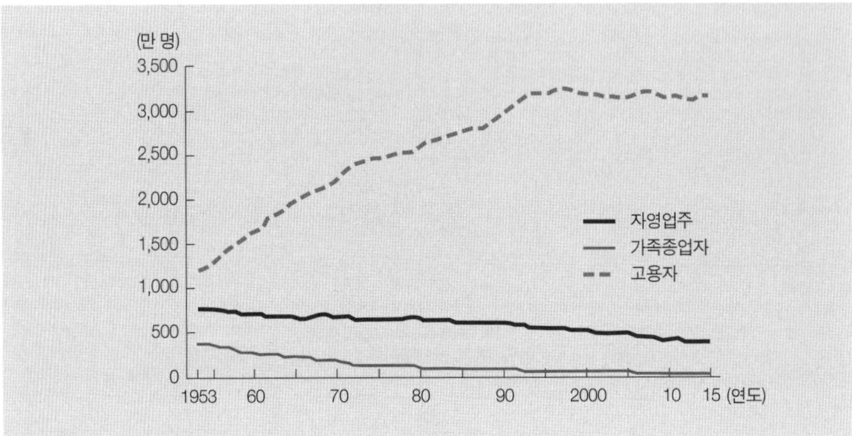

출전: 총무성, 「노동력조사」.

[그림 1-7] 종업상 지위별 종업자 수(여성)

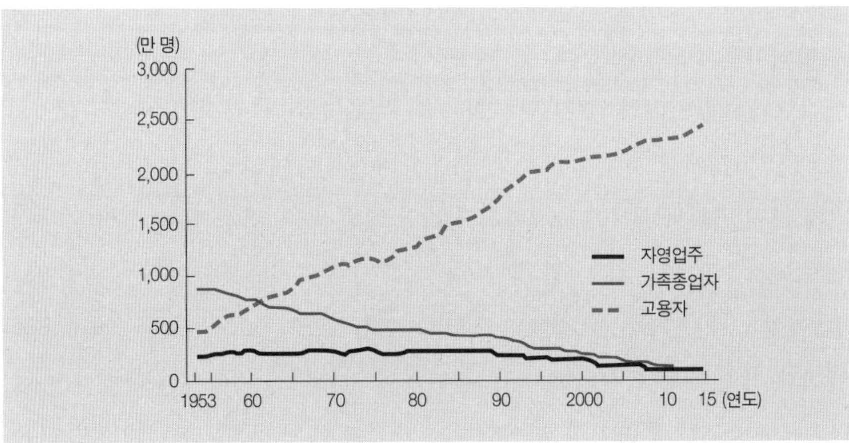

출전: 총무성, 「노동력조사」.

자영업주 수가 감소하는 한편 고용자 수는 남녀 모두 증가 추세에 있다. 남성의 경우 1991년 이후 거의 변화가 없지만, 여성의 경우에는 꾸준히 증가 추세에 있다. 다만 여성의 고용자 수 증가율은 91년경부터 낮아졌다. 이는 앞에서 서술한 바 있듯이, 제1차 산업·제2차 산업의 중요성이 작아지고 제3차 산업의 중요성이 커진 것과 관련이 있다. 즉, 제1차 산업은 자영업주 비율이 높기 때문에 제1차 산업이 축소되면 자영업주 비율은 기계적으로 축소된다.

본 항의 분석을 통하여, 제1차 산업 종사자 비율은 고도경제성장기가 끝난 1974년 이후 꾸준히 감소하였고, 제2차 산업 종사자 비율은 90년대 중반 이후 감소하기 시작하였으며, 제3차 산업 종사자 비율은 74년부터 일관되게 증가하였음을 알 수 있다. 즉, 경제의 서비스화가 고용 면에서도 명확히 진행되었음을 확인할 수 있다. 이러한 산업 구성의 변화는 여성 취업자 수 증가 및 자영업주 수 감소와 궤를 같이 하면서 전개되었다. 보다 엄밀한 검증이 필요하겠지만 산업 구성의 변화가 여성 취업과 자영업 취업에 영향을 미쳤음을 시사한다.

4. 임금과 평균근속연수의 변화

다음으로 실질임금의 추이를 개관한다. 임금 데이터는 후생노동성「임금구조 기본통계조사」의 집계 데이터로부터 구하였다.「임금구조 기본통계조사」는 1948년 이후 매년 실시되었으며 일본의 임금구조 실태를 상세하게 파악하는 것이 목적이다. 조사는 매년 7월에 행해지며, 조사연도 6월분의 소정내(所定內) 급여액,[2] 초과노동급여액, 실노동일수, 소정 내 실노동시간 수, 초과

2 역자 주: 소정내임금(所定內賃金)이란 노동협약 등에 의해 정해진 소정 노동시간에 대해 지불하는 임금이다. 기본급과 계속해서 지급되는 제 수당이 포함된다.

[그림 1-8] 실질임금의 추이(CPI 기준)

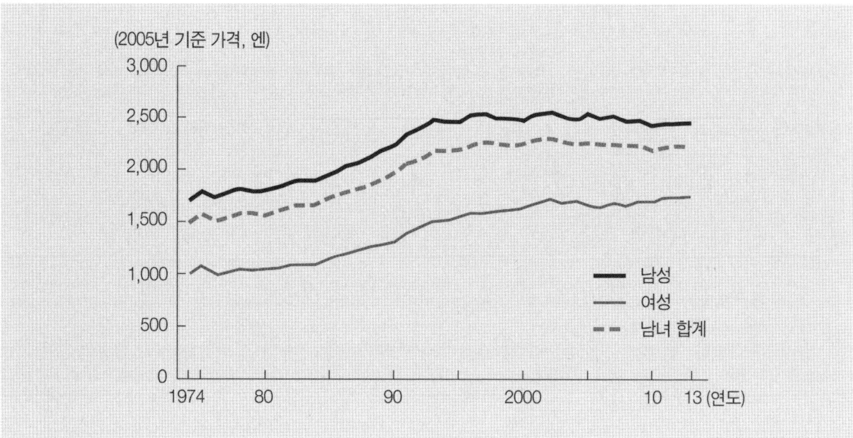

주: 실질임금은 「임금구조 기본통계조사」를 이용하여 (최종적으로 지급하는 현금급여액×12+연간 상여금 및 기타 특별급여액)/((소정 내 노동시간+소정 외 노동시간)×12)로 시간당 명목임금을 계산한 후, CPI로 나누어 구하였음. CPI의 기준연도는 2005년이다.
출전: 후생노동성, 「임금구조 기본통계조사」.

실노동시간 수 등을 조사한다. 또한 상여, 기말수당 등 특별급여액도 조사 전년 1년간의 데이터를 수집한다.

[그림 1-8]은 소비자물가지수(CPI)를 이용하여 구한 실질임금의 추이를 보여 준다. 1974년 남성의 실질임금은 1,695엔, 여성은 986엔이고 91년에는 남성 2,344엔, 여성 1,387엔이므로 남녀 모두 상승하였다. 즉, 74~91년의 안정성장기에는 남녀 모두 실질임금이 상승하였다. 그러나 1991년 즈음부터 남성의 실질임금은 거의 변화가 없었고, 2013년에는 2,429엔이다. 한편, 여성의 실질임금은 1991년 이후에도 완만하게나마 상승하였는데, 2013년에는 1,747엔이다.

임금구조의 변화에 대해 살펴보자. 우선 기존의 선행연구는 학력 간 임금 격차가 거의 바뀌지 않았다고 지적한 바 있다. 하지만 이에 대해 Katz and

[그림 1-9] 평균근속연수

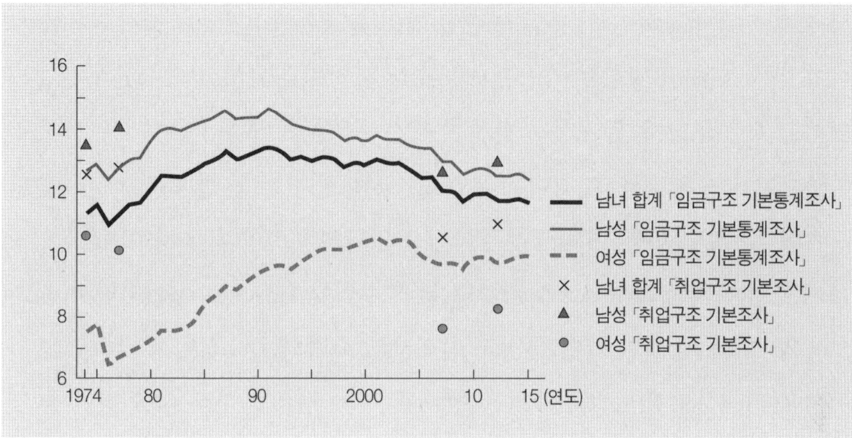

주: 전 산업 합계, 전 기업규모 합계, 35~44세 시점의 값임.
출전: 후생노동성, 「임금구조 기본통계조사」; 총무성, 「취업구조 기본조사」.

Revenga(1989)와 玄田(1994, 1997)은 대학진학률의 상승에 따라 대졸 노동자의 희소성이 줄어들면서 상대적으로 대졸자의 임금이 낮아졌다고 지적한다. Kambayashi, Kawaguchi, and Yokoyama(2008)도 비슷한 결과를 보고하였으며, Kawaguchi and Mori(2016)는 대졸자의 증가가 대졸자-고졸자 간의 임금 격차에 미친 수량적인 영향을 미일 비교의 관점에서 추정한 바 있다.

다음으로 장기고용의 변화를 살펴보기 위해 평균근속연수의 변천을 검토한다. 임금을 분석할 때 이용하였던 후생노동성 「임금구조 기본통계조사」를 이용한다. [그림 1-9]는 35~44세 시기의 평균근속연수의 추이를 보여 준다. 남성의 평균근속연수는 안정성장기에 꾸준히 증가하다가 1991년 이후 하락세로 바뀌더니 2014년에는 1974년의 수준과 거의 비슷해졌음을 알 수 있다(1974년: 12.6년, 2014년: 12.3년). 이를 선행연구의 결과와 비교해 보자.

Kawaguchi and Ueno(2013)는 남성 노동자 중 1970년생 코호트(cohort)와 44년생 코호트를 비교하면서, 동일 연령일 때 평균근속연수가 20% 짧아졌음을 보이고 있다. 이러한 경향은 기업규모별 또는 산업별로 보아도 비슷하게 관찰되었다고 서술하고 있다. 또한 자발적인 전직자(轉職者) 비율이 과거 40년간 일정하였다고 서술하면서 '전직이 스무스(smooth)해졌다'는 등 전향적 요인이 평균근속연수의 단기화를 가져온 것은 아님을 명확히 하고 있다. 더욱이 낮은 성장률이 기업 특정적인(firm specific) 인적자본의 수익률 하락으로 이어지면서, 장기고용의 '암묵'에 의한 기업 특정적 인적자본 축적의 중요성이 하락하였을 가능성을 지적하고 있다. Hamaaki et al.(2012)는 2000년대 초부터 대졸 청년 중 첫 직장에서 계속 근무하는 표준 노동자의 비율이 하락하는 경향이 있다고 말한다. 이에 대한 그들의 설명은 다음과 같다. 중고령층 노동자의 경우 새로운 직장을 구하기가 쉽지 않기 때문에 임금이 오르지 않아도 전직하지 않는 경향이 강하지만, 청년 노동자의 경우에는 임금 상승을 기대하기 어렵다고 판단되면 보다 좋은 조건을 찾아서 현직을 떠나려는 사람이 많기 때문이라는 것이다.

일본형 고용 관행의 또 다른 특징 중 하나는 연령이 많을수록 임금이 급격하게 상승한다는 점이다. 연령 간 임금 격차에 대해서는 濱秋 외(2011), Hamaaki et al.(2012)가 1990년대 이후 연공임금제에 의한 임금 상승이 많이 사라졌다는 연구 결과를 보고한 바 있다. 특히, 40세 이후에는 임금이 거의 상승하지 않았고, 임금 프로파일이 편평해지는 현상이 나타났다고 한다. 즉, 연령 간 임금 격차가 축소되었음을 지적한 것이다. Yamada and Kawaguchi(2015)도 근속연수의 증가가 임금 상승에 미치는 영향이 약해졌다는 결과를 제시하였다. 연령 간·근속연수 간 임금 격차가 축소된 요인으로는 저출산 고령화가 진행됨에 따라 청년 노동자 및 근속연수가 짧은 노동자가 상대적으로 희소해졌다는 점을 들고 있다. 그들의 연구가 보고하는 임금곡선의 편평화는 일본형 고용 관행의 중요성이 감소하였다는 것과 일치한다.

한편, Kambayashi and Kato(2017)는 과거 25년간 미국과 일본의 고용 안정에 대해 조사한 바 있다. 5년 이상 같은 기업에 재직하는 것으로 고용 안정도를 정의하면, 미국과 비교할 때 장년 남성의 고용 안정도는 높은 편이며 동시에 안정도도 일정하였다. 하지만 중도 채용자, 청년 노동자, 여성 노동자의 고용 안정도는 더 악화되었던 것으로 나타났다. 그들의 관찰은 근속연수의 단기화와 임금곡선의 편평화로부터 추측할 수 있는 일본형 고용 관행의 쇠퇴와 일견 모순되는 것으로 볼 수 있다. 하지만 다음과 같이 생각하면 정합적인 해석이 가능하다. (1) 정사원으로서 장기고용의 틀 내에서 일하는 사람들이 청년층을 중심으로 감소하고 있다. 따라서 노동시장 전체로 보면 동일 연령층의 경우 평균근속연수는 단기화하고 있다. (2) 일단 장기고용의 틀 내에 들어간 사람의 경우에는 장기고용의 안정성이 바뀌지 않았다. 森口(2013)가 요약한 바에 따르면, 일본의 장기고용 관행에는 경제적 합리성이 있으므로 그 관행이 일거에 무너지는 것은 생각하기 어렵다고 한다. 따라서 다음과 같이 생각하는 편이 좋을 듯하다. 일본경제를 둘러싸고 있는 환경은 – 성장률의 하락으로 대표되는 것인데 – 변화를 추동하고 있다. 이에 따라 장기고용 관행도 서서히 변화하였는데, 그 변화는 장기고용의 틀 내에 편입되어 있는 사람의 비율이 감소하는 방식으로 이루어졌다.

남성의 평균근속연수가 단기화되는 반면 여성의 평균근속연수는 1974년부터 2000년대 전반까지 꾸준히 증가하였다. 2000년대 후반 다소 감소하기도 하였지만 2010년 이후에는 회복되었던 것으로 보인다. 여성의 평균근속연수 증가는 여성의 고학력화, 「남녀고용기회균등법」(1985년 제정, 86년 시행), 남성의 실질임금 감소에 따른 맞벌이 가구의 증가 등에 따른 것이다. 安部(2011)는 「임금구조 기본통계조사」를 이용하여, 「남녀고용기회균등법」이 여성의 평균근속연수에 미친 영향을 분석한 바 있다. 그에 따르면 특히 고졸 여성의 평균근속연수 증가가 두드러진다고 서술하고 있다.

「임금구조 기본통계조사」는 사업장 단위의 조사이기 때문에 자영업자를 포함하지 않는다. 또한 조사 목적이 노동자의 속성을 파악하였다는 전제 위에서 평균임금을 추정하는 것이므로 노동자 속성의 분포를 추정하는 것도 조사 목적이 아니다. 이러한 한계를 보완하기 위하여, 가구 단위에서 조사하는 총무성 「취업구조 기본조사」는 1956~82년 3년 간격, 82년 이후에는 5년 간격으로 조사하며 일본의 취업구조에 관한 기초자료를 얻는 것이 목적이다. 이번의 집계에는 총무성 통계국이 발행하는 「취업구조 기본조사 보고」에 게재된 집계 데이터를 이용한다. 따라서 보고서에 데이터가 기재된 일부 연도(1974년, 77년, 2007년, 2012년)만을 대상으로 그래프를 작성한다. [그림 1-9]를 보면 1974년, 77년의 경우, 특히 여성의 평균근속연수가 「임금구조 기본통계조사」의 결과보다 길다는 점을 알 수 있다(1974년 「취업구조 기본조사」: 10.6년, 「임금구조 기본통계조사」: 7.5년, 1977년 「취업구조 기본조사」: 10.1년, 「임금구조 기본통계조사」: 6.7년). 한편 2007년, 2012년이 되면 두 가지 데이터를 이용한 평균근속연수의 차이가 축소되고 심지어 역전되기까지 하였다(2007년 「취업구조 기본조사」: 7.6년, 「임금구조 기본통계조사」: 9.7년, 2012년 「취업구조 기본조사」: 8.3년, 「임금구조 기본통계조사」: 9.7년). 그 이유는 자영업 비율이 하락하였다는 점, 예전부터 자영업자의 평균근속연수가 고용자보다 길었다는 점 때문이지만 최근의 감소 경향이 반영된 결과라는 점도 작용하였을 것이다. 「임금구조 기본통계조사」와 「취업구조 기본조사」 간의 차이가 있다고 하더라도, 35~44세 시점의 평균근속연수가 단기화되고 있다는 것은 공통적으로 관찰되는 현상이다. 이는 일본에서 장기고용 관행의 중요성이 줄어들고 있다는 증거라고 생각된다.

5. 비정규 노동자 수의 변화

일본의 장기고용 관행이 약화되었음을 보여 주는 또 다른 변화는 노동자 전체에서 차지하는 비정규 노동자의 증가이다. 본 항에서는 비정규 노동자 수의 변화를 개관한다. Hamaaki et al.(2012)는 1990년대 이후 경제성장률 하락에 대응하기 위하여, 기업은 노동 투입에 따른 고정비용을 삭감해야 하였고 이를 위해 정규 노동자를 줄이고 비정규 노동자를 늘렸다고 지적한다. 따라서 '일본형 고용 관행'이 적용되는 정규 노동자의 비율이 감소한 이유는 경기 부진이라고 생각해야 한다. 이 점과 관련하여 통계 데이터에 근거한 실태를 파악하고자 하는데, 총무성「노동력조사 특별조사」·총무성「노동력조사」의 집계 데이터를 이용하여 고용 형태별 고용자 수의 변천을 논의한다.

가장 먼저 비정규 노동자의 정의부터 확인하기로 하자. 비정규 노동자의 정의가 다양하기 때문이다. 神林(2013)은 비정규 노동자를 다음의 세 가지 종류로 정의한다.

(1) 노동 계약기간에 의한 분류
(2) 직장의 호칭에 의한 분류
(3) 노동시간에 의한 분류

노동 계약기간에 의한 정의는 '종업상의 지위'를 '상고'(常雇), '임시고'(臨

時雇), '일고'(日雇)로 구분하는 방식을 따른다. 각각의 고용 계약기간은 '기한이 정해져 있지 않거나 1년을 초과한다', '기한이 1년 이내', '기한이 1개월 미만'으로 구분된다. 이 중에서 '상고'를 제외한 '임시고'와 '일고'를 비정규 노동자로 정의하는 것이 일반적이다. 이 방식의 장점은 다음과 같다. 노동 계약기간은 노동조건 통지서에 기재가 의무화된 항목이므로 명확하게 정의할 수 있다는 점, 또한 제3자가 특정 노동자의 계약기간을 확인할 수 있기 때문에 노동 계약기간이 짧은 노동자를 대상으로 법적 개입이 비교적 용이하다는 점이 특징이다. 「노동계약법」은 노동 계약기간이 짧은 노동자의 보호를 목적으로 하는 조문을 기본적으로 포함하고 있다.

직장의 호칭에 따른 정의는 '정규의 직원·종업원', '파트', '아르바이트', '노동자 파견 사업소의 파견사원', '계약사원' 등을 이용한 것이다. 이 중에서 '노동자 파견 사업소의 파견사원'이라는 개념은 노동자가 고용계약을 맺은 고용주가 파견사업자이기 때문에 실제로 직접 근무하는 직장과는 구분된다는 의미에서 다른 용어와는 약간 이질적이다. 이 점에 착안하여 정규 노동자와 비정규 노동자를 구분할 때, 직접고용인가 간접고용인가를 분류 기준으로 삼기도 한다. 따라서 '노동자 파견 사업소의 파견사원'이란 호칭의 일부일 뿐이다. 결국 호칭에 의한 분류는 비정규 노동자의 정의를 '정규 노동자라고 부르지 않는' 것으로 간주하는 셈인데, 그렇기 때문에 개념 자체가 다소 애매모호하다. 그럼에도 불구하고 이 정의를 사용하는 이유는 있다. 즉, 일본 기업이 고용을 관리할 때, 장기고용을 전제로 하는 정규 노동자와 그것을 전제하지 않는 비정규 노동자로 분류하고 있기 때문인 것으로 보인다. 또한 정의가 명백하지 않기 때문에 법률상의 대응이 어렵다는 단점도 있다. 그러나 호칭에 의한 분류는 기업의 고용 관리 방식의 변화를 파악하기 위해서는 가장 실태에 부합하는 방식이며, 그렇기 때문에 실태 파악과 관련해서는 매우 유용하다고 말할 수 있다.

노동시간에 의한 정의는 1주간의 노동시간이 '35시간 이하인 자', '취업규칙상 취업시간에 미달하는 자'라고 구분한다. 노동시간은 노동조건 통지서에 필수 기재 항목이므로 명확히 정의할 수 있고, 제3자가 그 계약 내용을 확인하기 쉽다는 장점도 있다. 따라서 단시간 노동자 보호를 위한 법적 개입도 비교적 용이하다. 파트타임 노동법이 그 역할을 담당하고 있다.

총무성 「노동력조사 특별조사」는 2001년까지 국민의 취업·미취업의 실태, 특히 파트타임 등의 취업 실태 및 이직·전직 상황 등에 관한 사항에 중점을 두고 조사하였다. 「노동력조사 특별조사」는 매년 2월에 실시되는데, 1999~2001년에는 8월 조사도 추가되었다. 02년 이후에는 「노동력조사」에 통합되었고, 「노동력조사(상세 집계)」에서 결과를 확인할 수 있다. 「노동력조사 특별조사」와 「노동력조사」에서는 '정규의 직원·종업원 수'와 '비정규의 직원·종업원 수'가 조사되고 있기 때문에 이들 집계 데이터를 이용한다.

[그림 1-10]과 [그림 1-11]에는 「노동력조사 특별조사」, 「노동력조사」에 근거하여 남녀별·고용 형태별 고용자 수의 변천을 보여 주고 있다. 이에 따르면, 1977년에는 남성의 정규 직원·종업원 수는 2,168만 명, 비정규 직원·종업원 수는 180만 명이었고, 여성의 정규 직원·종업원 수는 957만 명, 비정규 직원·종업원 수는 235만 명이었다. 2015년에는 남성의 정규 직원·종업원 수는 2,261만 명, 비정규 직원·종업원 수는 634만 명이었고, 여성의 정규 직원·종업원 수는 1,042만 명, 비정규 직원·종업원 수는 1,345만 명이었다. 즉, 남성과 여성 모두 비정규 직원·종업원 수가 1990년대 이후 증가 경향을 보였는데, 그중에서도 유난히 여성의 비정규 직원·종업원 수의 증가가 현저하였다. 따라서 여성의

[그림 1-10] 고용 형태별 고용자 수(남성)

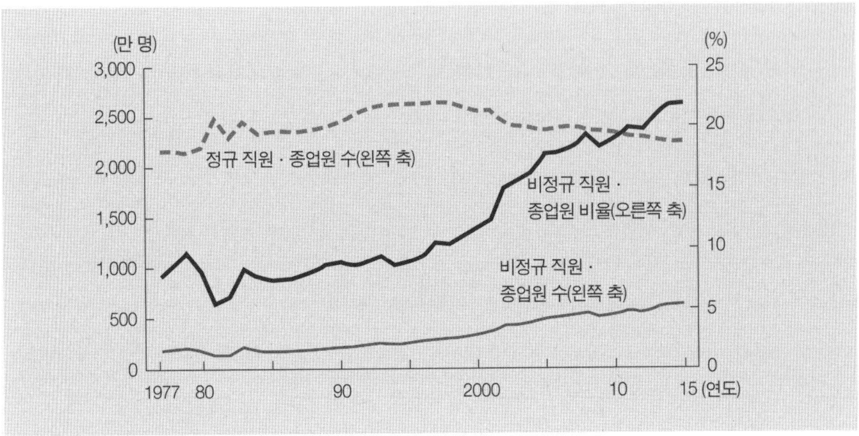

주: 1977~2001년 「노동력조사 특별조사」, 2002년 이후는 「노동력조사(상세 집계)」를 이용하였다.
출전: 총무성, 「노동력조사 특별조사」; 총무성, 「노동력조사」.

경우 시계열 자료에서 나타나는 특징은 다음과 같이 요약할 수 있다. 1990년대 여성의 정규 직원·종업원 수는 감소 추세로 반전된 후 2000년대에는 큰 변화가 없었다. 반면에 비정규 직원·종업원 수는 계속해서 증가하였다. 따라서 여성의 경우 2002년에는 비정규 직원·종업원 수가 정규 직원·종업원 수보다 더 많아지게 되었다.

여성과 비교할 때 남성의 비정규 직원·종업원 비율은 상대적으로 낮은 편이다. 하지만 1990년대 이후 정규 직원·종업원 수가 감소세로 돌아선 반면 비정규 직원·종업원 수의 증가율은 오히려 높아졌기 때문에 97년 이후에는 남성의 비정규 직원·종업원 비율도 급상승하고 있다.

끝으로 「노동력조사 특별조사」와 「노동력조사」를 이용하여, 연령층별 비정규 직원·종업원 비율의 변천을 조사하였다. [그림 1-12]와 [그림 1-13]을 보면,

[그림 1-11] 고용 형태별 고용자 수(여성)

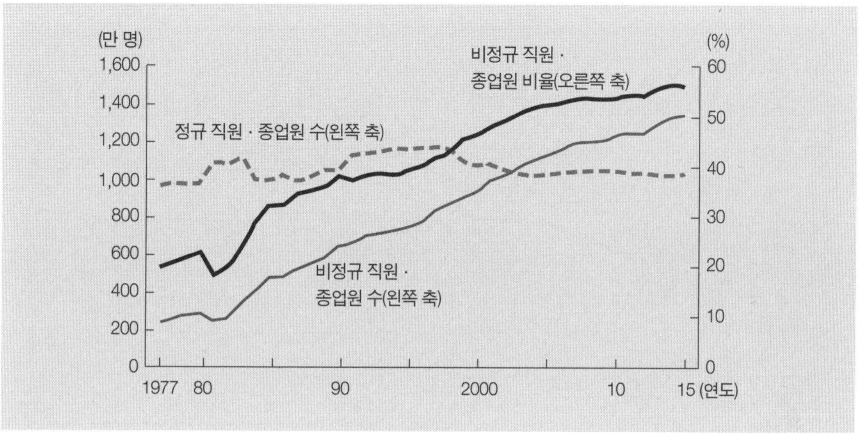

주: 1977~2001년 「노동력조사 특별조사」, 2002년 이후는 「노동력조사(상세 집계)」를 이용하였다.
출전: 총무성, 「노동력조사 특별조사」; 총무성, 「노동력조사」.

[그림 1-12] 비정규 직원 · 종업원 비율(남성, 조사 시점의 연령)

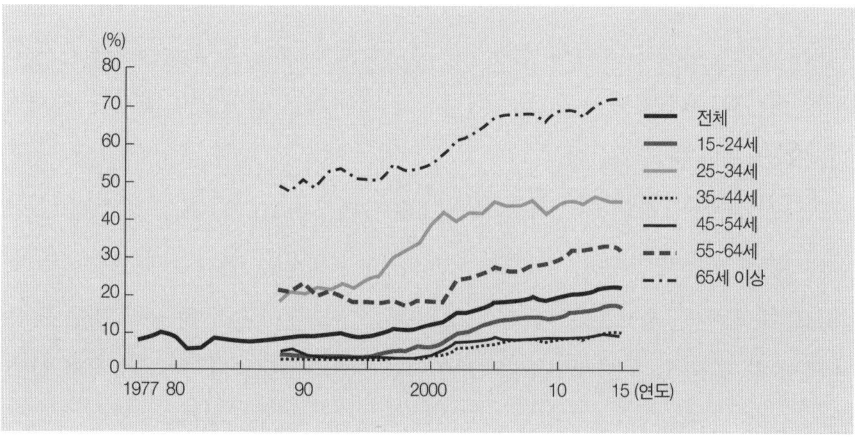

주: 1977~2001년 「노동력조사 특별조사」, 2002년 이후는 「노동력조사(상세 집계)」를 이용하였다.
출전: 총무성, 「노동력조사 특별조사」; 총무성, 「노동력조사」.

[그림 1-13] 비정규 직원 · 종업원 비율(여성, 조사 시점의 연령)

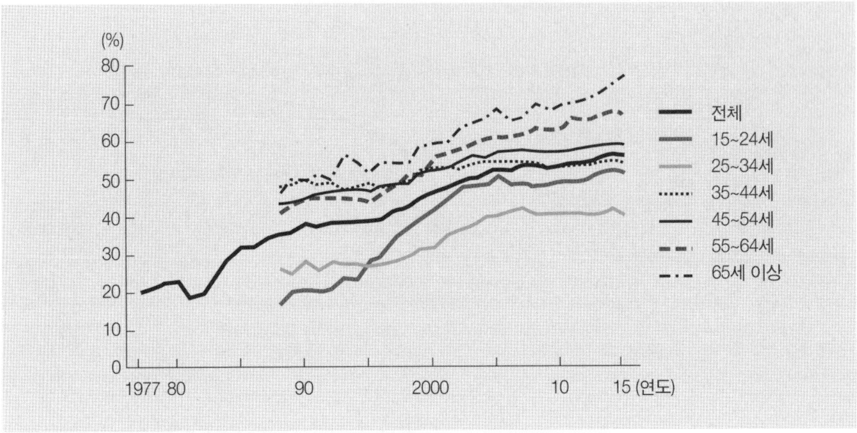

주: 1977~2001년 「노동력조사 특별조사」, 2002년 이후는 「노동력조사(상세 집계)」를 이용하였다.
출전: 총무성, 「노동력조사 특별조사」; 총무성, 「노동력조사」.

남성과 여성으로 구분하여 비정규 직원·종업원 비율의 추이를 연령층별로 제시하고 있다. 조사 시점의 연령에 기초하여 연령층을 10세 간격으로 나누어 결과를 제시한다. 1987년 이전에는 연령층별 데이터를 조사하지 않았기 때문에 합계 그래프만을 제시한다.

남성, 여성 각각의 데이터를 보면, 1990년대부터 2000년대 초에 걸쳐 15~24세의 청년 노동자 중에서 비정규 직원·종업원 비율은 현저하게 상승하였다. 2000년대 후반 이후에는 큰 변화가 없지만 그래도 50% 정도의 높은 비율을 유지하였다. 또한 65세 이상의 경우 비정규 직원·종업원 비율은 계속해서 상승하고 있다.

여성에 대해서는 특별히 언급할 만한 것이 있다. 35세 이상 모든 연령층에서 비정규 직원·종업원 비율이 이상하게 높다는 점이다. 이는 'M자형 취업'

으로 알려져 있는데, 정규직으로 근무하였으나 출산·육아기에 직장을 그만두고 자녀 양육이 일단락된 후 나중에 재취업할 경우 비정규직으로 취업하는 사람이 많기 때문이라고 해석할 수 있다. 출산·육아 후 재취업에 관해서는 '본래는 정규직을 희망하고 있으나 비정규직으로 취업할 수밖에 없는' 여성이 많다는 것을 시사한다(山本, 2011).

이제 노동력의 성별 구성의 변화가 있었음을 고려하면, 노동력 구성[3]의 변화에 의해 비정규 노동자의 증가를 설명할 수 있는 것은 아닐까? 하지만 Asano, Ito, and Kawaguchi(2013)에 따르면, 노동력 구성 또는 산업구조의 변화는 비정규 고용자 증가의 1/4 정도를 설명할 수 있을 뿐이다. 반면에 비정규 고용자의 증가는 청년 세대인 남성 노동자와 전 연령대의 여성 노동자에게서 관찰되고 있으며, 노동시장에 신규 참여한 사람들에게 집중되었다고 지적한다. 결국 비정규 노동자 증가의 주요 요인은 일본형 고용 관행의 쇠퇴라고 서술하고 있다.

6. 노동시간의 변화

본 항에서는 노동시간의 변천에 대해 개관한다. [그림 1-14]에는 총무성 「노동력조사」를 이용하여 구한 평균 주간 취업시간의 변천을 보여 준다. 이 그림에 따르면, 1974년부터 88년 무렵까지 남성의 평균 주간 취업시간은 증가해 왔음을 알 수 있다. 반면에 여성의 평균 주간 취업시간은 감소해 왔다. 따라서 남녀 합계 그래프를 보면 거의 변동이 없는 것으로 보인다. 그런데 88년부터

3 여기에서는 노동력 구성을 성·연령에 의한 것으로 정의한다.

[그림 1-14] 평균 주간 취업시간

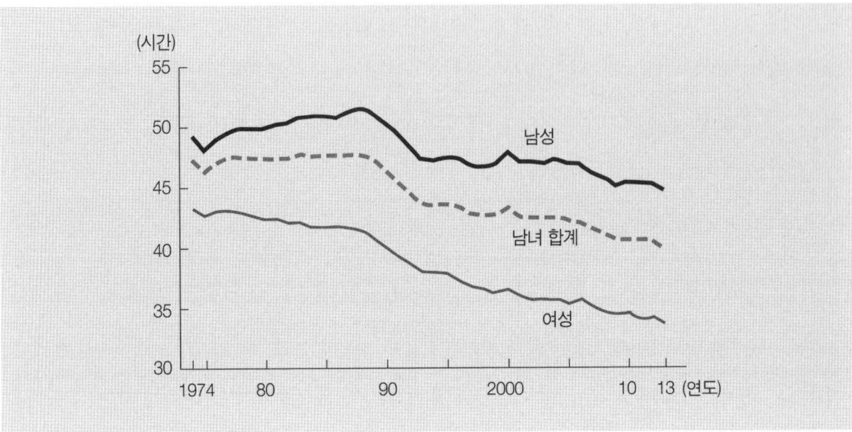

출전: 총무성, 「노동력조사」.

92년에는 남성·여성 모두 취업시간이 급격히 감소하였다. 그리고 이후에는 남성과 여성의 평균 주간 취업시간이 모두 완만한 감소세를 유지해 왔음을 알 수 있다.

그 사이에 노동시간에 관한 법제도에 많은 변화가 있었다. 구체적으로 1987년 노동기준법의 개정, 87년·93년·98년·2003년 재량노동제의 도입·개정, 1993년 휴일할증률의 인상 등이 있었다. 여기에서는 노동시간에 큰 영향을 미쳤다고 판단되는 노동기준법 개정의 효과에 대해 살펴보고자 한다.

「노동기준법」은 노동시간을 법적으로 직접 규제하는 법률로 1947년 장시간 노동을 금지하기 위하여 제정되었다.[4] 당시 노동기준법에 정해진 주간 노

4 사용자는 「노동기준법」의 상한을 넘는 노동을 명령할 수 없다. 다만 동 법 제36조에 의거하여 통칭 「36협정」이라고 불리는 노사협정을 맺으면, 제32조에서 제정된 노동시간을 초과하는 부분에 대해서 할증임금을 지불하는 경우 법정 노동시간을 넘는 근무를 할 수 있도록 허용하고 있다.

동시간의 상한은 48시간이었다. 그러나 87년 개정을 거쳐 88년 4월부터는 주 40시간을 법정 상한으로 하는 「노동기준법」이 시행되었다. 다만 88년 4월부터 모든 노동자에게 일률적으로 적용되었던 것은 아니고, 97년 4월까지 단계적으로 도입되었다. 앞에서 언급한 바와 같이, 88년부터 평균 주간 취업시간이 감소세로 돌아섰기 때문에 노동기준법 개정이 평균 주간 취업시간에 영향을 미쳤다고 추론할 수 있다. Kawaguchi, Naito, and Yokoyama(2017)은 「임금구조 기본통계조사」의 개별 데이터를 이용하여, 87년 노동기준법의 개정이 실제 노동시간에 미친 영향을 분석하였다. 그 결과 8시간의 법정 노동시간의 감소는 실제 노동시간을 1시간 7분 감소시켰던 것으로 나타났다. 또한 Lee, Kawaguchi, and Hamermesh(2012), Kawaguchi, Lee, and Hamermesh(2013)는 노동기준법의 개정이 시간 이용에 미친 영향을 상세히 분석하였다. 이 연구들은 법정 노동시간의 감소로 인해 실제 노동시간은 줄었고 여가시간은 늘었다는 결과를 제시한다.

물론 시간이 지나면서 노동자 속성(연령, 혼인 상황, 학력, 고용 형태 등)이 변화하였다는 점에도 주의를 기울여야 한다. 앞에서 서술한 바와 같이, 산업 구성과 비정규 노동자 수는 크게 변화하였다. 또한 대학진학률의 상승, 만혼(晩婚) 등도 나타났기 때문에 이에 따른 노동시간의 변화도 파악할 수 있다. Kuroda(2010)는 1976~2006년 총무성 「사회생활 기본조사」를 이용하여, 노동자 속성의 변화를 통제하면서 주간 노동시간의 변천을 분석하고 있다. 노동자 속성이 일정하다고 가정하면, 1976~86년에는 남성의 주간 노동시간이 약 3시간 증가하였지만 여성의 주간 노동시간은 거의 변화하지 않았음이 명확하다. 또한 1986~2006년에는 남녀 모두 주간 노동시간에 변화가 없었음을 알 수 있다. 이 결과는 고용 형태의 변화를 포함한 노동자 속성의 변화가 노동시간의 감소를 초래하였음을 시사하는 것이다.

비정규 노동자의 증가로 대표되는 노동자 속성의 변화가 평균노동시간의 감소를 초래한 것은 분명해 보인다. 그렇다고 하더라도 법정 노동시간이 주 48시간에서 2013년에는 40시간까지 감소하였고, 이와 함께 1980년대 후반 이후 실제 노동시간도 감소 추세를 보였다. 따라서 노동시간의 감소 과정에서 노동기준법 개정에 의한 법정 노동시간의 단축은 실효성이 있었던 것으로 보인다. 노동시간 규제가 실제 노동시간의 감소로 이어졌다는 역사적 사실은 노동시간 규제의 바람직한 방향을 둘러싼 정책 토론에 풍부한 시사점을 제공한다고 말할 수 있다.

7. 여성의 노동시장 참여

넷째로 큰 변화는 여성의 노동시장 참여이다. [그림 1-15]에는 남성과 여성의 15~64세의 취업률이 제시되어 있다. 남성의 경우 1974년에는 약 84%, 2015년에는 약 82%로 거의 변화가 없었다. 일본의 남성 취업률이 거의 일정하였던 것은 구미 선진국 대부분의 남성 취업률이 하락하였던 것과 대조적인 현상이다.[5] 하지만 일본의 취업률이 마냥 좋은 것은 아니다. 이하에서 지적하는 바와 같이, 청년층의 취업률이 크게 하락하였기 때문이다. 하여간 [그림 1-15]에서 주목해야 할 것은 여성의 취업률이 1974년 약 50%에서 2015년 약 65%로 크게 상승하였다는 점이다.

5 미국에서 25~54세 남성의 취업률은 1974년 약 95%이었지만 2015년에는 약 89%까지 낮아졌다(White House, 2016). 이 보고서는 OECD 국가들의 25~54세 남성의 취업률에 대해서 1990년과 2014년을 비교하는데, 일본에서도 하락이 있었지만 그 크기는 제한적이었고 말한다.

[그림 1-15] 취업률의 추이(15~64세)

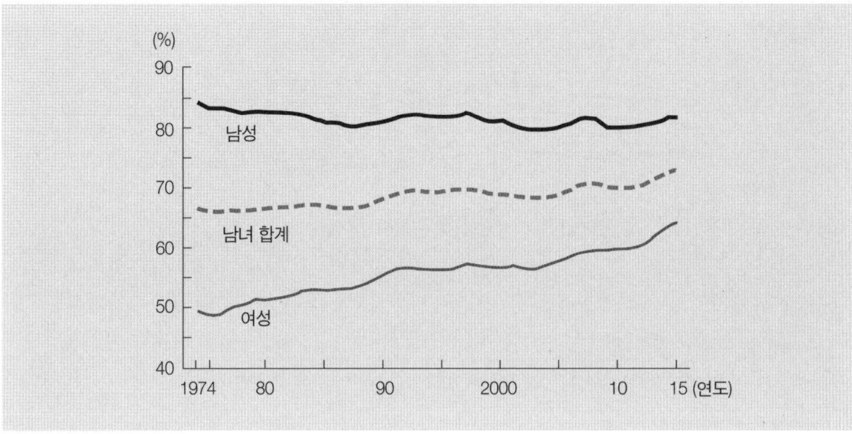

출전: 총무성, 「노동력조사」.

[그림 1-16], [그림 1-17], [그림 1-18]에는 연령층별 취업률이 제시되어 있다. 남녀 합계를 기준으로 하면([그림 1-16]), 25~34세의 취업률과 55~64세의 취업률이 상승해 왔음을 알 수 있다(1974년 25~34세 약 70%, 55~64세 약 62%; 2015년 25~34세 약 81%, 55~64세 약 70%). 남녀 간 차이도 알 수 있는데([그림 1-17]과 [그림 1-18]), 그중에서 주목할 것은 남성의 경우 25~34세 취업률이 1974년 약 97%에서 2015년 약 90%로 하락하였다는 점이다. 이와 관련하여 학력별 취업률을 분석한 Arai, Ichimura, and Kawaguchi(2015)는 중졸·고졸 등 저학력 노동자의 취업률이 현저하게 하락하였다고 지적한다.

여성 취업률은 전 연령의 경우 1974년 약 46%, 2015년 약 48%로 거의 변화가 없었다.[6] 이는 각 연령층의 취업률 변화와 인구의 연령 구성 변화에 따른 두

6 역자 주: [그림 1-15]의 여성 취업률은 15~64세만을 대상으로 한 것이고, [그림 1-18]의 결과는 65세 이상을 포함한 15세 이상을 대상으로 한 것이다. 따라서 전 연령을 대상으로 할 때, 2015년 여성 취업률은 [그림 1-15]에서는 65%이고 [그림 1-18]에서는 48%이다.

[그림 1-16] 연령층별 취업률(남녀 합계)

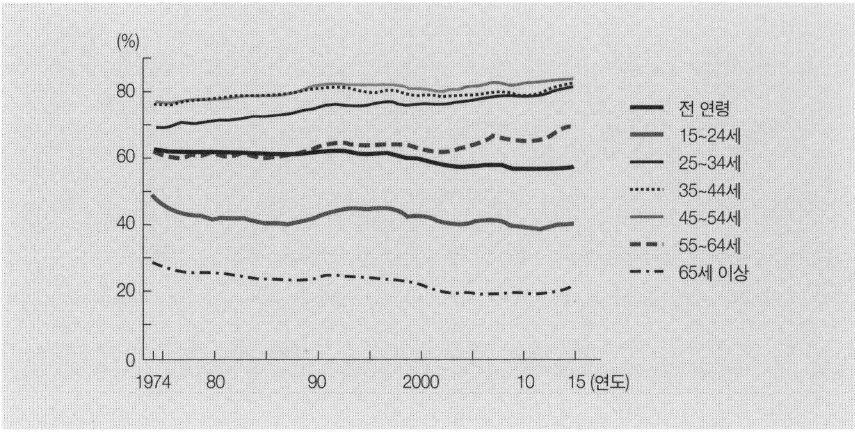

출전: 총무성, 「노동력조사」.

[그림 1-17] 연령층별 취업률(남성)

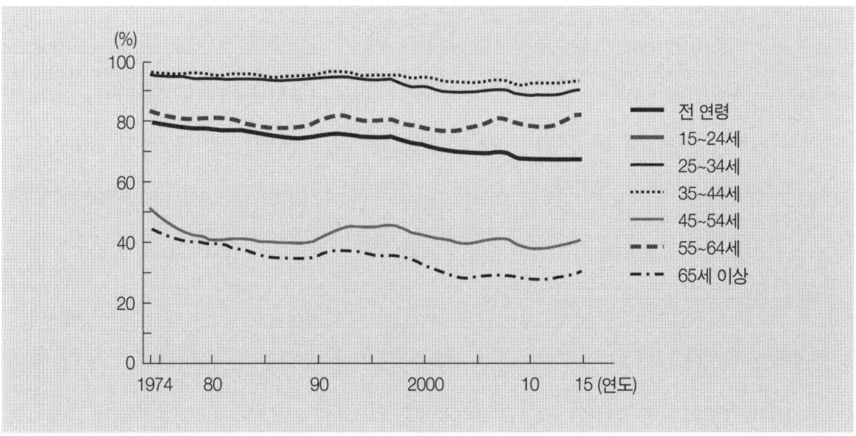

출전: 총무성, 「노동력조사」.

[그림 1-18] 연령층별 취업률(여성)

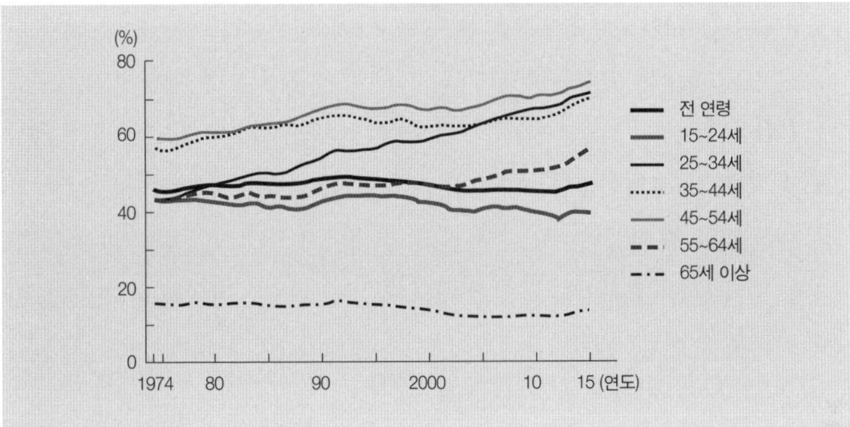

출전: 총무성, 「노동력조사」.

가지 효과가 서로 상쇄되면서 나타난 결과이다. 연령별 취업률을 보면, 25~64세의 모든 연령층에서 취업률이 서서히 상승해 왔다. 상승세가 특별히 두드러진 연령층은 25~34세인데, 1974년 약 42%에서 2015년 약 71%까지 엄청난 상승세가 이어지고 있다. 여기에는 만혼(晩婚)·만산(晩産)의 영향이 컸다(今田, 1996; 酒井, 2004). 한편 35~44세, 45~54세, 55~64세 각 연령층의 상승은 2002년 이후 본격화되었고, 2012년에는 상승률이 더 높아졌다. 이와 같이 모든 연령층에서 여성 취업률이 상승하였음에도 불구하고 전체 여성의 취업률에 큰 변화가 없었던 이유는 여성인구의 연령 구성이 바뀌었기 때문이다. 즉, 후자가 전자를 상쇄한 – 여성인구 고령화의 효과가 여성 모든 연령층의 취업률 상승효과를 상쇄한 – 셈이다. 우선 2007년부터 2009년에는 60세 이상의 단카이 세대가 은퇴하면서 사회 전체의 인구 구성이 변화하였는데, 이 점이 크게 작용하였다. 또한 여성인구의 고령화가 진전됨에 따라 취업률이 상대적으로 낮은 65세 이상의 비율이 증가하였으므로 여성 전체의 취업률은 그만큼 상승하지 않았다.

여성의 취업률이 상승함과 더불어, 제4항에서 언급한 바와 같이, 남녀 간 임금 격차도 축소되었다. 보정(補正) CPI[7](2005년 기준)를 이용하여 구한 1974년 실질임금은 남성 1,728엔, 여성은 1,005엔이었지만 2013년 실질임금은 남성 2,983엔, 여성 2,145엔이었다. 1974년과 비교할 때 실질임금 상승률은 남성 약 73%, 여성 약 113%이었다. 즉, 남녀 간 임금 격차가 축소되었음을 알 수 있다. 이러한 남녀 간 임금 격차의 축소에 대하여, 川口(2005)는 여성의 학력 향상, 여성의 근속연수 연장, 연공임금제도의 변화, 제조업에서 서비스업으로 노동력 이동 등 여러 요인이 작용하였다고 말한다.

남녀 간 임금 격차의 축소에 관하여 주의할 점이 하나 있다. 평균임금을 계산할 때, 미취업자에게 제시된 임금(offered wage)을 제외하고 취업자의 임금만을 이용한다는 점이다. 1990년대 이후 여성의 취업률이 상승하였다고 말하지만, 이와 함께 주목해야 할 것은 여성 노동자의 구성도 변화하였다는 사실이다. 따라서 여성 노동자의 구성 변화가 평균임금에 미친 영향을 분리하여 분석하지 않으면 안 된다. 예를 들어 보자. 80년대에는 고급 기능을 가진 여성의 취업률이 낮았지만 90년대에는 이들 여성의 취업률이 높아졌다고 하자. 그렇다면 여성 노동자의 구성이 변화한 것만으로도 취업 여성의 평균임금은 상승하게 된다. 그런데 산업구조와 성별 역할 분담에 관한 사회규범이 변화하였음을 고려한다면, 고급 기능을 가진 여성의 취업률이 집중적으로 상승하였을 가능성은 매우 높다. 실제로 Onozuka(2016)는 1992년부터 2002년까지 남녀 간 임금 격차의 축소를 분석하였는데, 노동자의 구성 변화가 미친 영향이 63%나 된

7 소비자물가지수(Consumer Price Index, CPI)가 생계비의 상승을 과대평가한다는 것은 잘 알려져 있다. 그렇기 때문에 여기에서는 CPI가 매년 0.5% 포인트 과대 추정되었다고 가정하고, 보정 CPI를 작성하여 적용하였다.

다는 결론을 내리고 있다. 그러므로 여성의 학력 등이 향상됨에 따라 고급 기능을 가진 여성 노동자의 비중이 증가하였기 때문에 남녀 간 임금 격차가 축소되었음을 인식해야 한다.

노동자 구성의 변화가 미친 영향을 생각해 보면, 남녀 간 임금 격차가 그렇게 많이 축소되었을 것 같지는 않다. 즉, 동일한 기능을 가진, 동일한 연령의 남녀 노동자 간 임금 격차는 여전히 남아 있는 것으로 보인다. 문제는 남녀 간 임금 격차의 축소만 그런 게 아니라는 점이다. 앞에서 남녀 간 취업률 격차가 축소되었다고 말하였지만, 거기에도 신중한 해석이 요구된다. 남녀 간 취업률이 수렴되어 왔다고 하더라도 여전히 남녀 간 취업률의 차이는 관찰된다. 물론 저출산 고령화에 대한 대응으로 여성의 노동공급이 활발해지기는 하였다. 그럼에도 불구하고 여성의 노동공급을 저해하는 요소는 많이 남아 있다. 예를 들어, 선행연구 중에는 특히 배우자 공제·배우자 특별공제가 여성의 노동공급을 저해하였다는 점을 지적한 연구가 많다(安部·大竹, 1995; 赤林, 2003; Akabayashi, 2006; 高橋, 2010; 横山·児玉, 2016). 이 제도들은 본인 소득이 일정 수준 이하이면 배우자 공제·배우자 특별공제를 통해 배우자의 소득세를 감면해 주는 제도인데, 이 제도가 본인의 소득을 일정 수준 이하로 억제하도록 노동시간을 조정하는 효과를 초래한다. 비슷한 제도로는 사회보험에 관한 제3호 피보험자 제도가 있다. 이는 본인 소득이 일정 수준 이하일 때 배우자의 사회보험에 피부양자로 가입할 수 있는 제도인데, 사회보험료 부담을 피하기 위해 본인의 소득을 일정 수준 이하로 억제하려는 인센티브가 작용한다고 한다(安部·大竹, 1995; 赤林, 2003; 大石, 2003; 高橋, 2010; 横山·児玉, 2016). 현재 이 문제를 개선하는 것이 정책과제로서 논의되고 있다.

8. 일본 노동시장의 변천과 향후의 전망

본 절에서는 1974년 이후 안정성장기·저성장기에 노동시장에서 일어난 네 가지 중요한 변화를 소개하였다. (1) 1995년까지는 생산연령인구와 노동력 인구가 계속해서 늘어났다. 한편, 95년 이후 생산연령인구는 감소하였지만, 노동력 인구의 감소는 그렇게 심각하지 않았다. (2) 산업 구성과 종업자 구성의 변화에 대해서는, 제1차 산업·제2차 산업의 중요성이 감소한 반면 제3차 산업의 중요성은 증가하였다. 동시에 자영업주·가족종업자는 감소하였고, 고용노동자가 증가하였다. 또한 (3) 일본형 고용 관행에 대해서는, 일본형 고용 관행이 퇴조함에 따라 연령·임금 프로파일이 편평화되고, 평균근속연수가 감소하였으며, 비정규 노동자 수가 증가하였다. 더욱이 (4) 여성의 노동시장 참여에 대해서는, 여성 취업률이 상승하고 적어도 외견상으로는 남녀 간 임금 격차가 축소되었다.

이처럼 1974년 이후 약 40년간 일본의 노동시장에는 큰 변화가 있었다. 이 변화는 인구의 고령화, 경제성장에 기인하는 산업 구성의 변화, 경제성장률의 둔화 등에 의해 구조적으로 일어난 것이었다. 그 변화 중에 일본형 고용 관행의 퇴조는 이른바 비정규 노동자 문제에 대한 관심을 불러일으켰다. 또한 생산연령인구 감소에 대응하기 위해 여성과 고령자의 노동공급을 촉진하는 것이 중요한 정책과제가 되었다. 이에 따라 「2016년 여성 활약 추진법」이 공포·시행되었고, 기업에게는 2004년 65세까지의 고용 기회 확보를 요구하는 방향으로 「고령자 고용 안정법」이 개정되기도 하였다. 이외에도 여성의 취업 촉진과 저출산 해소라는 두 가지 목표를 동시에 달성하기 위한 정책도 시행되었다. 즉, 취업과 가족생활의 양립을 가능케 하는 워크-라이프 밸런스(Work-Life

Balance)가 남녀 모두에게 실현될 수 있도록 보육소의 정비, 장시간 노동의 억제 등 정책과제가 현재 진행 중이다.

앞으로도 인구의 고령화가 진행될 것은 거의 확실하다. 또한 경제성장률이 크게 상승하리라고 기대하기도 어렵다. 이러한 예측을 전제하면, 일본 노동시장에서 노동자의 구성이 다양화되는 현상은 앞으로도 불가피할 것이다. 따라서 다양화되는 노동자를 일본형 고용 관행이 흡수할 수 있을 것인가에 대해서는 의문이 많다. 일본형 고용 관행의 특징인 장기고용이 일본 사회에 가져다주었던 안정성은 높은 평가를 받아 마땅하다. 하지만 기업이란 불확실한 미래 전망에 직면해 있기 때문에, 이른바 정사원의 장기고용을 실현하려다 보니 정사원을 쥐어짜낼 수밖에 없었고 정사원의 장시간 노동도 항상화되고 말았다. 또한 장기고용의 대상이 되지 못하고 불안정한 상황에 놓인 비정규 사원의 비율은 높아지고 있다. 이렇게 생각하면, 일본형 고용 관행에서 생겨난 소위 정사원이라는 고용 형태에는 변화가 불가피해 보인다. 문제는 이를 변화시키되 어떻게 다양한 배경을 가진 노동자를 포섭할 수 있는 구조로 변화시킬 것인가에 있다. 이 문제가 기업의 인사관리 차원에서나 노동정책 설계 차원에서 돌파구가 되어야 한다.

제2절 생활수준의 전후사 - 소비와 여가의 관점에서

1. 실질임금의 상승과 소비수준·잉여시간

본 절에서는 제1차 석유위기 후 안정성장기·저성장기의 일본을 대상으로 기술진보와 자본축적에 의해 실현된 노동생산성의 향상이 생활수준에 어떤 영향을 미쳤는가를 밝히고자 한다. 각종 통계조사를 이용하되, 향상된 노동생산성의 과실을 노동자가 어떤 식으로 소비와 여가에 배분하였는가를 조사하고 그들의 행동을 설명할 수 있는 소비·여가 선호를 검토한다.

본 강좌 제5권 현대1 제1장의 생활수준에 관한 절에서 밝힌 바 있듯이, 제2차 세계대전 후 고도경제성장기를 거치며 일본의 노동생산성은 비약적으로 향상되었다. 1973년 제1차 석유위기로 인해 고도경제성장이 끝났음에도 불구하고 노동생산성과 임금의 상승은 2013년까지 – 순환을 겪기도 하였지만 – 이어졌다. 그러므로 본 항에서는 향상된 생산성의 과실을 노동자가 어떻게 소비와 여가에 배분하였는가라는 문제를 명확히 하려는 것이다.

본 항의 분석에서는 거시경제학의 일반적인 모형을 상정하고, 효용함수를 소비수준과 여가시간의 함수라고 생각한다. 이 가정하에서 노동생산성이 향상되고 임금이 상승하면, 예산제약이 확대되기 때문에 소비수준이 향상되고 여가시간이 연장되는 방향으로 배분이 이루어진다. 각각에 어떻게 배분되는가는 노동자의 선호에 달려 있기 때문에, 소비수준과 여가시간의 변천을 관찰함으로써 노동자의 선호를 조명할 수 있을 것이다.

우선 총무성 「전국 소비실태조사」의 집계 데이터를 이용하여 소비수준에 대해 개관한다. 「전국 소비실태조사」는 전국 및 지역별로 가구의 소비·소득·자산의 수준·구조·분포를 알아내기 위한 조사이다. 비슷한 조사로는 총무성 「가계조사」라는 전국 평균가계수지의 조사가 매월 발표되고 있다. 하지만 표본이 약 9,000가구로 적은 편이고 가계의 실태를 지역별 또는 가계 속성별 등 다양한 각도에서 분석하기는 어렵다. 한편, 「전국 소비실태조사」는 5년에 1번 조사하기는 하지만 표본 수가 커서 2009년에는 약 5만 7,000가구나 된다.

[그림 1-19] 명목소비 지출액·실질소비 지출액·엥겔계수의 추이

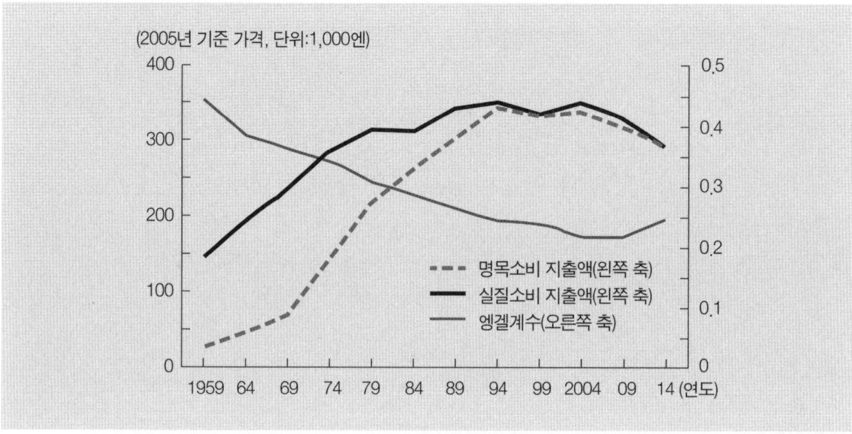

출전: 총무성, 「전국 소비실태조사」.

[그림 1-19]에는 「전국 소비실태조사」를 이용하여 구한 전국의 명목소비 지출액·실질소비 지출액의 추이가 제시되어 있다. 1959~94년 명목소비 지출액은 급격하게 증가하였지만 2004년 무렵에는 감소 경향이 있었음을 알 수 있다. 명목소비 지출액과 마찬가지로 – 화폐가치가 시간에 따라 변화하므로 이를 고려하기 위하여 소비자물가지수(CPI: 2005년 기준)로 실질치를 구한 – 실질소비 지출액에서도 04년 이후에는 감소 경향이 있었음을 확인할 수 있다.

실질소비 지출액을 알기 위해서는 CPI를 이용하여 명목소비 지출액의 실질치를 구한다. 그러나 CPI에는 물가상승을 과대평가하는 상방 편의가 있음이 잘 알려져 있다. 상세한 논의는 관련 문헌에 맡기기로 하고, 여기에서는 간단하게 그 원인을 언급하기로 한다. CPI를 계산할 때 작성된 바스켓(basket)에 포함된 재화 카테고리 간의 대체(상위 대체), 동일 재화 카테고리 내의 브랜드 간 대체(하위 대체), 품질 향상을 적절히 반영하지 못하는 점, 조사 간 정합성을 담

[그림 1-20] 명목소비 지출액 · 실질소비 지출액의 추이

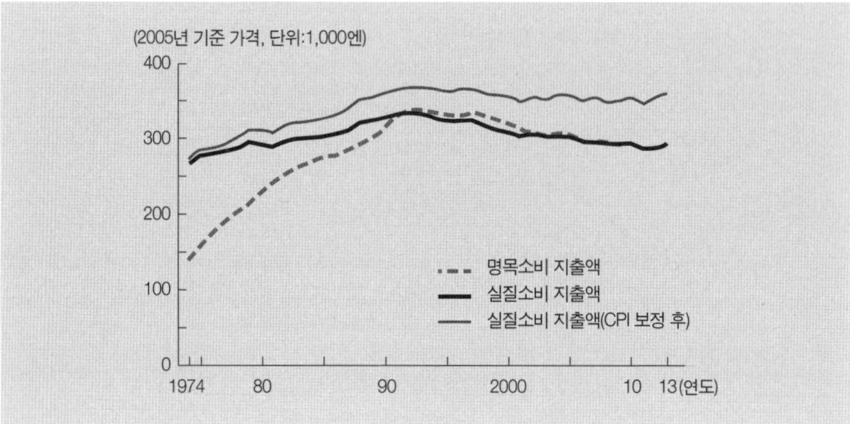

출전: 총무성, 「가계조사」.

보하기 위하여 할인점이나 특판 등을 제외함으로써 발생하는 표본선택 편의(sample selction bias) 등이 상방 편의를 초래하는 원인이라고 알려져 있다. 따라서 실질소비를 조금 다른 각도에서 검토하는 것이 필요한데, 이를 위하여 엥겔계수를 이용하기로 한다.

엥겔계수는 가계의 총소비 지출액에서 식료품비가 차지하는 비율이다. 식료품 지출액의 소득탄력성이 1보다 작을 때 엥겔계수는 실질소득에 대해 단조적으로 감소하는(monotonically decreasing) 함수이고, 그 값이 작을수록 생활수준은 높다. [그림 1-19]는 엥겔계수의 추이를 보여 준다. 엥겔계수는 2004년까지 하락하다가 그 이후에는 거의 변화가 없다.

[그림 1-19]의 실질소비 지출액을 보면, 1989년까지 상승하였던 소비수준은 90년대에 들어 답보 상태에 있었던 것으로 보인다. 하지만 엥겔계수를 보면, 2004년까지는 소비수준이 높아져 왔다. 두 그래프의 차이는 왜 생기는 것일까?

우선 식료품의 상대 가격 변화와 가족 구성 변화에 따른 효과를 고려할 필요가 있다. 하지만 CPI의 상방 편의가 원인이라고 보면, 1990년대 이후 인플레이션이 과대평가되었을 것이므로 실질소비 지출액의 증가도 과소평가되었을 가능성이 있다. 따라서 2004년까지 소비수준이 높아져 왔다는 사실에 무게 중심이 실린다.

CPI의 상방 편의에 따른 영향을 고려하기 위해서는, 5년에 1번 실시되는 「전국 소비실태조사」보다는 매월 조사되는 「가계조사」를 이용하는 편이 좋을 것이다. 즉, 후자 쪽이 편의 보정 후 실질소비 시계열을 파악하기 쉽다. [그림 1-20]에는 「가계조사」 결과를 이용하여 조사한 실질소비 지출액의 추이와 엥겔계수의 변화가 제시되어 있다. 실질소비 지출액의 추이를 보면 – CPI 편의의 존재를 반영하여 – 편의 보정 전과 보정 후의 그래프가 함께 제시되어 있다. CPI 편의의 크기에 관해서는 선행연구들이 대체로 0.5%로 합의하고 있으므로 이를 이용한다(Ariga and Matsui, 2003; Higa, 2014). CPI 편의를 보정하지 않은 실질소비 지출액은 1990년대 이후 하락 경향을 보였지만, CPI 편의를 보정한 후의 실질소비 지출액은 거의 변화가 없었다. 이 결과는 엥겔계수가 횡보하였다는 결과와 일치한다. 이상을 요약하면, 74년 이후 90년대까지 소비수준은 상승 경향을 보였지만 90년대 이후부터 정체되었다고 말할 수 있다.

다음으로 소비와 함께 생활수준의 중요한 결정 요인인 여가시간의 변천을 NHK 「국민생활 시간조사」와 총무처 「사회생활 기본조사」의 통계 데이터를 이용하여 살펴본다.

NHK 「국민생활 시간조사」는 1941년 처음 시도되었다가 일시 중단되기도 하였지만 60년 이후 5년마다 실시되었던 조사이다. 조사 대상 기간은 2일간이고 오전 0시부터 24시까지 생활행동을 15분 간격으로 기록하는 형식으로 되어 있다. 생활행동은 수면 및 업무, 가사 등 28개 항목으로 분류된다. 2010년 조사의 경우 전국 10세 이상의 국민을 대상으로, 주민기본대장(住民基本台帳: 1968년 주민등록제도를 대체하여 도입)으로부터 2단계 무작위 추출하여 선정된 7,200명을 조사 대상으로 하였다. 그중에서 유효조사자 수는 4,905명(68.1%)이다.

총무처 「사회생활 기본조사」는 국민 사회생활의 실태를 밝히기 위한 기간(基幹) 통계 조사이고, 1976년 이후 5년마다 조사한다. 2011년 조사에서는 전국 약 6,000개 조사 구(區) 내에 거주하는 가구 중 8만 3,000가구의 10세 이상 가구원이 대상이었다. 조사 대상 수가 20만 명이나 되는 대규모 조사이다.

각 조사는 독자적인 집계 카테고리에 따라 생활시간을 분류한다. 여기에서는 대략적인 시간 이용의 변화를 파악하기 위하여 4개의 카테고리(노동시간·가계생산시간·여가시간·생리적 필요시간)로 재분류하였다.[8] 가계생산시간이란 가사·육아·돌봄 등 가계 내의 서비스를 생산하기 위하여 쓰는 시간이고, 생리적 필요시간은 수면·식사 등 생명 유지를 위하여 필요한 활동에 쓰는 시간이다. 또한 1941년 「국민생활 시간조사」의 경우 40년 「국세(國勢)조사」의 직업 분류에 대응하여 데이터를 정리하였다.[9] 이렇게 정리된 데이터를 이용하여, [그림 1-21]과 [그림 1-22]는 남녀별 시간 이용이 어떻게 변화해 왔는가를 보여준다.

[그림 1-21]을 중심으로, 우선 1941년과 60년대~70년대를 비교해 보자. 60년대~70년대에는 남녀 모두 노동시간이 감소하였고, 여가시간은 증가하였다. 가계생산시간과 생리적 필요시간의 경우에는 별다른 변화가 없었다. 따라서 노동시간의 감소분과 여가시간의 증가분은 거의 1대1로 대응된다. 즉, 표준적인

8 분류 기준의 상세한 내용에 대해서는 川口·室賀(2017)를 참조할 것.
9 대응의 상세한 내용에 대해서는 川口·室賀(2017)를 참조할 것.

[그림 1-21] 시간 이용의 추이

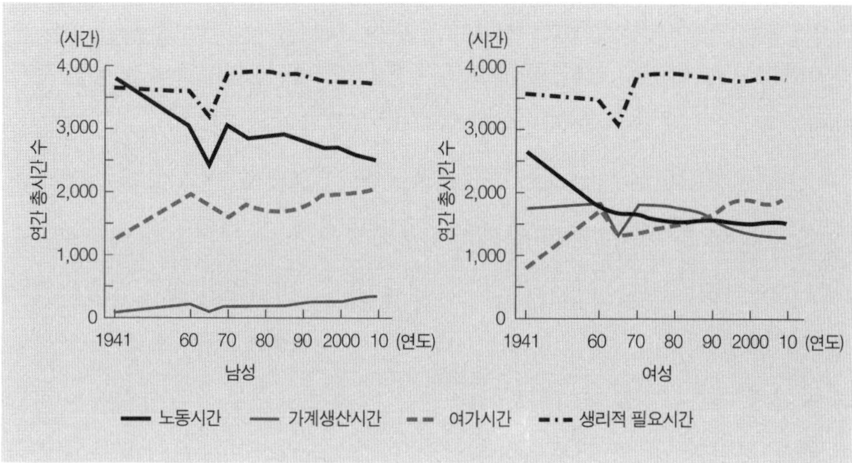

출전: NHK, 「국민생활 시간조사」.

[그림 1-22] 시간 이용의 추이

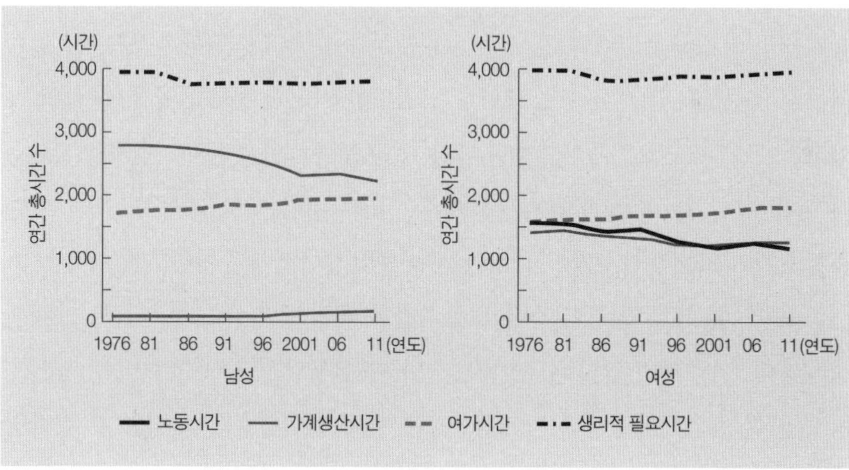

출전: 총무성, 「사회생활 기본조사」.

노동공급모형이 가정하고 있듯이, 노동생산성이 향상되면서 그것이 임금 상승으로 이어진 결과 소득효과를 통하여 노동시간은 감소하고 여가시간은 증가하였다고 생각할 수 있다. 물론 여가시간의 증가는 생활수준의 향상을 시사한다.

다음으로 60년대~70년대와 80년대 이후를 비교해 보자. 60년대~70년대에는 연도에 따라 시간 이용이 약간씩 변동하였을 뿐, 노동시간과 여가시간은 크게 변화하지 않았다. 이는 60년대~70년대 실질소비수준이 대폭 상승하였다는 것과 대조적이다. 즉, 60년대~70년대에는 노동생산성 상승에 따른 실질임금 증가가 여가시간을 증가시킨 것이 아니라 소비수준을 증가시켰다고 말할 수 있다. 하지만 80년대 이후에는 달랐다. 여가시간과 소비수준이 모두 증가하였던 것이다. 이와 같은 변화는 47~49년 대규모로 태어난 단카이 세대로 대표되는 세대들의 소비와 여가의 선택에 영향을 미쳤을 가능성이 있다.

더욱이 [그림 1-21]과 [그림 1-22]를 보면, 특히 1990년대 이후 남성의 경우 노동시간이 감소하고 여가시간이 증가하였음을 알 수 있다. 한편, 생리적 필요시간은 86년 일시적으로 감소하기도 하였지만 서서히 증가하였다. 남성의 가계생산시간은 약간 증가하였지만 매우 조금 증가하였을 뿐이다. 여성으로 눈을 돌려보면, 노동시간과 가계생산시간이 거의 같다는 것을 알 수 있다. 또한 노동시간과 가계생산시간이 감소하는 반면 여가시간은 증가하고 있다.

흥미로운 것은 남성의 경우 노동시간과 여성의 경우 노동시간과 가계생산시간의 합이 거의 같다는 점이다. 시간 이용이 남녀 간에 달랐다는 사실은 남성과 여성이 시장생산과 가계생산을 분담하고 있었음을 의미한다. 결과적으로 여가시간과 생리적 필요시간은 남성과 여성이 거의 비슷하게 된다. 따라서 표준적인 노동공급모형이 가정하는 바에 따르면, 노동생산성이 향상되고 그것이 임금 상승으로 이어지면 그것이 소득효과를 통해서 노동시간과 가계생산시간을 감소시키고 여가시간을 증가시킨다고 생각된다. 결국 남녀 모두에서 나타나는 여가시간의 증가는 생활수준의 향상에 공헌한 것이다.

시간 이용의 변화에 대해서 라이프 사이클의 관점에서 조금 더 분석해 보자. 만약 노동생산성이 현역 세대일 때 높고 은퇴 세대일 때 낮다는 기술적(技術的)인 관계가 성립한다면, 동학적인 시간 배분의 최적화 행동은 다음의 결과로 나타난다. 즉, 현역 세대일 때 노동시간을 늘리고 저축을 하며, 은퇴 세대가 되면 여가를 즐기는 것이 최적의 시간 이용이 될 것이다. 시간의 저축은 불가능하지만 금전의 저축은 가능하기 때문이다. 또한 시간의 저축과 금전의 저축은 대체될 수 있다. 따라서 금전의 저축을 통해 다른 시점 간 시간 이용의 대체가 실질적으로 가능해진다는 것이다. 이처럼 현역 세대와 은퇴 세대 간 시간 이용의 대체는 다음의 두 가지 조건이 충족되면 커질 수 있다. 두 가지 조건이란 ① 현역 세대와 은퇴 세대의 시간당 임금이 크게 다르다, ② 여가시간의 한계효용이 별로 감소하지 않기 때문에 언제 여가를 보내는가에 따라서 효용이 변하지 않는다(즉, 다른 시점 간 여가시간의 대체탄력성이 크다)는 것이다.

이상에서 서술한 대로, 라이프 사이클에 걸친 시간 이용의 변화가 고도경제성장기의 현역 세대에게서 나타났는가를 분석하고자 한다. 이를 위하여, [그림 1-23]과 [그림 1-24]에 남녀별로 현역 세대·은퇴 세대의 시간 이용 그래프를 작성하였다. 1910년대~50년대생 코호트는 1960년대~70년대에 현역 세대였고 70년대 이후에는 은퇴 세대가 되었다. 그런데 이 코호트가 은퇴 세대가 되었던 70년대 이후, 남녀 모두 노동시간은 감소 경향을 보였고 여가시간은 증가 경향을 보였다. 즉, 실질임금이 상승하는 현역 세대일 때 노동시간을 늘리고, 은퇴 후에는 여가를 즐겼다는 것을 확인할 수 있다. 이는 동학적 시간 배분의 최적화에 따른 결과라는 이론과 부합하는 것이다. 따라서 다른 시점 간에 시간 이용의 대체가 이루어져 왔다고 볼 수 있으며, 이는 결국 사람들이 생애 전체의 효용을 극대화하려 하였음을 의미하는 것으로 생각할 수 있다.

더욱이 장기에 걸쳐서 노동시간과 가계생산시간이 감소하였고 여가시간이 증가하였다는 점을 전제하면, 인구의 연령 구성이 시대에 따라 바뀌고 우리의 평균수명이 길어진다는 점은 중요하게 받아들여져야 한다.[10] 총무성 통계국「인구 추계」에 의하면, 60세 이상 인구의 남녀 합계는 1945년 종전 당시 691만 명이었는데 2010년에는 무려 3,959만 명으로 비약적 증가세를 보였다. 만약 60세 이상의 노동시간이 줄고 여가시간이 길어지게 되면 인구 구성의 변화를 통해 전체 인구의 노동시간이 감소하고 여가시간이 증가할 수도 있다. 인생 전체를 생각해 보면, 우리가 이용할 수 있는 시간은 늘어나고 있기 때문에 현역 시대에는 높은 생산성을 발휘하면서 일하고 저축한 후 은퇴 시대에는 여가를 즐긴다는 이(異)시점 간 시간 이용의 대체를 통해 생애 전체의 효용을 극대화한다고 생각할 수 있다. 물론 현역 시대의 저축을 은퇴 후 다 써버린다고 말할 때에는 자기 자신이 한 저축만이 아니라 연금이나 건강보험제도를 통해 사회적으로 현역 세대로부터 은퇴 세대로 이전되는 자원도 포함한다.

[그림 1-23]과 [그림 1-24]에 따르면, 근로 세대와 은퇴 세대의 특징은 뚜렷이 대비된다. 1990년대 이후 은퇴 세대의 노동시간은 감소 추세에 있었고, 여가시간은 증가 추세에 있었음을 알 수 있다. 반면에 근로 세대의 경우 76년 이후 노동시간과 여가시간 모두 거의 변화하지 않았다. 즉, 근로 세대의 경우 노동시간 감소와 여가시간 증가가 없었다는 뜻이다. 따라서 근로 세대에만 초점을 맞

10 후생노동성「간이생명표」에 따르면, 1947년 평균수명은 남성 50.06세, 여성 53.96세이지만 2014년에는 남성 80.50세, 여성 86.83세로 크게 상승하였다.

[그림 1-23] 연령별 시간 이용의 추이

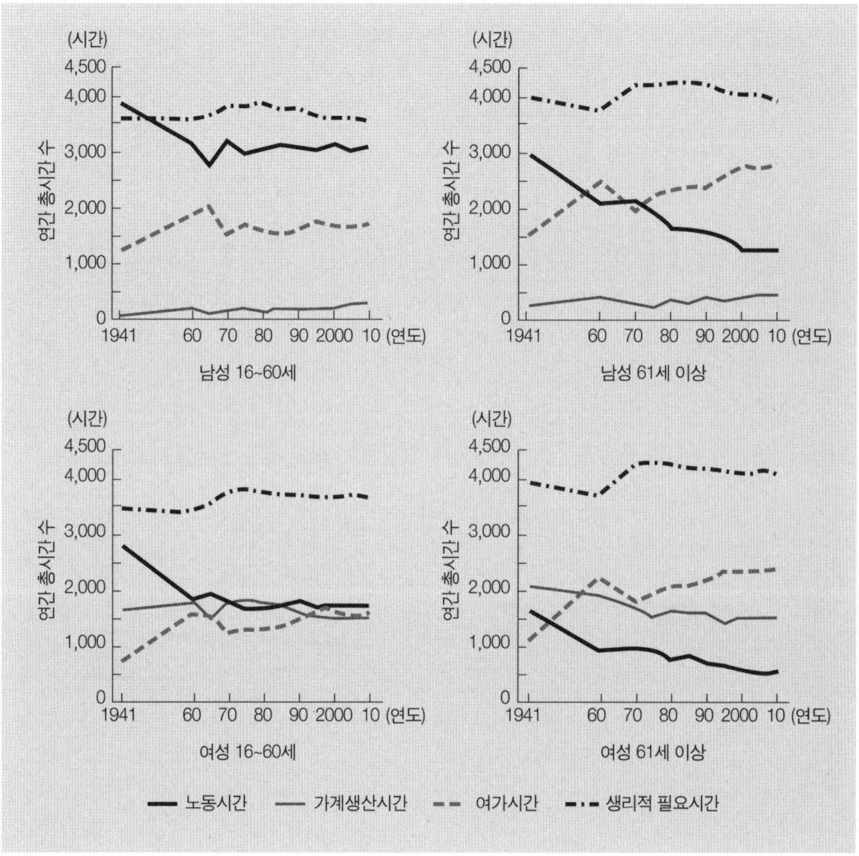

출전: NHK, 「국민생활 시간조사」.

추어 시간 이용의 시계열 변화를 분석하게 되면, 인생 전체에 걸쳐 여가시간이 증가하였다는 경향을 과소평가하는 오류를 범하게 된다.

전체 인구의 인생 전체에 걸쳐 노동시간의 감소 경향이 있었던 이유는 본질적으로 노동생산성이 상승하였기 때문이다. 만약 노동생산성이 근로 세대

[그림 1-24] 연령별 시간 이용의 추이

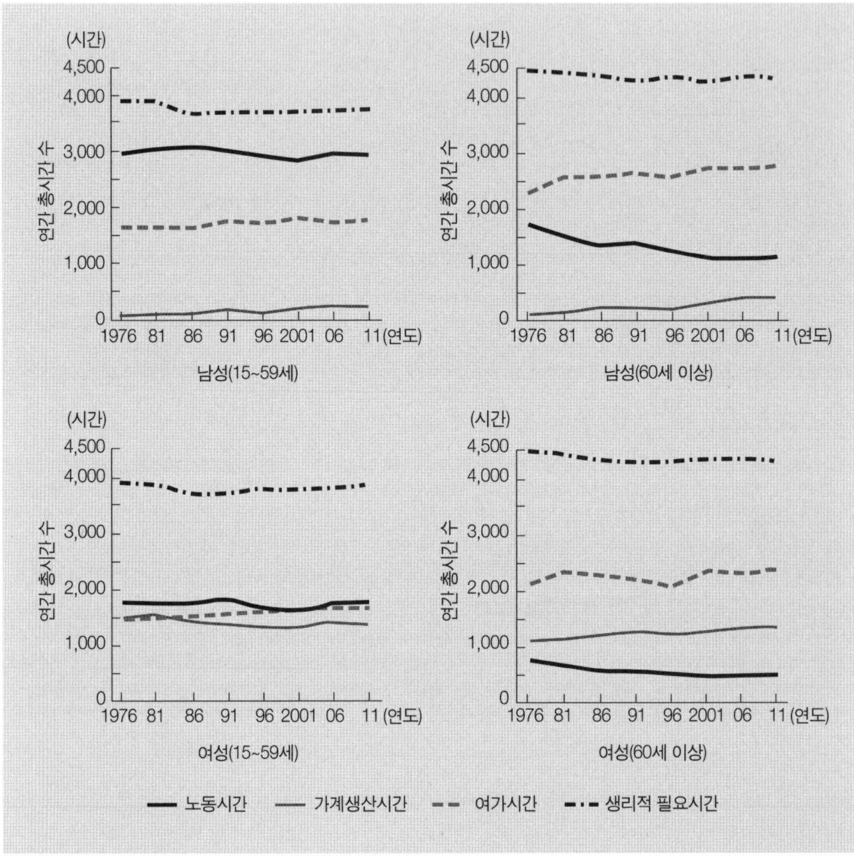

출전: 총무성, 「사회생활 기본조사」.

일 때 높고 은퇴 세대일 때 낮다는 기술적인 관계를 받아들인다면, 동학적 시간 배분의 최적화 결과는 근로 세대일 때 노동시간이 길어지고 저축을 하며 은퇴 세대가 될 때 여가시간을 즐기는 것이 될 것이다.

다른 한편 현역 세대의 노동시간이 길고 은퇴 세대의 여가시간이 길어지는 데에는 제도적 요인이 작용하였을 가능성도 있다. 일정 연령 이상이 되면 연금의 수급권이 생기지만 그 수급 금액이 근로소득의 증가에 따라 감소하는 연금제도, 정년 연령을 전제로 하여 임금제도를 설계하는 다수 기업의 고용관리제도 등 제도적 요인이 현역 세대의 노동시간을 일정하게 유지하고 은퇴 세대가 될 때부터 여가시간을 늘리는 행동을 유인하였을 가능성이 있다. 이 제도가 설계되었을 당시에는 효율적이라고 판단되었을지 모르지만, 은퇴연령이 장수화되면서 최적치와는 달라졌을 가능성도 생각할 수 있다. 그렇다면 장수화로 대표되는 사회경제 환경의 변화에 부합되도록 은퇴연령을 재설정함으로써 효율성을 향상시킬 수 있을지도 모른다.

이상에서 살펴보았듯이, 노동생산성이 상승한 결과 덕분에 일본인들은 생애를 통해 평균노동시간을 줄일 수 있었고 평균여가시간을 늘릴 수 있었음이 명확해졌다. 연령별 시간 이용을 보더라도, 1960년대·70년대 현역 세대의 노동시간은 거의 변화가 없었고 그들이 은퇴 세대가 되었을 때 노동시간의 감소가 현저하였음을 알 수 있다. 여기에 장수화의 영향이 더해지면서 생애의 평균여가시간도 늘어나게 되었다. 따라서 전후 일본인이 생산성 상승의 과실을 누렸다는 결론을 내릴 수 있다. 즉, 현역 세대일 때는 소비를 증가시키고 노후에는 여가시간을 증가시킴으로써 생산성 상승의 과실을 향유하였던 것이다. 다만 은퇴가 연금제도 등 사회보장제도와 정년제도 등 고용관리제도의 영향을 강하게 받는다고 생각하면, 이(異)시점 간 시간 이용의 대체가 효율적인가 여부는 조금 더 생각해 볼 문제이다. 이 사회제도가 사회경제 환경 변화에 맞추어 적절한 형태로 설계되는가에 따라 시간 이용의 효율성이 크게 달라질 수 있기 때문이다.

2. 소비·여가 선호의 검토

제1항에서는 전후 일본의 노동생산성 향상이 노동자의 소득 증가로 이어지고, 그것이 소비와 여가로 배분되면서 생활수준이 향상되었다고 말하였다. 이 항에서는 표준적인 경제모형을 이용하여 이들 변화에 대한 통일적 이해를 시도하고자 한다.

단순한 모형을 위해서 정학적 효용 극대화 문제를 분석하고자 하며, 효용함수로는 콥-더글러스(Cobb-Douglas) 타입을 가정한다. 시간 이용의 분석에서 언급한 바 있듯이, 연령별 행동 변화를 분석하려면 동학적 틀에서 생각하는 것이 좋겠지만 동학모형의 검토는 별도의 연구에 맡기기로 한다. 여기에서는 생애 소비량과 생애 여가시간을 선택하는 대표적인 개인을 고려하며, C는 실질소비수준, L은 여가시간량, P는 소비재 가격, W는 실질임금을 나타낸다. 대표적인 개인의 효용극대화 문제를 풀면,[11] 콥-더글러스 효용함수의 특성 때문에 소비재와 여가시간에 대한 지출 비중(PC/WL)은 일정하다. 왜냐하면 콥-더글러스 효용함수를 가정하는 경우 소비와 여가의 대체탄력성은 1이므로, 소비재 가격을 임금으로 나눈 상대 가격(P/W)이 1% 상승하면 여가에 대한 소비의 비율(C/L)은 1% 하락하기 때문이다. 본 항에서는 각종 통계자료를 이용하여 이 관계가 성립하는가를 고찰함으로써, 전후 일본의 소비와 여가의 배분을 설명하기 위해 대표적인 개인이 콥-더글러스 효용함수를 갖고 있다는 가정이 적절한가를 검토한다.

[그림 1-25]는 연간 실질소비 지출액의 변화와 연간 여가시간 금전 환산액

11 효용 극대화 문제에 관한 수식을 이용한 논의로는 川口·室賀(2017)를 참조할 것.

[그림 1-25] 실질소비 지출액과 여가시간 금전 환산액의 변화

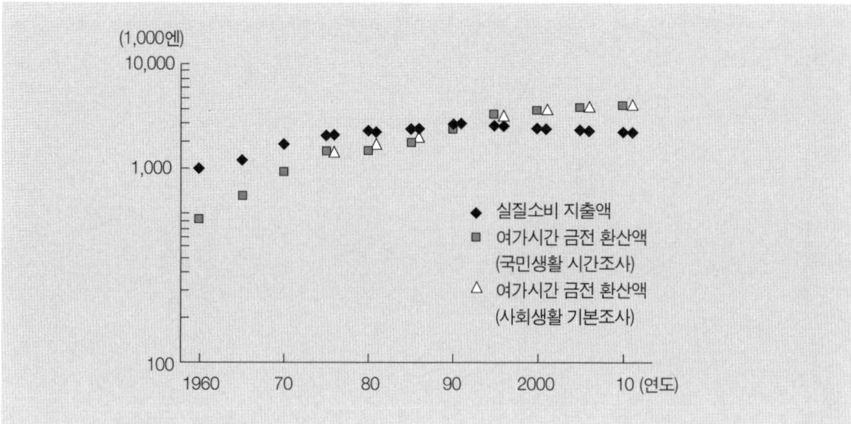

주: 실질소비 지출액은 실제 값이며, 왼쪽 축의 눈금은 로그값임. 총무성 「가계조사」의 전 도시·2인 이상 가구를 대상으로 하였으며, 가구당 1개월 지출액의 연평균에 12를 곱하여 연 소비지출액을 구하였음. 또한 편의를 보정한 CPI를 이용하여 실질치를 구하였음. CPI 편의를 보정하기 위해서는 편의가 연 0.5%임을 알고 있기 때문에 $[\{(CPI/100)-0.005\}/(CPI/100)]^t$, t= 1, 2, …의 공식을 이용하여 CPI 편의를 제거하였다. 기준년은 t=10이다. 여가시간 금전 환산액은 실제 값이며, 왼쪽 축의 눈금은 로그값임. 후생노동성 「임금구조 기본통계조사」의 임금 데이터를 이용하였으며, CPI를 이용하여 실질임금을 구한 후 NHK 「국민생활 시간조사」 및 총무성 「사회생활 기본조사」에서 제공하는 16세 이상 남녀 전체의 여가시간 연평균을 곱하여 여가시간 금전 환산액을 구하였다.
출전: 총무성, 「가계조사」; NHK, 「국민생활 시간조사」; 총무성, 「사회생활 기본조사」; 후생노동성, 「임금구조 기본통계조사」.

의 변화를 그래프로 보여 준다. 여가시간 금전 환산액을 구하기 위해서는 NHK 「국민생활 시간조사」와 총무처 「사회생활 기본조사」를 이용하였다.

여가시간 금전 환산액은 실질임금과 여가시간의 양을 곱하여 구하였다. 그래프를 보면, 실질소비 지출액은 1990년대 이후 부진하지만 여가시간 금전 환산액은 단조 증가를 계속하고 있다. 즉, PC/CL이 일정하지 않음을 시사한다.

[그림 1-26]은 명목소비 지출액과 여가소비 금전 환산액 비율의 추이를 보여 준다. 분자는 명목소비 지출액이고 분모는 여가소비 금전 환산액이다. 그래프를 보면, 이 비율이 감소하고 있음을 알 수 있다. 이상의 결과를 종합하면,

[그림 1-26] 명목소비 지출액과 여가시간 금전 환산액의 비율의 추이

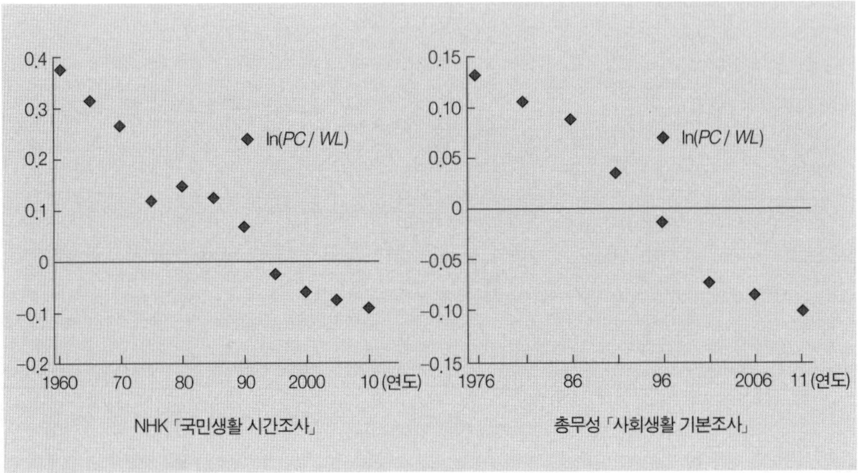

주: 분자는 명목소비 지출액이고, 분모는 여가시간 금전 환산액(명목임금×여가시간 총량)임. 이 비율을 계산한 후 로그값을 취하였음.

출전: NHK, 「국민생활 시간조사」; 총무성, 「사회생활 기본조사」; 후생노동성, 「임금구조 기본통계조사」; 총무성, 「전국 소비실태조사」.

PC/WL의 값은 일정하다고 볼 수 없다. 따라서 콥-더글러스 효용함수는 전후 일본의 소비와 여가의 배분을 설명하는 데 적절하지 않다. 그 대신에 대체탄력성이 1과는 다른 CES 타입의 효용함수를 이용할 수도 있다. 하지만 CES 효용함수를 가정한다고 해도, 소비와 여가의 소득탄력성이 모두 1임을 가정하고 있기 때문에 일본의 데이터를 설명하는 데 적합할 것 같지 않다. 결국 각각의 소득탄력성이 1과 달라질 수 있는 스톤-기어리(Stone-Geary) 효용함수 등을 가정하는 것이 유효할 것으로 보인다.

3. 전후 경제성장과 생활수준의 변화

본 절에서는 소비와 여가의 관점에서 전후 일본의 생활수준을 분석하였다. 초점은 고도성장이 끝났던 1973년 이후 안정성장기·저성장기의 소비와 여가였다. 총무성 「전국 소비실태조사」에서 소비, NHK 「국민생활 시간조사」와 총무성 「사회생활 기본조사」에서 여가를 이용하였는데, 소비로 측정하든 여가시간으로 측정하든 생활수준은 향상되었음이 명확하다. 흥미로운 것은 15~59세 '현역' 세대에 초점을 맞추면 여가시간에 거의 변화가 없었지만, 60세 이상의 '은퇴' 세대에 초점을 맞추면 평균여명이 길어짐에 따라 여가시간이 늘어났음을 알 수 있다.

고령자가 인구에서 차지하는 비율이 높아진다는 점과 각 세대가 장수한다는 점을 종합하면, 향후에도 인구 고령화가 진행될 것임은 명확해 보인다. 고령화에 의해 여가시간이 증가하는 효과가 - 연금 지급 개시 연령을 늦추는 정책 등에 의해 나타날 수 있는 - 고령자의 은퇴 타이밍을 늦추는 효과를 능가하는 한, 평균적으로 여가시간은 증가할 것이다. 여가시간이 증가하였음을 인식하면, 인구 고령화에는 긍정적인 측면도 분명히 있다. 오히려 문제는 늘어난 여가시간을 어떻게 충실하게 만들 것인가에 있다. 이것이 국민의 후생을 위해 중요하다고 말할 수 있으며, 아마도 향후 일본 사회에서 중요한 과제가 아닐까 생각한다.

본 절에서 충분한 분석이 이루어진 것은 아니다. 다년간 횡단면 데이터의 연령층별 정보를 이용하여 가구마다 패널 데이터를 작성한 후 각 가구가 생애소득, 생애 소비, 생애 여가를 어떻게 선택하고 있는가라는 관점에서 모형을 분석하는 것이 향후 과제로 남아 있다.

참고문헌

高橋新吾(2010),「配偶者控除及び社会保障制度が日本の既婚女性に及ぼす労働抑制効果の測定」,『日本労働研究雑誌』第52巻 第12号, 28～43.

大石亜希子(2003),「有配偶女性の労働供給と税制・社会保障制度」,『季刊社会保障研究』第39巻 第3号, 286～300.

今田幸子(1996),「女子労働と就業継続」,『日本労働研究雑誌』第38巻 第5号, 37～48.

濱秋純哉・堀雅博・前田佐恵子・村田啓子(2011),「低成長と日本的雇用慣行 — 年功賃金と終身雇用の補完性を巡って」,『日本労働研究雑誌』第54巻 第6号, 26～37.

山本勲(2011),「非正規労働者の希望と現実 — 不本意型非正規雇用の実態」, 鶴光太郎・樋口美雄・水町勇一郎編著,『非正規雇用改革 — 日本の働き方をいかに変えるか』, 日本評論社, 93～120.

森口千晶(2013),「日本型人事管理モデルと高度成長」,『日本労働研究雑誌』第55巻 第5号, 52～63.

神林龍(2013),「非正規労働者」,『日本労働研究雑誌』第55巻 第4号, 26～29.

安部由起子(2011),「男女雇用機会均等法の長期的効果」,『日本労働研究雑誌』第53巻 第10号, 12～24.

安部由起子・大竹文雄(1995),「税制・社会保障制度とパートタイム労働者の労働供給行動」,『季刊社会保障研究』第31巻 第2号, 120～134.

赤林英夫(2003),「社会保障・税制と既婚女性の労働供給」, 国立社会保障・人口問題研究所編,『選択の時代の社会保障』, 東京大学出版会, 113～133.

酒井正(2004),「均等法世代とバブル崩壊後世代の就業比較」, 樋口美雄・太田清・家計経済研究所編,『女性たらの平成不況 — デフレで働き方・暮らしはどう変わったか』, 日本経済新聞社, 57～85.

川口大司・室賀貴穂(2017),「生活水準の戦後史 — 労働生産性・消費・余暇」, 東京大学大学院経済学研究科日本経済国際共同研究センターCIRJE-J-292.

川口章(2005),「1990年代における男女間賃金格差縮小の要因」,『経済分析』第175号, 52～80.

玄田有史(1994),「高学歴化, 中高年齢化と賃金構造」, 石川経夫編,『日本の所得と富の配分』, 東京大学出版会, 141～168.

玄田有史(1997),「チャンスは一度 — 世代と賃金格差」,『日本労働研究雑誌』第39巻 第10号, 2～12.

玄田有史・石原真三子・神林龍(1998),「自営業減少の背景 — 既存研究の整理, 実証研究の紹介, ランティエ型経済への移行」,『調査季報』第47号, 14～35.

横山泉・児玉直美(2016),「女性の労働と税 — データを用いた現状分析(特集 税制改革: エビデンスに基づいた政策提言)」,『フィナンシャル・レビュー』, 第127号, 49～76.

Akabayashi, Hideo (2006), "The labor supply of married woman and spousal tax deduction in Japan - a structural estimation," *Review of Economics of the Household*, Vol. 4, Issue 4, pp. 349~378.

Arai, Yoichi, Hidehiko Ichimura, and Daiji Kawaguchi (2015), "The educational upgrading of Japanese youth, 1982-2007: Are all Japanese youth ready for structural reforms?" *Journal of the Japanese and International Economies*, Vol. 37, pp. 100~126.

Ariga, Kenn and Kenji Matsui (2003), "Mismeasurenment of the CPI," in M. Blomström, J. Corbett, F. Hayashi, and A. Kashyap (eds.), *Structural Impediments to Growth in Japan*, Chicago: University of Chicago Press, pp. 89~154.

Asano, Hirokatsu, Takahiro Ito, and Daiji Kawaguchi (2013), "Why has the fraction of nonstandard workers increased? A case study of Japan," *Scottish Journal of Political Economy*, Vol. 60, Issue 4, pp. 360~389.

Hamaaki, Junya, Masahiro Hori, Saeko Maeda, and Keiko Murata (2012), "Changes is the Japanese employment system in the two lost decades," *Industrial and Labor Relations Review*, Vol. 65, No. 4, pp. 810~846.

Higa, Kazuhiro (2014), "Estimating upward bias of Japanese consumer price index using Engel's Law," Hitotsubashi University Discussion Paper Series, No. 2014~21.

Kambayashi, Ryo and Takao Kato (2017), "Long-term employment and job security over the past 25 years: A comparative study of Japan and the United States," *Industrial Labor Relations Review*, Vol. 70, Issue 2, pp. 359~394.

Kambayashi, Ryo, Daiji Kawaguchi, and Izumi Yokoyma (2008), "Wage distribution in Japan, 1989-2003," *Canadian Journal of Economics*, Vol. 41, Issue 4, pp. 1329~1350.

Katz, Lawrence F. and Ana L. Revenga (1989), "Changes in the Structure of wages: The U.S. versus Japan," *Journal of the Japanese and International Economies*, Vol. 3, Issue 4, pp. 522~553.

Kawaguchi, Daiji and Yuko Mori (2016), "Why has wage inequality evolved so differently between Japan and the US?: The role of the supply of college-educated workers," *Economics of Education Review*, Vol. 52, pp. 29~50.

Kawaguchi, Daiji and Yuko Ueno (2013), "Declining long-term employment in Japan," *Journal of the Japanese and International Economies*, Vol. 28, pp. 19~36.

Kawaguchi, Daiji, Hisahiro Naito, and Izumi Yokoyama (2017), "Assessing the effects of reducing standard hours: Regression discontinuity evidence from Japan," *Journal of the Japanese and International Economics*, Vol. 43, pp. 59~76.

Kawaguchi, Daiji, Jungmin Lee, and Daniel S. Hamermesh (2013), "A gift of time," *Labour Economics*, Vol. 24, pp. 205~216.

Kuroda, Sachiko (2010), "Do Japanese work shorter hours than before?: Measuring trends in market work and leisure using 1976-2006 Japanese time-use survey," *Journal of the Japanese and International Economies*, Vol. 24, Issue 4, pp. 481~502.

Lee, Jungmin, Daiji Kawaguchi, and Daniel S. Hamermesh (2012), "Aggregate impacts of a gift of time," *American Economic Review: Papers & Proceedings*, Vol. 102, No. 3, pp. 612~616.

Onozuka, Yuki (2016), "The gender wage gap and sample selection in Japan," *Journal of the Japanese and International Economies*, Vol. 39, pp. 53~72.

White House (2016), "The long term decline in prime-age made labor force participation," Washington, D. C.: The White House.

Yamada, Ken and Daiji Kawaguchi (2015), "The changing and unchanged nature of inequality and seniority in Japan," *The Jouranl of Economic Inequality*, Vol. 13, Issue 1, pp. 129~153.

제2장 금융

저성장하의 일본 금융시스템 - 버블·위기·정체하의 안정

우치다 히로후미(內田浩史)

1970년대부터 2000년대를 거치면서 경제성장 둔화와 금융자유화에 직면한 금융부문은 대파란을 경험하였다. 1970년대 후반 국채 유통시장이 공개시장으로 정비되면서 금리가 자유롭게 결정되었고, 전시 기간 이후 지속되었던 금리 규제와 경합하게 되었다. 또한 90년대 전반까지는 예금·대출금리도 자유화되었으며, 80년대에는 회사채 발행 규제도 완화되었다. 다른 한편으로 70년대 이후 비금융 기업부문의 자기자본 비율은 계속해서 상승하였고, 대기업은 내부자금 의존도를 높여 갔다. 그러는 사이 간접금융의 우위는 무너졌고, 가계부문의 흑자는 계속해서 예금으로 유입되었다. 그렇게 모인 자금은 부동산 담보 금융으로 향하였는데, 이는 결국 버블을 초래한 커다란 요인 중 하나가 되었다. 버블 붕괴 후에는 금융기관의 정리·통합이 시작되었으며, 90년대 후반 정점에 이르렀다. 위기 대응을 통해서 2000년대 전반까지 자유시장에 상응하는 방향으로 금융 규제가 정비되었고, 금융부문은 건전성을 되찾았다. 특히 2001년 이후 일본은행은 비전통적인 양적 완화에 의해 유동성을 공급하였고 금융부문은 거시적 안정성을 유지해 갔다.

후카오 교지(深尾京司) · 나카무라 쇼지(中村尙史) · 나카바야시 마사키(中林眞幸)

본고의 목적은 1973년부터 2010년(이하 이 시기라 부른다)까지 일본의 금융을 개관하는 것이다. 이 시기는 현대의 금융제도가 확립되었던 시기임과 더불어 그 과정에서 버블과 금융위기로 대표되는 여러 가지 큰 사건이 있었던 시기이기도 하였다. 이 시기 일본의 금융을 4개의 절로 나누어 정리하고자 한다.

우선 제1절에서는 이 시기 일본 금융의 전체상을 보기 위하여 금융자유화 과정을 중심으로 제도 변화와 금융구조를 개관한다. 제2절에서 제4절은 이 시기 일본 금융에서 발생하였던 커다란 세 가지 움직임에 관하여 그 실태와 요인을 각각 검토한다. 제2절에서는 1980년대 후반부터 1990년대 초까지 발생한 자산 가격 버블에 초점을 맞춘다. 다음으로 제3절에서는 버블 붕괴 후 90년대 예금 취급기관에서 발생한 불량채권 문제와 그것이 초래하였던 금융위기에 주목한다. 끝으로 제4절에서는 '잃어버린 20년'이라 알려진 1990~2000년대 실물경제의 부진에 대하여 금융 요인이 어느 정도 기여하였는가를 검토한다.

본 장에서는 (1) 제도적 사실에 근거한 토대 위에, (2) 각종 통계로부터 얻을 수 있는 실태를 확인하고, 이에 더해 (3) 기존의 실증분석에 의해 밝혀진 사실에 근거하여 정리한다. (3)의 실증분석 결과에 대해서는 최근 계량경제학 분석기법의 발전에 근거하여 인과관계와 내생성을 충분히 식별(identification)하고 있는가를 판단하였고, 그렇다고 판단되는 실증연구 결과를 중심으로 재검토한다. 경우에 따라서는 보다 개연성이 높다고 판단되는 새로운 해석에 근거하여 정리하고자 한다. 따라서 실증되지 않은 단순한 이론적 추론은 중시하지 않는다.

제1절 경제 환경·금융제도와 금융구조[1]

1. 금융제도의 변화와 금융시장·금융기관

우선 이 시기의 금융제도와 그 변화에 대해 살펴보자. 이 시기 전체를 한마디로 요약하면, 경쟁제한적인 제도를 문제점으로 인식하였고 이에 따라 금융제도의 여러 측면에서 자유화를 향한 대폭적인 변화가 나타났던 시기라고 말할 수 있다. 큰 흐름은 1990년대 초까지 금리자유화·국제화가 진행됨과 아울러 현재에도 존재하는 여러 가지 금융시장의 정비가 이루어졌던 것이다. 80년대 중반 이후에는 주로 금융기관의 업무 분야가 자유화되었다. 이하에서는 이 흐름을 (1) 금리자유화·국제화와 금융시장의 정비·발전, (2) 금융기관의 업무 분야 자유화, (3) 공적 금융의 변화 세 가지로 나누어 살펴본다. 이 세 가지는 '평상시'의 제도에 관한 것인데, 이에 더하여 '위기 시'의 제도에도 변화가 있었다. 즉, 90년대 후반에 발생한 금융위기(제3절 참조)에 즈음하여 진행되었던 (4) 위기 대응제도의 정비에 대해서도 다룬다.

금리자유화, 금융시장의 정비와 금융의 국제화

이 시기 전반에는 금리자유화·국제화와 금융시장의 정비가 동시에 진행되었다. 물론 금융활동에 관한 제약이 완화되면서 경쟁이 크게 촉진되었던 시기이기도 하였다. [표 2-1]에는 그 시기 주요 동향이 요약되어 있다.

1 이 시기 일본 금융의 동향에 대해서는 日本銀行100年史編纂委員會 편(1986), 日本銀行 金融研究所(1986, 1993, 1995), 鹿野(2001, 2006, 2013), 寺西(2003), 西村(2003) 등을 참조할 것. 본 장은 이 문헌 이외에도 內田(2010), Uchida and Udell(2015)을 참조하였다.

[표 2-1] 금리자유화와 금융시장의 정비 · 발전의 주요 동향

	금리 등의 자유화	금융시장의 정비 · 발전
1975	단기 대출금리 자주 규제 폐지(보통·상호·신탁은행, 생보·손보)	공채 발행 특례법 시행(국채 대량 발생 시작)
1977		국채의 매각 제한 완화(국채 유통시장의 형성)
1979	CD(양도성 정기예금) 도입	무담보 전환사채 발행 개시(마쓰시타전기)
1980		중기국채펀드 인가
1981	기일지정정기, 빅, 와이드 창설 인가[2]	
1983		전환사채의 적채 기준 완화(제1회)
1984		보통사채의 적채 기준 완화(제1회)
1985	시장금리 연동형 예금 도입, 거액 정기예금 금리자유화 개시	무담보 보통사채 발행 개시(TDK) 국채 선물거래 개시
1986		도쿄옵션시장 개설
1987		CP(무담보 상업어음) 발행 개시
1988		주가지수선물 거래 개시
1989	신단기 프라임레이트 도입	채권 대차시장 창설 도쿄금융선물시장 거래 개시 주가지수옵션 거래 개시
1991	신장기 프라임레이트 도입	
1992		MMF 판매 개시
1993	정기예금 금리 완전 자유화	사채 발행 한도 폐지
1994	유동성 예금금리의 완전 자유화	
1996		사채 적채 기준 폐지, 채권repo시장 개시
1998	손해보험료 자유화	거래소 집중 의무 폐지, SPC(특수목적회사)제도 정비(토지·채권 유동화)
1999	주식 매매 위탁수수료 자유화	Mothers[3] 개설
2000		자산유동화를 위한 제도 정비(확충)
2001		부동산투자신탁 상장

2 역자 주: 기일지정정기예금(期日指定定期預金)은 예입(預入) 시에 만기를 정하지 않고 예입 후에 만기를 정하는 예금이다. 빅(Big)은 수익 만기수취형 대부신탁의 별칭으로 신탁은행의 주력 금융상품이다. 또한 와이드(Wide)는 금융기관이 발행하는 채권 중 (할인채를 제외한) 이표채 또는 복리채의 별칭이다.

3 역자 주: Mothers(Market of the High-growth and Emerging Stocks)는 도쿄증권거래소 내에 있으며, 성장가능성이 있는 벤처기업을 주대상으로 개설된 주식시장이다.

우선 금리자유화는 금리가 시장에서 결정되는 자유금리시장의 등장에 의해 이루어졌는데, 이 시장의 발달을 촉진하고 규제금리시장을 축소하기 위한 조치들도 취해졌다. 그 발단이 되었던 것은 1975년 국채의 대량 발행이었다. 국채의 발행 잔고 증가와 더불어 국채유통시장도 정비되었다. 이에 따라 국채유통시장은 자유금리의 공개시장(open market)으로서 다른 규제시장, 특히 규모가 큰 예금시장과 경합하였다. 또한 국채에 투자하는 투자신탁이었던 중기 국채펀드가 등장하여 현물시장과 선물시장도 확대되었다. 이어서 보다 근본적인 금리자유화 조치가 시행되었다. 우선 CD(양도성 예금) 등 자유금리예금이 등장하였고, 그 후에는 금리 규제 자체가 단계적으로 자유화되었다. 결국 94년에는 유동성 예금을 포함한 모든 예금의 금리가 자유화되었다.

대출금리에 대해서는 은행·보험업에서 업계 일률로 되어 있던 단기대출금리의 자주 규제가 1975년 폐지되었고, 89년과 91년에는 최우대금리인 프라임레이트가 각각 단기, 장기 시장연동형으로 변경되었다.[4] 약간 늦기는 하였지만 다른 업종에서도 자유화가 진행되었다. 예를 들어, 98년 손해보험료의 자유화, 99년 주식 위탁매매 수수료의 자유화가 이루어짐으로써 보험업과 증권업에서도 경쟁이 확대되었다.

금리자유화란 예금자가 선택할 수 있는 자금운용의 폭이 확대되었음을 의미한다. 이 시기에는 새로운 금융시장의 정비를 통해 차입자가 선택할 수 있는 자금조달의 폭도 확대되었다. 회사채와 전환사채는 보통 무보증으로 발행되었고, 최적 기준의 완화도 이루어졌다. 또한 CP시장과 RP시장의 창설, 파생금융상품 거래의 개시 등을 통해 현존하는 여러 금융시장이 이 시기에 정비되

4 단, 대출금리 규제는 그 이전부터 실효성이 없었을 가능성도 지적되고 있다(岩田·堀内, 1985 등을 참조).

었다. 이러한 시장의 정비는 주로 1980년대까지 대규모로 진행되었지만, 그 후 90년대에도 회사채시장에서 최적 기준·발행 한도의 폐지와 RP시장 창설, 그리고 주식시장의 정비도 이루어졌다. 또한 2000년대 이후에는 자산유동화를 위한 제도정비가 이루어져 부동산투자신탁 등 새로운 상품이 등장하였다.

다른 한편 이 시기의 전반은 금융이 국제화되었던 시기이기도 하다. 그때까지 무역 관련 외국환 거래업무가 중심이었던 일본의 은행들은 1970년대가 되면 서서히 해외 업무를 확대하였고, 80년대 후반이 되면 국제금융시장에서 두각을 나타내기 시작한다. 금융시장에서도 유로엔시장의 자유화와 옵션시장의 창설이 80년대 중반 이루어졌다. 또한 자본(자본거래·외국환)의 자유화도 진행되었다. 80년 12월 시행된 외환법(외국환 및 외국무역관리법) 개정에서는 그때까지 원칙적으로 금지되었던 대외금융거래(결제·대차 등)가 원칙적으로 자유화되었고, 일본 금융시장과 해외 금융시장의 연관이 강화되었다.[5] 80년대 중반 이후 대규모로 진행된 금융의 국제화는 75년부터 진행된 국채의 대량 발행과 더불어 '2개의 국제화'라고 부른다(蠟山, 1986, 제2장).[6]

금융기관의 업무 분야 자유화(1) : 업무 분야 규제의 완화

금융기관의 업무 분야 규제에 대해서도 자유화가 진행되었다([표 2-2] 참조).[7] 금리자유화가 업종 간 경쟁을 촉진하기는 하였지만, 당시 남아 있던 분업

5 그 후 대대적인 외환법 개정(1998년 4월 시행)에서는 대외거래의 사전 허가·신고 폐지와 외국환 업무의 자유화가 이루어지는 등 대외거래 환경이 정비되었다.

6 환율의 경우 1973년 2월 13일 변동환율제가 시작되었다. 당초에는 1달러가 200엔대였지만 80년대 전반에는 200~250엔 정도였고, 이른바 플라자합의(85년 9월 22일) 이후에는 100~150엔대, 시간이 지나면서 100엔 전후까지 엔고가 크게 진행되기도 하였다. 다만 실효환율을 보면, 변동이 있기는 하였어도 변동환율제 이행 당시부터 1990년대 후반까지 완만한 엔저가 진행되어 왔다.

7 업무 분야 규제는 분업화·전문화의 이익을 추구하고, 경쟁 제한과 수익·경영의 안정화 등을 위한 것이었다. 그 내용

주의는 고객 니즈를 충족하기 위한 서비스를 제공하기에 효율적이지 않았다. 게다가 효율이 떨어지는 금융기관을 거느리는 호송선단 방식의 제도라는 비판도 있었다(Hoshi, 2002 참조). 그 때문에 1980년대 중반부터 90년대에 걸쳐서 업무 분야의 대폭적인 자유화가 진행되었고, 업무 분야 규제는 상당히 완화되었다.

업무 분야 규제 완화의 제1단계는 은증분리(은행과 증권 업무의 분리)의 일부 완화였다. 은증분리는 은행·증권 두 업무를 동시에 제공할 경우 발생할 수 있는 이해 상충을 방지하기 위하여 해외에서도 도입되었던 제도였다. 하지만 일본에서는 경제성장의 둔화·국제화가 진행되는 상황 속에서 경쟁 촉진을 통한 금융의 효율화를 추구하기 위해 완화를 검토하였다. 그 결과 이해 상충이 작은 일부 공공채 관련 업무에 한해 은행도 업무가 허용되었고, 1983년에는 국채의 창구 판매, 84년에는 공공채의 디링크가 시작되었다.

제2단계는 1985년 금융제도조사회의 검토를 시작으로 1992년 「금융제도개혁법」에 이르는 시기에 취해진 것이다. 무진(無盡: 서민금융의 일종)회사를 전신으로 하는 중소기업 전문 금융기관인 상호은행이 보통은행으로 전환(또는 제2의 지방은행화)되었다. 또한 92년 「금융제도개혁법」에 의해 업무 분야 규제에 대해서도 대대적인 완화조치가 시행되었다. 즉, 이해 상충을 방지하는 구조(Firewall)를 마련하였으며, 이를 바탕으로 업종별 자회사 방식으로 은행·신탁은행·증권회사가 서로의 업무 분야에 – 일부 제약조건이 있기는 하였지만 – 진출할 수 있게 되어 은증분리·은신분리의 장벽이 크게 무너졌다.

제3단계는 금융 빅뱅이라 불리는 1996년 이후의 대대적인 제도개혁(97년 「금융시스템개혁법」)에 따라 보다 진전된 완화조치가 있었다. 이 개혁에 따르면,

은 (1) 장기·단기의 은행업 분리(長短分離), (2) 은행·신탁의 분리(銀信分離), (3) 은행·증권의 분리(銀証分離) 등으로 나누어 볼 수 있다.

[표 2-2] 금융기관의 업무 분야 자유화의 주요 동향

1983	은행 등의 국채 창구 판매 개시
1984	은행 등의 공공채 디링크[8] 개시
1987	투자자문회사에 투자일임 업무 인가
1989	상호은행의 보통은행 전환 개시
1992	업태별 자회사에 의한 상호 참여 가능(금융제도개혁법)
1993	증권 자회사·신탁은행 자회사의 설립 시작
1995	생명보험·손해보험의 자회사 방식에 의한 상호 참여 금지 해제(보험업법 개정)
1997	금융지주회사 금지 해제
1998	은행 등의 투신 판매 개시
2001	금융상품 판매법 시행(이용자 보호의 룰 정비) 은행의 보험상품 판매 개시 이업종에 의한 은행 참여 금지 해제
2004	금융기관 이외의 신탁업 참여 금지 해제
2007	금융상품 거래업의 창설(증권업·투자자문업·투자신탁위탁업 등의 통합·정리)

이전부터 있었던 지주회사제도를 이용하여 다른 업종의 금융기관을 자회사로 포함하는 지주회사의 설립이 허용되었다. 이러한 일련의 제도개혁에 의해 일본의 금융제도는 각 금융기관이 각 업무 분야에 전문화하는 분업주의로부터 그룹 전체가 여러 업무를 동시에 제공하는 유니버설 뱅크형으로 이행하였다.[9]

2001년에는 다른 업종(즉, 금융기관 이외)에 의한 은행 설립이 제도적으로 허용되었으며, 사업회사와 은행을 분리해 왔던 은상분리(銀商分離)가 완화되었

8 역자 주: 자기매매를 이르는 용어로, 금융기관이 자기의 자금으로 주식, 채권, 외환에 투자하여 수익을 추구하는 업무를 말한다.

9 이 시기에 장기신용은행이 모습을 감추었기 때문에 장단분리(長短分離) 규제는 결과적으로 없어진 셈이다. 장기신용은행 3개사 중에 2개(일본장기신용은행·일본채권신용은행)는 1990년대 후반 금융위기 때 경영 파산에 직면하였고, 이들의 사업을 승계한 2개 은행은 모두 보통은행이었다. 남은 1개 은행(일본흥업은행)도 금융위기 후 업계 재편 과정에서 다른 도시은행과 합병하여 도시은행이 되었다.

다. 이 제도개혁에 따르면 은행업에 대한 진입 규제가 완화된 셈인데, 실제로 은행업에 진출한 업종은 유통업 정도였다. 유통업의 은행업 진출은 특히 예금·결제서비스 분야에서 은행업의 경쟁을 촉진하게 된다.[10]

금융기관의 업무 분야 자유화(2): 「금융상품거래법」과 증권업·운용업·조언업

이 시기 마지막 큰 제도개혁은 2007년 금융상품거래법에 의해 금융상품거래업을 창설한 것이다. 그 이전에는 증권거래법·신탁업법·투자자문업법·투자신탁 및 투자법인에 관한 법률 등 각 금융기관의 업무 분야별로 법제도가 만들어졌다. 하지만 이들이 취급하는 금융상품은 어느 정도 투자성이 강하다는 점에서 공통점이 있었고, 투자자의 입장에서 보더라도 금융상품을 통합하여 다루는 법제도가 필요하게 되었다.[11]

금융상품거래법은 증권업·투자자문업·투자신탁위탁업이라는 업종을 금융상품거래업이라는 큰 업종으로 통합하고, 기능에 따라 제1종 금융상품거래업(유동성이 높은 유가증권의 판매·권유와 고객자산의 관리 업무 등), 제2종 금융상품거래업(유동성이 낮은 유가증권의 판매·권유의 업무 등), 투자운용업(투자자 자산의 운용 업무), 투자조언·대리업(투자자에 대한 조언 업무)의 네 가지로 재편하였다. 이들 업무를 수행하려면 각각 등록이 필요하였는데, 복수 업종에 등록할 수 있게 되었기 때문에 실제로는 복수의 업무에 등록된 다수의 금융기관이 나타나게 되었다.

10 은행의 경쟁에 대한 제도 변천에 관해서는, 자유로운 점포 설치를 금하였던 점포 규제도 1980년대부터 90년대에 걸쳐 완화되었고, 2002년에는 완전히 자유화되었다.

11 금융상품의 판매 면에서는, 금융상품판매법(2001년 시행)에 의해 이미 횡단적인 취급이 가능하게 되었다.

공적 금융의 변화

공적 금융에서도 재정투융자제도의 개혁을 수반하는 큰 변화가 있었다.[12] 이전의 제도에서는 우편저금이나 간이보험 등 '조달부문'이 조달한 자금을 대장성 자금운용부를 통하여 정부계 금융기관과 공사·공단(예를 들어, 일본전신전화공사, 일본도로공단) 등의 '운용부문'이 사업에 이용하는 구조로 되어 있었다. 이에 대해서는 민간경제활동을 위축시킨다는 비판과 함께 시장원리의 도입이 필요하다는 주장이 꾸준히 제기되어 왔다. 결국 2001년 자금운용부는 폐지되었고, 조달·운용 부문은 각각 스스로 조달과 운용을 수행하는 방식으로 바뀌어 갔다.

조달부문에서는 예저금·보험과 경합하는 우편저금·간이보험사업의 민영화 문제가 이슈가 되었다. 이는 결국 우정 민영화 문제이기도 하였기 때문에 정치문제화되었지만, 최종적으로는 2007년 두 사업이 은행(유우쵸은행), 생명보험회사(칸포생명)로 바뀌었고 지주회사인 일본우정주식회사의 자회사가 되었다. 운용부문의 정부계 금융기관도 스스로 발행하는 재투기관채(財投機關債)와 국가가 발행하는 재투채(財投債)에 의해 조달한 자금을 이용하는 방식으로 바뀌었다.[13] 국민생활금융공고, 중소기업금융공고, 농림어업금융공고의 세 가지 공고(公庫)는 일본정책금융공고로 통합되었다. 주택금융공고는 민간의 주택대출을 증권화하는 주택금융지원기구로 바뀌었다. 또한 일본정책투자은행(구 일본개발은행, 홋카이도 도호쿠 개발공고)·국제협력은행(구 일본수출입은행)·상

---

12 재정투융자란 정책상 필요에 따른 것으로, 민간에 의한 공급이 어려운 장기·고정·저리의 자금, 혹은 대규모·초장기 프로젝트를 시행하기 위한 자금을 공급하는 공적인 제도이다.

13 역자 주: 재투채(財投債)는 국가의 재정융자자금 특별회계가 자금조달을 위해 발행하는 국채이고, 재투기관채(財投機關債)는 공고 또는 공단, 독립행정법인 또는 구 정부관계회사 등 재투기관(財投機關)이 발행하는 채권이다.

공조합중앙금고(상공중금)는 민영화하는 것으로 결정되었다.[14]

위기 대응의 금융제도

지금까지 설명한 금융제도의 변화는 위기 시 금융시스템에 관한 것이 아니라 평상시의 제도에 관한 것이다. 그러나 1990년 후반에는 많은 금융기관이 파산 상태에 빠지고, 금융시스템의 기능이 크게 훼손되는 금융위기가 발생하였다(제3절 참조). 그때까지는 큰 문제가 없었으므로 이런 상황을 상정하지 않았던 일본의 금융제도는 위기 대응 시에 큰 결함을 지니고 있음이 드러나게 되었다. 이에 문제를 뒤늦게 따라가는 양상으로 제도가 정비되었다([표 2-3] 참조). 이러한 조치는 당면 문제에 대응하는 한시적인 것이었고, 당초의 제도 정비가 과소하였던 탓에 충분한 대처로 이어지지 못하였다는 비판도 많았다(Nakaso, 2001). 이후 여러 제도가 확충되고 항구적으로 제도화됨으로써 결과적으로는 여러 문제에 대응 가능한 제도가 정비되기에 이른다.

파산금융기관의 처리에 관해서는 다음과 같았다. 파산의 규모·수가 커지고 건전한 금융기관의 수익성도 악화됨에 따라 이전에 해왔던 구제합병 방식은 막다른 길에 봉착하였다. 따라서 1994년 2개의 신용조합(信組)을 처리할 때에는, 처음으로 구제금융기관(도쿄교도은행)을 신설하여 구제를 수행하기 시작하였다. 그 후 구제금융기관으로 사업이 승계될 때, 불량채권을 분리해 내기 위하여 공적 채권 매수·회수기관, 승계까지의 경영을 인계하는 금융정리 관재인·브릿지뱅크 제도가 정비되었다. 또한 92년에는 승계 시 예금보험기관(71년 설립)이 최초의 자금 지원을 수행하였는데, 96년부터는 보험의 규정액(payoff

14 금융 행정을 관할하는 감독관청은, 이 시기 전반까지는 대장성이었지만, 이후에는 1998년에 금융감독청이 발족되었으며, 2000년 금융청으로 바뀌었다.

[표 2-3] 금융위기와 규제의 주요 동향

	금융위기와 건전경영 규제	금융위기 관련 기타 사항
1992	4 예금보험기구 초기 자금 지원(도호우상호은행을 합병한 이요은행에 대하여)	
1993	1 공동채권 매입기구 설립 3 Basel I 본격 적용	
1994	12 도쿄교와신용조합·안젠신용조합 파산	
1995	1 도쿄교도은행 설립 7 금융기관에 대한 업무정지 명령(코스모신용조합) 8 효고은행 경영 파산	
1996	7 주택금융 채권관리기구 설립(주택금융전문회사(住專) 처리) 11 예금보험기구에 의한 페이오프 코스트 초과 자금 지원(산요신조, 겐민다이와신조)	
1997	11 산요증권·홋카이도타쿠쇼쿠은행·야마이치증권 파산	
1998	2 파산 처리 제도 정비(금융정리 관재인·브릿지 뱅크·정리 회수 기구 등) 2 공적자금 투입(금융기능 안정화법: 21개 금융기관) 4 조기 시정 조치 도입 6 금융감독청 발족 10 일본장기신용은행 일시 국유화 12 일본채권신용은행 일시 국유화	10 신용보증제도의 중소기업 금융안정화 특별 보증제도 개시(~2001. 3)
1999	3 공적자금 투입(조기 건전화법: 2002년까지 32개 금융기관) 4 정리회수기구 발족 5 조기 시정 조치의 발동(고후쿠은행)	
2000	7 금융청 발족	
2001		
2002	3 일본승계은행 설립(이시카와·추부은행 인수)	
2003	12 아시카가은행 일시 국유화	

[표 2-3] 계속

	금융위기와 건전경영 규제	금융위기 관련 기타 사항
2004		
2005	4 페이오프 해금(페이오프 코스트를 초과하는 지원 종료)	
2006		
2007		
2008		9 리만 쇼크 10 신용보증제도의 긴급 보증제도 개시(~2011. 3), 정부계 금융기관 세이프티네트 대부 확충
2009		12 중소기업 금융 원활화법 시행 (~2013. 3)
2010	9 일본진흥은행 파산(페이오프 발동)	

주: 표 중의 수치는 월을 나타냄.

cost)에 의해 한도가 정해져 있던 지원 금액을 예금 전액으로 확대하였다(이른바 예금의 전액 보호). 이러한 전액 예금보호가 종료된 것(이른바 payoff 해금)은 2005년이었다.

실제로 발생한 파산뿐만 아니라 발생할 수 있는 파산을 막기 위한 제도도 정비되었다. 1998년과 99년에는 자기자본 확충을 통한 경영 건전화를 위하여 공적자금을 투입하였다. 또한 평상시에도 경영 건전성을 유지하기 위하여 자기자본 비율을 기준으로 행정처분을 발동하는 조기시정조치, 불량채권의 분류를 명확히 한 공시(disclosure) 제도 등이 정비되었고, 금융기관 내부의 리스크 관리를 촉진하기 위하여 검사·감독 체제도 강화하였다.

2. 금융구조의 변화

금융자산의 축적

여기에서는 자금순환 통계를 이용하여 이 시기 일본 금융구조의 거시적인 변화를 밝히고자 한다.[15] 우선 금융 측면의 발전을 살펴보기 위하여, [그림 2-1]은 금융자산 잔고의 부문별 내역을 보여 준다.[16] 일본의 금융자산 잔고는 거의 일관되게 증가해 왔다. 그중에서도 이 시기의 초기에는 급증하는 양상이었고, 1980년대 후반 버블 시기의 증가는 엄청나게 컸다. 선진국의 일원으로 자리매김하였던 일본이 이 시기에 거액의 금융자산을 축적하였음을 알 수 있다.

부문별로 보면, 가장 많은 자산을 보유한 것은 가계부문이었다. 그 액수는 꾸준히 증가하였고, 최고조에 이르렀던 2006년에는 거의 1,600조 엔에 달하였다. 이와 같은 축적이 이루어진 것은 이 시기 전반부의 저축률이 특별히 높았기 때문이다. 일본의 저축률은 1970년대 중반 20%를 넘는 세계 최고 수준이었다. 그러나 이후 저축률은 꾸준히 하락하였고, 2000년대 후반에는 5%까지 떨어져서 일본은 저(低)저축 국가가 되었다(ホリオカ, 2009).[17] 아마도 이러한 저축률 감소로 인해, 그림의 후반기에서 확인할 수 있듯이, 2000년대 후반 이후 자산축적은 진행되지 않았다.

15 금융구조에 대해서는 지면 관계상 생략한 것이 많은데, 그중 중요한 것은 다음과 같다. 1990년대 세계적인 금융위기 당시 일시적인 경영 악화, 2000년대 후반 이후 인구 감소·지역 경제 축소를 배경으로 한 예금 취급 금융기관의 재편, 정보통신기술을 받아들이면서 대규모로 진전된 금융기술 혁신과 그것에 의한 결제·금융거래·금융서비스의 향상 등을 들 수 있다. 후자에 대해서는 久田(2001)을 참조할 것.

16 국내 경제주체(부문)에 의한 자산보유를 나타내기 위하여 해외부문을 표시하지 않았다. 또한 최종적인 대출자 보유의 자산을 나타내기 위하여 최종적인 대출자가 아닌, 금융자산을 보유하는 금융중개기관을 포함하는 금융기관 부문도 제외하였다.

17 저축률 급감의 이유에 대해서 ホリオカ(2009)는 라이프 사이클 가설의 관점으로부터 다음과 같이 말하고 있다. 즉, 노인 인구 증가에 따라 새로운 저축이 감소하였고, 과거 많은 저축을 하였던 세대가 고령화되면서 스스로가 저축해 둔 것을 써버리고 있음을 지적하고 있다.

[그림 2-1] 금융자산 잔고

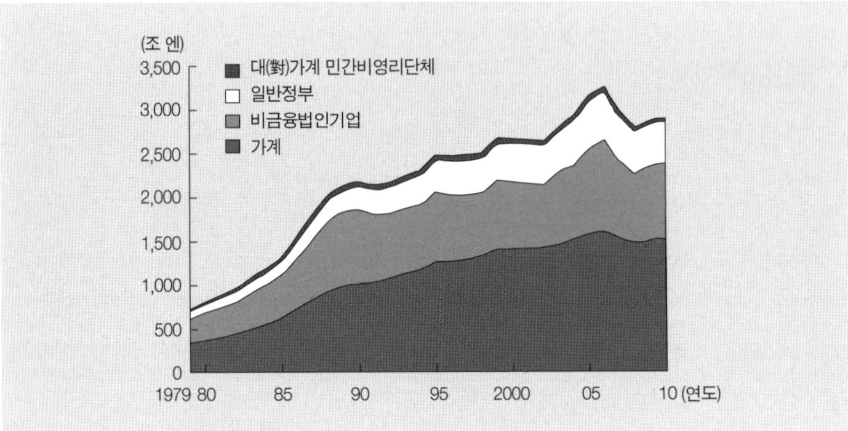

주: 기간은 1993 SNA 기준 자료가 이용 가능한 1980년 3월 말 이후.
출전: 일본은행, 「자금순환통계」를 이용하여 저자가 작성.

자금순환 구조의 변화

다음으로 부문 간 대차(貸借), 즉 자금순환의 구조에 대해 살펴보자. 우선 저량(잔고) 기준으로 순(純) 개념의 금융자산 부채 차액, 즉 [그림 2-1]은 자산 총액에서 부채 총액을 뺀 액수의 추이를 보여 주는데, 이를 부문별로 나누어 보여 주는 것이 [그림 2-2]이다.

[그림 2-2]로부터 명확하지만, 일본에서는 개인부문이 부채를 크게 초과하는 자산을 보유함으로써 개인부문이 대출자이다. 게다가 그 액수는 꾸준히 증가하고 있다. 이에 비하여 다른 모든 부문은 일관되게 순부채초과부문(차입자)이다. 1990년대까지는 기업부문의 부채초과액이 가장 컸고, 특히 80년대 후반 버블 형성기에 급증하였던 반면에 2000년대에 들어서는 감소 경향을 보이고 있다. 대신에 정부부문의 부채초과액이 증가하여 2000년대 내내 이어졌다. 결

[그림 2-2] 금융자산 부채 차액

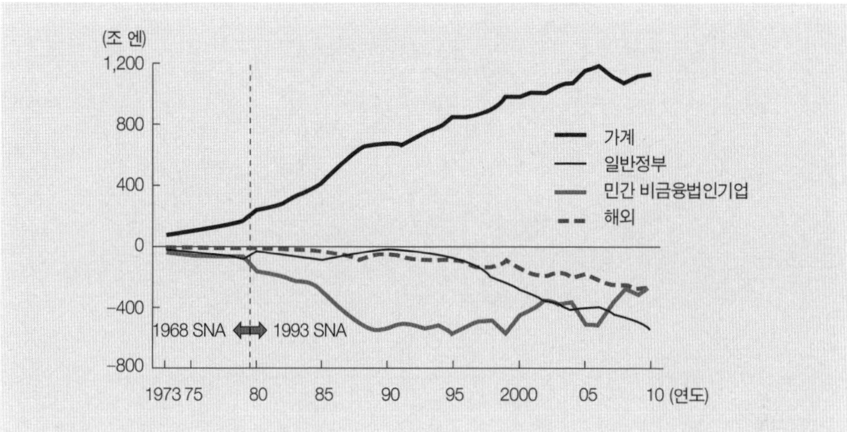

주: 1973~79년도는 1968 SNA 기준(가계, 민간 비금융법인기업, 일반정부는 각각 개인, 법인기업, 중앙정부+공단·지방공공단체에 대응)이고, 1980~2010년도는 1993 SNA 기준이므로 연속성은 없음.
출전: 일본은행, 「자금순환통계」를 이용하여 저자가 작성.

국 최근에는 정부부문이 기업부문보다도 더 큰 차입자가 되었다.

다음으로 [그림 2-3]은 각 연도의 자산 변화에서 부채 변화를 뺀 비율 기준으로 자금과부족을 보여 준다. 우선 가계부문은 일관되게 (+)의 자금과부족을 보이는 흑자부문으로서, 자금을 공급하는 주체이었음을 알 수 있다. 그러나 그 액수는 1990년대 초반 정점에 도달한 이후 후반으로 갈수록 감소 경향을 보인다. 이 점은 앞에서 다루었던 자산축적의 둔화 및 저축률 감소와 일치한다.

반면에 기업부문의 자금과부족은 중간에 반전이 있었다. 즉, 1990년대 초반 버블 붕괴까지는 적자부문이었다가 90년대 후반부터는 흑자부문이 되었던 것이다. (+)의 자금과부족은 저축을 의미하는 것이므로 이 결과를 기업부문이 저축을 하여 빌려주기 시작하였다고 오해할지도 모르겠다. 하지만 [그림 2-2]에서 볼 수 있듯이, 기업부문의 금융자산 부채 차액은 일관되게 (−)이었다. 따

[그림 2-3] 자금과부족

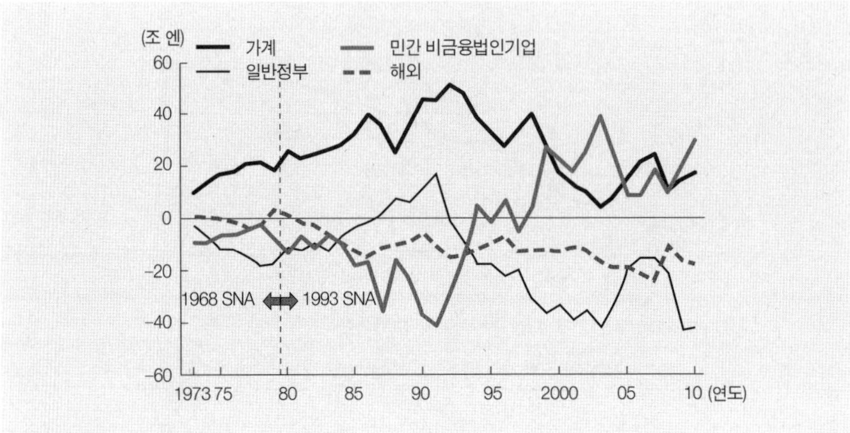

주: [그림 2-2]와 같음.
출전: 일본은행, 「자금순환통계」를 이용하여 저자가 작성.

라서 [그림 2-3]의 결과는 기업부문에서 자산의 증가 이상으로 부채가 감소하였다고 해석해야 한다.

끝으로 정부부문은 다음과 같았다. 국채의 대량 발행에 따라 1970년대부터 (-)의 자금과부족이 커졌고 80년대 중반까지는 적자부문이었다. 80년대에는 적자 폭이 감소하면서 흑자부문으로 반전되기도 하였지만 90년대 이후 다시 적자가 되었고 적자 폭은 2000년대 전반 동안 계속 커져만 갔다. 결국 흑자부문으로 전환되었던 기업부문을 대신하여 정부부문이 최대의 적자부문이 되었다.

직접금융과 간접금융

계속해서 금융중개의 경로를 살펴보자. 이 시기 이전 일본 금융시스템의

[그림 2-4] 가계부문의 자산 구성(1980~2010년도: 1993 SNA 기준)

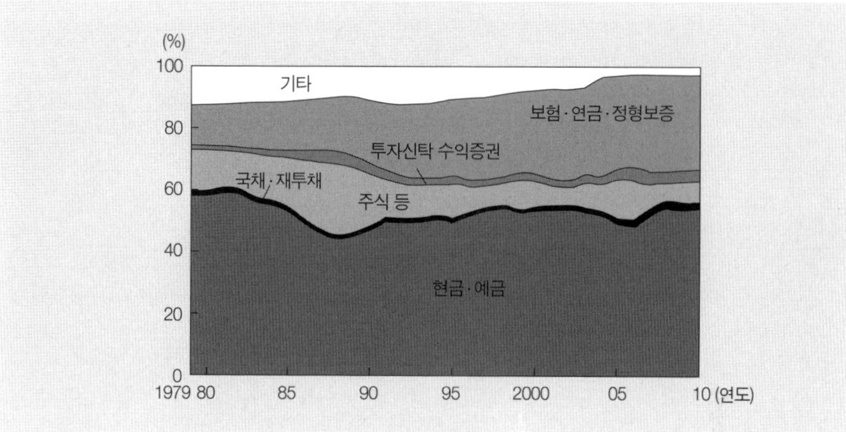

출전: 일본은행, 「자금순환통계」를 이용하여 저자가 작성.

전통적인 특징은 간접금융의 우위, 즉 가계가 보유한 자금이 은행을 중심으로 하는 예금 취급 금융기관을 통해 기업으로 공급되는 자금순환 구조였다. 이러한 금융중개 경로에 변화가 있었을까?

우선 최종적인 대출자인 가계부문의 자산구성으로부터 일본 자금순환에서 자금공급의 경로가 어떤 것이었는지를 확인해 보자. [그림 2-4]는 가계가 보유한 금융자산의 구성을 보여 준다. 보유 자산의 약 절반이 현금·예금(대부분 예금)임을 알 수 있다. 다음으로는 보험과 연금이 많으며, 시간이 흐를수록 점차 증가하고 있다. 반면에 주식과 투자신탁의 비중은 작다. 흑자부문인 가계는 예금 취급 금융기관을 통한 간접금융 방식으로 자금을 제공해 왔고, 이러한 특징은 최근까지도 바뀌지 않았다. 예금의 비율 또는 보험을 포함한 비율을 보아도 일본에서 간접금융의 우위는 흔들리지 않는다.

다음으로 차입자 측을 살펴보자. 우선 [그림 2-5]는 기업부문의 금융 부채

[그림 2-5] 기업부문의 부채 구성(1980~2010년도: 1993 SNA 기준)

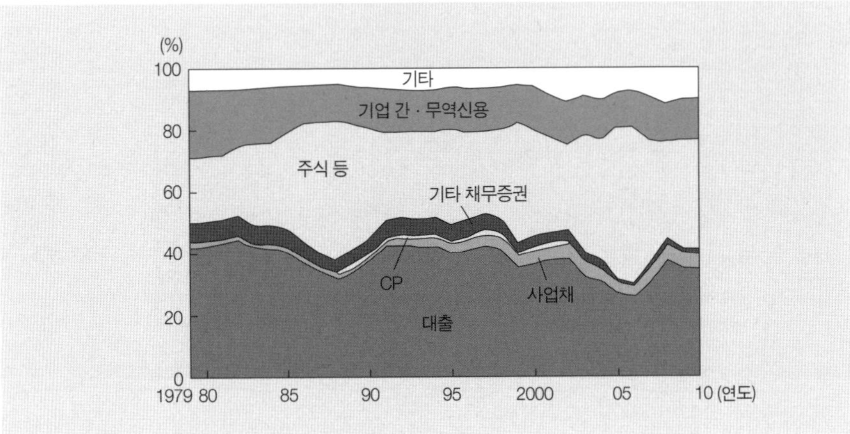

출전: 일본은행, 「자금순환통계」를 이용하여 저자가 작성.

잔고의 구성 비율을 보여 준다. 기간 내내 높은 비율을 보이는 것은 대출(민간·공적 금융기관으로부터의 차입)과 주식(대부분 주식)이었다. 대출은 1980년대와 90년대 전반에 많았고, 그 후 2007년까지 감소하다가 2000년대 후반 이후 다시 증가하였다. 주식 등은 1980년대 후반과 2000년대 중반 높은 비율을 보여서 40~50%를 넘기도 하였다. 다만 직접금융을 나타내는 가계부문의 주식보유를 보면(앞의 [그림 2-4]), 그 비율이 증가하였던 것도 아니고 주가의 움직임을 제거하면 액수도 증가하였다고 보기 어렵다. 즉, 간접금융에서 직접금융으로 이동하였던 것은 아니다.

끝으로 최근 최대의 적자부문인 정부부문을 살펴보자. 부문별 국채 보유잔고([그림 2-6])를 보면, 가장 많이 보유한 곳은 예금 취급 금융기관이었고 2000년대 들어 국채 잔고가 급속하게 증가하였을 때에도 바뀌지 않았다. 또한 1990년대 중반 이후에는 보험회사의 보유 잔고가 증가하고 있다. 반면에 투자신탁

[그림 2-6] 부문별 국채 보유 잔고

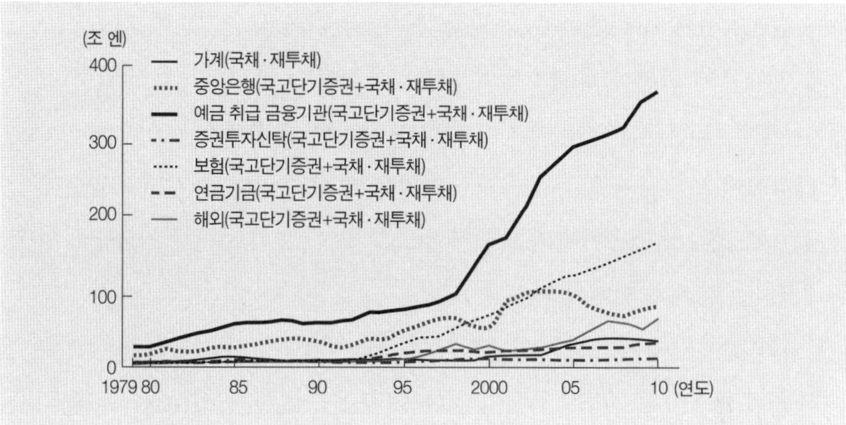

출전: 일본은행, 「자금순환통계」를 이용하여 저자가 작성.

의 보유 잔고는 적은 편이다. 정부부문에 대한 자금제공에서도 역시 간접금융이 중요하다.

일본에서는 오랜 기간 간접금융에서 탈피해야 한다는 지적이 있었다. 특히 최근에는 투자신탁과 증권화를 통한 간접금융, 이른바 시장형 간접금융으로 이행해야 한다는 목소리가 높아지고 있다(池尾·柳川, 2006 참조). 하지만 주요 차입자가 기업부문에서 정부부문으로 교체되었음에도 불구하고 일본 금융시스템은 여전히 간접금융에 의존하고 있다. 이런 금융시스템이 바람직한 것일까?

금융시스템을 평가하기 위한 기준에는 여러 가지가 있지만, 이 시기 일본에서 가장 중요한 것은 뭐니뭐니 해도 금융시스템의 안정성이었을 것이다.[18]

18 금융구조를 논할 때 직접금융과 간접금융을 비교하는 것은, 어느 것이 경제발전을 촉진하는데 유리한가라는 평가 기준에 의해 이루어져 왔다. 그러나 일본은 이미 선진국에 진입하였고, 금융자산의 축적도 충분하므로 금융구조를 논하는 데 있어 경제발전의 촉진은 그다지 중요한 기준이 아니다.

1990년대 후반 금융위기(제3절 참조)가 발생하면서 다음과 같은 지적이 있었다. 우선 간접금융에서 의존하는 방식에서는 예금 취급 금융기관에 리스크가 집중되기 때문에 일본 금융시스템이 불안정해졌다는 문제의식이 많았다. 반면에 주식과 달리 간접금융은 대차(貸借)를 통해 금융을 중개할 뿐이므로 스스로가 리스크를 부담하지 않는 금융방식이라는 지적도 있다. 하지만 2010년대 들어서는 예금 취급 금융기관의 과도한 리스크 회피 행위로 인해 자금공급이 부족해졌다는 문제가 제기되고 있다.

이와 같이 금융시스템의 안정성이라는 관점으로부터 간접금융 의존의 일본 금융시스템을 평가하기란 쉽지 않다. 그럼에도 불구하고 리스크 부담의 다양화 또는 선택 폭의 확대라는 점에서 보면, 간접금융에만 의존하는 방식보다는 시장형 간접금융이나 직접금융도 발달한 복선적(複線的) 시스템이 바람직하다고 생각된다. 다만 조금 다른 각도에서 이 시기 일본 금융의 실태를 보면, 간접금융으로부터의 탈피가 그렇게 쉬운 일이 아니었음을 보여 주기도 하는데 이로부터 금융구조에서도 이력효과(hysterisis)가 작용하였음을 알 수 있다.

3. 기업금융과 은행관계

기업의 자금조달 구조의 변화

여기에서는 조금 시각을 달리하여, 일본의 기업금융에 대해 정리해 보도록 하겠다.[19] 기업부문의 자금조달 구조의 변화에 대해서는 대략 두 가지 특징이 명확하다. 첫째, 기업부문은 시종일관 저량 면에서 차입자(최종적 차입자)이

19 지면 관계상 소개하지 않았지만 이 시기 기업금융과 관련하여 기업지배구조(corporate governance)의 변화도 중요하다. 이 점에 관해서는 宮島 편저(2011)와 広田(2009) 등을 참조하면 된다.

[그림 2-7] 기업의 자기자본 비율

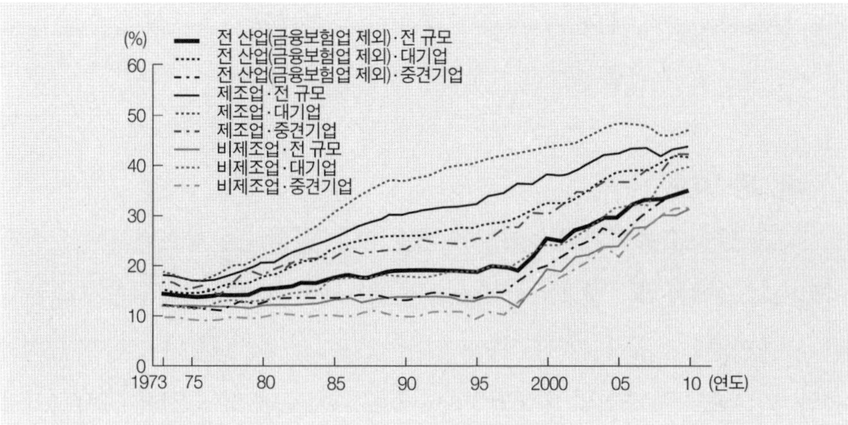

주: 대기업은 자본금 10억 엔 이상, 중견기업은 1억 엔 이상 10억 엔 미만, 중소기업은 이 기간 중 데이터 이용이 가능하지 않아서 제외하였음. 순자산액에 신주예약권을 포함하지 않음.
출전: 재무성, 「법인기업 통계」를 이용하여 저자가 작성.

었지만 1990년대 이후에는 부채 감소에 의해서 – 비율 면에서 보면(제1절 제2항) – 흑자부문이 되었다. 둘째, 기업부문으로의 자금공급은 예금 취급 금융기관을 통한 간접금융의 틀 내에서 이루어져 왔다(제1절 제2항).

다만 자금순환 통계는 기업의 외부자금 조달을 파악하고 있지만 내부자금 조달은 파악하고 있지 않다. [그림 2-7]은 법인기업 통계를 이용하여, 이익준비금과 자본준비금 등 순자산액(자기자본)이 자산총계(=부채+순자산)에서 차지하는 비율, 즉 자기자본 비율을 보여 준다. 비제조업을 제외하면 산업·규모에 관계없이 자기자본 비율이 상승하였는데, 특히 대기업일수록 상승이 두드러졌다. 한편, 비제조업의 경우에도 1990년대 후반부터 자기자본 비율이 급상승하고 있다. 순자산의 동향만으로 신주 발행과 내부유보의 상대적 중요성을 알 수는 없지만 기업부문의 자금조달 구성에서 주식의 비율이 현저하게 상승하지 않았다는 것을 고려한다면([그림 2-5]), 새로운 증권을 발행하기보다는 내부자금이 증가하였기 때문임을 추측할 수 있다. 내부자금 의존도의 상승은 이 시기 기업금융의 세 번째 중요한 변화였다고 말할 수 있다.[20]

메인뱅크제도

예금 취급 금융기관이 중요한 역할을 하는 일본 금융시스템에서 은행과 차입기업 간에는 메인뱅크(Main Bank)라는 밀접하고 다면적인 거래관계가 존재한다. 메인뱅크제도란 '기업금융과 거버넌스(지배구조) 체계에 있어서 공업·상업기업, 다양한 타입의 은행과 다른 금융기관, 규제 당국 간에 명시적이지 않은 암묵적 관행, 제도적 약속, 행동을 포함하는 것으로 그 중심에는 메인뱅크와 기업의 관계가 존재하는 것'이다(Aoki, Patrick, and Sheard, 1994). 즉, 메인뱅크와 기업의 관계는 단순히 대출자와 차입자의 관계에 그치지 않고, 다양한 금융서비스의 제공(결제 또는 예금, 신탁, 외환거래, 증권 인수, 투자은행 업무·어드바이스), 주식 상호 보유, 경영자원·임원의 제공 등 여러 분야에 걸쳐 있다.[21]

메인뱅크는 왜 중요할까? 그것의 장점에 대해서는 다양한 설명이 제시되어 왔는데, 대표적인 것은 다음과 같다. 금융 환경의 변화에 좌우되지 않고 안정적인 금리로 자금을 조달할 수 있다는 위험분담(risk sharing) 기능(Nakatani, 1984 등), 은행이 정보를 생산하여 자금제약을 완화시킬 수 있다는 감시(monitoring) 기능(Diamond, 1984; Sheard, 1994 등), 은행이 차입자를 감시할 수 있다는 기업지배

20 이러한 해석과 일치하는 결과로, 広田(2009)은 일본 대기업의 부채의존도, 특히 은행 차입 비율이 크게 낮아져 왔음을 보고하고 있다.

21 메인뱅크제는 은행에 의한 기업 주식의 소유와 불가분의 개념이기 때문에 비교적 규모가 큰 기업에 적용되는 개념이다. 하지만 메인뱅크라는 용어 자체는 소유 관계가 없는 중소기업과 거래은행 사이에도 적용할 수 있다. 중소기업과 거래은행의 관계에 대해서는 최근 관계은행(relationship bank)이라는 용어를 쓰고 있는데, 그 실태에 대해서는 최근 연구가 진행되고 있다. 内田(2010)을 참조할 것.

구조(corporate governance)의 기능(Aoki, 1994) 등이다.

이러한 기능이 실제로 나타났는지를 검정하기 위한 실증연구는 매우 많은데, 대체로 1990년대까지의 데이터를 이용한 것이었다. 결론이 확정적이라고 단정할 수는 없을지 모르지만 실증연구 결과는 앞에서 언급한 이론과 대체로 일치하는 편이다. 따라서 위험분담, 차입제약의 완화, 업적에 따른 경영 개입과 임원 파견, 낭비적 지출의 억제라는 점에서 메인뱅크의 의의는 인정된다고 볼 수 있다. 하지만 다른 측면도 있다. 기업 가치와 수익성, 자금조달 비용과 생산성 등의 지표를 볼 때, 메인뱅크가 갖는 부정적인 효과도 관찰되었던 것이다(內田, 2010). 메인뱅크는 자금제약을 완화시키지만, 그 때문에 비용이 높아지고 기업실적을 악화시킨다는 상충관계도 존재하였다는 것이다.

다만 이상의 연구는 대부분 1990년대까지의 데이터를 이용한 것이었다. 그런데 90년대 이후에는 계열의 해체가 이루어지고, 주식의 상호 소유와 기업 내부의 통치기구가 변화하는 등 기업지배구조에도 큰 변화가 나타났다. 따라서 메인뱅크제도에도 변화가 있었을 가능성이 있다. 하지만 90년대 이후 데이터를 이용한 연구는 거의 없다.

드물기는 하지만 2000년대 데이터를 이용한 연구로 広田(2009)을 들 수 있다. 주요 결과는 다음과 같다. 2000년대 이후에도 대기업에서는 메인뱅크의 변화가 적었다는 점, 메인뱅크로부터의 차입 비율은 1990년대까지 감소하다가 이후 다시 안정되었으며 오히려 상승하는 시기도 있었다는 점, 메인뱅크의 지주(持株) 비율은 일관되게 하락하였지만 여전히 높은 기업도 존재한다는 점을 발견하였다. 따라서 특정 기업의 경우에는 메인뱅크가 여전히 중요하다는 것을 알 수 있다. 다른 한편 2000년대 이후에는 커미티드 라인(committed line)[22]의

22 역자 주: 일정한 한도를 정해 두고 필요할 때마다 수수료만 지급하면서 자금을 빌려 쓰는 방식이다. 물론 정해

주간사 은행, 신디케이트론의 주간사 은행, 사채 발행의 재무대리인, 사채 발행 시 인수증권회사로서의 기능에서 메인뱅크가 중요한 역할을 하고 있다. 따라서 메인뱅크는 사라지기보다 그 역할이 바뀌고 있는 것으로 보인다. 메인뱅크는 그야말로 종합적인 금융서비스를 제공하는 창구로서의 역할을 담당하게 될 가능성이 높아지고 있다.[23]

제2절 자산 가격 버블의 형성과 붕괴 - 1980년 후반~1990년대 초

1. 버블의 실태와 성질

여기에서는 버블의 형성과 붕괴에 대해 다룬다.[24] [그림 2-8]은 이 시기 토지 가격과 주식 가격의 변동을 보여 준다. 지가와 주가 모두 전반기에는 완만한 상승세를 보였지만, 1980년대 후반부터 급격하게 상승하였고 90년 전후 정점에 도달하였다. 그 후 급격하게 하락한 다음에는 완만한 하락세가 이어지고 있다. 80년대 후반에서 90년대 초반에 나타난 급등세가 자산 가격 버블이라고 불리는 현상이다.

가격이 급격한 상승과 하락을 보였다고 하더라도 그 움직임이 펀더멘털

진 만기가 되면, 원금과 수수료를 모두 상환해야 한다. 우리나라 금융당국이 쓰는 용어 중 한도대출(line of credit)과 비슷하다.

23 또한 広田(2009)은 최근 메인뱅크의 기능으로, 필요할 때 자금을 공급받고 위험할 때 도움을 받는다는 risk hedging 기능이 존재한다고 지적한다.

24 버블기 경제 실태에 대해서는 翁·白川·白塚(2000)을 참조할 것.

[그림 2-8] 지가·주가의 추이

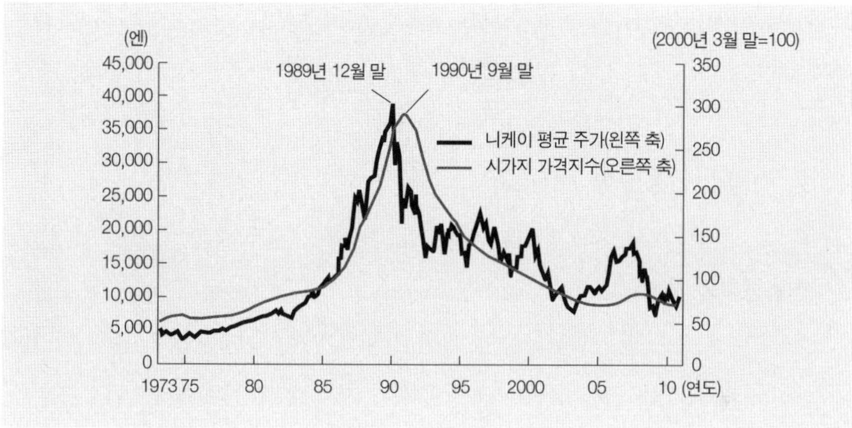

주: 주가는 매월 말일 기준, 지가는 2000년 3월 말을 100으로 하는 각 연도 반기(1기는 9월, 2기는 3월 말 기준)의 지수임.

출전: 일반재단법인 일본부동산연구소, 「시가지 가격 – 6대 도시 시가지 가격지수」; 일본경제신문사, 「니케이 평균 주가」를 이용하여 저자가 작성.

[그림 2-9] 대출 잔고의 추이(담보별·합계, 국내 은행)

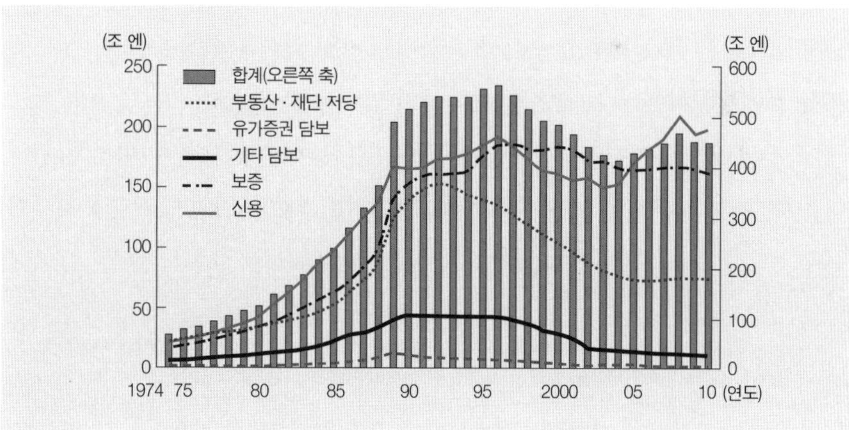

출전: 일본은행, 「대출금의 담보 내역」을 이용하여 저자가 작성.

을 반영한 것이라면 버블이라고 부르지는 않는다. 그러나 여러 실증연구에 따르면, 이 시기의 자산 가격 움직임은 펀더멘털을 반영한 것이 아니라 버블이 존재하였을 가능성이 높다고 보고한다.[25]

2. 버블과 신용팽창

신용팽창의 실태

지가 버블을 보면, 지가 상승에 대한 기대로 인해 촉발된 토지수요를 신용팽창이라 불리는 과다한 부동산 관련 융자가 지탱해 준 셈이다. [그림 2-9]는 금융기관의 대출 잔고를 담보별로 보여 준다. 버블의 형성과 붕괴에 맞추어 부동산담보융자가 변동하였음을 알 수 있다.[26]

신용팽창과 버블 간에는 어떤 메커니즘이 존재하는 것일까? 이론에 따르면, 자산 가격 상승과 자산수요 증가 간에는 상승효과가 존재한다(Kiyotaki and Moore, 1997 등). 즉, 자산 가격 상승은 담보가치를 높여서 차입을 증가시키고, 이렇게 늘어난 차입은 부동산 수요를 증가시켜 자산 가격의 상승을 초래한다. 결국 둘 간에는 승수효과가 작동할 가능성이 있다는 것이다.

신용팽창의 경우, 그것을 초래한 금융기관의 대출 행태를 비판하는 견해도 있다. 일본은행 금융연구소(1995)는 과잉 대출 행태의 원인으로 금융자유화

25 다만 당시의 버블이 투자자의 비합리성에 의해 만들어진 버블인지, 아니면 합리적인 투자자의 재정 행위(arbitrage)에 부합되는 합리적인 버블인지에 대해서는 합의에 이르지 못하고 있다. 福田(2000)을 참조할 것.

26 일본에서는 유담보원칙(有担保原則)이라고 부르는데, 은행이 기업에게 대출할 때 담보·보증에 의해 원리금의 보전을 꾀하는 것이 일반적이다(日本銀行 金融硏究所, 1995, p. 21). 실증분석에 따르면, 담보가 될 만한 부동산을 가진 기업일수록 자금제약에 직면하지 않는다고 알려져 있다(Ogawa et al., 1996). 또한 지가 상승의 효과도 관찰된다. 즉, 보유하고 있는 토지의 지가가 상승한 기업일수록 자금제약이 완화되었다는 것이다(Ogawa and Suzuki, 2000).

에 대한 경영자의 의식 전환이 충분하지 못하였다는 점, 불충분한 리스크 관리하에서 사업을 확대하여 수익을 추구하였다는 점, 양적 확대주의와 같이 규제금리 시대의 행동양식으로부터 탈피하지 못하였다는 점, 플라자합의 후 장기적인 금융완화와 실물경제의 발전 속에서 고수익을 노리는 부동산 관련 융자를 중심으로 규모 확대가 이루어졌다는 점 등을 거론하고 있다.

실제로 버블기의 은행은 불충분한 심사를 통해 과잉대출을 하였던 것일까? 결과적으로 많은 대출이 불량채권이 되었기 때문에(제3절 제1항 참조), 대출자의 심사가 충분하였다고 말할 수는 없을 것이다. 이에 대해 보다 엄밀한 검증이 이루어졌다. 즉, 은행들의 동반행위(横並び)를 실증적으로 분석한 연구에 따르면, 버블 말기에만 비합리적인 동반행위가 관찰되었다(Uchida and Nakagawa, 2007). 이 결과는 대출자 측에 문제가 있었음을 시사하는 것이다.[27]

다만 [그림 2-9]로부터 알 수 있듯이, 같은 시기에 보증부대출과 신용(무보증)대출은 모두 크게 증가하였다. 이는 버블기의 신용팽창을 초래한 요인이 부동산 관련 대출에만 있는 것이 아니라 실물경제의 자금수요 증가에도 있었음을 시사한다. 이와 관련하여 업종별 대출 비율을 제시한다. [그림 2-10]을 보면, 1980년대에는 금융·보험업(이 중 다수는 주택금융전문회사, 일본에서는 이를 住專이라 약칭한다)과 부동산업만이 아니라 서비스업을 상대로 한 대출도 증가하였음을 알 수 있다. 결국 부동산 관련 융자의 증가가 버블과 밀접한 관련을 갖는 것은 분명하지만, 산업구조의 변화에 따른 차입수요의 변화도 고려할 필요가 있다고 생각한다.

27 대출액과 담보부동산의 가치를 비교한 연구에 따르면, 지가의 상승을 초과하는 만큼 대출이 증가한 것은 아니라는 것을 보여 준다(Ono et al., 2015).

[그림 2-10] 업종별 대출 비율(국내 은행)

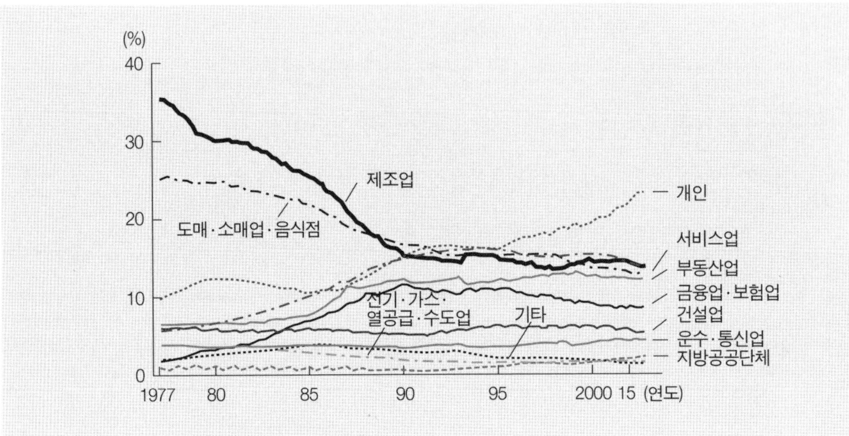

주: 기간은 1977년 3월부터 2002년 12월. 93년 2/4분기에 큰 변화가 있었는데, 이 시기 이후 당좌대월의 참여에 의한 것임.
출전: 일본은행, 「대출처별 대출금」을 이용하여 저자가 작성.

원인으로서의 금융자유화

이와 관련하여 금융자유화가 버블의 원인이었다는 지적도 있다. 금리자유화와 금융시장(새로운 자금조달 수단)의 정비(제1절 제1항 참조)는 은행의 예금비용을 증가시키고 기업의 은행 이탈을 초래하였다. 다른 한편 예금자 입장에서 보면, 예금 이외에 자금을 운용할 만한 선택 폭이 커지지 않았기 때문에 자금은 예금으로 갈 수밖에 없었다. 결국 은행의 입장에서 보면, 예금자들로부터 고비용의 자금을 모을 수 있지만 고수익의 대출처가 없었기 때문에 담보자산의 가치평가만으로 심사를 끝낼 수 있는 부동산 관련 융자(심사비용이 싸다)를 늘릴 수밖에 없었다는 가설이다(Ueda, 1994; 植田, 2001; Hoshi and Kashyap, 2000).[28]

28 Hoshi and Kashyap(2001)과 寺西(2003)은 금리자유화가 업무 분야 규제의 완화보다 먼저 진행되었던 것이 문제점이라고 지적한다. 왜냐하면 금리자유화로 인해 예대 업무의 수익성이 악화된 은행이 대출 이외의 수수료

이 가설을 지지하는 실증연구는 다음과 같다. 이용 가능한 자금조달원의 증가가 기업의 은행 차입을 감소시켰다(Mora, 2208), 혹은 대기업과 계열기업을 향한 대출의 감소가 부동산을 향한 대출을 증가시켰다(Hoshi, 2001; Mora, 2008)는 결과를 보고한 바 있다. 이러한 결과는 금융자유화가 신용팽창과 버블의 형성, 그리고 불량채권 문제를 초래한 제1의 원인이었음을 보여 주는 것이다.[29]

3. 버블의 확대 요인과 금융정책

배경 요인으로서의 금융정책

신용팽창이 버블의 중요한 원인이기는 하지만 그것만으로 버블을 설명하기에는 미흡하다. 翁·白川·白塚(2000)은 금융기관의 과잉대출 행태는 초기 요인일 뿐이며, 그 효과는 이하 네 가지 요인에 의해 더욱 증폭되었다고 본다. 즉, 총 다섯 가지의 요인이 결합되면서 경제 전체에 형성된 강한 기대가 버블의 원인이 되었다는 것이다. 그중 세 가지는 (1) 토지 공급을 억제하는 유인을 초래하고 주택 가격 상승을 가속시킨 세제와 규제, (2) 다양한 경제주체의 과잉 경제활동을 억제하는 규율 메커니즘(특히 기업지배구조)의 결여, (3) 호경기에 나타났던 국제금융시장에서의 위상 증대, 제조업의 호조, 도쿄의 국제금융 중심지화 등을 배경으로 하는 과다한 자신감이 금융 이외의 요인으로 작용하였다.

이에 더하여 유일하게 거론할 수 있는 금융 측 요인은, (4) 장기간에 걸친

비즈니스에서도 수익을 얻지 못하였기 때문이다. 즉, 금융자유화 또는 제도 변경의 타이밍과 간격에 잘못이 있었다는 것이다. 더욱이 금리자유화가 해외로부터의 압력(외압)에 의해 조금씩 진행되었기 때문에 국내의 대응이 지연되었다는 비판도 있다(堀内, 1994).

29 제도개혁의 문제 중에 1990년대 중반 불량채권 문제(제3절 제1항 참조)가 한창이었을 때, 금융기관 간의 경쟁을 촉진한다는 업무자유화(제1절 제1항)가 추진되었던 것도 문제시되고 있다. 업무자유화는, 그렇지 않아도 힘들었던 금융기관의 수익을 압박하였기 때문이다(Hoshi and Kashyap, 2001).

금융완화, 즉 금융정책의 문제였다(Cargill, 2000 등 참조). 이 점과 관련하여 공정금리의 변동을 확인해 보면, 버블기 이전의 최고점은 9%이었는데 1980년 8월 8.25%에서 지속적으로 인하되어 87년 2월에는 2.5%까지 떨어졌다. 이로 인해 자산 가격이 급등하였음에도 불구하고, 긴축은 취해지지 않았다. 점진적인 인상이 개시되었던 것은 89년 5월이었다(이하 [그림 2-14] 참조). 이와 같은 장기간 금융완화의 원인으로는 국제적인 정책 협조, 엔고 진행의 억지, 경상수지 흑자의 삭감, 재정 건전을 의식한 재정정책의 발동 지연 등이 거론되고 있다(翁·白川·白塚, 2000).[30]

금융정책의 평가

버블 형성의 요인 중 첫 번째로 금융완화를 꼽는다면, 일본은행은 버블을 막기 위한 정책을 집행하였어야 할까? 우선 금융정책의 목적 중 첫째는 물가 안정이다. 그러므로 물가가 안정적이었던 당시 상황에서 금융긴축으로 조기에 전환하는 것은 어려웠다고 말할 수 있다(翁·白川·白塚, 2000). 그러나 금융정책의 목적에는 거시경제의 안정도 포함된다. 또한 금융시스템의 안정을 목적으로 하는 거시건전성의 관점[31]으로부터 보면, 불안정을 초래한 버블의 억제는 중앙은행이 고려하였어야 하는 문제였다고 생각된다.[32]

30 이와 관련하여 언급해 둘 것이 있다. 금융긴축은 지가 하락과 생산 감소로 이어지기 때문에, 금융긴축의 효과를 올바르게 분석하려면 지가를 고려하지 않으면 안 된다는 것이다. 즉, 지가를 고려하지 않으면 과소평가의 문제가 나타난다는 것이 실증적으로 보고되어 있다(Kwon, 1998). 하지만 이 논문의 샘플은 긴축 기간을 포함하지 않았고 버블 전후의 구조 변화도 고려하지 않았다. 따라서 이 결과는 금융긴축이 아니라 금융완화의 효과, 즉 금융완화가 지가 상승과 신용팽창의 상승 작용을 초래하여 생산의 확대에 기여하였음을 보이는 것으로 이해하는 것이 좋다.

31 역자 주: 원문에는 prudence라고 되어 있는데, 여기에는 두 가지가 있다. micro-prudential policy는 개별 금융기관의 건전성을 다루는 것이고, macro-prudential policy는 금융기관의 건전성이 경제시스템 전체에 초래할 수 있는 불안정성을 막기 위한 것이다. 본문에서 말하는 것은 후자이고, 우리나라에서 말하는 거시건전성에 해당된다.

다만 조금 다른 각도에서 보면 실행 가능성, 즉 자산 가격의 조작 가능성도 고려해야 한다. 이 점에 관한 논의는 그 이후 발생한 세계적인 금융위기 때에도 소위 FED 견해 대 BIS 견해라는 논쟁으로 재연되었다(翁, 2009). 버블 후 사후적인 대응을 중시하는 것이 전자이고, 사전에 버블 억제를 중시하는 것이 후자이다. 전자는 사전에 버블을 인지하여 억제정책을 취하는 것이 어렵다고 주장한다. 그렇지만 후자가 주장하듯이, 버블 붕괴가 초래한 여러 가지 문제에 대해 사후적으로 적절하게 대응한다는 것도 어려운 일이다. 중요한 것은 사전의 대책과 사후의 처리, 두 가지 문제의 균형이 아닐까 생각한다. 또한 버블을 막기 위한 정책으로서는 금융정책에 의한 금리 조작보다도 거시건전성 정책에 의한 신용공여의 직접적인 억제가 중시되고 있다(翁, 2009; 河田 외, 2013 참조).[33]

제3절 불량채권 문제와 금융위기 - 1990년대~2000년대 초

이 절에서는 불량채권 문제와 금융위기에 대해서 개관한다. 버블에 이어 1990년대 일본 금융에서 나타난 큰 움직임은 불량채권 문제와 금융위기였다. 버블 붕괴 후 예금 취급 금융기관은 막대한 불량채권을 떠안게 되었고, 이로 인해 수익이 감소하고 자본이 잠식되었다. 결국 이들 금융기관의 경영이 악화

32 이와 관련하여, 중앙은행에 대한 평가는 금융정책과 거시건전성(prudence) 정책 중 어느 것에 주목하는가에 따라 크게 달라질 가능성이 있다. 이 점에 대해서는 제4절 제3항을 참조할 것.

33 이와 관련하여, 버블 말기 이루어진 소위 총량규제(부동산 관련 융자의 증가율을 총대출 증가율 이하로 억제하는 규제)는 지금도 macro-prudential policy의 관점으로부터 재차 주목받고 있다(植村, 2012; Sonoda and Sudo, 2015).

[그림 2-11] 불량채권의 추이

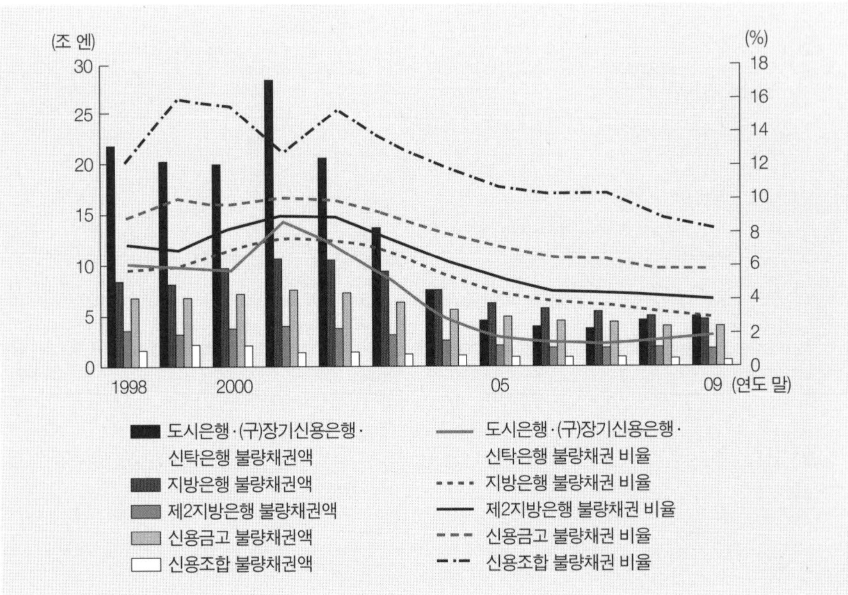

주: 불량채권액은 금융재생법 개시 채권액(파산 갱생 등 채권+위험 채권+요관리(要管理)채권)이고, 불량채권 비율은 채권 전체에서 차지하는 비율임.
출전: 금융청, 「금융재생법 개시 채권의 상황 등에 관하여」를 이용하여 저자가 작성.

되는 불량채권 문제가 발생하였다. 이 문제의 처리가 오래 걸리는 가운데 불량채권은 오히려 커져만 갔고, 다수 금융기관이 파산하고 말았다. 결과적으로 금융시스템에 일대 혼란이 초래되었고, 급기야 일본경제는 금융위기 상태에 빠졌다.

1. 불량채권 문제와 금융위기의 실태[34]

우선 불량채권 문제의 실태를 확인해 보자.[35] 당시 불량채권액은 植田(2001)가 금융기관의 장부상 불량채권액을 정리하여 보여 준 바 있다. 그에 따르면 주요 20개 은행의 불량채권액은 1993년 3월 기준 12.8조 엔에서 98년 3월 말 기준 14.5조 엔으로 증가하였는데, 그 기간에 37.6조 엔의 불량채권을 처리한 바 있다. 즉, 대규모로 불량채권을 처리하였음에도 불구하고 불량채권액이 증가하였던 것이고, 그 과정을 거쳐 90년대 후반의 위기로 치달았음을 알 수 있다.

[그림 2-11]은 금융재생법 기준의 수치를 이용하여 이후 불량채권액의 추이를 보여 준다. 2000년대 초에도 대규모의 불량채권은 남아 있었는데, 2000년대 후반쯤 되어야 점차 수습되었다. 그림을 보면, 주요 은행의 불량채권액은 2002년 3월의 28.4조 엔이 정점이었다. 그 후 불량채권액이 감소할 수 있었던 것은 자산 사정(査定)의 엄격화 등에 의해 주요 은행의 불량채권 처리를 진행하였던 금융재생 프로그램(02년 10월 30일)의 영향 덕분이었다.

이러한 거액의 불량채권은 은행을 중심으로 한 예금 취급 금융기관의 수익을 악화시키고 다수 금융기관의 파탄을 초래하였다. [표 2-4]에는 당시 금융기관의 파산 상황이 잘 드러나 있다.[36] 1994년 2개의 신용조합(도쿄교와·안젠)을

34 본 항의 내용과 관련하여 보다 자세한 것은 植田(2001), 西村(2009)을 참조할 것.

35 일본에서는 불량채권을 파악하는 제도가 정비되지 않았기 때문에 그 전모가 드러나지 않는 것이 불안을 증폭시켰고 문제를 심각하게 만들었다. 불량채권의 공표는 버블 붕괴 직후인 1992년 결산 때부터 시작되었고 처음에는 범위가 한정되어 있었다. 하지만 시간이 지나면서 엄격하게 범위를 정의하였고 그 범위도 확대되었다. 현재까지 금융재생법 기준의 불량채권이 공표된 것은 99년 3월까지이다.

36 금융기관의 파산 이외에도 다양한 문제들이 발생하였다. 파산에 이르기까지 자금조달이 악화되었고, 고객의 자금 인출에 시달렸으며, 금융시장에는 일본 프리미엄이라고 불렀던 유동성 리스크가 나타났다. 위기의 실태에 대해서는 預金保險機構(2005), 西村(2009) 등을 참조할 것.

[표 2-4] 금융기관의 파산

	도시 은행	장기신용 은행	지방 은행	제2 지방은행	기타 은행	신용 금고	신용 조합	대형 증권회사	대형 생명보험 회사	대형 손해보험 회사
1994							2			
1995				1 효고			5			
1996				2 다이헤이요, 한와		1	3			
1997	1 홋카이도 다쿠쇼쿠			2 교토교에이, 도쿠요 시티			7	2 산요, 야마이치	1 닛산	
1998		2 일본장기신용, 일본채권신용					31			
1999				5 고쿠민, 고후쿠, 도쿄소와, 나미하야, 니가타추고		4	27		1 토호	
2000						5	14		4 다이햐쿠, 다이쇼, 쵸다, 교우에이	1 다이이치 화재해상
2001				1 이시카와		9	37		1 도쿄	1 다이세이 화재해상
2002				1 추부		4	6			
2003			1 아시카가							

주: 숫자는 파산 금융기관 수를 나타냄.
출전: 内田(2016), 제13장 중 일부 수정한 것임.

시작으로 다수의 은행·신용금고·신용조합이 이 시기에 파산하였다. 특히 문제가 심각하였던 것은 도시은행 중 홋카이도다쿠쇼쿠은행이 파산하였던 97년과 2개의 장기신용은행이 파산하였던 98년이었다. 또한 같은 시기 산요증권과 4대 증권사 중 하나였던 야마이치증권, 생명보험사 중에는 닛산생명보험이 파산하였다. 파산 행렬의 끝은 2003년의 아시카가은행의 파산이었다. 일본의 금융위기·은행위기는 1990년대 중반~2000년대 초반에 발생한 것임을 알 수 있다.[37]

2. 불량채권 문제 · 금융위기의 요인

요인(1): 버블기 채권의 불량화

금융위기 또는 그 원인이 되었던 불량채권 문제의 원인은 무엇이었을까? 첫째, 직접적인 원인으로는 버블기에 발생한 과잉대출이 불량채권화된 것을 들 수 있다. 버블기에는 여러 요인에 의해 신용이 팽창하였는데(제2절), 이들 대출 중 다수가 불충분한 심사, 담보 가치 하락, 차입자의 변제능력 하락 때문에 불량채권화되었다고 생각된다(植田, 2001 등 참조). 이 견해를 지지하는 연구 결과로 植田(2001)은 토지 가격의 변동이 큰 지역일수록 또한 부동산 담보 융자가 많은 은행일수록 불량채권이 많았음을 보였다. 역시 Hoshi(2001)는 부동산에 대한 융자가 많이 증가한 은행일수록 불량채권이 많았음을 보였다.[38]

하지만 버블기의 과잉대출만이 불량화된 것은 아니라는 비판도 있다(Kashyap, 2002 등). 앞에서 보았듯이 거액의 불량채권은 장기간 잔존하였고 2000

37 이 시기 이전에는 공식적인 은행 파산 기록이 없다. 또한 2004년 이후에는 2010년의 일본진흥은행의 파산만 있었다.

38 다만 비슷한 증가세를 보였던 타 업종 대출(제2절 제2항 참조)의 경우 부실화 실태는 명확하지 않다.

년대 초까지도 감소하지 않았기 때문이다. 버블 붕괴 후 발생한 불량채권은 버블기의 대출 때문이었다고 하더라도 그 이후에 발생한 불량채권은 어떻게 발생한 것일까?

요인(2): 버블 붕괴 후 금융기관의 행동

여기에서 주목하고자 하는 둘째 이유는 버블 붕괴 후 금융기관이 보인 비효율적인 행동이다. 이 문제를 지적한 연구는 1998년 바젤합의에 기초한 자기자본 비율 규제(이른바 Basel I: 일본에서는 93년 3월부터 본격 시행되었다)에 주목한다. 자기자본 비율을 계산할 때, 보유증권의 미실현 이익 또는 이연세금자산 등 분자에 들어가는 회계항목에 재량권이 주어지기 때문에 (합법적인) 회계 조작이 가능하다. 또한 불량채권 처리는 이익을 감소시켜 자기자본을 줄이는 효과가 있기 때문에 은행은 가급적 불량채권을 처리하지 않고 미루려는 인센티브가 발생할 수도 있다.

비효율적인 행동이 실제로 있었는지를 분석한 실증연구로는 자기자본 비율에 관한 회계 조작을 많이 한 은행일수록 불량채권이 컸음을 보여 준 細野(2010, 제1장)가 있다. 또한 細野(2010, 제2장)는 1998년 이후의 데이터를 이용한 연구도 수행하였다. 그는 이연세금자산액이 부동산 관련 융자의 비중에 (−)의 영향을 끼친다는 것을 발견하였고, 이후 회계 기준이 엄격해진 덕분에 불량채권이 감소하였다고 해석하고 있다.

요인(3): 정책의 문제

셋째 이유로는 처리의 이연을 허가함으로써 대처를 지연시켰던 공적 당국·정부·정치가의 잘못이다. 예를 들어, Cargill(2000)은 금융위기의 잠재 요인으로 다섯 가지를 들었는데, 그중 두 가지는 '정부의 대응이 지연되었다는 것'과 '문제 금융기관의 처리에 있어서 납세자의 지지를 얻지 못하였다고 정부가 판단한 것'이라고 지적하면서 결국 정부의 문제였다고 말한다.

보다 구체적으로 살펴보면, 정부가 자기자본 비율 규제의 재량적 운용과 공적자금 투입에 대한 비판을 두려워한 나머지 금융기관의 구제·파산 처리를 지연시킴으로써 문제를 증폭시켰다고 지적한다. 이후 금융재생 프로그램(2002년 10월 30일)에 의해서 근본적인 불량채권 처리에 착수하면서 상황이 호전되었음에 비추어 볼 때, 좀 더 일찍 그러한 처리방식을 채택하였다면 문제가 조속히 수습될 수 있지 않았을까 생각해 본다.[39]

[그림 2-12] GDP와 물가상승률

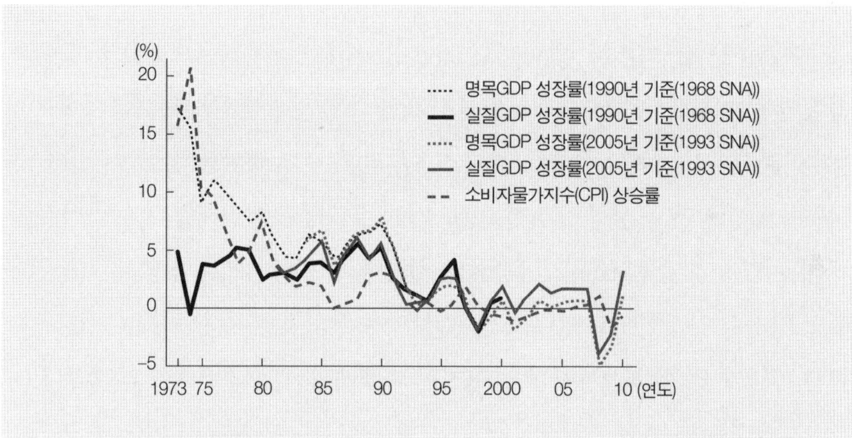

주: GDP 성장률은 각 연도 원자료의 전년도 대비 증가율임. 실질GDP(2005년 기준)는 연쇄방식으로 구한 것이며, CPI 상승률은 전국·종합의 CPI 연평균의 전년도 대비 상승률임. GDP는 기간 중 연속성이 없음.
출전: 내각부 경제사회종합연구소, 「국민경제계산」; 총무성 통계국, 「소비자물가지수」를 이용하여 저자가 작성.

39 이 시기 공적 자본 투입의 효과에 관한 실증연구를 보면 다음과 같다. 1998년 3월에 이루어진 투입은 대은행이 자기자본 비율을 달성하기 위한 일시적인 것에 불과하지만 99년 3월에 이루어진 보다 큰 규모의 투입은 불량채권 처리와 대출기피를 해소하는 효과가 있었음을 알 수 있다(Montgomery and Shimizutani, 2009).

이제 위의 세 가지 요인에 주목해 보면, 불량채권 문제는 오로지 대출자의 문제였다고 파악하는 것이 된다. 하지만 이 문제를 전적으로 대출자의 탓으로 돌리는 것도 잘못이다. 불량채권 문제·금융위기가 발생한 1990년대는 디플레이션과 저성장이 나타났던 시기이기도 하다. 이 때문에 차입자 또는 자금수요자들도 상환능력을 상실하였을 가능성이 있다(Hoshi and Kashyap, 2004 참조). 따라서 차입자들이 충분한 상환능력을 갖지 못하게 되었던 실물경제의 문제에도 유의하지 않으면 안 된다.[40]

제4절 잃어버린 20년과 금융 - 1990년대~2000년대

이 절에서는 이른바 '잃어버린 20년'을 초래한 금융 측 요인을 검토한다. 경제활동이 정체되면서 디플레이션이 발생하였던 일본의 1990년대와 2000년대를 '잃어버린 20년'이라고 부른다. [그림 2-12]는 그 실상을 잘 보여 준다. 명목GDP의 성장은 고성장의 70년대, 4~8% 성장하였던 80년대를 지나면서 90년대에는 멈추고 말았다. 물가상승률도 비슷하다. 70년대에는 높았지만 80년대 후반 안정을 찾으면서 90년대 초반까지는 3% 정도의 물가상승률을 보였다. 하지만 90년대 후반부터는 0%에 못 미치는 디플레이션 상태에 빠지고 말았다.

경제의 실태는 전 기간에 걸쳐 비슷한 양상을 보였다. 하지만 금융 면에서는 전반기와 후반기의 차이가 컸다는 점을 발견할 수 있다. 앞 절에서 보았듯이 1990년대 또는 2000년대 초까지는 위기의 시대였고, 금융시스템의 문제가

40 금융인가 실물인가라는 논점에 대해서는, 경제 정체와 디플레이션의 원인을 논하는 다음 절, 특히 제4항에서 다루는 것이 좋겠다.

실물경제에 영향을 미쳤을 가능성이 크다. 그러나 이하에서 살펴보겠지만, 이후에는 위기에 빠졌던 금융시스템이 안정을 되찾았고 오히려 자금의 공급과잉이 염려되었던 시기였다. 이 차이에 유의하면서, 또한 일부 앞 절에서 논의한 바를 고려하면서 이하에서는 '잃어버린 20년'과 금융의 관계에 대해 정리한다.

1. 요인(1): 금융기관의 건전성과 대출 기피

대출 기피에 관한 실증분석

'잃어버린 20년'의 원인으로 금융기관의 건전성 하락과 파산으로 인해 적절한 자금공급이 이루어지지 않았기 때문에 자금제약에 직면한 기업의 활동이 저하되었을 가능성이 지적되었다. 그중에서도 불량채권으로 인해 재무 건전성이 하락하였던 예금 취급 금융기관이 대출을 기피하였다는 것 혹은 기존 대출을 억지로 회수하였다는 것이 특히 문제시되었다.[41]

대출 기피의 실태를 밝힌 연구는 많지만 크게 두 가지로 나누어 살펴보는 것이 적절해 보인다. 하나는 1990년대 전반을 대상으로 자기자본 비율 규제(Basel I) 도입의 직접적인 영향에 주목하였던 연구이고, 다른 하나는 90년대 후반을 대상으로 금융위기 당시의 대출 기피에 주목하였던 연구이다. 전자의 연구는 자기자본 비율 규제가 대출의 증가에 부정적인 영향을 주었음(Horiuchi and Shimizu, 1998; Woo, 2003)을 보였는데, 이는 자기자본 비율 규제의 취지와 모순되

41 이러한 대출 기피와 대출회수는 자기자본 비율 규제를 배경으로 하고 있다. 규제상 자기자본 비율은 분모의 리스크 자산을 줄여야 올라갈 수 있으므로 신규 대출의 억제 또는 기존 대출의 회수를 초래할 가능성이 높다. 이는 불량채권 처리의 지연(제3절 제2항)과 비슷하게 자기자본 비율 규제의 이론적 결함 중 하나이다.

는 결과가 초래되었음을 의미한다. 또한 자기자본 비율이 낮은 은행이 대출을 쥐어짜다 보니 차입하려는 기업의 투자를 억제하였음을 시사하는 연구 결과도 있었다(Ogawa and Kitasaka, 2000; Ito and Sasaki, 2002). 하지만 다른 한편으로는 자기자본 비율 규제로 인해 지방은행이 리스크 감수를 줄이는 것을 발견하였는데, 이는 규제의 취지에 부합하는 행동을 은행이 찾았음을 시사하는 연구였다(Konishi and Yasuda, 2004). 이처럼 이 시기의 대출 기피에 대해서는 아직 결론이 났다고 보기 어렵다.[42]

후자, 즉 금융위기 이후 1990년대 후반의 대출 기피에 대한 연구는 다음과 같다. 자기자본이 훼손된 금융기관이 대출을 기피하였음을 시사하는 결과가 일관되게 제시되었다. 우선 자기자본 비율이 대출 증가율에 긍정적인 영향을 주었다는 결과는 다수 금융기관의 파산이 집중되었던 97년에 대한 연구에서도 제시되었다(Woo, 2003; Watanabe, 2007). 또한 중소기업만을 대상으로 한 것이기는 하지만, 일본은행의 기업단기경제관측조사(단칸: 日銀短観) 중 금융기관 대출태도 DI가 투자액에 영향을 미쳤다는 것도 알 수 있었다(Motonishi and Yoshikawa, 1999). 특히 메인뱅크의 자기자본 비율이 낮을수록 또한 불량채권 비율이 높을수록 차입 기업의 투자가 많았다는 것도 보고되었다(Fukuda, Kasuya, and Nakajima, 2005; Hosono and Masuda, 2005).

'잃어버린 20년'과 대출 기피

그러면 대출 기피는 '잃어버린 20년'을 초래할 정도로 실물경제에 심각한 영향을 미쳤을까? 이 문제에 답하기 위하여, 우선 [그림 2-13] 금융기관의 대출

42 모순된 결과가 나타나게 된 원인 중 하나는 대출수요를 올바르게 통제하지 못하였다는 데 있다. 최근 실증분석의 기법과 비교하면 이들 연구에서는 대출수요와 대출공급의 식별이 충분하지 못하다.

[그림 2-13] 금융기관의 대출 태도

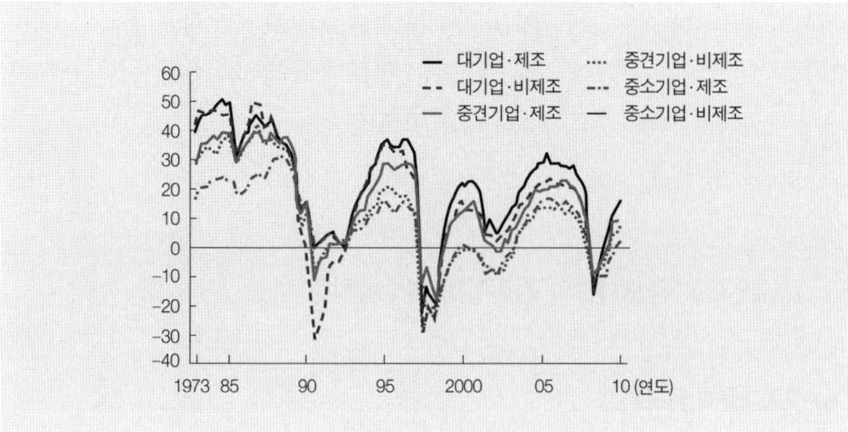

출전: 일본은행, 「단칸 대출 태도 DI」를 이용하여 저자가 작성.

태도 DI를 보기로 하자. 버블 붕괴 이후인 1991년과 금융위기가 발생한 97~98년의 대출 태도를 엄밀하게 비교해 보면, 후자의 시기만이 아니라 전자의 시기에도 대규모의 대출회수가 발생하였고 이것이 실물경제를 제약하였을 가능성이 있다.

다만 그 이외의 시기에는 대출 태도가 대체로 양호한 편이었다. 이와 관련하여 기업의 자금조달 DI를 보면, 대출 태도 DI와 정합적으로 움직였음을 알 수 있다. 하지만 대기업을 제외하면, 두 DI의 상관관계는 유의하게 낮은 편이었으므로 양호한 대출 태도하에서도 자금조달이 쉽지 않았음을 알 수 있다. 이 결과는 자금조달 환경이 양호해지더라도, 현금흐름이 나빠서 운전자금이 부족해지는 사업의 경우에는 기업 측·경제의 실물 면에 문제가 있었을 가능성을 시사한다.[43] 따라서 이런 사업의 경우 자금조달이 잘 이루어지지 않았다고

43 이 해석과 일치하는 실증연구로는 Hayashi and Prescott(2002)를 들 수 있다. 이 연구 결과에 따르면, 대출은

하더라도, 그것은 실물 측의 문제 때문에 초래된 것이며 자금조달 환경과는 관계없다고 보는 것이 옳다. 이제 이상의 논의를 정리하면 다음과 같다. 일부 시기의 경우, 대출 공급의 감소가 실물경제를 제약하였을 가능성은 있다. 하지만 전 기간을 보면, 금융기관의 대출 기피가 '잃어버린 20년' 동안 일관되게 경제를 제약하였다는 설명은 설득력이 없다.

2. 요인(2): 금융기관의 건전성과 비효율적인 대출

추종대출과 좀비기업

대출 기피와 반대로, 건전성이 낮아진 금융기관이 비효율적인 대출을 지속하였을 가능성도 지적되었다. 앞의 제3절 제2항에서 자기자본 비율 규제로 인해 금융기관의 불량채권 처리가 지연되었을 가능성에 대해 언급한 바 있다. 따라서 제대로 심사한 경우라면 대출을 받지 못하고 퇴출되었어야 할 차입자(좀비기업)에게 계속해서 대출이 이루어짐으로써(추종대출), 비효율적인 기업을 온존시키고 말았다. 이것이 여기에서 말하는 비효율적인 대출이다.

추종대출에 관한 실증연구는 다음과 같다. 우선 대기업에 대한 연구로 関根·小林·才田(2003), Caballero, Hoshi, and Kashyap(2008)은 추종대출의 가능성을 시사하는 결과를 얻었다. 은행의 건전성을 직접 분석한 Peek and Rosengren(2005)은 계열기업에 대한 대출에 관한 한, 차입기업의 ROA(총자산수익률)가 낮고 운전자금이 적은 경우에도 대출은행의 자기자본 비율 규제 수준까지 차입

감소하였음에도 불구하고 투자는 감소하지 않았다는 점, 현(県) 내 총생산의 성장률과 은행대출 성장률 간에는 1990년대 후반 이후 (+)의 관계가 보이지 않는다는 점을 들고 있다. 또한 대출의 수요와 공급을 식별한 Ishikawa and Tsutsui(2013)는 분석기간이었던 1991~2001년 중 1996년 이후에만 공급함수의 이동(대출 기피)이 관찰되었다고 보고하였다.

이 증가하는 것을 발견하였다.

다만 그 후 연구에서는 2000년대 들어 좀비기업이 감소하였고, 기업의 리스트럭처링이 좀비기업을 줄였다는 보고가 있었다(Fukuda and Nakamura, 2011). 또한 앞에서 말한 바 있는 대기업에 관한 연구에서 얻은 결과와 비상장기업의 경우 얻은 결과가 달랐다는 것(福田·粕谷·中島, 2005), 실적이 나쁜 기업은 퇴출되었다는 것 등 좀비가설과 모순되는 결과를 얻기도 하였다(Sakai, Uesugi, and Watanabe, 2010).[44]

'잃어버린 20년'과 추종대출

이상의 논의를 통해 알 수 있듯이, 실증분석 결과는 좀비기업에 대한 추종대출이 1990년대 후반 대기업 대상으로 발생하였음을 보여 준다. 그러나 그 이후를 대상으로 한 연구 혹은 중소기업을 대상으로 한 연구에서는 그러한 결과를 얻을 수 없었다. 건전성이 훼손된 금융기관에 의한 추종대출이 '잃어버린 20년'의 중반을 설명하는 요인 중 하나일지는 모르지만 '잃어버린 20년'의 주요 요인이라고 말할 수 있을 만큼 큰 문제인 것 같지는 않다.

이와 관련하여 몇 가지 사실을 확인해 두자. 제3절 제2항에서 설명하였듯이, 금융기관이 추종대출의 인센티브를 가졌던 것은 건전성이 낮아지고 자기자본비율 규제를 지키기 어렵게 된 상황이었다. 그러나 제3절 제1항에서 본 바와 같이 2000년 이후 혹은 적어도 2000년대 중반 이후에는 불량채권 처리가 진

44 기업의 생산성을 분석한 일부 연구에서도 다음과 같은 근거로 좀비기업에 대한 추종대출이 존재하였다고 주장한다. 첫째, 퇴출기업의 생산성이 생존기업보다 높았던 것은 1996~97년뿐이었고(Nishimura, Nakajima, and Kiyota, 2005), 둘째 효율적인 기업이 시장 점유율을 확대하였고 시장 점유율과 은행 차입의 상관관계는 (+)(Ahearne and Shinada, 2005)라는 결과에 근거한다. 그러나 이들이 은행의 대출 행위를 직접 분석한 것은 아니었다. 또한 다른 연구도 금융 측면의 요인 때문에 신진대사의 저하가 발생하였다고 생각하지는 않는다(예를 들어, Fukao and Kwon, 2006).

행되어 금융기관의 건전성이 크게 개선되었다. 이러한 점을 고려해 볼 때, 추종대출이 '잃어버린 20년' 의 모든 것을 설명하기는 어렵다고 판단된다.[45]

3. 요인(3): 금융정책과 남아도는 돈

'잃어버린 20년' 의 금융정책

'잃어버린 20년'을 초래하였던 금융 측면의 요인 중 하나로 보다 일반적인 금융 환경의 문제, 즉 금융정책의 실패를 들기도 한다. 이 시기에는 전 기간에 걸쳐 금융완화가 시행되었다. 게다가 이 시기 중반 이후에는 소위 전통적인 금융정책이 아니라 기존에 시행된 적이 없는 제로금리정책, 양적 완화정책 등 전대미문의 비전통적 금융정책이 적극적으로 시행되었다. 하지만 이러한 완화정책이 불충분하였다는 비판이 있다.

이 비판의 타당성을 판단하기 위하여 우선 금융정책의 실태를 확인해 두자. 이 시기 금융정책 수단을 살펴보면, 초기에는 공정금리의 조작에 그쳤지만 단기금융시장의 발달과 금리자유화가 진행되면서 1990년대 들어서는 점차 공개시장 조작(open market operation)을 중시하는 방향으로 이행해 갔다.[46] 조작의 목표도 처음에는 명확히 정해진 것이 없었다. 하지만 90년대 들어서는 점차 무담보 콜금리(익일물)를 중시하는 방향으로 이행하였고, 98년 9월에는 이것이 조작 목표로 명문화되었다.[47]

45 추종대출과 좀비기업의 문제가 우려스러운 것은, 오히려 리만 쇼크(2008년 9월) 이후 금융청이 불량채권의 기준을 완화하고 금융기관 대출조건의 변경에 유연하게 대응한 것, 이른바 감독완화(星, 2011 참조) 이후의 시기이다.

46 다른 수단으로 예금준비율 조작 또는 창구 지도(대출 증가액 규제)도 사용할 수 있다. 그러나 전자는 정책수단으로는 간주되지 않으며, 1991년 10월 이후에는 변경되지도 않았다. 또한 후자도 91년 7월 폐지되었다.

[그림 2-14] 금융정책 조작 목표의 추이

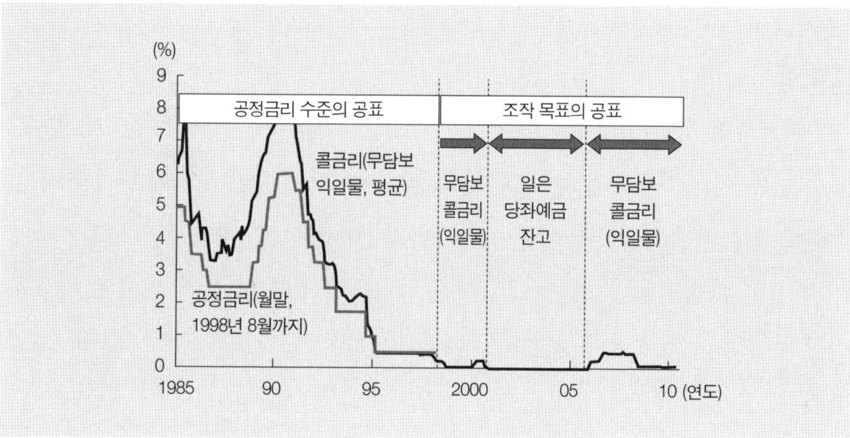

출전: 일본은행, 「본원통화」, 「콜금리」, 「기준할인율 및 기준대부금리」를 이용하여 저자가 작성.

다음으로 [그림 2-14]는 1980년대 중반 이후 금융정책의 스탠스를 보여 준다. 앞에서 서술한 바와 같이, 90년대 일관된 금융완화에도 불구하고 경제는 정체되고 디플레이션이 계속되었다. 이에 99년 2월 이후에는 조작 목표인 무담보 콜금리를 거의 제로로 유도한다는 이른바 제로금리정책이 개시되었다. 그 후 일시적으로 무담보 콜금리가 인상되기도 하였지만 곧바로 인하되었다. 2001년 3월부터는 조작 목표를 무담보 콜금리에서 일본은행 당좌예금(일은예치금) 잔고로 변경하고, 이른바 양적 완화정책을 시작하였다. 그 규모는 점차 확대되었다. 하지만 2006년 3월 디플레이션 탈출 가능성이 높아졌다고 판단하여

47 이러한 명문화는 개정 일본은행법 시행(1998년 4월)에 따른 것이다. 당시 일본은행법 개정에는 다음과 같은 배경이 있었다. 첫째, 버블 붕괴 후 금융의 틀 전체를 재검토해야 한다는 분위기가 형성되었다. 둘째, 비슷한 시기 다른 여러 나라에서도 중앙은행의 독립성이 강화되었다. 셋째, 경제의 시장화·국제화 등 금융·경제 환경에 큰 변화가 나타났다. 이에 따라 중앙은행의 독립성과 투명성을 높이기 위한 노력이 기울여졌다. 또한 정책 목표(물가 안정과 금융시스템의 안정)가 설정되었고, 정책위원회의 위치와 권한이 명문화되었으며, 금융정책에 관한 정보 공개가 추진되었다.

조작 목표를 다시 무담보 콜금리(대체로 0%)로 바꾸었고, 이후 (+)로 인상되었지만 08년 10월부터는 다시 인하되었다. 결국 10년 10월까지는 제로금리정책으로 되돌아갔다.

비전통적 금융정책이란 이전에는 없었던 정책수단을 도입하는 것이었다(植田, 2012 참조). 자금공급의 확대를 위하여 이전에는 일본은행이 보유하지 않았던 고위험자산(주식이나 사채, 자산담보부증권(ABS) 등)을 매입하였고 장기국채의 매입도 확대되었다. 또한 이러한 자금공급을 원활히 하기 위하여 필요준비금을 초과하는 일은예치금에 금리를 지급하는 보완당좌예금제도도 도입하였다.

'잃어버린 20년'의 금융정책의 유효성

이와 같은 대폭적인 금융완화에도 불구하고 경제활동의 정체와 디플레이션은 결국 해소되지 않았다. 따라서 완화가 불충분하였다는 비판, 혹은 해소의 기미가 보였던 2006년 긴축으로 돌아서 경제활동의 부진을 초래하고 말았다는 비판이 있었다. 그렇다면 이 정책이 취해진 초기에는 효과가 있었던 것일까? 이 질문에 답하기 위하여 당시 정책의 효과에 대한 실증연구 결과를 정리해 본다.

우선 1990년대를 대상으로 한 연구 결과로는, 전통적 금융정책의 효과를 검정하기 위한 구조 VAR 분석 결과를 참고할 수 있다.[48] 宮尾(2006)에 따르면, 예상치 못한 콜금리의 변화(=금융정책 충격)가 통화량, 주가, 광공업 생산에 대하여 예상대로의 영향을 끼친다는 결과를 보여 주었다.[49] 다만 시간이 갈수록

48 구조 VAR(Structural Vector Autoregression)을 이용하면, 조작 목표가 파급경로상에 있는 경제지표들의 시계열적인 변화를 통해 최종 목표에 어떤 영향을 주는가를 분석할 수 있다. 宮尾(2006) 등을 참조할 것.

1990년대식 금융정책의 효과가 감소함을 보여 주고 있기도 하다(宮尾, 2006; Fujiwara, 2006; Inoue and Okimoto, 2008). 구조 VAR 분석에서 그러한 구조적 변화의 원인을 특정할 수는 없지만 宮尾(2006)은 95년 발생한 엔고의 진행, 정책금리의 제로 접근, 불량채권 문제의 발생 등 세 가지를 그 원인으로 거론하고 있다.

1990년대와 비교할 때 2000년대 금융정책의 평가는 용이하지 않다. 그 첫 번째 이유로 이 시기 일본은행이 도입한 복수의 비전통적인 정책수단은 복수의 파급경로를 통해 효과가 나타나기 때문이다. 따라서 전통적인 금융정책과는 다른 방식의 검토가 필요하다. 鵜飼(2006)는 이 시기 금융정책과 그 파급경로를 크게 세 가지로 정리한다. 첫째는 완화정책을 장기간 유지하겠다는 것을 일본은행이 공개적으로 약속하는 것으로 경제주체들의 기대를 형성하려는 정책이다. 이는 중장기 금리를 체계적으로 인하하려는 시간축(軸) 효과를 노린 정책이다. 둘째는 일본은행이 장기국채를 포함하여 비전통적인 금융자산을 매입하고 (일본은행의) 대차대조표(balance sheet)의 자산구성을 변화시키는 정책이다. 여러 가지 금융자산의 수익률(프리미엄)을 변화시켜 투자자와 금융기관의 투자·대출을 촉진하고, 실물경제에 영향을 줄 수 있도록 포트폴리오 리밸런싱(portfolio rebalancing) 효과를 노린 정책이다. 셋째는 비전통적인 자산의 매입에 의해 일본은행 대차대조표의 규모 자체가 확대되는 효과에 주목한 것이다. 즉, 포트폴리오 리밸런싱 효과와 시간축 효과를 기대하는 정책이다.

평가가 어려운 두 번째 이유로는 – 1990년대에도 해당되는 것이지만 – 이 시기 일본은행의 정책을 평가할 때 거시건전성(prudence) 정책의 측면도 있었음

49 단순한 구조 VAR 분석은 새로운 정책을 도입한 효과와 경제 상황에 따른 금융정책의 반응(금융정책 rule, 小田·永幡, 2005 참조)을 구분할 수 없다는 식별(identification)의 문제를 안고 있다. 하지만 이 점을 고려한 연구에 따르면, 금융정책은 주가를 통해 생산과 물가에 영향을 미쳐 왔다. 따라서 1990년대에도 금융정책은 유효하였음을 알 수 있다(Shibamoto, 2016).

을 고려해야 하기 때문이다. 즉, 금융위기가 발생한 때이었으므로 금융시스템의 안정을 위해서 필요한 자금을 공급한다는 측면에서 금융완화가 취해졌던 것도 사실이다. 따라서 거시건전성 정책의 측면과 거시경제의 안정을 목표로 한 본래의 금융정책의 측면 중 어느 것에 주목하는가에 따라서 일본은행에 대한 평가는 달라질 수 있다.[50]

이 점에 주의하면서 2000년대 금융정책의 효과에 관한 실증분석 결과를 정리해 보자. 우선 시간축 효과에 관해서는 긍정적인 평가가 있었다. 즉, 미래에도 금융완화를 지속하겠다는 약속(commitment)을 표명하고 일은 예치금잔고 또는 장기국채 오퍼(offer)를 확대함으로써 단기·중기 금리의 수준이 전체적으로 하락하였음을 발견하였다(鵜飼, 2006). 다만 여러 가지 금융자산(국채, 사채, 환율, 주식 등)의 프리미엄에 대한 영향에 관해서는 일관성 있는 결과를 얻지 못하였는데, 이는 포트폴리오 리밸런싱 효과가 지지된다고 보기는 어려움을 의미한다(鵜飼, 2006).[51] 본래 프리미엄은 금융시장의 안정을 나타내기 때문에 후자의 결과는 거시건전성 정책으로서도 이 시기 정책의 효과가 명확하지 않음을 시사한다.

다만 거시건전성 정책으로서의 평가를 위해서는 금융기관에 미친 영향도 중요하게 다루어져야 한다. 실증 결과에 따르면, 양적 완화에 의해 금융기관의 자금조달 프리미엄이 크게 하락하였고 금융기관의 유동성 부족도 해소되었다(鵜飼, 2006; 福田, 2009). 또한 장기금리 하락에 의해 큰 자본이득을 얻은 은행일수록 대출을 늘렸다는 점, 리스크가 커서 자금제약에 처할 가능성이 높았던 기업이 혜택을 입었다는 점도 관찰되었다(Ono et al., 2016). 따라서 일본은행에

50 버블기의 금융정책과 거시건전성 정책에 관해서는 제2절 제3항을 참조할 것.
51 극히 단기적인 효과가 있었음을 보인 연구도 있다(植田, 2012).

의한 풍부한 자금공급은 거시건전성 정책으로서 충분히 긍정적 평가를 받을 만하다.

그러면 금융시스템을 넘어 보다 넓은 시야에서 실물경제에 끼친 영향은 어떠하였을까? 이 시기 금융완화의 효과를 검증한 구조 VAR 분석 결과를 보면, 2000년대 이후 금융정책의 효과는 더욱 더 작아졌음을 보여 준다(鎌田·須合 2006; 鵜飼, 2006). 또한 구조 VAR 분석에 의해 양적 완화의 효과를 분석한 결과에 따르면, 양적 완화기의 일은예치금 잔고의 변화는 주가 변동을 통해 생산을 증가시켰지만 물가에 대한 영향은 약하였거나 찾을 수 없었다고 보아야 한다(Honda, Kuroki, and Tachibana, 2013; 本多·立花, 2011; 木村·中島, 2013).[52]

이상의 실증연구에는 분석상의 한계도 있기 때문에 평가가 용이한 것은 아니지만 2000년대 금융완화의 효과에 대해서는 대략적으로 다음과 같이 정리할 수 있을 것이다. 우선 금융시스템에 미친 영향에 관한 한, 금융완화는 금융기관의 자금조달을 개선하였고 2000년대 중반 이후 금융시스템을 안정시켰을 가능성이 높다. 즉, 거시건전성 정책으로서 금융완화는 충분히 평가받을 만하다. 이에 비하여 실물경제에 대한 영향을 보면, 물가에 대한 영향은 아예 없었거나 매우 제한적이었다. 다만 주가와 생산에는 긍정적인 영향이 있었으므로 금융정책으로서 금융완화가 전적으로 무력하였다고 생각하기는 어렵다. 이처럼 주가와 생산에 대한 영향이 있었음을 감안할 때, 만약 완화정책이 시행되지 않았다면 '잃어버린 20년' 동안 나타난 경제활동의 추락이 보다 더 심각해졌을 수도 있음을 시사한다.

52 단지 물가에 대해 단기적인 영향만 있었다는 연구도 있다(Hayashi and Koeda, 2016).

'잃어버린 20년'과 금융정책

비전통적인 금융정책에 의한 양적 완화가 일정한 효과를 가져온다는 전제하에, 만약 더욱더 대규모의 완화를 시행하였다면 경제성장·디플레이션 탈피에 성공할 수 있었을까? 금융완화의 정도를 평가하는 기준으로서는 자연이자율에 관한 논의가 유용하다. 자연이자율(균형실질이자율)은 경제·물가에 대해 긴축적으로 또는 완화적으로 작용하지 않는 중립적인 실질금리이다. 이론적으로는 완전고용을 달성한 상태에서 저축과 투자를 균형시키는 실질금리라고 정의한다(岩崎 외, 2016). 자연이자율을 추정한 후, 실제 실질금리가 그것보다 높다면 금융완화가 불충분하다는 것을 시사한다.

자연이자율의 추계는 쉽지 않고 기법에 따라서 결과가 달라질 수 있음에 주의해야 한다. 하지만 여러 기법을 이용한 추계치를 검토해 보면, 1990년대 후반 금융위기 때와 2000년대 후반 리만 쇼크 때에는 확실히 자연이자율이 (−)로 떨어졌다. 이 결과는 금융완화가 충분하지 않았음을 암시하는 것이다(鎌田, 2009; 岩崎 외, 2016). 그러나 그 이외의 시기에는 자연이자율이 (+)이었던 것으로 보인다. 따라서 전반적인 금융 환경은 완화적이었다고 말할 수 있다.[53]

또한 자연이자율이 낮아도 그것을 하회하는 실질금리를 달성하는 것은 쉽지 않다. 왜냐하면 명목금리에 하한이 있다는 점, 비전통적인 금융정책의 수단과 효과가 제한적이라는 점 때문이다. 오히려 심각하게 생각해야 하는 것은 항상적으로 자연이자율이 낮다는 점일 것이다. 낮은 자연이자율의 원인은 경제의 잠재성장률이 낮기 때문이므로, 문제의 핵심은 잠재성장률을 끌어올

53 1990년대 후반 이후 자연이자율이 (−)로 떨어졌을 때가 많았다는 분석도 있다(渡辺, 2016). 그러나 리만 쇼크 등 일부 시기를 제외하면, (−)이었다고 하더라도 그 폭은 작은 편이었다. 따라서 전반적으로 보면, 이 시기의 금융정책이 사실상의 긴축이었다고 생각하기는 어렵다.

리는 것이고 이는 금융정책이 아니라 실물경제의 문제라고 보아야 한다. 이 때문에 금융정책이 '잃어버린 20년'의 주범이라고 생각하는 것에는 무리가 있다고 생각한다.[54]

4. 금융인가 실물인가?

지금까지의 논의로부터 (1) 건전성이 저하된 금융기관의 대출 기피, (2) 건전성이 저하된 금융기관의 비효율적인 대출, (3) 금융정책의 실패라는 금융 측면의 세 가지 요인이 – 일시적으로는 큰 문제였을지 모르지만 – '잃어버린 20년'의 주요인이라고 말할 수는 없음을 알게 되었다. 특히 2000년대 후반 이후를 보면, 금융시스템은 안정되었고 자금조달이 용이한 환경이 조성되었다. 이러한 환경에도 불구하고 경제활동이 활성화되지 못한 이유는 역시 경제의 실물 측면에 문제가 있었기 때문일 것이다. 금융완화는 경제활동 활성화를 위한 필요조건이지만 충분조건은 아니다. 즉, 금융완화가 시행되었다고 해도 반드시 경제활동이 활성화된다고 생각하기는 어렵다.

금융 측면의 요인이 '잃어버린 20년'의 주요인이 아니라는 것은 실물 측면의 요인이 중요하였음을 의미한다. 실물 측면의 요인으로는 여러 가지를 생각해 볼 수 있다. 예를 들어, 宮尾(2009)는 금융 측면을 포함한 광범위한 관점으로부터 여러 가지 요인을 정리하고 있다([표 2-5]). 이 요인 중 (ⅰ), (ⅳ), (ⅶ)은 본 절에서 검토한 금융 측면의 세 가지 요인에 해당된다. 그 이외의 것들은 주로 실물 측면의 요인들이다.[55]

54 이 점을 고려하면 다음과 같이 생각할 수도 있다. 즉, 다양한 부작용을 동반하면서 그 후 더욱 확대되었던 금융완화(2013년 4월 이후의 양적·질적 금융완화)가 오히려 과잉이었을 가능성도 있다.

[표 2-5] 경제 정체·디플레이션의 요인

수요 측의 요인
(ⅰ) 불충분한 금융완화
(ⅱ) 디플레이션 예상에 의한 실질금리 상승, 소비·투자의 부진
(ⅲ) 재정 긴축에 의한 공적 수요의 감소
(ⅳ) 은행의 대출 기피에 의한 투자 부진 (자금 제약이 있는 중소기업의 투자 등)
공급 측의 요인
(ⅴ) 기업부문의 생산성 부진 (그 배후 요인으로 세계화에 따른 경쟁·싼 수입품과의 경쟁에 의한 수익성 하락 등)
(ⅵ) 산업구조 조정의 지연
(ⅶ) 은행의 불량채권 등에 기인하는 자원배분의 비효율화 (파산 또는 슬림화하여 재생되어야 하는 비효율적인 기업의 존속 등)
추가적 설명
(ⅷ) 경제 세계화에 따른 (+)의 공급 충격 (세계의 생산능력 상승, 저임금국으로의 생산 이전에 따른 한계비용의 하락 등)

출전: 宮尾(2009).

실물 측면의 요인을 검토하는 것은 경제의 금융 측면에 주목하는 본 장의 범위를 넘어서는 것이다. 다만 지금까지의 논의로부터 일부 실물 요인에 대한 시사점을 얻을 수는 있다. 이에 대해 언급함으로써 본 장의 결론을 대신하고자 한다. 우선 요인 (ⅱ)에 대해서는, 전 항에서 실질금리의 문제와 함께 다룬 바

55 이외에 지적해 두고 싶은 것은 수요 측면의 문제이다. 즉, 새로운 재화·서비스의 창출(product innovation)의 부족을 들 수 있다(吉川·安藤·宮川, 2010 등). 이와 관련하여 植田(2012)은 다음과 같이 지적한다. 잃어버린 20년 동안 일본경제는 자국의 금융위기만이 아니라 아시아 통화위기, IT 버블의 붕괴, 세계적인 금융위기 등 해외의 금융위기로부터 외부적인 충격을 받았다는 것이다. 그럼에도 불구하고 이러한 충격을 받았을 때, 금융정책을 포함한 정책 대응이 적절하였다면 상황은 조금 더 호전될 수도 있었다는 것이 植田(2012)의 지적이다.

있는데 소비·투자의 부진은 대출시장에서의 자금수요 부진(제4절 제1항)과 정합적인 것이라고 볼 수 있다. 소비·투자의 부진은 실물 측면과도 관련된 중요한 요인이라고 생각된다. 요인 (ⅴ)에 관해서는, 금융 측면의 문제(추종대출)에서 원인을 찾을 수도 있을 것이다. 하지만 그렇다고 하더라도 금융 측면의 요인은 일시적인 것에 불과하였다고 생각된다(제4절 제2항). 오히려 기업부문의 생산성 부진 자체가 1990년대 이후 일관되게 지적되어 온 문제이다(Hayashi and Prescott, 2002; 深尾, 2012, 제7장). 결론적으로 경제의 금융 측면은 '잃어버린 20년'의 중요한 요인 중 하나였다고 생각하는 것이 좋다.

참고문헌

ホリオカ, チャールズ ユウジ(2009),「日本の貯蓄率 ― 高齢化の影響」, 樋口美雄・財務省財務総合政策研究所編著,『日本経済の構造変化と景気回復』, 日本評論社, 第4章, 83~93.

鎌田康一郎(2009),「わが国の均衡実質金利」, 深尾京司編,『マクロ経済と産業構造(バブル/デフレ期の日本経済と経済政策1)』, 慶応義塾大学出版会, 第12章, 387~427.

鎌田康一郎・須合智広(2006),「政策金利ゼロ制約下における金融政策効果の抽出」, 日本銀行ワーキングペーパーシリーズ, No. 06-J-13.

関根敏隆・小林慶一郎・才田友美(2003),「いわゆる「追い貸し」について」,『金融研究』(日本銀行金融研究所) 第22巻 第1号, 129~156.

広田真一(2009),「日本のメインバンク関係 ― モニタリングからリスクヘッヅへ」, RIETI Discussion Paper Series, 09-J-023.

広田真一(2012),「株主主権を超えて ― ステークホルダー型企業の理論と実証」, 東洋経済新報社.

久田高正(2001),「技術革新の中で銀行業 ― 変貌する金融仲介業」, 日本銀行銀行論研究会編,『金融シマテムの再生にむけて ― 中央銀行員によるレクチャー銀行論』, 有斐閣, 165~192.

堀内昭義(1994),「金融国際化と金融規制」, 堀内昭義編,『金融(講座・公的規制と産業5)』, NTT出版, 第10章, 267~300.

宮島英昭編著(2011),『日本の企業統治 ― その再設計と競争力の回復に向けて』, 東洋経済新報社.

宮尾龍蔵(2006),『マクロ金融政策の時系列分析 ― 政策効果の理論と実証』, 日本経済新聞社.

宮尾龍蔵(2009),「デフレ期の物価動向とマネーの役割」, 吉川編(2009), 第5章, 155~173.

吉川洋・安藤浩一・宮川修子(2010),「プロダクト・イノベーションと経済成長」, RIETI ディスカッションペーパーシリーズ, 10-J-006.

吉川洋編(2009),「デフレ経済と金融政策(バブル/デフレ期の日本経済と経済政策2)」, 慶応義塾大学出版会.

内田浩史(2010),『金融機能と銀行業の経済分析』, 日本経済新聞出版社.

内田浩史(2016),『金融』, 有斐閣.

渡辺努(2016),「問題意識と構成 ― 慢性デフレ解明への新しいアプローチ」, 渡辺努編,『慢性デフレ ― 真因の解明』, 日本経済新聞出版社, 序章, 1~18.

蠟山昌一(1986),『金融自由化』, 東京大学出版会.

鹿野嘉昭(2001),『日本の金融制度』, 東洋経済新報社.

鹿野嘉昭(2006),『日本の金融制度(第2版)』, 東洋経済新報社.

鹿野嘉昭(2013),『日本の金融制度(第3版)』, 東洋経済新報社.

木村武・中島上智(2013),「伝統的・非伝統的金融政策ショックの識別 ― 潜在閾値モデルを用いた実証分析」, 日本銀行ワーキングペーパーシリーズ, No. 13-J-5.

福田慎一(2009),「バブル崩壊後の金融市場の動揺と金融政策」, 吉川編(2009), 第7章, 201~232.

福田慎一・粕谷宗久・中島上智(2005),「非上場企業に「追い貸し」は存在したか?」, 日本銀行ワーキングペーパーシリーズ, No. 05-J-9.

福田祐一(2000),「ファンダメンタルズと合理的バブル」, 筒井義郎編,『金融分析の最先端』, 東洋経済新報社, 第8章, 221~244.

本多佑三・立花実(2011),「金融危機と日本の量的緩和政策」, 岩井克人・瀬古美喜・翁白合編,『金融危機とマクロ経済 — 資産市場の変動と金融政策・規制』, 東京大学出版会, 第3章, 51~74.

寺西重郎(2003),『日本の経済システム』, 岩波書店.

西村吉正(2003),『日本の金融制度改革』, 東洋経済新報社.

西村吉正(2009),「不良債権処理政策の経緯と論点」, 池尾和人編,『不良債権と金融危機(バブル/デフレ期の日本経済と経済政策4))』, 慶応義塾大学出版会, 第8章, 251~283.

星岳雄(2011),「日本の金融システムに隠されたリスク」, NIRAオピニオンペーパー, No. 4.

細野薫(2010),『金融危機のミクロ経済分析』, 東京大学出版会.

小田信之・永幡崇(2005),「金融政策ルールと中央銀行の政策運営」,『日銀レビュー』, 2005-J-13.

植田和男(2001),「1990年代における日本の不良債権問題の原因」, 星岳雄・ヒューパトリック編/筒井義郎監訳,『日本金融システムの危機と変貌』, 日本経済新聞社, 第3章, 69~95.

植田和男(2012),「非伝統的金融政策の有効性 — 日本銀行の経験」, 大垣昌夫・小川一夫・小西秀樹・田渕隆俊編,『現代経済学の潮流2012』, 東洋経済新報社, 第1章, 3~32.

植村修一(2012),「マクロプルーデンス政策の観点からみた1990年代の不動産業向け融資の総量規制 — クロノロジーと政策的含意」, RIETI Policy Discussion Paper Series, 12-P-019.

深尾京司(2012),『「失われた20年」と日本経済 — 構造的原因と再生への原動力の解明』, 日本経済新聞出版社.

岩崎雄斗・須藤直・西崎健司・藤原茂章・武藤一郎(2016),「わが国における自然利子率の動向」,『日銀レビュー』, 2016-J-18.

岩田規久男・堀内昭義(1985),「日本における銀行規制(1)」,『経済学論集』(東京大学) 第51巻 第1号, 2~33.

預金保険機構(2005),『特集 平成金融危機への対応』(『預金保険研究』 第4号), 同機構.

翁邦雄(2009),「バブルの生成・崩壊の経験に照らした金融政策の枠組み — Fed view と BIS view を踏まえて」, 吉川編(2009), 第1章, 3~38.

翁邦雄・白川方明・白塚重典(2000),「資産価格バブルと金融政策 — 1980年代後半の日本の経験とその教訓」,『金融研究』(日本銀行金融研究所) 第19巻 第4号, 261~322.

日本銀行金融史研究所(1986),『わが国の金融制度 新版』, 日本銀行金融研究所.

日本銀行金融史研究所(1993),『日本金融年表(明治元年~平成4年)増補・改訂版』, 日本銀行金融研究所.

日本銀行金融史研究所(1995),『わが国の金融制度 新版[改訂]』, 日本銀行金融研究所.

日本銀行百年史編纂委員会編(1986),『日本銀行百年史 第6巻』, 日本銀行.

鵜飼博史(2006),「量的緩和政策の効果 — 実証研究のサーベイ」, 日本銀行ワーキングペーパーシリーズ, No. 06-J-14.

池尾和人・柳川範之(2006),「日本の金融システムのどこに問題があるのか — 市場型間接金融による克服」, 池尾和人・財務省財務総合政策研究所編著,『市場型間接金融の経済分析』, 日本評論社, 11~28.

河田皓史・倉知善行・寺西勇生・中村康治(2013),「マクロプルーデンス政策が経済に与える影響 — 金融マクロ計量モデルによるシミュレーション」, 日本銀行ワーキングペーパーシリーズ, No. 13-J-2.

Ahearne, Alan G. and Naoki Shinada (2005), "Zombie firms and economic stagnation in Japan," *International Economics and Economic Policy*, Vol. 2, Issue 4, pp. 363~381.

Aoki, Masahiko (1994), "The contingent governance of teams: Analysis of institutional complementarity," *International Economic Review*, Vol. 35, No. 3, pp. 657~676.

Aoki, Masahiko and Hugh T. Patrick (eds.) (1994), *The Japanese Main Bank System*, Oxford and New York: Oxford University Press.

Aoki, Masahiko, Hugh T. Patrick, and Paul Sheard (1994), "The Japanese main bank system: An introductory overview," in Aoki and Patrick (eds.) (1994), pp. 1~50.

Caballero, Ricardo J., Takeo Hoshi, and Anil K. Kashyap (2008), "Zombie lending and depressed restructuring in Japan," *American Economic Review*, Vol. 98, No. 5, pp. 1943~1977.

Cargill, Thomas F. (2000), "What caused Japan's banking crisis?" in Hoshi and Patrick (eds.) (2000), pp. 37~58.

Diamond, Douglas W. (1984), "Financial intermediation and delegated monitoring," *The Review of Economic Studies*, Vol. 51, No. 3, pp. 393~414.

Fujiwara, I. (2006), "Evaluating monetary policy when nominal interest rates are almost zero," *Journal of the Japanese and International Economies*, Vol. 20, Issue 3, pp. 434~453.

Fukao, Kyoji and Hyeog Ug Kwon (2006), "Why did Japan's TFP growth slowdown in the lost decade? An empirical analysis based on firm-level data of manufacturing firms," *Japanese Economic Review*, Vol. 57, pp. 195~228.

Fukuda, Shin-Ichi and Jun-ichi Nakamura (2011), "Why did 'zombie' firms recover in Japan?" *The World Economy*, Vol. 34, Issue 7, pp. 1124~1137.

Fukuda, Shin-Ichi, Munechisa Kasuya, and Jouchi Nakajima (2005), "Bank health and investment: An analysis of unlisted companies in Japan," Bank of Japan Working Paper Series, No. 05-E-5.

Hayashi, Fumio and Edward C. Prescott (2002), "The 1990s in Japan: A lost decade," *Review of Economic Dynamics*, Vol. 5, pp. 206~235.

Hayashi, Fumio and Junko Koeda (2016), "Exiting from QE.," National Graduate Institute for Policy Studies, Japan, and National Bureau of Economic Research.

Honda, Yuzo, Yoshihiro Kuroki, and Minoru Tachibana (2013), "An injection of base money at zero interest rates: Empirical evidence from the Japanese experience 2001-2006," *Japanese Journal of Monetary and Financial Economics*, Vol. 1, No. 1, pp. 1~24.

Horiuchi, Akiyoshi and Katsutoshi Shimizu (1998), "The deterioration of bank balance sheets in Japan: Risk-taking and recapitalization," *Pacific-Basin Finance Journal*, Vol. 6, Issues 1-2, pp. 1~26.

Hoshi, Takeo (2001), "What happened to Japanese banks?" *Monetary and Economic Studies* (Bank of Japan), Vol. 19, No. 1, pp. 1~29.

Hoshi, Takeo (2002), "The convoy system for insolvent banks: How it originally worked and why it failed in the 1990s," *Japan and the World Economy*, Vol. 14, Issue 2, pp. 155~180.

Hoshi, Takeo and Anil K. Kashyap (2000), "The Japanese banking crisis: Where did it come from and how will it end?" in Ben S. Bernanke and Julio J. Rotemberg (eds.), *NBER Macroeconomics Annual*, Cambridge and London: MIT Press, pp. 129~201.

Hoshi, Takeo and Anil K. Kashyap (2001), *Corporate Financing and Governance in Japan: The Road to the Future*, Cambridge, (MA): MIT Press.

Hoshi, Takeo and Anil K. Kashyap (2004), "Japan's financial crisis and economic stagnation," *Journal of Economic Perspectives*, Vol. 18, No. 1, pp. 3~26.

Hoshi, Takeo and Hugh T. Patrick (eds.) (2000), *Crisis and Change in the Japanese Financial System*,

Boston: Kluwer Academic Publishers.

Hosono, Kaoru and Akane Masuda (2005), "Bank health and small business investment: Evidence from Japan," *RIETI Discussion Paper Series*, 05-E-030.

Inoue, Tomoo and Tatsuyoshi Okimoto (2008), "Were there structural breaks in the effects of Japanese monetary policy?: Re-evaluating policy effects of the lost decade," *Journal of the Japanese and International Economies*, Vol. 22, Issue 3, pp. 320~342.

Ishikawa, Daisuke and Yoshiro Tsutsui (2013), "Credit crunch and its spatial difference in Japan's lost decade: What can we learn from it?" *Japan and the World Economy*, Vol. 28, pp. 41~52.

Ito, Takatoshi and Yuri Nagataki Sasaki (2002), "Impacts of the Basle capital standard on Japanese banks' behavior," *Journal of the Japanese and International Economies*, Vol. 16, Issue 3, pp. 372~397.

Kashyap, Anil K. (2002), "Sorting out Japan's financial crisis," *Economic Perspectives* (Federal Reserve Bank of Chicago), 4Q/2002, pp. 42~55.

Kiyotaki, Nobushiro and John Moore (1997), "Credit cycles," *Journal of Political Economy*, Vol. 105, No. 2, pp. 211~248.

Konishi, Masaru and Yukihiro Yasuda (2004), "Factors affecting bank risk taking: Evidence from Japan," *Journal of Banking and Finance*, Vol. 28, Issue 1, pp. 215~232.

Kwon, Eunkyung (1998), "Monetary policy, land prices, and collateral effects on economic fluctuations: Evidence from Japan," *Journal of the Japanese and International Economies*, Vol. 12, Issue 3, pp. 175~203.

Montgomery, Heather and Satoshi Shimizutani (2009), "The effectivences of bank recapitalization policies in Japan," *Japan and the World Economy*, Vol. 21, Issue 1, pp. 1~25.

Mora, Nada (2008), "The effect of bank credit on asset prices: Evidence from the Japanese real estate boom during the 1980s," *Journal of the Money, Credit and banking*, Vol. 40, No. 1, pp. 57~87.

Motonishi Taizo and Hiroshi Yoshikawa (1999), "Causes of the long stagnation of Japan during the 1990's: Financial or real?" *Journal of the Japanese and Internatioanl Economies*, Vol. 13, Issue 3, pp. 181~200.

Nakaso, Hiroshi (2001), "The financial crisis in Japan during the 1990s: How the Bank of Japan responded and the learnt," BIS Paper, No. 6.

Nakatami, I. (1984), "The economic role of financial corporate grouping," in Masahiko Aoki (ed.), *The Economic Analysis of the Japanese Firm*, Amsterdam: North-Holland, pp. 227~258.

Nishimura, Kiyohiko G., Takanobu Nakajima, and Kozo Kiyota (2005), "Does the natural selection mechanism still work in severe recessions?: Examinartion of the Japanese economy in the 1990s," *Journal of Economic Behavior and Organization*, Vol. 58, Issue 1, pp. 53~78.

Ogawa, Kazuo and Kazuyuki Suzuki (2000), Demand for bank loans and investment under borrowing constraints: A panel study of Japanese firm data," *Journal of the Japanese and International Economies*, Vol. 14, Issue 1, pp. 1~21.

Ogawa, Kazuo and Shin-Ichi Kitasaka (2000), "Bank lending in Japan: Its determinants and macroeconomic implications," in Hoshi and Patrick (eds.) (2000), pp. 155~199.

Ogawa, Kazuo, Shin-Ichi Kitasaka, Hiroshi Yamaoka, and Yasuharu Iwata (1996), "Borrowing constraints and the role of land asset in Japanese corporate investment decision," *Journal of the Japanese and International Economies*, Vol. 10, Issue 2, pp. 122~149.

Ono, Arito, Hirofumi Uchida, Gregory F. Udell, and Iichiro Uesugi (2015), Lending pro-cyclicality and macro-prodential policy: Evidence from Japanese LTV ratios," Paper presented at the 2015 American Finance Association Meeting.

Ono, Arito, Kosuke Aoki, Shinichi Nishioka, Kohei Shintani, and Yosuke Yasui (2016), "Long-term interest rates and bank loan supply: Evidence from firm-bank loan-level data," Bank of Japan Working Paper Series, No. 16-E-2.

Peek, Joe and Eric S. Rosengren (2005), "Unnatural selection: Perverse incentives and the misallocation of credit in Japan," *American Economic Review*, Vol. 95, No. 4, pp. 1144~1166.

Sakai, Koji, Iichiro Uesugi, and Tsutomu Watanabe (2010), "Firm age and the evolution of borrowing costs: Evidence from Japanese small firms," *Journal of Banking and Finance*, Vol. 34, Issue 8, pp. 1970~1981.

Sheard, Paul (1994), "Reciprocal delegated monitoring in the Japanese main bank system," *Journal of the Japanese and International Economies*, Vol. 8, Issue 1, pp. 1~21.

Shibamoto Masahiko (2016), "Source of underestimation of the monetary policy effect: Re-examination of the policy effectiveness in Japan's 1990s," *The Manchester School*, Vol. 84, Issue 6, pp. 795~810.

Sonoda, Katsurako and Nao Sudo (2015), "Is macroprudential policy instrument blunt?" Bank of Japan Working Paper Series, No. 15-E-11.

Uchida, Hirofumi and Gregory F. Udell (2015), "Banking in Japan," in Allen N. Berger, Philip Molyneux, and Johm O. S. Wilson (eds.), *The Oxford Handbook of Banking*, 2nd ed., Oxford: Oxford University Press, Ch. 36, pp. 873~912.

Uchida, Hirofumi and Ryuichi Nakagawa (2007), "Herd behavior in the Japanese loan market: Evidence from bank panel data," *Journal of Financial Intermediation*, Vol. 16, Issue 4, pp. 555~583.

Ueda, Kazuo (1994), "Institutional and regulatory frameworks for the main bank system," in Aoki and Patrick (eds.) (1994), pp. 89~108.

Watanabe, Wako (2007), "Prudential regulation and the 'credit crunch': Evidence from Japan," *Journal of Money, Credit and Banking*, Vol. 39, Issue 2-3, pp. 639~665.

Woo, David (2003), "In search of 'capital crunch': Supply factors behind the credit slowdown in Japan," *Journal of Money, Credit and Banking*, Vol. 35, No. 6, Part 1, pp. 1019~1038.

※ 본 장의 집필과 관련하여, 테라니시 쥬로(寺西重郎), 후카오 교지(深尾京司), 시바모토 마사히코(柴本昌彦), 오다카 코우노스케(尾高煌之助), 나카바야시 마사키(中林真幸), 나카무라 쇼지(中村尚史), 호소노 가오루(細野薫), 오노 아리토(小野有人) 선생님과 「이와나미(岩波)강좌 일본경제의 역사」 연구회의 참가자들로부터 유익한 논평을 받았다. 또한 도표 작성을 위하여 타카하시 히데노리(高橋秀德) 씨의 도움을 받았다. 이 자리를 빌어 감사드린다.

제3장 농업과 토지이용

전환기의 일본 농업과 도시 부동산업

소득의 증가는 전분식(澱粉食) 섭취량, 특히 쌀 섭취량의 감소를 가져왔다. 한편으로 민주주의 회복 후의 식량관리제도는 미가(米價) 설정을 국회가 좌우하는 식이었으므로 통제경제의 의미를 가지고 있었다. 농공 간 임금 격차를 시정하기 위하여 높게 설정된 정부 수매 미가 때문에 농가에서는 미작으로 자원이 집중되었고, 1960년대 말에는 신전 개발도 급증하였다. 그 구조적 모순을 해소하기 위하여 시장에서 유통되는 쌀을 늘리고, 정부 수매량을 줄이는 감반(減反)이 편성되었다. 감반을 집행할 때에는 생산효율을 고려하여 경사배분(傾斜配分)이 이용되었다. 대체로 2010년대가 되면 미가의 왜곡이 해소된 것으로 추정하고 있다. 또한 자작 소농을 기본으로 하는 전후 농업이 전환되었는데, 농지 전용과 농업 참여의 규제가 완화됨으로써 농지의 상공 전용과 법인 참여가 증가하였다. 도시 부동산업은 1980년대에 팽창하였지만 90년대 자산 가격 디플레이션이 시작되면서 도태와 구조 변화가 진행되었다. 디플레이션 과정에서 도심부의 재개발에 의해 부가가치를 창출하는 비즈니스 모델이 새로운 표준이 되었다. 그 결과 도시 부동산업은 도시의 생산성을 적극적으로 향상시키는 존재가 되었던 것이다.

후카오 교지(深尾京司) · 나카무라 쇼지(中村尙史) · 나카바야시 마사키(中林眞幸)

제1절 농산물 과잉과 감반정책

1. 포스트 고도경제성장기의 일본 농업

1961년에 제정된 농업기본법에 따르면, 농업정책의 목표는 고도경제성장과 농업의 조화로운 발전이었으며, 이를 달성하기 위해 농업 근대화와 생산성 향상을 꾀하였다. 하지만 그 성과가 절반에도 이르기 전에 1970년대 일본 농업은 새로운 문제에 직면하게 된다. 바로 농산물 과잉 문제였다. 처음에는 쌀, 다음으로 75년 전후에는 밀감, 우유의 과잉 상태가 나타났다.

농산물 과잉은 선진국 농업에서도 나타나는 일반적인 문제이다. 미국과 EC·EU에서도 정도의 차이는 있지만, 감반(경작 면적의 축소)이 실시되었다. 여기에서는 쌀에 초점을 맞추어 쌀의 과잉 대책, 즉 감반에 대해 기술한다.

2. 농산물 과잉과 감반정책[1]

(1) 감반은 왜 시작되었는가

쌀 증산과 과잉미의 발생 1961년 제정된 농업기본법 중 선택적 확대라고 부르는 「농업 생산의 품목 구성의 비전」이라는 부분에서, 쌀의 미래 수요는 증가에서 감소로 전환될 것이 이미 예견되었다. 그리고 정부의 예측대로 62년 1인당 쌀 소비량은 정점에 도달한 후 이후 감소하기 시작하였다([그림 3-1]).

그렇지만 1960년대 중반만 하더라도 쌀의 공급은 여전히 부족한 상태에

1 '감반'(減反)이라는 용어는 농림수산성의 공식 문서에서 한번도 사용된 적이 없다. 말하자면 '속칭'인 셈이다. 정식 용어로는 '쌀 생산 조정'이 사용되었다. 하지만 본서에서는 널리 이용되는 '감반'이라는 용어를 사용한다.

[그림 3-1] 감반 개시 전후의 쌀 수급과 1인당 쌀 소비량

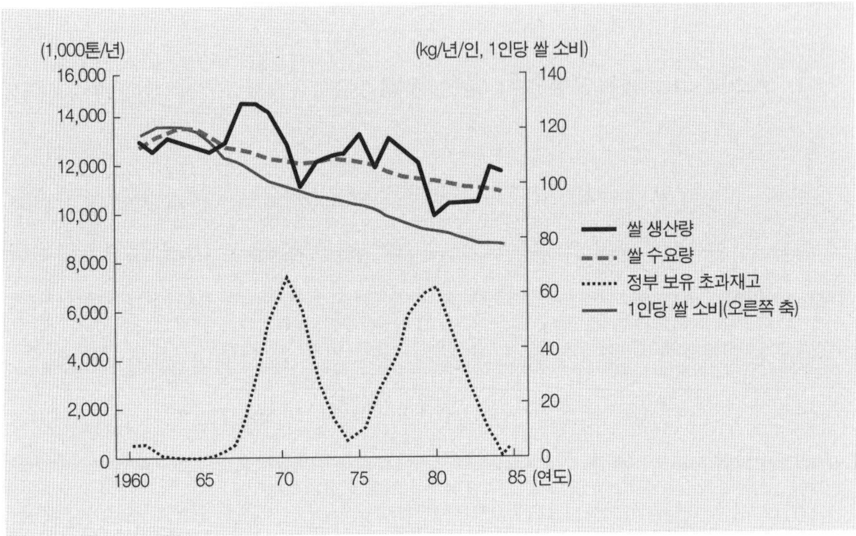

출전: 식량청 편, 각 연도b.

있었다. 예를 들어, 64년에는 대량으로 외국 쌀을 수입하기도 하였다. 이런 분위기에서는 쌀을 증산하고 미가는 올려야 한다는 논조가 대세가 될 수밖에 없었다.

하지만 [그림 3-1]이 보여 주듯이, 1967년, 68년 연속으로 1,400만 톤을 넘는 대풍작을 달성하였다. 그 결과 70년 10월 말에는 정부 재고가 700만 톤을 넘을 것으로 예상되었다. 즉, 과잉미 재고는 서서히 증가하였던 것이 아니라 일거에 팽창하였던 것이다. 그럼에도 불구하고 당시에는 풍작이라는 일시적인 현상 때문이라는 생각이 지배적이었다. 지금에 와서는 명확해졌지만, 그 배후에는 이미 구조적 수급 불균형의 문제가 있었다.

[그림 3-2] 식생활의 변화와 쌀 소비의 추이

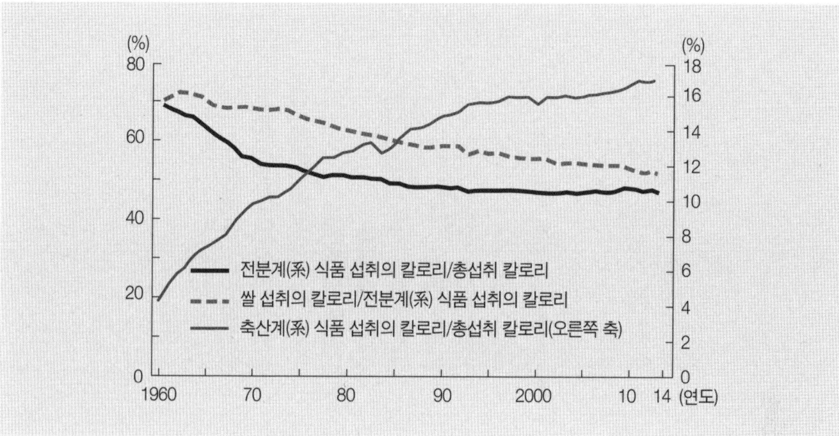

출전: 농림수산성 대신관방조사과, 각 연도.

과잉의 구조적 요인 - (1) 수요 측의 동향 농업기본법 제정 당시 쌀 수요가 감소하리라는 정부의 예측이 공표되자마자 곧바로 언론을 중심으로 반발이 일어났다. 기본법 노선에 대해 "소득수준이 올라감에 따라 전분식률이 떨어지는 것은 세계 전체의 경향이지만, 일본은 서양과 풍토가 다르고, … 그만큼 전분식률은 떨어지지 않을 게 아닌가"라는 비판이 쏟아졌다.[2]

그러나 전분식의 하방경직 현상이 곧바로 나타났던 것은 아니다. 즉, 하방경직론이란 장기적 추세를 설명할 수 있을 뿐이었다. 하방경직 현상이 현실로 나타났던 것은 1990년대 들어서였다. 60년경 70%이었던 전분식 비율은 70~80년대 계속 하락하여 40%대 중반까지 낮아졌고, 그 다음부터는 더 이상 하락하지 않았던 것으로 보인다([그림 3-2]).

2 농정 저널리스트 협회 편집부(1966), p. 85 참조.

[그림 3-3] 신규 개전 붐 당시 신규 개전 면적의 추이

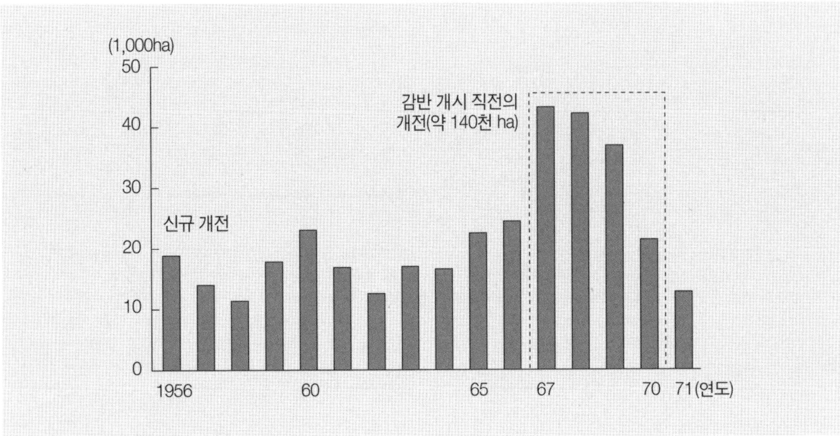

출전: 농림수산성 대신관방통계조사부, 각 연도.

그렇지만 전분식과 쌀은 달랐다. 전분식률은 최저 한계에 도달하였지만 쌀 소비는 아직 최저 한계에 도달하지 않았던 것 같다. 즉, 전분식 중에서 쌀의 비중은 이후에도 계속해서 하락하였던 것이다.[3] 그 결과 1인당 쌀 소비가 정점이었던 1962년 한 해에 118kg/명이었던 데 비해 2017년에는 약 절반 수준인 55kg/명밖에 되지 않았다.

공급 측에서 감산을 하였다고 해도 소비 감소가 훨씬 더 컸던 것이다. 다른 나라의 농산물 과잉과 생산 조정의 본질은 공급 측 요인 때문이다. 이에 비하여 일본의 감반은 수요 측 요인, 즉 쌀 소비 감소가 주요 요인이라는 특징이 있다.

---

3 한편, 축산물로부터 섭취하는 칼로리 비율은 1960년경 4% 정도였지만, 67년에는 7%를 넘었고, 79년에는 12%에 달하였다. 그 후 증가 속도는 떨어졌지만 계속해서 높아져 2014년 기준 16%를 넘고 있다.

과잉의 구조적 요인 – (2) 공급 측의 동향 전후 쌀 가격은 식량관리제도(食管制度)하에서 정치적으로 결정되어 왔다. 1952년 국제 가격을 초과하였던 쌀 가격은 이후에도 계속 상승하였다. 특히 생산비·소득보상 방식이 채택되었던 60년대 이후 도시 균형노임이 쌀 가격 산정에 도입되었다.[4] 이는 농업기본법의 정책 목표가 농공 간의 소득균형을 실현하는 것이었으며, 이를 농업계가 원하였기 때문에 정치적으로도 중시되었다. 그러나 실제로는 도시보다 농촌의 임금이 낮았기 때문에 다양한 왜곡이 생겼다. 특히 정부는 미가만 높은 수준을 유지하였고 다른 작물의 가격은 그렇지 않았기 때문에,[5] 농지자원과 인적자원이 논농사에 과도하게 집중되는 부정적 효과가 있었음을 부인할 수 없다.

이런 배경도 작용하였을 뿐만 아니라 1960년대부터는 쌀 소비까지 감소하기 시작하였다. 이에 따라 매우 복잡한 상황이 전개되고 말았는데, 공교롭게도 공급 측에서 신규 개전(開田) 붐과 쌀 증산 운동이 일어났던 것이다.

[그림 3-3]은 1956년부터 71년까지 신규 개전 면적을 보여 준다. 서(西)일본에서는 50년대까지 신전 면적이 증가하였지만, 동(東)일본에서는 특히 60년대 후반에 쌀 가격이 상승함에 따라 신전 면적이 급증하였다. 이러한 움직임을 신규 개전 붐이라고 부른다. 감반 개시 직전 4개년의 신전 면적 누계만 해도 14만 헥타르에 이른다. 이는 야마오카현을 제외한 중부 4현과 서부 4현을 더한 8개 현의 2017년 수도작(水稻作) 면적에 상당하는 크기이다. 전국 수도작 면적이 140만 헥타르이므로 이 시기에 약 10%나 증가한 셈이다. 이 면적만으로도 쌀의

4 구체적으로는 '쌀 생산비 조사에 의해 실측된 노동시간×일정 규모 이상의 제조업 등의 임금'을 노동비로 계상하였다. 이렇게 계산하면, 생산비도 높게 나오게 되고 미가도 높게 산정된다.

5 예외적으로 우유 가격만은 어느 정도 도시 균형노임을 반영하였다.

잠재생산량은 감반 개시 직전 수년 동안 증가하였을 것이다.

게다가 쌀 증산 운동까지 일어났다. 감반 개시 직전 농림성(현 농림수산성)과 함께 각 현은 '○○현 산미 증산 계획'이라는 슬로건을 내걸고, 경쟁적으로 쌀 증산에 나섰다. 그러던 와중에 감반 개시라는 충격적인 정책 전환 소식이 들려왔다.

(2) 식관제도와 감반

감반 개시의 직접적인 요인은 과잉미 발생이었고, 이에 대한 긴급대책의 성격이 강하다. 하지만 감반의 성격을 이해하려면, 그 배경 중 하나인 식관제도(食管制度)를 이해해야 한다.

1960년대 말 고도경제성장이 끝날 무렵, 국가 재정은 적자가 누적되어 갔다. 식관제도는 당시 국철, 건보와 함께 재정적자의 원흉으로 꼽히는 3대 요인이었으며 이른바 '3K'라고 불렀다(食管=米).[6] 식관으로 인한 적자 요인은 크게 두 가지였다. 첫째, 생산자 미가의 이상한 상승으로 인해 매매가 차이가 확대되는 것,[7] 둘째 정부 보유미 재고가 누적되는 것이었다. 첫째 적자 요인을 해소하려면, 생산자 미가의 억제가 필요하다. 또한 둘째 적자 요인을 해소하려면, 정부 매입이 아닌 민간 유통, 즉 자주 유통미 제도를 도입함으로써 정부 수매량을 제한하는 것이 필요하다. 정부 매입량 제한과 궤를 같이하는 것으로서, 생산 면에서 취해질 수 있는 조치가 바로 감반이었다.

이와 같이 감반은 물리적인 쌀 수급 불균형에 대한 긴급대책이기도 하면

6 이 3K에 대응하여 1968년 4월 재정제도심의회에는 몇 개의 분과가 조직되었는데, 식관은 제1분과의 주요 테마로 다루어졌다(역자 주: 참고로 쌀을 일본어로는 kome라 읽는다).

7 식관 제도하에서 당시 미가는 이중가격제이었다. 정부는 생산자로부터 비싸게 사서, 소비자에게 싸게 팔고, 그 차액은 정부가 부담하는 구조로 되어 있다.

서 식관으로 인한 재정적자 누적에 대응하기 위한 대책으로서의 성격도 가지고 있었다. 즉, 그것은 재정 절약의 사명을 지닌 정책이기도 하였던 셈이다.[8]

3. 감반은 어떻게 진행되었던 것인가

(1) 감반의 부담감

[그림 3-4]는 감반율[9]의 추이이다. 비교를 위해 미국의 소맥 감반율의 추이도 제시하였다. 일본의 감반은 한번 시작된 이후 다소의 강약은 있었지만 중단하지 않고 꾸준히 계속되었다. 이미 서술한 바와 같이, 쌀 수요의 지속적인 감소 등 구조적 과잉 체질이 있었기 때문이다. 반면에 미국에서는 재고 조정이 목적이었다. 따라서 재고가 사라지면 감반을 중단하고, 재고가 누적되면 감반을 재개하는 식이었다. 즉, 간헐적인 실시가 특징이다.

더욱이 미일의 감반을 비교해 보면, 일본의 경우 대부분의 시기에 실질적으로 강제 감반이 시행되었다. 면적의 할당은 일률적이지 않았는데, 현(県) 간 또는 시정촌 간의 사정을 참작하여 개별적으로 계산하였다. 그 면적 관리는 엄격하였는데, 한창일 때 일선 현장에서는 담당 직원이 자를 들고 다니며 센티미터 단위로 측정하기도 하였다. 반면에 미국에서는 주요 작물의 경우에만 선택제 감반을 시행하였다.[10] 즉, 전국 일률의 감반율을 제시하고 그 한도가 채

8 해외의 감반은 휴경지에 대해 충분한 보상을 하는 등 생산자가 경제적 합리성을 바탕으로 판단할 수 있는 선택제였다. 그러나 일본의 감반은 행정기관으로부터 배분이 할당되고, 보상도 충분하지 않으며, 촌락사회의 동조압력을 이용하여 강제적으로 집행되는 형태를 갖고 있다. 이 방식에는 강제성이 있지만 반면에 재정을 절약하는 효과는 있다.

9 감반 개시로부터 2003년까지는 삭감해야 할 면적(또는 수확량)을 배분하는 방식이었고, 04년부터는 경작해도 좋은 수확량을 배분하는 방식으로 바뀌었다. 하지만 현장에서는 향후 삭감해야 할 면적이 얼마인가를 판단하고 그것에 근거하여 배분이 제대로 준수되었는가를 확정하였다. 감반 개시 이후 이러한 현장의 작업방식은 바뀌지 않았다. 즉, 공식 수치로서 비율이 명시되었던 것은 전혀 아니다.

[그림 3-4a] 일본 감반율의 추이

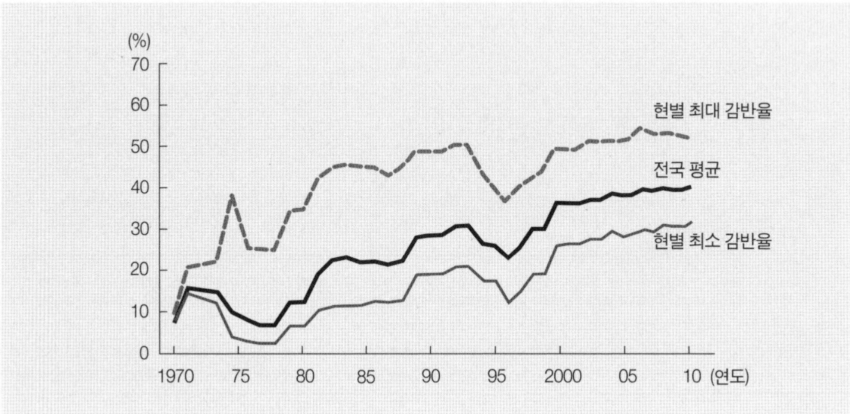

출전: 농림수산성 자료 등으로부터 저자 책임하에 추정.

[그림 3-4b] 미국 감반율의 추이(소맥)

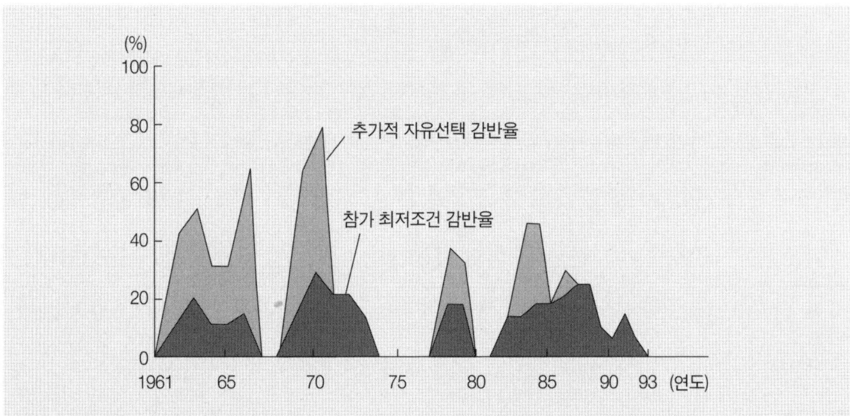

출전: USDA(1990) 등으로부터 작성.

10 주요 작물인 소맥의 경우, 1963년 강제적인 감반을 할 것인지가 정부 제안으로 제시되었고 법령의 규정에 따라 농민의 직접투표(referendum)에 부쳐졌다. 그러나 그 안건은 부결되었고 이후에도 계속해서 선택제가 채택되었다. 현재 남부에 한정된 면화 등의 마이너 작물(minor crop)인 경우 강제적인 감반인 경우도 있다(역자 주: 농약의 사용과 관련하여, 작물을 주요 작물(major crop)과 마이너 작물로 분류하는데, 일본에서는 생산량이 3만 톤 미만인 작물을 마이너 작물로 정의한다).

워지면 보상해 주는 식이었다. 그 면적의 측정은 항공사진으로 이루어졌고, 조금 더 많이 감반하면 조금 더 많은 보상을 받는 등 추가적인 옵션도 있는 유연한 방식이었다.

세간에는 '논의 40%가 감반'되었다는 말이 있다.[11] 그러나 40%라고 말할 때, 분모는 감반이 개시되었을 때 논의 면적일 것이다. 하지만 2017년이 되면 그중에는 과거에 이미 밭으로 전환되어 논으로 되돌릴 수 없는 곳도 있었다.[12] 따라서 논으로의 전환이 물리적으로 곤란한 면적을 빼고 현재 시점에서 감반율을 추정하면, 25% 이하가 된다. 즉, 2017년 현재 일본의 쌀농사를 보면 물리적으로 가능한 모든 논에서 쌀을 증산한다고 해도 20% 이상 증산하는 것은 불가능하다.

더욱이 물리적으로는 쌀농사가 가능해도 경제적으로는 다른 작물이 유리할 경우 감반의 부담은 그만큼 줄어든다. 소위 감반 장려금도 경제적인 부담을 경감시켰다. 따라서 농가에게 돌아가는 실질적인 부담으로서 감반율을 계산하려면, 농가가 다른 작물을 경작하는 것이 유리하다고 판단하는 면적을 빼야 한다. 이런 면적을 빼고 나면, 실질적인 부담으로서 감반율은 2007년 시점에 이미 10% 정도였고, 2017년에는 더욱 낮아져서 5% 정도 될 것으로 저자는 추정

11 2001년 기준으로 감반 면적은 100만 ha를 넘는다. 당시 대상이 되었던 논 면적이 260만 ha이었으므로 그 비율(39.4%)을 인용하여 감반이 4할이라는 말이 생겼다. 04년부터 국가 제도가 바뀌었다. 즉, 줄여야 할 면적이 아니라 경작해도 좋은 수량(또는 면적)으로 대체되었기 때문에 정확한 수치를 파악하는 것은 어렵다. 하지만 그 후 감반이 강화된 적은 있어도 완화된 적은 없으므로, 대개 4할이라는 수치는 현재에도 타당하고 관계자들 사이에서도 많이 듣는 수치이다.

12 이것을 포함해야 할 정당한 이유가 있다. 예를 들어, 과거 농민의 결단에 의해 논에서 밭으로 전환한 농가와 논을 그대로 휴경한 농가가 있다고 하자. 전자의 경우 과거의 지목 전환을 무시하고 현재의 논 면적을 기준으로 둘 다 30%를 감반하라고 한다면, 이는 매우 불공평한 일이 될 것이다. 실제로는 이상과 같이 과거에 지목을 전환한 경우, 우등생으로 간주하여 감반으로 인정하는 경우가 많았다. 이런 문제들을 고려하여 감반의 현지 확인을 할 때에는, 수전대장에 사과과수원, 유리온실, 삼나무숲 등을 상세하게 기재하도록 되어 있다. 그래야 다음에 감반을 할 때 문제를 줄일 수 있기 때문이다.

한다.[13]

이른바 휴경지는 대부분이 감반으로 계산되었다. 역장(役場: 우리나라의 읍면동 사무소)에서 관리하는 장부(水田台帳)에도 하나의 필지로 명기되어 있다. 물론 그중에는 경작이 방기된 땅도 포함되어 있다. 예전의 휴경지는 대부분 여름에 풀을 베고 물을 채우면 언제든지 도작이 가능하였던 논이었다. 따라서 이런 논의 경우에는 실질적인 감반 부담이 있는 것으로 보아야 한다. 하지만 최근에는 경작이 방기된 논이 많아졌다고 한다. 이런 논의 경우 대부분은 관리되지 않고 억새풀만 무성하다. 따라서 도작으로의 복귀 가능성은 거의 없으므로, 이런 논의 경우 실질적인 감반 부담은 없는 것으로 보아야 한다. 이처럼 같은 휴경지임에도 불구하고 감반된 것으로 간주되는 경우가 있음을 고려할 때, 실질적인 감반율은 훨씬 더 낮다고 볼 수 있다.

(2) 감반 목표의 배분과 미달성 시의 패널티

배분의 할당 방법 감반의 핵심 부분은 매년 생산 조정 목표를 배분하는 일이다. 국가에서 현으로, 현에서 시정촌으로, 그리고 시정촌에서 농가로 할당된다.[14] 시정촌에서 농가로 할당할 때, 일단 집락(集落)으로 할당된 후 다시 개인에게 할당되는 과정을 거친다.[15] [그림 3-4a]에서 위아래로 그려진 선은 감반율이 최대인 현의 수치와 최저인 현의 수치가 그려져 있다.[16]

13 사료용 쌀은 주식용 쌀보다 비싸다. 따라서 사료용 쌀이 경제적으로 유리하다고 판단하여 사료용 쌀을 경작하기로 한 면적이 증가하고 있다. 이런 식의 전환도 감반으로 간주된다.

14 행정기관을 통하는 것이 아니라 농업단체를 회원으로 하는 협의회를 만들어 배분하는 방식이 이용되었던 때도 있었다. 다만 명목상으로는 협의회를 통한 것이라고 해도 실제로는 행정기관을 통하는 것이었다.

15 역자 주: 총무성에 따르면, 집락(集落)은 지역주민 간의 상호부조기능(관혼상제 등), 농림어업 등 지역의 생산활동을 위한 생산보완기능(풀베기, 도로 정비 등), 지역 고유의 자원, 문화 등 지역자원을 관리하는 기능을 담당하는 단위라고 정의된다.

16 2004년 이후에는 감반 면적의 공식 데이터가 아니다. 여기에서 산출된 수치의 원래 데이터는 특정 현으로부터

배분은 크게 보면, 동일한 감반율로 할당되는 (일률)균등배분과 감반율이 다른 경사배분이 있다. 국가에서 현으로 배분될 때에는 기본적으로 경사배분이 적용되었다. 한편, 현에서 시정촌으로 배분될 때에는 현 내의 조건에 따라 달랐다. 즉, 현 내에 평야지대와 산간지대가 있거나 또는 동해 측과 태평양 측에 걸쳐 있는 등 지리적 조건 등에 따라 현 내의 차이가 큰 현이 있었다. 이런 현에서는 시정촌별로 배분하였는데, 국가에서 하는 것 이상으로 경사배분을 하였다. 끝으로 동일한 평야지대에서는 정당한 사유가 없는 한 균등배분에 가깝게 할당하였다.

시정촌으로부터 집락, 집락으로부터 개인으로의 배분은 기본적으로 균등배분이었다.[17] 다만 실제로는 개인 간에 유상 또는 무상으로 상당조정(相當調整)이 이루어졌다. 조정을 할 때에는 각자의 경영 및 노동 사정 등을 감안하여 감반을 '의뢰', '인수'하는 방식을 따랐다.

따라서 "감반은 일률균등배분이다"라는 비판이 종종 있지만, 그것은 옳지 않다. 시비를 논하지는 않겠지만, 배분 자체는 상당히 경사적이었다. 즉, 말단의 개인 단계에서는 상당한 정도의 조정이 유상 또는 무상으로 이루어졌기 때문이다.

경사배분의 결정방식은 다음과 같았다. 당시에는 국가에서 현으로의 단계와 현에서 시정촌으로의 단계가 달랐다. 하지만 1978년부터 벌칙이 엄격하게 적용되고 면적도 대폭 확대되면서, 국가에서 현으로의 배분에서 사용되었던 경사배분이 이후 배분의 기초가 되었다. 즉, 현에서 시정촌으로의 배분에

익명을 전제로 제공받은 것이다.

17 합병된 시정촌의 경우, 합병 전 역내에도 토지조건에 따른 차이가 있을 수 있고 또한 합병 전 시정촌 간의 차이가 있을 수도 있기 때문에 합병 후 역내 감반율은 2017년 현재에도 차이가 남아 있었다.

도 영향을 미쳤던 것이다. 이 경사배분에서는 양질미의 비율, 논의 배수조건, 정부가 – 10년 후 적지적산(敵地敵産)을 목표로 만들어진 공간균형모형에 의해 – 작성하였던 산지(産地) 지도 등이 배분 산정 요소로 사용되었다. 현에서 시정촌으로의 배분에서는 근설(根雪: 해빙기까지 남아 있는 눈) 기간 등이 사용되었고, 최근에는 산지의 노력을 촉진한다는 의미에서 전년도의 일등미 비율 등도 종종 사용되고 있다.

현이 시정촌을 소집하여 행하는 배분회의 많은 독자들은, 감반 배분이 권력에 기초한 강제적인 것이므로 상명하달식으로 또는 일방적으로 부과된 것이라는 인상을 받을지도 모르겠다. 그러나 불충분한 보상하에서 미달성 시에는 벌칙이 있었기 때문에 오히려 조금 더 배분을 줄이려는 상향(bottom-up) 압력이 강한 경우도 있었다. 또한 국가에서 현으로의 배분에서는 불만이 있어도 배분회의 자체가 분규를 겪지는 않았다.[18] 그러나 현에서 시정촌으로, 시정촌에서 집락으로, 다시 개인으로 배분될 때에는 분규가 있었다.

시정촌에서 집락으로 또는 개인으로의 배분을 할 때, 각지에서 저항이 있었다. 예를 들면, 집락좌담회에 참여하려는 읍사무소의 설명자가 생산자로부터 격렬한 저항을 받다보니 서서 기다리다가 포기하고 돌아가기도 하였으며, 심적 스트레스를 견디지 못하고 직장에서 이탈하는 경우도 있었다. 이하에서는 현으로부터 시정촌으로의 배분회의의 양상을 소개하고자 한다.[19]

예를 들어, 시코쿠 A현의 OB에 의하면 다음과 같았다고 한다. 1978년 배분

18 국가와 현의 관계를 고려할 때 사무수준에서는 분규가 없었지만 지사가 감반 이탈을 선언하는 등의 반란은 종종 있었다.

19 배분회의의 긴장은 1998년까지 계속되었다. 이후 미달성 시정촌 등이 나오기 시작하자 아래로부터의 격렬한 저항은 수습되어 갔다. 또한 회의장 분위기도 조용해졌다. 결국 조용하게 미달성으로 처리되는 분위기가 형성된 셈이다.

에서 벌칙이 부과되면서 긴장이 예상되었기 때문에 사전에 경찰에 통보한 후 B은행의 회의실에서 현 내 시정촌의 대표들을 모이게 한 후 배분회의가 시작되었다. 하지만 회의장 주변에는 감반을 규탄하는 가두방송 차량이 나타났고 삼엄한 분위기 속에서 회의는 시작되었다. 각 시정촌의 배분 면적이 기록되고 지사로부터의 공문을 배포한 후, 현의 담당자가 설명을 진행하려는 도중 지사를 수행하고 왔던 시정촌 담당자 중 누군가가 단상에 올라가 담당자와 밀고 당기는 실랑이가 벌어졌다. 회의장은 난장판이 되었고 회의는 혼란 속에서 마무리되었다. 나중에 밝혀진 것이지만, 당시 담당자의 양복 속 주머니에는 배분에 관한 지사의 공문서 봉투가 몇 개 꾸겨져 있었다고 한다(荒幡, 2014, p. 413). 이와 같이 감반 배분을 시정촌에 통지하는 지사의 공문서를 받지 않고 반송하는 일이 많은 현에서 빈발하였다. 관계자 사이에서는 일종의 업계 용어로 배분 수취 거부라고 불렀다(배분 반환이라고도 하였다).

호쿠리쿠 C현의 OB에 의하면, 1978년 배분회의 자체는 주도면밀한 사전 공작도 있어서 평온하였다. 하지만 다른 장소에서 소요가 있었다. 『마이니치신문』(1977년 12월 6일자)에 의하면, 현 회의가 개최된 첫째 날 "일농(일본농민조합: 인용자) 등의 농민들이 '감반에는 절대로 응할 수 없다' 고 … 지사, … 농림수산부장에 교섭을 신청하였지만, … 부장이 '국가의 결정에 대하여 C현만 거부할 수는 없다'고 답하자, 정면 대립하여 … 지사실과 … 회의장 입구에 앉아 농성하였다. 현 측은 …, 현경에 기동대 출동을 요청하고 … 13명을 … 체포하였다"라고 보도하였다.

이러한 혼란은 쌀 주생산지인 도호쿠, 호쿠리쿠에서만 일어난 것으로 되어 있지만 사실은 그렇지 않았다. 거의 전국적으로 비슷한 일이 일어났던 것이다.

미달성에 대해 부과되는 각종 벌칙 감반제도에서는 배분 할당이 달성되지 않는 경우 각종 벌칙이 부과된다. 구체적으로 주요 벌칙은 '개인 배분 미달성에 대한 벌칙'(1978~2009), '집락의 연대책임제'(1978~2003), '미달성 시정촌에 대한 보조사업 집행정지'[20](1978~2009)가 있다. 이 중에 특히 앞의 두 가지에 대해서는 추가적인 설명이 필요하다.

첫째, '개인 배분 미달성에 대한 벌칙'이란 미달성된 경우 그만큼 다음 해의 배분이 높아지는 방식으로 되어 있다. "매년 눈사람처럼 팽창하는 방식이어서, … 논 면적이 1ha인데도, 다음 해 감반 목표 할당이 2ha가 되는 케이스가 전국적으로 빈발하였다"(荒幡, 2014, p. 558). 실제로 큐슈 P현 B시의 OB는 "1.0ha의 논을 가진 사람에게 1.2ha가 배분되면 불참가가 되는 것으로 정하고 있다. 제도가 변하였다"고 지적한다(荒幡, 2015, pp. 60~61). 국가 제도로는 1996년 명목상 폐지되었지만 시정촌에서는 2009년까지 계속되었다. 시정촌 담당자의 목소리를 대변하자면, "정부는 배분에 대한 벌칙을 폐지하면서도, … 배분 할당의 달성을 엄격히 추구하였다. 시정촌은 '배분상의 벌칙'이 유일 달성을 실현하기 위한 강력한 수단"이고, 그것에 "의존하지 않을 수 없는 상황이었다"(荒幡, 2014, p. 529).

둘째, '집락의 연대책임제'는 지구 달성 요건이라고 불렸다.[21] 이는 이른바 감반 장려금의 급부 요건으로 제시된 것인데, 집락 전체가 감반 목표를 달성

20 명칭은 미달성 시정촌의 보조사업 불채택 또는 달성 시정촌의 보조사업 우선 채택이라고 불렸다. 하지만 지방 담당자의 말을 실제로 들어 보면, "사실 채택지구 지정을 강하게 원하기 때문에 어디에서도 벌칙효과는 같다"고 말한다. 1996년부터 '불채택'은 폐지되었지만, "이로써 강제감이 약화되었다는 것은 국가의 궤변에 불과하다"고 말한다. '우선채택'은 2009년까지 계속되었다. 이 벌칙이 실제 발동에까지 이른 예는 드물지만 발동 경고의 효과는 강력하였다. 07년 가을 저자의 질문에 대해, 긴키의 Z현 담당자는 "보조사업을 중단한다는 것이 가장 무서운 일이었다"고 서술하고 있다(荒幡, 2015, pp. 61~62).

21 나중에 지구 달성 가산이 되었는데, 플러스가 있는가 없는가에 따라 차이가 있었지만 기본액이 적고 가산액이 크면 사실상 종전의 제도와 같은 것이었다.

하지 못하면 집락 전체가 감반 장려금을 받을 수 없는 구조로 되어 있다. 이는 사실상 연대책임을 부과하는 것과 같다.[22]

개인에 대한 배분상의 벌칙은 엄격하였지만 개인 레벨에서 완결될 수 있는 것이기 때문에 그나마 괜찮았다. 그에 비해서 감반 장려금의 집락 연대책임(지구 달성 요건)의 경우에는, 지역 전체의 달성이 지상 명령이 되었다. 본래 농촌 집락에는 동조 압력과 상호 감시 기능이 있다. 그것을 교묘하게 활용한 제도인 셈인데, 감반 목표를 달성하기 위한 효과는 강력하였다. 그러나 반면에 본래 융화적인 농촌 집락에 불협화음을 남겨 두고 말았다.[23]

(3) 미가, 재정 부담과 감반정책의 정합성

[그림 3-5]는 실질치 기준으로 쌀 가격의 55년간 추이를 추적하여 보여 준다. 점선은 조성금(助成金)을 포함하여 생산자가 수취한 미가이고, 실선은 조달가격이다.

쌀의 소비 감소가 계속되었기 때문에, 시장 상황을 그대로 반영한 가격이라면 쌀 가격은 하락 추세를 보일 수밖에 없다. 사실 1980년대 이후에는 그러하였다. 그러나 60년대 중반과 70년대 중반의 수년간은 오히려 가격이 상승하였다. 전자는 감반 개시 전인데, 이것이 신규 개전 붐을 일으켰던 것이다. 한편, 후자는 감반 개시 후이다.

감반은 생산 과잉에 대한 대응이다. 쌀 가격이 올라가면 생산이 자극받게

22 현과 시정촌의 담당자 사이에는, 마치 에도시대 백성을 통치하는 수단으로 연대책임을 부과하였던 5인조를 방불케 하기 때문에 '5인조' 라는 명칭이 일종의 업계 용어가 되었다.

23 많은 지역에서 "어떤 사람이 감반을 하지 않았다"는 밀고나 "저 사람 때문에 공민관(公民館) 설립이 취소되었다"는 음모가 들려왔다. 생산자를 조정하는 역할을 담당하는 집락 대표로서는 부담이 컸다. 심지어 심적 부담이 컸던 역장(役場) 담당자과 집락 대표 중에는 자살하는 사람도 있었다. 저자가 아는 것만 해도 전국적으로 6개의 사례가 있었다(荒幡, 2014, p. 566).

[그림 3-5] 미가의 추이(실질치 기준연도 2007년)

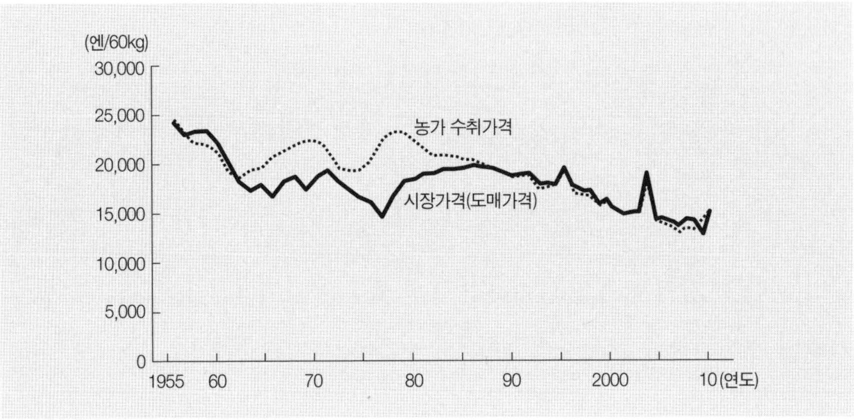

주: 미가로는 1969년까지 정부 공정미가를 그대로 이용하였음. 농가 수취 기준의 가격으로는 정부매입가격을, 소비지 도매 조달 기준의 가격으로는 정부매도가격을 이용하였음. 70년 이후에는 자주유통미와 정부미의 유통량 비율을 이용하여 각 가격의 가중평균을 구하였음.
출전: 식량청 편, 각 연도b; 총무성 통계국, 각 연도; 기타 미가 관련 자료에 의해 작성.

될 것이므로 과잉은 더 심각해진다. 따라서 정책적 정합성을 가지려면 쌀 가격 인하가 타당하다.

그렇지만 현장의 농민 정서는 감반으로 인한 손실을 쌀 가격 인상으로 돌려받고 싶다는 것이었다. 이러한 농민의 정서는 어떤 의미에서는 당연한 것이다. 그리고 정치적으로 직접 요청받은 현 의회에서도 이 문제를 반영한 논의가 있었다.[24]

한편, 중앙정부의 농림성은 감반과 정합적인 정책조합이 쌀 가격 인하라는 것을 알고 있었다. 또한 입법부에도 쌀 가격 인상을 고집하지 않는 양식 있

24 1970년 1월 19일 도호쿠 야마가타현의 현 의회에서 H의원은 다음과 같이 말하였다. "나는 쌀이 남아돌기 때문에 생산자 미가를 그대로 둔다는 것에는 반대한다. 오히려 생산비 소득 보상방식을 견지하여, 보상을 할 때 새로운 생산 조정으로 인해 발생한 소득 감소분을 더해서 미가를 결정하는 것이 바람직하다고 생각한다"(山形縣議會, 1970, pp. 104~115).

[그림 3-6] 쌀 생산 조정의 가격 부양효과(시장 평균가격 대비 인상률)

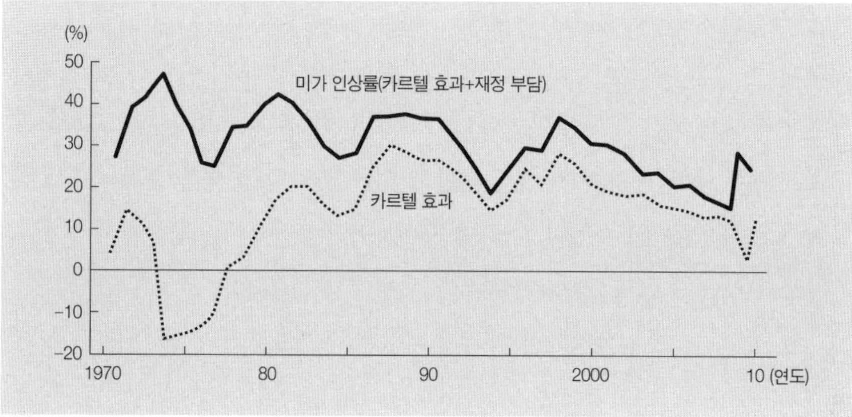

주: 탄력성 수치는 수요의 경우 -0.2899, 공급의 경우 +0.4405를 이용하였음.
출전: 식량청 편, 각 연도a, b.

는 정치가가 있었다. 그러나 여당과 야당을 포함하여 대부분의 정치가는 정부에 대해 쌀 가격 인상을 강하게 압박하였다. 쌀 수급과 농림예산 경직화를 우려한 농림수산성, 재정 규율의 혼란을 걱정하는 대장성(현 재무성)의 우려를 무시하고 쌀 가격은 정치적으로 인상되었다. 시산(試算)할 때라도 인하했어야 하였지만 보류되고 말았다. 이후 정부가 쌀 가격 인하에 성공하였던 것은 1987년이 되어서였다.

감반에 의해 쌀 수급을 줄이면 쌀 가격을 끌어올리는 효과, 즉 카르텔 효과가 있다. 다만 당시에는 그 효과가 그다지 뚜렷하지 않았다. 왜냐하면 상기한 바와 같이 쌀 가격이 정치적으로 인상되었기 때문이다. 그러나 최근에는 시장의 수급을 반영하여 스스로 결정되기 때문에 카르텔 효과가 클 수도 있다.

[그림 3-6]은 저자가 추정한 카르텔 효과를 보여 준다.[25] 이 그림을 보면, 쌀

가격은 대부분의 기간 시장 균형 가격보다 높은 수준에서 움직이고 있다. 하지만 감반 초기 시장 균형 가격보다 높은 경우에도 카르텔 효과에 따른 괴리가 그렇게 큰 것은 아니었고 10% 이하인 경우가 많았다. 오히려 비싼 쌀 가격은 정부 조성에 의해 나타난 것이었다.

그러나 1980년대 들어서면서 감반에 의한 카르텔 효과는 현저해졌고, 87년에는 20%를 넘기도 하였다. 이와 정반대로 정부 조성, 즉 이중가격제의 효과는 축소되었다.[26] 그 후 2000년경부터 카르텔 효과는 감소 추세로 돌아섰다.[27]

2017년을 끝으로 감반의 핵심 부분이었던 국가로부터의 배분은 폐지되었다. 보리와 대두 등 전작 작물로의 조성은 계속될 전망이기 때문에 – 혼란을 피하기 위한 목적도 있어서 – 그것을 감반 폐지라고 부르는 것에는 신중한 태도를 보이고 있다. 하지만 어쨌든 1970년 시작되어 50년간 계속된 감반은 그 핵심 부분이 사명을 다하고 새로운 시대에 접어들었다. 감반의 역사는 이 시대 농업과 농정의 과제, 관계자의 고뇌의 상징이다. 그 발자취는 많은 역사적 교훈을 남겼다.

25 카르텔 효과에 의해 부풀려진 가격 상승률의 추정치가 점선이고, 실제 농가가 수취한 가격의 상승률이 실선이다. 그 차이가 각종 보조금에 의한 상승률이다.

26 주의해야 할 것은 1980년대 제2차 임시 행정조사회(약칭 임조)에 의한 행·재정 개혁이 정력적으로 추진되었다는 점이다. 임시 행정조사회에서는 식관제도에 관하여 미가의 역전을 해소하는 문제가 지적되었다. 그리고 그 지적대로 역전은 근본적으로 개선되었고 재정부담은 경감되었다. 따라서 재정의 관점에서만 보면, 성공적이라고 말할 수 있을 것이다. 그러나 이 부근에서 감반의 성격은 크게 바뀌었고, 카르텔의 성격이 강해지게 된다.

27 그 후 호(戶)별 소득보상을 도입할 때에는 점점 더 변칙적인 움직임이 나타났다.

제2절 1970년대 이후의 농지 문제

1. 정책적 우대 수혜자로서 농업자

일반적으로 선진국에서는 농업자의 이익이 우대받는 경향이 있다. 일본도 예외는 아니다. 하지만 일본에서 나타나는 농업자로의 정치적인 이익 유도에는 북미나 유럽과 다른 독특한 특징이 있다. 그 배경에는 일본 농지 문제의 특수성이 자리잡고 있다. 이하 본 절에서는 1970년대 이후 일본 농업정책의 특징과 그 배경을 조명하고자 한다.

2. 농지 문제의 특성

1970년경부터 농업자를 보호하는 방법이 크게 변화하였다. 전전에는 농산물 가격을 지지하는 방식이었으나 전후에는 공공사업 등에 의한 농지의 자산가치 인상에 중점을 두는 방식이었다. 전후 새로운 보호의 형태를 이해하려면, 북미와 유럽에는 없는 일본 농지의 세 가지 특징에 대해서 짚고 넘어가지 않으면 안 된다.

첫째, 농업자 상호의 감시와 부조의 필요성이다. 일본은 몬순 지대여서 강수량이 풍부하다. 그러나 산이 많은 지형이어서 그대로 흘려보내면 대부분 해양으로 빠져나간다. 모처럼 내린 비를 효율적으로 이용하기 위해서는 관개시설이 필요한데, 집락에서는 같은 수로를 공유할 수밖에 없다. 일부에서 물을 부적절하게 이용하면 다른 지역에는 불이익이 돌아가고 만다. 따라서 단순한 경쟁 메커니즘이 기능하지 않고 상호 간 감시와 부조가 불가결하다.

둘째, 농지의 농외 전용 문제이다. 우량 농지의 조건은 평탄하고, 농지의 구획이 잘 되어 있으며, 일조와 배수가 잘 되고, 도로에서의 접근성도 좋은 것이다. 이런 토지는 주택, 상업시설, 공공시설을 건축할 때에도 좋은 조건이다. 즉, 우량한 농지일수록 잠재적인 전용 수요가 많다. 물론 전용이 되는가 여부는 상공업자나 행정의 판단에 달려 있지만, 전용이 되기만 한다면 농지 소유자는 '아무런 수고 없이 이익'을 얻게 된다.

셋째, 시장에서 거래되지 않는 이익(경제학에서 말하는 외부효과)의 존재이다.[28] 농지는 담수력이 강하여 수해를 억제한다. 또한 야생 동식물의 서식지를 제공하기도 한다. 이렇게 긍정적인 효과를 지키기 위하여 농지의 전용 규제와 과세상 우대 등으로 농지를 보호할 필요가 있다.

전후 농지정책의 근간은 1952년에 제정된 농지법이다. 제4, 5조 등에는 전용 규제의 규정이 있었다. 즉, 전용 사안이 제출되면 도도부현(都道府県)[29] 지사가 적부를 심사한다. 하지만 그 경우 농지 소유자와 개발업자의 의향을 충분히 존중하기 때문에 농지를 보전한다는 본래의 기능은 유효하게 작동하지 못한다.[30] 또한 전용 여부를 신청하기까지는 전용의 타당성 자체를 알 수 없기 때문에 규제로서 명쾌함이 부족하다는 결함도 있다.

이에 따라 1969년 새로운 농지 전용 규제로 농업 진흥 지역의 정비에 관한 법률(이하 농진법이라 약칭)이 제정되었다. 이 법에 의해 시정촌이 농용지(農用地) 구역을 지정하고, 농용지 구역의 농지는 농외 전용이 금지되었다. 그 대신 세

28 농림수산성은 농지가 가진 외부성을 다면적 기능이라 표현하고 농업을 보호해야 할 이유로 들고 있다. 그러나 다면적 기능을 과대평가하는 것은 아닐까라는 비판도 많다. 예를 들어, 本間(2010) 참조.

29 역자 주: 일본 광역행정구역의 총칭으로 도쿄都, 홋카이道, 교토府와 오사카府, 43개 県을 말한다.

30 4ha까지(1998년 농지법 개정 이전에는 2ha까지)의 전용 사업은 도도부현 지사의 재가를 받아야 하며, 그것을 초과하면 농림수산성의 재가를 받아야 한다.

제상의 우대를 부여하고, 농업 보조금의 지급이 우선되었다. 농용지 구역으로 지정되지 않은 농지의 경우에는 앞에서 언급한 농지법이 적용되어 전용 여부를 심사받아야 한다. 농진법은 구역 지정(zoning)에 의해 전용을 규제한다는 점에서 농지법과는 다르다.

다만 농지법과 비슷하게 농진법도 투명성이 결여되었고, 농지 보전 효과도 의심스러웠다. 농림수산성은 가이드라인을 통해, 향후 10년을 예측하여 농용지 구역을 지정하고 5년간은 고정하는 것으로 하였다. 그러나 이 규정은 법적 구속력이 없었고, 실제로는 소유권자의 요청에 의해 1년에 몇 번이고 다시 살펴보는 것이 상례가 되었다(総務庁 行政監察局, 1992; 神門, 2010 참조).

토지소유자인 농가가 농용지 구역으로 지정받으면 장점도 있었다. 그중 하나가 기반 정비라고 불리는 것이었는데, 농지의 형태를 변경하거나 도로와의 접근성을 개선할 때 지원을 받는다는 점이다. 이 투자는 농림수산성의 공공사업으로 수행되었는데, 농가의 부담은 극단적으로 적었다. 농림수산성은 이러한 기반 정비를 통해 농업기계의 운전이 용이해져서 농업생산의 효율성을 제고할 수 있다고 설명한다. 하지만 농지를 주택지 등으로 전용하면 그 이상으로 가치가 올라가는 경우가 왕왕 있었다.

이런 상황에서 농가가 '가장 좋아하는 시나리오'는 다음과 같다. 즉, 전용 사안을 구체화하기까지는 농용지 구역으로 지정해 두고 세제 우대나 기반 정비 등의 혜택을 누리다가 전용 사안이 구체화되면 즉시 농용지 구역으로부터 벗어나려고 하였다.

전용 수입은 막대하였다. 전용으로 받을 수 있는 농지 가격은 수익 환원 가격의 수십 배에서 백 배 가까이 되는 경우도 있었다(神門, 2010 참조). [표 3-1]에서 볼 수 있듯이, 절정에 도달하였던 것은 1990년대 초반이었는데, 부현(県) 전

[표 3-1] 농지 전용 수입과 농작물 생산액의 추이

연평균	농지 전용 수입 (10억 엔)	농작물 생산액 (10억 엔)	농지 전용 수입/ 농작물 생산액(%)
	부현 전체		
1975~79	2,986	6,273	48
80~84	4,420	6,712	66
85~89	6,347	6,912	92
90~94	10,026	7,284	138
95~99	6,835	6,652	103
2000~04	4,683	5,761	81
05~08	3,806	5,288	72
	3대 도시권 이외의 현		
1975~79	1,490	5,252	28
80~84	1,961	5,597	35
85~89	2,520	5,779	44
90~94	3,668	6,022	61
95~99	3,133	5,454	57
2000~04	2,253	4,696	48
05~08	1,800	4,383	41

주: 1) 도쿄, 홋카이도, 오키나와는 토지조건이 타 지역과 다르기 때문에 제외하였고, 나머지 44개 부현을 집계하여 구한 것임. 3대 도시권 이외의 현의 수치는 44개 부현에서 사이타마, 치바, 가나가와, 아이치, 교토, 오사카, 효고, 나라를 제외한 36개 현의 수치를 집계하여 구한 것임.

2) 농업 총산출액 중에 경종을 농작물 생산액으로 간주함.

3) 농가 주택, 농업 건물, 경계의 후퇴 등에 의한 전용은 제외되어 있음.

4) 위반 전용 또는 경작이 방기되어 비농지화되었다가 나중에 전용된 것은 자료의 제약으로 인해 포함하지 않았음. 최근에 이러한 전용이 증가하고 있다고 생각되기 때문에 최근의 전용 수입일수록 과소평가된 것으로 판단됨.

5) 집계 방법의 상세한 내용은 神門(1996)을 참조할 것.

출전: 농림수산성 경영국 농지정책과, 각 연도; 농림수산성 대신 관방 통계정보부, 각 연도; 전국농업회의소, 각 연도.

체에서 농작물 생산액의 1.4배, 3대 도시권을 제외해도 농작물 생산액의 0.6배에 상당하는 농지 전용 수입이 발생하였다. 1970년에 이미 제2종 겸업농가(농외 소득이 농업소득보다 많은 농가)가 과반을 차지하였다(농업 센서스)는 사실로부터 알 수 있듯이, 농가라고 해도 농업으로 얻는 수입은 제한적이었기 때문에 오히려 농지의 자산가치가 농가의 강한 관심사가 되었던 것은 이상한 일이 아

[표 3-2] 농업 관련 국가재정의 변모

연도	농산물 가격 지지 관련 경비/ 농업 관련 예산 총액	농업 농촌 정비 관련 경비/ 농업 관련 예산 총액
1960	23	28
65	37	26
70	44	20
75	43	20
80	25	28
85	21	31
90	12	39
95	8	50
99	12	47
		공공사업/ 농림수산 관련 예산 총액
2000		51
04		45
08		42
11		23

주: 1) 2000년도와 12년도 예산 체계가 바뀌었기 때문에 집계에 불연속이 있음.
2) 농산물 가격 지지 관련 경비는 『농업백서 부속 통계표』(농림통계협회)의 「농산물 가격의 안정」의 경비 구분을 따른 것임.
3) 농업 농촌 정비 관련 경비는 『농업백서 부속 통계표』의 「농업 농촌 정비」의 경비 구분을 따른 것이며, 그 대부분은 공공사업에 사용되었음.

출전: 농림통계협회, 각 연도; 농림수산성 대신관방정보과, 각 연도.

니다.

'가장 좋아하는 시나리오'를 실현하는 과정에서, 대형 전용 사안을 유도하기도 하였고 농용지 구역의 설정·변경을 위해 정치력이 작용하기도 하였다. 어쨌든 정치가의 역량이 엿보이는 대목이다. 이하에서 서술하듯이, 농가는 농협의 통솔에 따라 표를 모아 정치가를 지지하고, 정치가는 '가장 좋아하는 시나리오'를 유도하여 농업자에게 보답하는 구조가 생겼던 것이다. 이는 고용과 예산 배분을 늘리려는 농림수산성에게도 좋은 일이었다.[31] 이러한 정치 역학 속에서, [표 3-2]에서 볼 수 있듯이 1990년대 초에 걸쳐 농림수산성의 예산 중 공공사업의 비중이 점점 더 커져 갔다.

3. 농협의 역할

앞에서 서술한 농지의 특성으로부터 명확히 알 수 있듯이, 농지 이용에 대해서는 단순한 자유방임(Laissez-faire)이 아니라 질서 유지의 구조가 필요불가결하다. 전후 그 역할을 담당해 왔던 곳이 농업협동조합(농협)이었다. 일본의 농협은 세계적으로도 유례가 없는 독특한 조직인데, 구체적으로는 다음과 같은 두 가지 특징을 갖고 있다.

첫째, 행정조직을 모방하여 전국적으로 피라미드 구조를 갖고 있다. 거의 모든 농가가 지역 농협(단위 농협이라 부른다)의 조합원으로 가입하고, 도도부현마다 단위 농협을 구성원으로 하는 중앙회가 있으며, 도도부현 중앙회를 구성원으로 하는 전국 농업협동조합 중앙회(JA 全中)가 있다. 이는 시정촌-도도부

31 공공사업 관계는 관료가 퇴직한 후 재취업하는 곳(소위 '아마쿠다리')을 확보한다는 점에서 중요하다. 中村(2000) 참조.

[그림 3-7] 농협의 사업별 이윤

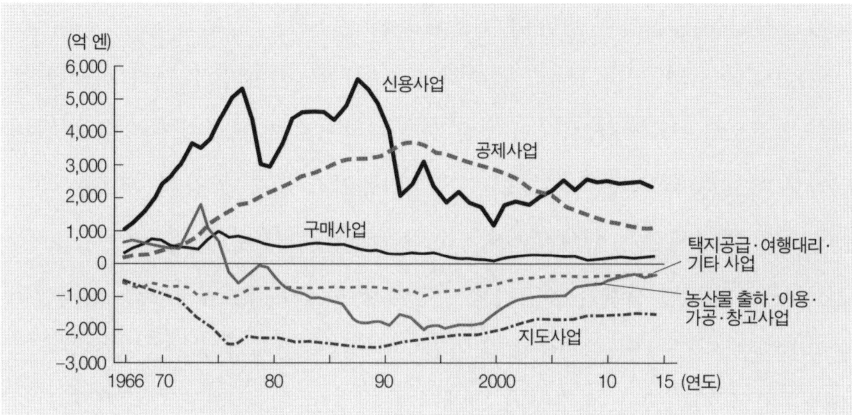

주: 1) 저자에 의한 추계치임. 神門(2006)의 [그림 3-3]의 아이디어를 이용하였음.
2) 구매사업으로는 생산구매(농업자재 등)만이 아니라 소비구매(식품과 생활용품 등)를 포함함.
3) 1990년 GDP디플레이터를 기준으로 실질치를 구하였음.
출전: 농림수산성 경제국 농업협동조합과, 각 연도; 내각부 경제사회종합연구소, 각 연도.

현-국가라는 행정의 3층 구조를 닮았다. 통상적으로 가구 단위로 조합원의 정보를 관리한다는 측면에서도 농협은 행정조직과 유사하다.[32]

둘째, 대단히 광범위한 사업활동을 하고 있다. 농산물의 공동 출하와 농업자재의 공동 구매는 물론 의료·요양서비스, 슈퍼마켓, 주유소, 여행대리업, 관혼상제 등 농업과 관련이 없는 활동도 많다. [그림 3-7]에서 알 수 있듯이, 여러 활동 중에서 수익원이 되는 것은 은행·보험 업무(농협에서는 신용·공제 사업이라 부른다)이다. 영농자금의 대출과 농업용 건물의 보험도 있지만 그 비중은 작고, 오히려 통상의 저축 또는 주택용 화재보험 등이 많다. 은행·보험업은 극진한

32 1990년대 이후 시정촌을 뛰어넘는 범위에서 단위 농협이 합병되었고 현 전체의 단위 농협이 하나로 통합되는 사례도 나왔다. 더욱이 전국 조직과 도도부현 조직을 통합하는 움직임도 있었다. 현재 3층 구조는 변화의 바람을 맞고 있다.

정책적 보호를 받으면서 이른바 '호송선단 방식'이라 비난받을 정도였지만 그럼에도 불구하고 농협에 대한 우대 조치는 많았다.[33]

농협은 어디까지나 경제단체이지 행정조직은 아니다. 그러나 서술한 농협의 특성으로 인해 실질적으로 행정 보조 기관으로 기능해 왔다. 영농과 관련되기도 하고 정치와 관련되기도 하였으며, 농업자 상호 간 감시·부조를 꾀하는 실질적인 이해 조정 단체로서의 역할을 농협이 맡아 왔다.

실제로 1970년 전후는 농업기술 측면에서 모내기 기계인 콤바인이 개발되면서 논농사의 전 과정이 기계화되었던 시기였다. 기계화는 노동절약 효과를 가져오지만 가동률을 유지하기 위해서는 적절한 영농 규모 확대가 필요하다.[34] 하지만 농지 확대의 여지는 이미 사라진 상태이므로 영농 규모를 확대하려면 농가 호수가 감소하지 않으면 안 된다. 만약 그렇게 되면, 농가의 표가 줄어들고 정치력은 줄어든다. 농업생산의 이익보다 정치력에 의한 자산가치 상승을 기대하는 입장에서 보면, 전통적인 영세 농가가 유지되어 '도토리 키 재기' 상태가 지속되는 것이 유리하다. 실제로 농협이 대규모 농가의 출현을 억제하는 움직임은 종종 나타났다.[35]

33 이른바 '호송선단 방식'의 시대에는 예금금리가 낮은 수준에서 규제되고 있었기 때문에 도시은행은 만성적으로 예금 부족에 시달렸다. 농협은 저금(일반은행에서 말하는 예금)이 모이면 inter-bank 시장에서 대출하여 손쉽게 이익을 취하였다. 농협에 저금이 몰리는 데에는 특전이 있었기 때문이다. 첫째, 농협의 예금이자율은 일반은행보다 1% 높게 설정할 수 있었다. 둘째, 조합원 배당 또는 저축장려금 명목으로 실질적으로 높은 금리를 줄 수 있었다. 셋째, 민간보험회사보다 자유로운 보험상품이 허용되었다. 넷째, 금융기관의 점포 규제가 농협에 대해서는 약하였다.

34 1960~70년대 평균적인 영농규모는 1ha 정도였다. 농업기본법을 제정할 당시 이케다 내각은 농가 수가 절반으로 감소할 것을 상정하고 있었다(戸田, 1986). 또한 1962년 농지법 개정까지 농지 취득의 상한은 3ha이었다. 이처럼 당시에는 2ha 정도를 적정 규모로 판단하였던 것 같다. 그 후 농업기계가 대형화되면서 적정 규모는 계속해서 커졌다. 2010년 3월 각의에서 정해진 식료·농업·농촌 기본계획에서는 20~30ha를 적정 규모라고 상정한다.

35 구체적으로는 다음과 같다. 농협이 조합원에게 자재나 서비스를 제공할 때, 대규모 수요자를 냉대하고 소규모 농가에게는 싼 가격을 제시하는 현상 등이 있었다. 보다 자세한 내용은 神門(2006)을 참조할 것.

4. 1990년대 농정의 전환

1990년대가 되면, '농협–정치가–행정'이 유착된 구조는 붕괴되기 시작한다. 이하에서는 주요 요인 두 가지를 설명한다.

첫째, 금융 자유화이다. 농협의 '호송선단 방식'의 문제점을 인식하고 규제를 완화하자는 움직임은 1970년대부터 서서히 시작되었다. 그런데 90년대가 되면 소구금융(小口金融: 개인과 영세기업을 대상으로 하는 소규모 금융)이 자유화되고, 더욱이 96년 '금융 빅뱅'이라 불리는 금융 자유화 정책이 시행되었다. '호송선단 방식'은 보호를 받던 입장이므로 이 정책이 농협의 수익에 미치는 영향은 컸다. 90년대 '실손 보전 사건', '주전(住專) 문제' 등으로 인해 농협 계열의 금융기관이 가진 대규모 자산운용 손실이 표면에 드러났다. 그럼에도 불구하고 [그림 3-7]을 보면, 신용·공제 사업 이외에서는 여전히 이익이 나지 않는 상태가 지속되었다.[36] 이렇게 경영 상태가 불안정해지자 조합원을 통솔할 능력도 약화되었다.

둘째, 선거개혁이다.[37] 종래의 중선거구제에 의한 중의원 의원 선거에서는 1개 선거구에서 복수의 의원을 선출하기 때문에 농가 표를 차지하기만 해도 당선권에 들어갈 수가 있었다. 또한 자민당 후보자 간에 표의 분할이 필요한 경우가 있었는데, 농협과 같이 지역별로 표를 묶을 수 있는 조직은 이에 대응하기가 쉬웠다. 그러나 소선거구제가 도입되면서 그러한 선거 기술의 필요

36 2007년에 표면화된 sub-prime 대출 문제는 농림중앙금고(농협의 신용사업을 전국적으로 통괄하는 단체)가 국내 금융기관 중에서 최대의 손실을 입고 말았다. 08년에 농림중앙금고는 산하 단위 농협 등으로부터 1조 9,000억 엔의 증자를 받아 손실을 보전하였다. [그림 3-7]은 전국 집계치이므로 농림중앙금고의 수익 상태는 반영되어 있지 않음에 주의해야 한다.

37 斉藤(2010)은 선거제도 개혁이 가져온 영향에 대해 포괄적으로 분석하고 있다.

성은 사라졌다. 농촌 지역의 경우 유권자 1인당 국회의원 정수가 많다는 것도 문제였다. 1990년대 이후 이 문제가 시정되면서 농협의 정치력은 꺾이고 말았다.

농협이 약체화되면서 상공업자에 의한 농업 진입이 활발해져 갔다. 여기에는 상공업의 국제경쟁력 약화가 그 배경이 되었다. 1980년대 Japan as number one이라는 국제적 유행어가 있을 정도로 번영하였던 일본의 상공업은 90년대 버블 붕괴 후 장기간의 부진에 빠졌다. 상공업 단체는 GATT 우루과이 라운드 협상을 할 때, 수출을 지향하는 입장에서 자유무역을 추진하는 논조를 펼쳤지만 그 후 그 논조는 약해져 갔다.

신흥국의 융성 이전 국제시장의 경기침체가 있었을 때 상공업 단체가 주목하였던 것은 국내 소비자의 식생활 변화였다. 편의점의 흥행에서 알 수 있듯이, 소비자의 간편성 지향이 높아지고 가정에서 조리가 쉬운 가공식품을 구매하는 경향이 강해졌다. 조리 기회가 감소하자 소비자가 식재료 그 자체를 평가할 수 있는 능력은 떨어졌고 광고와 브랜드를 신뢰하는 경향이 나타났다. 이러한 상황에서 농업은 상공업 색채를 띠기 시작하였다. 농업을 농작물 재배에 국한하지 않고, 가공이나 관광 등과의 조합을 중시하는 접근법을 6차 산업화 또는 농상공 제휴라고 부른다.[38]

때마침 영농 의욕과 능력이 없는데 농지를 상속받은 '토지 소유 비농가'가 늘어났고 '농업의 일손 부족'이 현실이 되면서 상공업의 농업 진입을 촉진하였다.[39] 상공업자의 경우 농작물 재배 자체에는 뛰어나지 않지만 고성능 농

38 농림수산성은 1차 산업으로서 농림어업, 2차 산업으로서 제조업, 3차 산업으로서 소매업 등의 사업을 종합적, 일체적으로 추진하는 것을 장려하였다. 그래서 1차(생산)×2차(가공)×3차(판매)=6차라는 발상을 제시하였고 이에 따라 6차 산업이라는 표현을 쓰고 있다.

39 농지법은 신규로 농지를 구입 또는 차용하는 자에 대하여 그 농지에서 영농할 능력과 의지가 있는가를 심사하

업기계를 구입하여 생산할 수 있었다. 기능 부족으로 수확량이 불안정하기도 하였고 품질도 떨어지는 등 문제가 없지 않았지만, 가공이나 선전에 역량을 투입함으로써 약점을 보완할 수 있었다.

고성능 기계에 의존하는 경향은 기존의 농가에서도 강하였다. 농업기계는 성능이 좋을수록 고가이기 때문에 소규모 영농이 부담하기는 쉽지 않았다. 이러한 사정을 반영하여 1990년대부터는 농림수산성도 농업 외부로부터 농업 진입을 유도하고 기존 농가를 집단화하여 대규모 농업생산 법인으로 재편하는 등 6차 산업화에 농정의 중점을 두었다.

2001년 이후 규제개혁회의, 경제재정자문회의라는 내각부 직속의 위원회가 농업정책의 설계에 깊이 관여하면서 상공업자의 농업 진입을 장려하는 분위기는 더욱 강해졌다. 구체적인 조치는 거듭되는 농지법 개정이었다. 이에 대해 살펴보기로 하자.

5. 농지제도의 변천

1952년 농지법 제정 당시 제1조 목적을 보면 '농지는 경작자 스스로가 소유하는 것이 가장 적합함을 인정하고'라고 기술되어 있다. 이른바 '자작농주의'(自作農主義)였다. 부유한 지주와 가난한 소작인이 대립하는 전전의 구도가 부활하는 것을 우려하여, 소작인의 동의가 없을 경우 소작계약을 해제할 수 없는 등 소작인의 권리를 강하게 보호하였으며, 농지의 소유에도 상한을 설정

고 있다. 그렇지만 상속에 의해 농지 소유권을 획득한 경우는 농지법의 적용에서 제외한다. 게다가 시가지 구역 이외에 있을 경우 상속세는 극단적으로 낮아진다(神門, 2006). 영농을 제대로 하지 않고 농지를 소유하는 경우 토지 소유 비농가로 표현되는데, 그 규모는 시간이 갈수록 커졌다. 2015년 농업 센서스에 따르면 토지 소유 비농가는 전국적으로 141만 4,000호인데, 농지 소유 세대 수(356만 9,000호)의 40%에 이른다.

하였다. 그러나 전후 농업기계, 화학비료, 농약 등 노동절약적인 기술이 도입되면서 대규모 영농에 대한 기대가 높아졌고, 1962년 농지법 개정에서는 농지 소유의 상한이 폐지되었다. 75년 농지법 제1조에는 '토지의 농업상 효율적 이용을 꾀하기 위하여'라는 문구가 추가됨으로써 차지(借地)에 의한 규모 확대에 적합한 구조로 농지법이 바뀌었다. 이 개정은 '자작농적 농지법으로부터 차지농적 농지법으로'라고 평가되었다. 농림성 스스로가 '자작농주의'와 함께 '경작자주의'라는 표현을 사용하게 되었다. 이 개정에서 농지의 대차에 관한 규제가 완화되었는데, 이에 더해 같은 해 농용지 이용 증진 사업이 발족되면서 농지법의 여러 규제를 우회한 농지의 대차가 가능하게 되었다. 이는 기존의 농지법에 의해 빌리는 측의 보호가 농지의 대차를 막는다는 비판을 수용한 것이었다. 다만 빌리는 측에 대한 강한 보호는 부동산 일반에 관한 한 전후 일본의 상관습이라는 점을 고려하지 않으면 안 된다. 또한 75년 법제도 재검토가 농지의 대차에 실질적인 영향을 미쳤는가에 대해서도 신중하게 평가할 필요가 있다. 오히려 기존의 농지법을 지키지 않고 실질적으로 이루어졌던 농지 대차(소위 'semi 소작')를 양성화하는 효과가 있었던 것으로 보인다. 농용지 이용 증진 사업은 당시 농진법의 농용지 구역에 한정되었지만 80년 농용지 이용 증진법 제정에 의해 전체 농지에 적용할 수 있게 되었다.

이제까지 논의한 농지정책의 전개는 어디까지나 농지의 매매 또는 대차를 활성화하기 위한 것으로 '토지의 농업상 효율적 이용을 꾀한다'는 방침에 기초한 것이다. 하지만 1992년 농용지 이용 증진법이 폐지되고 그 대신 농업경영기반 강화 촉진법이 제정되면서 그 방침도 크게 바뀌었다. 즉, 효율적인 동시에 안정적인 농업 경영 계획을 가진 농업자를 행정이 인정하고, 그렇게 인정된 농업자에게 농지가 집적되는 것을 꾀하는 것이 농지정책의 방침이 되었다. 이렇게 인정되는 농업자를 인정농업자라고 불렀고 자연인뿐만 아니라 법인도 될 수 있었다.

농지법 제정 당시에는 가족경영이라는 전통적인 경영 형태를 전제로 하였고 법인의 농업경영은 상정되지 않았다. 1962년 농지법 개정 때 농업생산법인이라는 제도가 도입되었는데, 농업생산법인은 농지를 취득하지 않고 빌려서 영농할 수 있었다. 그러나 농업생산법인에게 농지를 제공한 개인과 농업에 상시 종사하는 자 이외에는 농업생산법인의 구성원이 될 수 없게 하는 등 엄격한 조건이 부과되었다. 이 조건은 70년과 80년 농지법 개정을 거쳐 업무 집행 직원의 과반수가 상시 종사 구성원(농작업에 주로 종사하는 자로 한정한다)이 되기만 하면 좋다는 것으로 변경되었다. 그럼에도 불구하고 농업생산법인의 수는 90년대까지 3,816개로 농가 세대수 383만 호에 비하면 미미한 존재에 불과하였다.

1992년 농림수산성은 '새로운 식재료·농업·농촌정책의 방향'을 제시하였다. 그 내용을 보면 농업 담당자로 법인에 대한 기대가 명확해졌다. 그 후 93년 농지법 개정에서 농업생산법인의 사업 요건, 구성원 요건이 완화되었고, 2000년 농지법 개정에서는 주식회사 형태의 농업생산법인이 인정되었다. 그것에 의해 상공업자에 의한 농업생산법인 출자가 쉬워졌고, 그 후에도 특구에 의한 규제 완화를 포함해 농업생산법인의 요건이 계속 완화되었다. 드디어 2009년 농지법이 근본적으로 개정되었다. 즉, 제1조의 목적 규정에 '농지는 경작자 스스로가 소유하는 것이 가장 적합함을 인정하고'라는 문구가 삭제되고 동시에 농업생산법인의 요건도 대폭 완화되었다. 식품 관련 회사가 총자본금의 절반까지 출자할 수 있게 하는 등 상공업자에 의한 농업생산법인의 설립·운영을 촉진하는 내용이 들어갔다. 또한 이 개정에 의해 농업생산법인 이외에

[그림 3-8] 농지 유동화 면적(都府県)

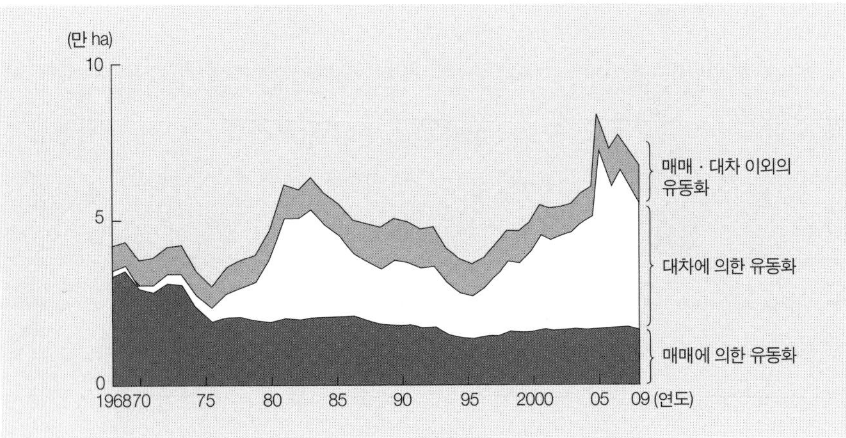

주: 石井·河相(1991)을 참고하였으며, 농업 내 농지의 권리 이동 중 농업경영구조의 변화를 초래하였다고 판단되는 거래를 추계하여 집계한 것임. '매매에 의한 유동화'는 자작농의 유상 소유권 이전, '대차에 의한 유동화'는 임차권의 설정(임차계약 종료 시점의 실제 설정 면적)임. '매매·대차 이외의 유동화'에는 무상 소유권 이전, 소작농의 이동, 농업생산법인으로 출자 등이 있음.

출전: 농림수산성 경영국 농지정책과, 각 연도.

일반 법인에서도 일정 조건만 충족하면 농지를 빌릴 수 있게 되었다. 15년 농지법 개정에서는 농업생산법인이 농지소유적격법인으로 명칭이 변경되었고 농업에 전적으로 종사하지 않는 자도 구성원이 되고 의결권을 취득할 수 있게 되었다.

1990년 초 이래, [그림 3-8]에서 보듯이, 농지의 대차는 해를 거듭할수록 활발해졌다.[40] 이는 앞서 서술한 일련의 농지제도 개정의 효과이기도 하지만 버블 붕괴 후 농지 전용 수요의 감소와 농협의 약화를 반영하는 것이라고 생각된다.[41]

40 농지 전용의 시기와 금액이 확정적이 아니라는 기대를 반영하여 농지의 판매 가격은 불안정해졌고, 매매 자체가 활발하지 못하였다. 따라서 농지 거래는 전적으로 대차 거래였다.

2014년 농지중간관리사업의 추진에 관한 법률이 성립하고 도도부현마다 농지중간관리기구가 설치되었다. 농지를 팔거나 빌려주고 싶어 하는 자(공급자)와 농지를 사거나 빌리고 싶어 하는 자(수요자)가 농지중간관리기구에게 매매 또는 대차 계약을 위탁하는 방식이었다. 이때 수요자는 공급자가 누구인가를 묻지 않고 공급자도 수요자가 누구인가를 묻지 않는다는 조건하에서 이루어진다는 특징이 있다. 이는 '토지 소유 비농가'가 농지의 공급자가 되고 상공업자가 농지의 수요자가 되는 구도를 예측하여 만들어진 제도라고 이해할 수 있다. 농림수산성은 농지중간관리기구의 사업을 촉진하기 위하여 농지중간관리기구를 통한 매매·대차에 보조금을 지급하고 있다. 은밀하게 수요자와 공급자가 결정되면 기존의 거래와 실질적으로 같아지지만, 보조금을 받기 위해서 서류상 농지중간관리기구를 이용하는 경우가 많다고 알려져 있다. 그러나 농림수산성은 향후 농지 거래를 농지중간관리기구에 집중시킬 방침이고 2018년에 예정된 농지법 개정에도 반영될 것으로 전망된다.

이처럼 상공업자를 포함한 법인에 의해 농업경영을 촉진한다는 방침은 1990년대 초에 시작되었고, 2009년 이후 일거에 그 속도가 빨라졌다고 볼 수 있다. 그 결과 센서스에 따르면 농가 호수는 1990년 383만 호에서 2010년 253만 호로 감소하였고, 법인경영체는 3,816개에서 11,289개로 현저히 증가하였다. 일본재흥전략(日本再興戰略: 2013년 6월 14일 각의 결정)에서는 2023년까지 법인경영체를 5만 개까지 늘리는 것이 목표이다.

농작업의 위탁만을 수행하는 조직이나 복수의 농가가 경영을 통합하는

41 2007년부터 대규모 영농에 집중적으로 보조금을 지급하는 제도가 도입되었다. 농업자가 새로운 제도에 적응한 결과 [그림 3-8]에서 볼 수 있듯이, 06년에는 농지의 대차가 획기적으로 증가하였다. 이후 반대의 움직임도 있었으나, 그래도 05년 이전보다는 활발하게 대차 거래가 이루어져 왔음을 [그림 3-8]에서 읽을 수 있다.

영농조합으로 부르는 조직 등 전통적인 농가 이외의 영농 형태도 급증하고 있다. 이를 위해 농림수산성은 2005년부터 농업경영체라는 개념을 도입하고 있다. 예전의 청과점, 생선가게, 정육점이라는 가족경영의 개인 상점이 거리에서 사라지고 슈퍼마켓 또는 편의점이 대신 들어서듯이, 중장기적으로 보면 농가라는 가족경영도 사라지고 법인에 의한 영농이 이루어지는 시대가 도래할지 모른다.

6. 일본 농업의 나아갈 길

요약하면 일본 농업은 1990년대가 큰 전환점이었다. 종래 농외 전용을 촉진하였던 농지의 자산가치 상승으로부터 농업의 법인화를 촉진하는 방향으로 농정의 중심이 이동하였다. 이는 농정의 핵심 세력이 농협으로부터 상공업 단체로 이행하는 과정으로 볼 수도 있다.

오랫동안 과소한 규모가 일본 농업의 발목을 잡아왔다는 논의가 많았다. 하지만 최근에는 벌써 농지의 과반이 인정농업자에게 집적되었고, 이미 규모 확대에 의한 농업의 효율화 여지는 상당히 작아졌다. 규모 확대가 과다한 것은 아닐까, 법인에 의한 영농이 정말로 효율적일까라는 질문에 답하기 위해서 향후의 전개를 주시해야 할 것이다.[42]

42 東京財団(2013)은 농업의 규모 확대가 지나친 것은 아닌가라고 지적한다.

제3절 도시 부동산업과 버블/디플레이션

1. 토지 신화의 붕괴와 부동산기업

본 절의 목적은 석유위기를 겪으면서 고도경제성장은 끝나고 엔고 불황, 버블 경기를 거쳐 헤이세이(平成) 불황에 이르는 격동의 시대에 도시 부동산업이 어떻게 사업을 전개하였는가를 검토하려 한다. 특히, 그 시기 도시 부동산업의 중심적 역할을 담당하였던 대수(大手)부동산기업[43]의 동향에 주목한다. 구체적으로 제2항에서는 도시 부동산시장의 동향을, 법제도와 금융 규제의 방식에 주목하면서 조명하고자 한다. 이어서 제3항에서는 버블의 발생으로부터 그 붕괴, 오랜 디플레 불황, 진폭이 큰 경제 환경 속에서 부동산업의 산업조직이 어떻게 변천하였는가를, 특히 대기업의 동향에 주목하면서 검토한다. 그리고 제4항에서는 버블 붕괴에 의해 '토지 신화'가 무너진 후, 경험해 본 적 없는 장기 불황과 조우하였던 부동산기업이 어떻게 위기에 대응하였고 어떻게 사업의 재구축을 시도하였는가를 업계 최대 기업인 미쓰이부동산의 사례를 통해 살펴보고자 한다.

2. 도시 부동산업 시장의 동향

가장 먼저 전년 대비 공시지가 변동률을 이용하여 도시 부동산시장의 동향을 개관하여 보자. 1973년 석유위기를 계기로 일본의 고도경제성장은 끝났

43 역자 주: 일본에서 대기업은 자본금 또는 종업원 수가 많은 기업을 지칭하고, 대수(大手)기업은 특정 업계에서 규모가 크거나 인지도가 높은 기업을 지칭한다.

[그림 3-9] 상업지 공시지가의 전년 대비 변동률 추이

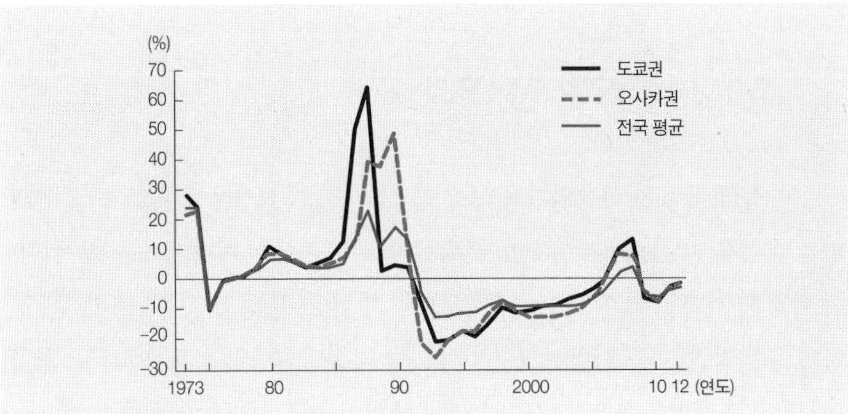

출전: 日本経營史研究所 편(2012). 원자료는 국토교통성 자료임.

고 저성장 시대가 도래하였다. 석유위기로 인한 인플레이션을 잡기 위해 금융긴축을 단행함으로써 [그림 3-9]에서 알 수 있듯이 75년에는 상업용지의 지가가 일시적으로 크게 하락하였다. 그러나 지가 하락은 곧바로 멈추었고 이후 80년대 중반까지 완만한 상승세를 이어갔다. 그 과정에서 도시 상업용지의 가격은 장기적으로 상승한다는 '토지 신화'가 만들어졌다.

1985년 플라자합의에 의해 급속한 엔고가 진행되고 엔고 불황이라는 불경기가 찾아왔다. 이 불황에 과민하게 반응하였던 정부는 급격한 금융완화를 단행한다. 그 결과 85년에는 연리 5%였던 기준대부이율(基準貸付利率)[44]이 86년 11월에는 3%로 낮아졌고 87년 2월부터 89년 4월까지 2.5%인 저금리 상태가 계속되었다. '토지 신화'를 전제로 금융기관이 부동산 관련 대출을 확대하였기 때

44 역자 주: 중앙은행인 일본은행이 금융기관에 직접 대출할 때 적용하는 기준금리이다. 종전에 있었던 공정금리(公正歩合)도 2006년부터는 기준할인율(基準割引率) 또는 기준대부이율(基準貸付利率)로 명칭이 변경되었다.

문에 86년 이후 도시 지역에서 급격한 지가 상승이 나타나기 시작하였다([그림 3-9]). 지가의 급격한 등귀는 가장 먼저 도쿄에서 시작되었고 88~90년에는 오사카 지역, 나고야 지역으로 파급되어 갔다. 1985~91년의 지가 상승은 전국 주택용지가 1.49배, 상업용지는 1.65배이었음에 비해 도쿄에서는 주택용지가 2.38배, 상업용지는 2.7배였고, 같은 기간 명목GDP의 증가폭(1.45배)을 크게 상회하는 수준이었다(橘川·粕谷 편, 2007, p. 278).

1990년부터 92년에 걸쳐 정부는 부동산 융자 총량 규제 및 지가세(地價稅) 신설 등 일련의 지가 억제 정책을 실시하였고 공정금리를 단계적으로 인상함으로써 버블경제의 수습을 도모하였다. 그 결과 기준대부이율은 90년 3월에는 5.25%, 8월에는 6%가 되었고 기업의 금리 부담은 커졌다. 특히, 이자 부채의 비율이 높은 부동산기업에게는 이자 지불이 경영을 압박하는 요인이 되면서 이자 부채의 축소가 커다란 과제가 되었다.

도쿄 지역에서는 [그림 3-9]에 나타나 있듯이, 1989년부터 지가 상승률이 낮아졌으며 92년에는 전년 대비 지가 변동률이 (-)로 반전하였다. 91년에서 2003년에 걸쳐 상업용지의 기준지가는 전국 평균 55.1%, 도쿄 지역에서는 78.5%나 하락하였다(橘川·粕谷 편, 2007, p. 279). 그 결과 장기적인 지가 상승에 의해 미실현 이익을 활용하는 자산효과 경영은 파탄을 맞게 되었고, 부동산업은 심각한 불황에 빠지게 된다. 지가의 대폭 하락은 부동산의 담보 가치를 훼손하고, 각 경제주체로 하여금 우선적으로 차입금을 변제하게 함으로써 대차대조표 조정을 불가피하게 만든다. 그 결과 투자는 과소해지고 실물경제는 부진에 빠진다.

한편, '잃어버린 10년'이라고 알려진 장기불황 속에서 금융완화가 진행되었다. 1995년에는 기준대부이율이 1% 이하가 되는 미증유의 저금리 상태가 되었다. 더욱이 90년대 중반이 되면 지가 억제를 위해 이전에 도입되었던 규제와 세제를 해제하거나 재검토하게 되었고, 2000년대가 되면 규제 완화를 통해 시가지의 고밀도·고도 이용을 촉진하는 정책이 도입되었다(橘川·粕谷 편, 2007, pp. 325~336). 저금리의 장기화는 이자 부채의 부담을 경감시키고, 다양한 규제 완화는 도시 재개발 사업을 자극한다. 스미토모부동산이나 모리빌딩 같은 일부 부동산기업은 적극적으로 차입을 늘렸으며, 1990년대 중반에는 도심부의 재개발에 나서거나 물건을 활발하게 취득하기 시작하였다. 디플레이션 시기 이러한 경영 판단의 시시비비가 2000년대 이후 기업의 랭킹 변동의 한 요인이 되고 말았다.

3. 버블/디플레이션기의 부동산업

부동산업의 규모별 구성

부동산업이 다수의 영세 중소사업자와 소수의 대규모 사업자로 구성되어 있다는 것은 잘 알려져 있다(橘川·粕谷 편, 2007, pp. 206~207). [표 3-3]을 보면, 버블이 한창이던 1989년 규모별 부동산기업 수가 제시되어 있다. 이에 따르면 자본금 1,000만 엔 미만의 영세기업이 전체의 78.2%(147,804개 사)를 차지하고 10억 엔 이상인 대기업은 0.1%(189개 사)에 불과함을 알 수 있다. 이 중 전자의 다수가 부동산의 유통·중개업에 종사하고 있고, 후자는 빌딩 임대와 대규모 개발이 주업무이어서 도시 부동산업의 중핵을 담당하고 있다. 같은 해 양자의 경상이익을 비교해 보면, 대기업은 5,530억 엔(구성비 26.6%)인 데 비해 영세기업은 5,056억 엔(구성비 24.3%)이었다. 영세기업에 자본금 1억 엔 미만의 소기업까지 더하면, 경상이익은 1조 2,000억 엔을 초과하는 규모(구성비 58.6%)여서 대기업을 압도한다. 버블기에는 소규모 부동산회사도 큰 이익을 거두었던 것으로 보인다.

[표 3-3] 규모별 부동산회사 수의 추이

연도	1,000만 엔 미만		1천만~1억 엔 미만		1억~10억 엔 미만		10억 엔 이상		합계		
	회사 수	경상 이익 (억 엔)	회사 수	경상 이익 (억 엔)	회사 수	경상 이익 (억 엔)	회사 수	경상 이익 (억 엔)	회사 수	파산 건수	경상 이익 (억 엔)
1989	147,804	5,056	38,595	7,122	2,324	3,080	189	5,530	188,911	262	20,788
90	159,052	905	42,782	3,602	2,662	3,008	205	5,370	204,700	329	12,885
91	168,686	-1,157	47,346	-5,047	2,933	-1,077	288	2,162	219,253	1,036	-5,119
92	178,865	-2,863	52,384	-5,053	3,077	-2,053	305	-125	234,631	1,170	-10,094
93	184,811	-1,947	58,452	-5,419	3,136	-1,032	329	-330	246,728	866	-8,728
94	186,594	569	63,897	-4,925	3,138	-1,674	377	-991	254,006	648	-7,021
95	184,857	1,892	68,984	-211	3,132	-1,943	385	-870	257,358	679	-1,132
1996	176,187	1,619	81,230	-6,429	3,161	-2,559	407	-595	260,985	564	-7,964
97	140,636	833	109,414	-1,487	3,175	-110	428	-624	253,653	580	-1,388
98	136,992	1,688	116,330	1,409	3,310	1,380	420	-144	257,052	713	4,333
99	139,239	1,042	118,185	6,474	3,277	1,886	427	1,587	261,128	724	10,989
2000	142,630	2,079	118,843	7,646	3,250	2,536	443	3,469	265,166	650	15,730
01	146,042	1,647	120,842	9,826	3,223	3,452	448	4,467	270,555	703	19,392
02	148,603	2,294	120,964	10,657	3,182	4,846	453	6,083	273,202	672	23,880
03	153,620	1,543	119,917	4,599	3,140	4,095	466	7,348	277,143	591	17,585
04	158,959	-225	118,433	8,358	3,212	4,290	442	8,800	281,046	526	21,223
2005	162,572	1,754	118,613	4,011	3,071	5,608	437	11,951	284,693	360	23,324
06	166,406	1,918	118,829	11,691	2,986	6,588	417	14,451	288,638	368	34,648
07	171,442	1,080	118,572	12,009	2,909	6,077	407	15,099	293,330	375	34,265
08	175,944	2,563	118,259	12,173	2,986	6,914	397	7,587	297,586	429	29,237
09	178,811	4,772	117,743	15,012	2,878	4,849	386	6,293	299,818	488	30,926
10	180,903	3,276	116,954	16,550	2,780	5,287	368	8,132	301,005	353	33,245

주: 1990년 상법 개정에 의해 최저 자본금 규제가 도입되었고, 96년 3월까지 주식회사는 1천만 엔 이상, 유한회사는 3백만 엔 이상의 자본금이 의무화되었음. 2005년 이후 파산 건수는 임의정리를 포함하지 않음(법적 정리에 의한 파산만을 포함한 수치임).
출전: 미쓰이부동산 기획조사부 편, 『부동산 관련 통계집』, 제14집(1991)~제35집(2013년).

이 점에 근거하여 버블 붕괴 직후 규모별 수익의 추이를 비교해 보면 다음과 같은 특징이 있음을 알 수 있다. 영세기업의 경우 1990년 경상이익은 전년 대비 1/5로 격감하였고 91년에는 적자로 반전하였다. 반면 대기업의 경우 이익 악화 속도는 완만한 편이어서 91년까지도 흑자를 유지하였다. 그러나 그 이후에는 다른 양상이 나타났다. 영세기업의 경우 1991~93년에만 적자였을 뿐 이후에는 적자에서 벗어났다. 반면에 대기업의 경우에는 92년부터 7년간이나 적자가 계속되었다. 92년이 부동산기업에게는 최악의 해였다. 이 해에 부동산기업의 파산이 절정에 이르렀으며 체력이 약해진 기업의 도태는 이후에도 이어졌다.[45] 영세기업의 흑자 전환이 빨랐던 것은 부진한 기업이 퇴출되었기 때문이었던 것으로 보인다(橘川·粕谷 편, 2007, pp. 305~306). 반면에 상대적으로 체력이 강하였던 대기업은 후술하는 바와 같이 조금씩 불량자산을 정리하면서 살아남았던 것이다.

1998년이 되면 경상이익이 흑자로 돌아서고 부동산업계는 오랜 디플레이션 불황에서 벗어났다. 그 후 이익 증가가 계속되면서 2002년에는 경상이익이 2조 3,880억 엔이 되었고 버블기였던 1989년 수준을 뛰어넘게 된다. 그 사이 지연되었던 대기업의 업적도 꾸준히 회복되었다. 결국 2003~07년 회사 수로는 0.2%밖에 안 되는 대기업이 부동산업 전체 경상이익의 40%를 차지하게 되었다. 2000년대에는 용적률 등 규제 완화가 진행되었기 때문에 도심의 재개발사업이 이어졌고 부동산업계에서 대기업의 지위는 현저하게 강화되어 갔다.

45 1995년부터 96년까지 자본금 1천만 엔 미만의 기업 수는 급감하였고, 자본금 1천만 엔 이상 1억 엔 미만인 기업 수는 급증하였다. 이는 90년 상법 개정에 의해 주식회사의 최저 자본금이 1천만 엔이 되었기 때문이다(橘川·粕谷 편, 2007, p. 306).

대수부동산기업의 동향

建設省 建設經濟局 不動産科 감수(1996)는 대규모 부동산기업을 경영 내용에 따라 판매형(부동산업 매출액에서 판매·분양 부문이 차지하는 비율이 70% 이상), 임대형(부동산업 매출액에서 임대 부문이 차지하는 비율이 70% 이상), 종합형(그 이외), 겸업형(부동산업 매출액에서 판매·분양 부문이 차지하는 비율이 50% 미만)의 네 가지로 분류한다. 이 분류는 대수부동산기업을 분석할 때 유용하다. 따라서 이하에서는 이 분류를 염두에 두고, 버블기 이후 대규모 부동산기업의 동향을 살펴본다.

우선 [표 3-4]의 매출액 순위를 보면, 1985년 이후 전 기간에 걸쳐 종합형인 미쓰이부동산이 줄곧 매출액 1위를 차지하였음을 알 수 있다. 또한 버블기를 막 경과하고 있던 90년도에는 주택 분양을 주업으로 하는 판매형 부동산업자의 약진이 두드러졌음을 알 수 있다. 특히, 다이쿄(7,058억 엔), 리크루트·코스모스(4,029억 엔)라는 대규모 아파트업자가 임대형의 유우·미쓰비시지소(3,384억 엔)를 뛰어넘는 매출액을 기록하였다(유우·미쓰비시지소는 도쿄 최대의 비즈니스 거리인 마루노우치에 빌딩을 가진 임대형 부동산기업이다). 다만 경상이익 면에서는 역시 미쓰비시지소(899억 엔)가 강세를 나타내 미쓰이부동산(573억 엔)을 누르고 1위를 차지하였다. 또한 미쓰비시지소(地所)는 수익성 지표인 매출액이익률(ROS) 면에서도 1위(26.6%)를 차지하였다. 이 밖에도 스미토모부동산(19.4%)과 모리빌딩(16.7%) 등 임대형, 또는 도심에서 활발하게 사업을 전개하는 종합형 사업자들이 많이 있었다. 버블기에는 지가의 급등으로 인해 도심부의 대규모 재개발 사업이 정체 기미를 보이기도 하였다(森, 2009, pp. 201~202). 따라서 부동산회사들은 교외의 아파트 분양이나 리조트 개발로 눈을 돌렸다. 더욱이 미쓰비시지소에 의한 뉴욕의 록펠러 센터 매입(89년)이 상징하듯이 해외투자도 적극적으로 이루어졌다.

[표 3-4] 버블/디플레기의 부동산 매출액 상위 10개 회사(단체)

	타입	매출액 (억 엔) (a)	경상이익 (억 엔) (b)	이자 부채 (억 엔) (c)	매출액이익률 (%) (b/a)	차입 비율 (c/a)
【1985년도】						
1 미쓰이부동산	종합	2,792	242	4,548	8.7	1.6
2 다이쿄관광*	판매	2,431	114	3,139	4.7	1.3
3 미쓰비시지소	임대	2,066	472	3,125	22.8	1.5
4 도큐부동산*	판매	1,419	18	2,469	1.3	1.7
5 리크루트·코스모스@	판매	1,083	73	1,882	6.7	1.7
6 스미토모부동산	종합	849	112	2,130	13.2	2.5
7 모리빌딩+	임대	589	103	3,740	17.5	6.3
8 교와부동산	종합	422	11	8,089	2.6	19.2
9 도쿄건물+	종합	296	28	365	9.5	1.2
10 슈와	판매	257	4	2,417	1.6	9.4
【1990년도】 단체						
1 미쓰이부동산	종합	7,383	573	11,977	7.8	1.6
2 다이쿄	판매	7,058	357	10,572	5.1	1.5
3 리크루트·코스모스@	판매	4,092	153	6,060	3.7	1.5
4 미쓰비시지소	임대	3,384	899	7,080	26.6	2.1
5 도큐부동산	판매	2,309	84	3,570	3.6	1.5
6 다이아건설	판매	2,307	139	–	6.0	–
7 스미토모부동산	종합	1,872	364	7,032	19.4	3.8
8 후지와부동산	판매	1,836	65	–	3.5	–
9 교와부동산	판매	1,573	53	12,160	3.4	7.7
10 모리빌딩+	임대	1,133	189	7,206	16.7	6.4
【1995년도】 단체						
1 미쓰이부동산	종합	6,644	84	12,915	1.3	1.9
2 다이쿄	판매	5,649	73	11,828	1.3	2.1
3 미쓰비시지소	임대	4,047	293	10,729	7.2	2.7
4 도큐부동산	판매	2,641	−165	4,892	−6.2	1.9
5 후지와부동산	판매	2,482	−61	5,058	−2.5	2.0
6 스미토모부동산	종합	2,453	48	10,058	2.0	4.1
7 다이아건설	판매	1,991	39	3,447	2.0	1.7
8 리크루트·코스모스	판매	1,977	9	3,521	0.5	1.8
9 다이와단지	판매	1,070	9	1,399	0.8	1.3
10 도쿄건물+	종합	844	−134	2,571	−15.9	3.0
참고 모리빌딩(1996)	임대	994	255	–	25.7	–
【2000년도】 단체						
1 미쓰이부동산	종합	5,958	488	10,087	8.2	1.7
2 미쓰비시지소	임대	3,900	205	11,164	5.3	2.9
3 다이쿄	판매	3,670	116	9,990	3.2	2.7
4 스미토모부동산	종합	3,412	240	11,993	7.0	3.5
5 리크루트·코스모스	판매	2,424	19	2,277	0.8	0.9
6 도큐부동산	판매	2,234	26	4,321	1.2	1.9
7 후지와부동산	판매	1,471	62	3,912	4.2	2.7
8 도쿄건물+	종합	1,060	43	2,742	4.1	2.6
9 모리빌딩	임대	618	79	6,685	12.8	10.8
10 모리트러스트	임대	480	155	3,514	32.3	7.3

주: @는 4월 결산, *는 9월 결산, +는 1월 결산, 나머지는 3월 결산임. 타입은 ① 판매: 매출액 중 부동산 판매 부문이 70% 이상, ② 임대: 매출액 중 부동산 임대 부문이 70% 이상, ③ 종합: 이외의 전문기업(건설성 건설경제국 부동산업과 감수, 1996, p. 33).

출전: 1995년은 건설성 건설경제국 부동산업과 감수, 『부동산업 통계집』, 平成 8년판, 96년의 모리빌딩 및 이외의 연도는 미쓰이부동산 기획조사부 편, 『부동산 관련 통계집』, 각 연도판.

부동산시장에서 버블 붕괴가 현실이 된 것은 1990년 10월이라고 일컬어진다(日本經營史研究所 편, 2012, p. 334). 그 후 급속한 지가 하락의 과정에서 대수부동산기업의 매출액과 경상이익은 대폭 감소하였다. 예를 들어, 종합형인 미쓰이부동산과 스미토모부동산의 경상이익은 90년도에 각각 573억 엔과 364억 엔이었는데, 95년도에는 각각 84억 엔과 48억 엔으로 거의 1/7로 줄어들었다. 판매형의 몰락은 더 심하였다. 도큐부동산이나 후지와부동산의 경우 대규모의 경상손실이 발생하였는데 그 크기는 95년에 각각 165억 엔과 61억 엔 적자였다. 비교적 감소폭이 적었던 임대형의 경우도 마찬가지였다. 미쓰비시지소의 경상이익은 90년 899억 엔에서 95년 293억 엔으로 1/3 이하로 감소하였다. 이와 같이 부동산회사들은 버블 붕괴 후 지가 및 임대료의 급격한 하락으로 큰 타격을 받게 되었다.

부동산업 전반이 불황에 빠진 가운데 유일하게 업적이 성장하였던 대수기업은 모리빌딩이었다. 이 회사의 경상이익은 1990년에서 95년까지 189억 엔에서 255억 엔으로 증가하였고, 매출액이익률도 16.7%에서 25.7%로 약진하고 있었다. 모리빌딩은 60년대부터 공동 건축 방식으로 신바시·토라노몬 근방에 '넘버빌딩'이라는 임대 빌딩을 경영하여 왔다. 70년대에는 아카사카·롯폰기 지구의 대규모 도시 재개발에 착수하여 86년에는 ARK힐스의 준공에 성공하였다. ARK힐스의 존재는 모리빌딩의 브랜드 가치를 높여 주었고 높은 수익력을 지탱해 주었다(松島·竹中 편, 2011, pp. 98~101).

1990년대 후반에는 부동산시장의 장기 부진이 계속되는 한편 기업의 경영자세의 차이가 확연히 드러났다. 예를 들어, 미쓰이부동산은 후술하는 바와 같이 이자 부채의 삭감을 목표로 설정하고 가동자산까지 포함하는 자산의 매각에 속도를 냈다. 이는 이자 부채의 팽창이 이자 부담을 증가시켜 수익을 압

[표 3-5] 주요 부동산회사의 건물 임대 면적

(단위: 1,000m²)

연도	미쓰이부동산		미쓰비시지소		스미토모부동산		도큐부동산		모리 그룹	모리 빌딩	모리 트러스트
		전대		전대		전대		전대			
1980	796	100	1,416	44	175	22	245	–	532		
81	807	101	1,512	44	189	22	284	–	548		
82	889	102	1,513	45	264	–	296	–	712		
83	913	111	1,518	45	277	–	302	5	731		
84	993	181	1,549	66	348	3	315	5	732		
85	1,104	191	1,564	67	378	8	324	9	991		
86	1,210	231	1,609	68	412	24	328	21	995		
87	1,345	326	1,637	72	512	112	341	40	1,010		
88	1,534	414	1,650	82	561	142	433	70	996		
89	1,846	576	1,746	123	618	171	437	69	1,129		
90	2,088	733	1,761	130	734	293	452	83	1,250		
91	2,414	828	1,796	162	809	317	504	105	1,275		
92	2,516	978	1,744	169	938	402	456	141	1,352		
93	2,742	1,138	1,983	273	1,042	508	592	250	1,426		
94	2,901	1,280	2,002	306	1,229	641	615	250	1,430		
95	3,061	1,378	2,104	356	1,284	681	640	160	1,470		
96	2,914	1,366	2,116	403	1,285	681	633	254	1,440		
97	2,856	1,426	2,141	418	1,321	716	627	254		948	–
98	2,938	1,501	2,222	418	1,419	799	613	262		–	1,120
99	3,265	1,311	3,009	485	2,105	1,112	773	328		–	1,190
2000	3,304	1,277	2,963	441	2,232	1,303	920	385		–	1,220
01	3,226	1,326	3,038	477	2,360	1,312	898	378		791	1,230
02	3,245	1,405	2,996	452	2,752	1,554	950	437		1,220	1,170
03	3,313	1,435	2,541	603	2,876	1,660	1,015	476		1,241	1,250
04	3,422	1,465	2,649	721	3,082	1,666	1,008	482		1,224	1,370
05	3,401	1,450	2,700	816	3,112	1,622	1,026	585		1,230	1,330
06	3,998	1,944	2,684	909	3,360	1,759	1,089	604		1,250	1,240
07	4,065	2,065	2,881	860	3,403	1,771	1,038	608		1,160	1,300
08	4,193	2,100	3,281	1,016	3,461	1,832	1,025	646		1,210	1,250
09	4,412	2,127	3,643	1,083	3,825	1,991	990	547		1,189	1,210
10	4,382	2,171	3,728	1,171	3,977	1,940	1,064	576		1,190	1,350
11	4,532	2,187	3,753	1,254	4,160	1,051	1,523	152		1,190	1,360

주: 1999년부터 연결결산 기준 수치임. –는 확인 불가함.
출전: 미쓰이부동산 기획조사부 편, 『부동산 관련 통계집』, 제9집(1986년), 제12집(1989년).

박하고 있다는 판단을 내렸기 때문이다. 비슷한 행동을 한 기업으로는 다이쿄(1조 1,828억 엔→3,912억 엔, 1995~2000년도, 이하 같음), 후지와부동산(5,058억 엔→3,912억 엔), 리크루트·코스모스(3,521억 엔→2,277억 엔)와 같이 판매형 기업이 많았다.

이와 달리 스미토모부동산은 1995년 1조 58억 엔으로부터 2000년 1조 1,993억 엔으로 오히려 2,000억 엔 가까이 이자 부채를 늘렸다. 이는 1990년대 후반부터 지가가 하락하고 금리도 급속히 떨어지자 은행 차입을 이용하여 적극적으로 시가지 재개발 사업을 추진하거나 도심 임대 빌딩, 고급아파트 사업을 전개하기 위한 것이었다. 이처럼 적극적인 경영 자세를 취한 회사는 미쓰비시지소(1조 729억 엔→1조 1,164억 엔), 모리빌딩(8,629억 엔→1조 199억 엔) 등 도심에 기반을 둔 기업들이었다.[46]

미쓰이부동산과 스미토모부동산이 보여 준 경영 자세의 차이는 전대물건(轉貸란 임차인이 소유자와의 기존 임대차계약을 유지하면서 제3자에게 다시 임대하는 것을 말한다)의 취급에서도 나타난다. 1990년대에는 지가 하락과 불황에 따라 빌딩 임료(賃料) 시세의 급격한 하락이 나타났다. 이런 상황에서 전대 빌딩의 경우 독특한 문제가 발생할 수 있다. 즉, 전대인(轉貸人)이 소유자에게 내는 보증임료(즉, 임차료)와 세입자에게 받는 임료(즉, 임대료) 간에 차이가 발생하였던 것이다. 전대 면적이 특히 컸던 미쓰이부동산은 소유자와 보증 임료 감액을 위해 교섭하는 한편, [표 3-5]에 나타나듯이 90년대 말에는 전대 면적을 축소하기에 이른다. 이에 비해 스미토모부동산은 전대 면적을 대폭 확대하였다. 이에 따라 2000년이 되면 스미토모부동산의 전대 면적이 미쓰이부동산을 능가하게 된다. 스미토모부동산은 1990년대 후반 50%가 넘는 전대율을 유지하면서 건물

46 2000년도 모리빌딩의 이자 부채는 모리빌딩(6,685억 엔)과 모리트러스트(3,514억 엔)의 차입금의 합계치이다. 1995년도는 三井不動產 편, 『不動產統計集』에 의한 것임.

임대 면적을 급속히 늘렸고 2000년대 초에도 급성장을 추구하는 태도를 취하였다.

다음으로 [표 3-6]을 이용하여 2000년도 이후 연결 기준으로 부동산 매출액 상위 10개사의 구성을 개관하고자 한다. 2000년대 순위의 특징은 1위 미쓰이, 2위 미쓰비시, 3위 스미토모의 3강 체제가 성립되었다는 점이다. 이 순위는 경상이익을 보아도 동일한데, 이들의 순위가 바뀌더라도 이들 상위 3사와 4위와의 격차는 대단히 크다. 특히, 종합형인 스미토모부동산은 앞에서 서술한 바와 같이 이자 부채를 계속해서 늘리면서 매출액과 경상이익을 급속히 늘려 갔다. 이 시기 스미토모는 도심의 고층 타워·아파트를 분양하고 시가지 재개발 사업을 다수 손에 넣으면서 업계 3위의 지위를 확고하게 굳혔다. 또한 미쓰비시지소는 마루노우치의 재개발에 착수하여 2002년 마루노우치빌딩을 준공하고, 미쓰비시UFJ신탁은행 본사 빌딩(03년), 마루노우치OAZO(04년), 도쿄빌딩(05년), 신마루노우치빌딩(07년) 등 고층 빌딩을 차례대로 오픈하였다. 이에 비해 미쓰이부동산은 1996년부터 99년에 걸쳐 4기 연속으로 당기손실을 기록하는 등 부채 정리로 고생하였지만 2000년대 들어 도심 재개발 사업에 적극적으로 나서기 시작하였다. 그 대표적인 예가 2001년 시작되어 2007년에 준공된 도쿄미드타운(롯폰기) 프로젝트이다.

이익률로 눈을 돌려 보면, 우선 매출액이익률(ROS)로는 모리빌딩, 모리트러스트라는 구 모리 계열의 기업이 높은 수익성을 자랑하고 있다. 예를 들어, 2005년 모리트러스트는 28.1%로 1위, 모리빌딩은 15%로 3위였다. 더욱이 모리빌딩은 03년 롯폰기힐스를 오픈함으로써 매출액 면에서도 급성장하였다(2000년 803억 엔→2005년 1,527억 엔). 모리빌딩은 ARK힐스나 롯폰기힐스처럼 20년 이상이 걸리는 장기 재개발 프로젝트를 통해 자산에 부가가치를 쌓아 오면서 미

[표 3-6] 2000년대 부동산 매출액 상위 10개 회사의 추이(연결)

기업명	타입	매출액 (억 엔)	경상이익 (억 엔)	이자부채 (억 엔)	총자산 (억 엔)	ROA (%)	ROS (%)	차입 비율
【2000년도】 연결								
1 미쓰이부동산	종합	11,931	734	15,544	28,465	2.6	6.2	1.3
2 미쓰비시지소	임대	6,310	436	12,715	25,353	1.7	6.9	2.0
3 도큐부동산	판매	4,889	111	5,047	8,908	1.2	2.3	1.0
4 스미토모부동산	종합	4,592	385	12,757	19,035	2.0	8.4	2.8
5 다이쿄	판매	3,926	122	10,729	12,794	1.0	3.1	2.7
6 리크루트·코스모스	판매	2,658	57	2,458	3,717	1.5	2.1	0.9
7 후지와부동산	판매	1,775	71	4,792	6,914	1.0	4.0	2.7
8 도쿄건물	종합	1,227	68	3,097	4,721	1.4	5.5	2.5
9 모리트러스트	임대	828	227	4,800	7,204	3.2	27.4	5.8
10 모리빌딩	임대	803	98	7,830	9,829	1.0	12.2	9.8
【2005년도】 연결								
1 미쓰이부동산	종합	11,593	1,190	11,993	29,865	4.0	10.3	1.0
2 미쓰비시지소	임대	8,442	1,212	10,078	32,802	3.7	14.4	1.2
3 스미토모부동산	종합	6,465	870	12,670	24,601	3.5	13.5	2.0
4 도큐부동산	판매	5,586	568	3,441	8,857	6.4	10.2	0.6
5 다이쿄	판매	4,343	261	1,641	4,009	6.5	6.0	0.4
6 도쿄건물	종합	1,765	244	2,740	6,143	4.0	13.8	1.6
7 모리빌딩	임대	1,527	229	8,113	10,348	2.2	15.0	5.3
8 후지와부동산	임대	1,501	126	1,862	2,642	4.8	8.4	1.2
9 모리트러스트	임대	1,478	415	5,211	8,123	5.1	28.1	3.5
10 NTT도시개발	임대	1,108	183	2,689	5,438	3.4	16.5	2.4
【2010년도】 연결								
1 미쓰이부동산	종합	14,653	962	17,400	37,807	2.5	6.6	1.2
2 미쓰비시지소	임대	9,884	1,308	16,391	42,452	3.1	13.2	1.7
3 스미토모부동산	종합	7,448	1,063	20,216	32,342	3.3	14.3	2.7
4 도큐부동산	판매	5,714	549	5,598	11,614	4.7	9.6	1.0
5 다이쿄	판매	2,954	108	1,403	3,191	3.4	3.7	0.5
6 모리빌딩	임대	2,091	252	7,346	11,857	2.1	12.1	3.5
7 도쿄건물	종합	1,983	137	4,608	9,279	1.5	6.9	2.3
8 NTT도시개발	임대	1,457	186	4,878	9,105	2.0	12.8	3.3
9 이온몰	임대	1,451	382	1,437	5,172	7.4	26.3	1.0
10 모리트러스트	임대	1,120	171	4,767	8,450	2.0	15.3	4.3

주: 차입비율=이자 부채/매출액.
출전: 미쓰이부동산 기획조사부 편, 『부동산 관련 통계집』 2002년판, 2009년판, 2014년판 및 『회사연감』, 각 연도.

실현 평가익이 있는 자산을 다수 보유하고 있다. 그 덕분에 디플레이션 기간 동안에도 이자 부채를 증가시키면서 사업을 확대할 수 있었던 것이다(松島·竹中 편, 2011, pp. 108~109). 한편으로 수익성에 효율성을 더한 총자산이익률(ROA)에 주목하면, 스미토모부동산과 미쓰비시부동산, 도큐부동산, 다이쿄 등 분양 사업을 담당하는 기업이 비교적 높은 수익률을 올리고 있음을 알 수 있다. 2000년 주택수요에서도 도심 회귀의 움직임이 명확해지면서 자산의 회전율이 빠른 아파트사업이 도심부에서 활발해졌다.

게다가 2000년대에는 도시 재생 정책에 의해 용적률 등 규제 완화가 급속히 진행되었고 도심부에 거점을 둔 종합형 또는 임대형 사업자의 수익성이 높아졌다. 미쓰이, 미쓰비시, 스미토모만이 아니라 NTT도시개발과 같이 도심의 물건을 가지고 있으면서 타 업종으로부터 진입한 사업자가 매출액 상위 기업으로 등장하고, 높은 수익률을 올렸던 것도 이러한 도심 재개발 붐을 반영하는 것이다. 이러한 움직임은 2000년대 후반까지 더욱 속도가 빨라졌다.

4. 버블 붕괴와 부동산기업 – 미쓰이부동산의 사례

1990년대 미쓰이부동산

앞에서 개관한 것을 토대로 본 항에서는 버블 붕괴에 의해 '토지 신화'가 붕괴되고 디플레 불황이 장기화되는 미증유의 사태에 도시 부동산기업이 어떻게 대응하여 왔는가라는 문제를 검토한다. 이를 위해 해당 기간 부동산업계 1위였던 미쓰이부동산을 예를 들어 본다.[47] 이는 외부 경제 환경의 급격한 변

47 본 항은 日本経營史研究 편(2012), 「제3장 버블 붕괴와 사업 재구축, 제2절 사업재구축의 모색」(집필 中村尙史)을 압축한 후 가필과 수정을 거친 것이다. 수치 등의 출전에 대해서는 이 책을 참조할 것.

[그림 3-10] 미쓰이부동산의 사업별 매출액(단체)의 추이

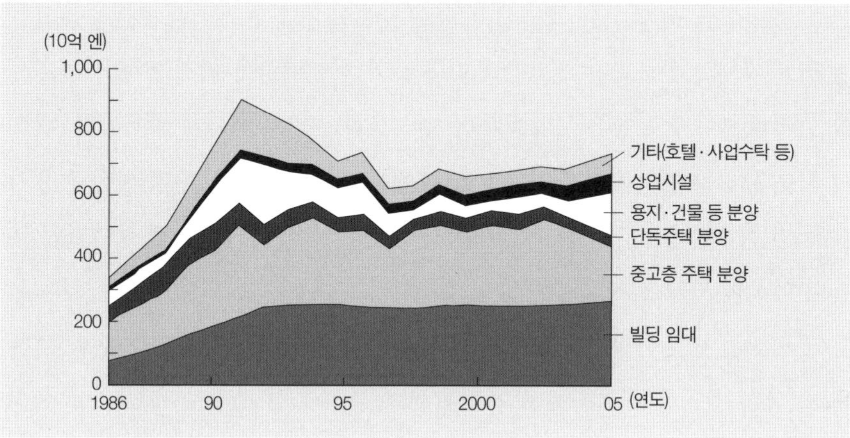

출전: 日本経營史研究所 편(2012), p. 419에 의해 작성한 것임.

화에 대해 기업이 어떻게 위기 대응을 하였는가 살펴볼 수 있는 하나의 사례 연구로서 의의를 지닌다고 하겠다. 1980년대 후반부터 2000년대 전반까지 미쓰이부동산의 사업부문별 매출액 구성은 [그림 3-10]과 같다. 이로부터 1990년대 이 기업의 중심은 빌딩 임대 또는 중고층 주택(mansion) 분양이었으며, 그 추세가 기업 이익에 큰 영향을 미쳤음을 알 수 있다.[48] 이 점에 유의하면서 이하에서는 90년대 미쓰이부동산의 기업 행동을 살펴보고자 한다.

버블 붕괴에의 대응

미쓰이부동산에서는 1990년 가을 벽두의 금리 상승, 부동산 융자 규제의

48 '용지·건물 등 분양'은 1990년대 전반까지는 매출액이 많았지만 미실현 평가손의 매각을 다수 포함하고 있기 때문에 이익에 대한 공헌은 적다. 96년에는 대규모 영업손실을 계상하였다. 또한 버블기(1989~92년)의 '기타'가 증가한 것은 건설공사 청부를 주로 하는 사업 수탁과 호텔 영업 매출액이 증가하였기 때문이다(日本經營史研究所 편, 2012, pp. 313~314).

강화, 토지 세제의 재검토 등 사업 환경 변화에 대해 위기감을 말하기 시작하였고, 팽창하는 이자 지불 때문에 미래 경상이익이 축소되는 사태를 우려하고 있었다. 구체적으로 같은 해 9월 차입금 증가를 억제하기 위해 판매용 부동산과 고정자산의 투자액을 목표치보다 50% 삭감하라는 지시가 내려졌다. 더욱이 버블 붕괴가 명확해졌던 90년 10월 말에는 90년 고정자산 투자와 신규 용지 취득의 중지를 축으로 하는 긴급대책을 제출하였다. 버블기에 팽창하였던 투자의 억제에 가장 먼저 착수하였던 것이다. 그 내용은 ① 94년까지 약 1,000억 엔의 자산을 매각한다, ② 1990~94년 장기경영계획의 투자액(1조 3,000억 엔)을 1/2로 삭감한다, ③ 공동사업을 포함한 판매용 부동산 투자를 위한 신규 용지 투자를 중지한다는 것이었다. 당시 미쓰이부동산에서는 고정자산을 중심으로 장기 미가동자산 투자가 과다하였고, 이것이 이익을 압박하고 있다는 인식이 있었다. 더욱이 버블기 거액의 고정자산 투자를 지탱하고 있던 분양사업이 시황 악화로 인해 높은 이익을 기대하기 어려운 상황이 되었다. 그 때문에 과다한 고정자산 투자의 억제, 판매용 부동산의 회전율 상승, 자산 매각의 촉진에 의해 이자 부담 증가를 억제하고 체질 개선을 해야 하였다. 그러나 사업 환경의 악화는 경영진이 생각하는 것보다 훨씬 더 빠르게 진행되었고, 92년 이후 사태는 심각성을 더해 가기만 하였다.

1992년 경상이익의 전망치 시산 결과가 같은 해 5월에 나왔는데, 당초인 2월에 설정되었던 목표치(200억 엔)보다 크게 줄어든 것이었다. 비슷한 시기에 금융 자회사인 미쓰이부동산 파이낸스에서 발생한 불량채권 처리 때문에 거액의 구제 투자 부담이 불가피하다는 예상도 있었다. 그렇기 때문에 이자 부담의 단기적인 삭감은 사실상 어려워졌고, 1991~93년 '자산 매각과 투자 억제에 의한 이자 부채의 삭감으로 94년도 이익 회복을 꾀한다'는 종래의 체질 개선

계획은 근본적인 재검토가 필요하게 되었다. 즉, 91년도에 시작된 중기경영방침의 실시 기간을 93년에서 95년으로 연장하고, 이자 부채의 축소와 경비 절감에 의해 대대적인 재무 체질을 개선하고 단기 회전 사업에 대한 중점 투자 등에 의해 수익력을 강화함으로써 '95년 말 이자 부채 잔고 1조 엔'과 '96년 이후 경상이익 450억 엔 이상 확보'를 목표로 하는 방침을 세웠다.

그렇지만 1992년 12월 결산 전망치에 따르면 이익이 예상보다 더 감소할 가능성이 높아졌다. 중고층 주택(mansion) 사업의 경상이익은 12월 전망치가 불과 2개월 전인 10월 전망치의 1/6 가까운 수준으로 급감하였다. 주택 분양사업의 이익 전망치도 10월 전망치보다 3/4 정도까지 하향 조정되었다.

또한 빌딩부문에서도 빌딩 임대이익이 시간이 지날수록 하향 수정되었다. 경기 부진, 공급 과잉으로 인해 공실이 증가하고 임료수준이 하락함으로써 최대의 수익원이었던 빌딩 임대사업의 수익력이 현저하게 약화되었던 것이다(日本經營史硏究所 편, 2012, p. 419). 사실 빌딩사업의 총이익률을 산출해 보면 91년도의 31.4%에서 94년도의 17.2%로 무려 45%나 하락하였다.

기간 사업 부문의 업적 급락에 따라 사원들의 이익 전망도 급속히 악화되었다. 1993년 7월에 나온 94년도 손익 전망치를 보면, 경상이익이 적자가 될 것을 시사하고 있었다. 버블기 과잉투자에 따른 상각 경비와 금리 부담 등 고정비 부담이 커진 데다가 영업실적도 악화되었기 때문에 미쓰이부동산은 심각한 적자 체질에 빠지고 말았던 것이다.

이러한 위기 사태에 직면하며 1993년 7월 경영진은 리스트럭처링 계획의 근본적인 재검토에 착수하였다. 우선 이자 부채의 삭감을 위하여 연간 150억 엔 정도의 경상이익을 계속해서 확보하고, 미가동 평가손 자산의 처리를 진행하기 위하여 가동자산 중에서 평가익 자산도 매각한다는 방침이 제출되었다.

이어서 영업 강화를 위하여 각 부문별 주요 과제를 조사하기 시작하였다. 구체적으로 담당 임원의 주도하에 각 부문, 지사·지점에 리스트럭처링 계획안을 9월 말까지 제출하도록 요구하였다. 더욱이 같은 해 12월 '리스트럭처링 방침'이라는 사장 명의 통지를 하달함으로써 사내에 위기의식이 공유될 수 있도록 하였다.

'리스트럭처링 방침'은 미쓰이부동산의 긴급한 경영과제로, ① 자산 내용의 악화, ② 적자 체질, ③ 관계회사의 수익력 저하 등 세 가지를 제기하였다. 이 중 ①에 대해서는 다음과 같았다. 즉, 총자산의 25%를 차지하는 미가동자산을 우선적으로 매각함과 아울러 평가익이 있는 가동자산도 일부 활용함으로써 이자 부채의 대폭 삭감을 달성한다는 리스트럭처링 방침을 제출하였다. 또한 리스트럭처링 기간에는 계속 추진할 수밖에 없는 장기·대규모 프로젝트와 단기 회전 주택 분양사업을 제외하고 전대사업을 포함한 시설계 사업과 장기 분양의 신규 투자는 일체 하지 않는다. 한편, ②와 ③에 대해서는 다음과 같다. 기존 사업의 경우 건설, 관리·운영에서 철저한 비용 삭감을 행함과 더불어 각 사업을 정밀 조사하여 비효율적인 사업을 분리한 후 채산성이 없는 사업을 퇴출시키는 등 재편을 검토하게 되었다.

경영진 사이에서는 1994년 초 경영과제가 ① 미가동, 동결자산의 평가손, ② 미쓰이부동산 파이낸스 등 자회사의 손실 처리, ③ 전대손의 세 가지로 압축되었고, 그 처리에 의해 생기는 손실을 유가증권과 가동자산의 매각이익으로 메울 수밖에 없다는 공통인식이 명확히 형성되었다. 그러나 문제는 어느 타이밍에 어느 정도 가동자산 매각에 나설 것인가였다. 경영진은 이 문제를 둘러싸고 94년 2월부터 10월까지 논의를 되풀이하였다.

우선 1994년 2월 가동빌딩·쇼핑센터의 매각에 대하여 장점과 단점을 비교

검토하였다. 흑자 물건 매각의 장점은 적자 물건과 함께 매각할 수 있다는 점, 미실현 평가손을 해소할 수 있다는 점, 조기에 이자 부채를 축소할 수 있다는 점 등이었다. 반면에 이익 창출이 양호한 빌딩이나 쇼핑센터를 매각한다는 것은 수익력의 감퇴로 이어질 수 있다는 단점도 있었다. 이 두 가지를 감안하면서 어느 정도의 속도와 규모로 자산 매각을 진행하는 것이 바람직한가, 개별 매각 물건을 어떻게 선정할 것인가 등에 대해서는 쉽게 결론이 나지 않았다.

1994년 7월에는 매각 가동 물건의 선정과 매각 방침에 대하여 포괄적인 논의가 있었다. 이 회의에서는 우선 매각 대상 미가동자산을 3년 동안 모두 매각한다는 방침이 제출되었다. 이에 따른 적자 785억 엔은 ① 미가동 동결 흑자 물건, ② 4개 가동 물건의 제3자 매각에 의해 보전하고, ③ 가동 물건의 추가 매각을 한다는 계획이 책정되었다. 가동자산을 손실 처리 이상으로 매각할 수 있는 경우 가능한 한 동결 적자 물건의 처리에 충당한다는 점에 대해서도 합의하였다. 이러한 자산 매각 방침에 따라 이후 전체 자산을 대상으로 매각 순위를 결정하고, 그 후 어디까지 매각할 것인가에 대해 검토를 진행하기로 하였다.

놀랍게도 같은 해 7월 말에는 빌딩 임대 시황이 악화일로에서 벗어나 이익이 회복되리라는 전망이 나오기 시작하였다. 구체적으로 1994년 빌딩 임대의 이익 전망이 같은 해 5월에는 315억 엔이었던 반면에 7월에는 358억 엔이 되었다. 즉, 40억 엔 이상이 개선되리라고 전망되었던 것이다. 이에 따라 94년도 사업계획의 영업이익 전망도 애초에는 30억 엔 적자였지만 0에 가깝게 조정되었고 경상이익은 120억 엔을 목표로 한다는 인식이 공유되었다. 이 결과 미가동 적자 물건을 주 대상으로 삼았던 효과적인 자산 매각을 한층 더 촉진하고, 누적 미실현 평가손의 처리를 이자 부채 삭감과 맞추어 수행함으로써 체질 개선을 꾀한다는 방향이 명확해졌다.

더욱이 1994년 8월부터 9월까지 현안 사항이었던 자회사 지원책에 대해 다시 한 번 더 검토를 진행한 후, 9월 28일 미쓰이부동산 파이낸스에 대한 지원책이 최종 결정되었다. 본업 회복을 목표로 정함과 아울러 자회사 지원책이 최종 결정됨으로써 94년 9월 이후 체질 개선을 위한 자산 정리가 본격적으로 이루어지게 되었다.

그렇지만 매각 후보 물건을 추려내기 위해서는 개별 물건마다 연율로 어느 정도의 수익이 전망되는지에 관한 성능 분석이 필요하였다. 가동자산의 성능 평가를 위하여 1994년 9월 말부터 10월까지 매주 회의를 개최하였고 사업 성능 평가의 지표를 검토하였으며 개별 물건마다 임원 평가를 실시하였다. 그러나 가동자산 성능 평가의 통일적인 기준 작성은 쉽지 않았고 매각 물건을 선정하는데 시간이 걸렸다.

구조개혁과 사업 재구축

1994년 11월이 되면, 다음 해인 95년도 결산에서는 빌딩사업, 중고층 주택사업과 함께 매출액이익률이 전년 대비 상승할 것으로 전망되었다. 그 때문에 경영진은 아직 남아 있는 장부에 미반영된 손실을 처리하고, 자회사 정리를 단숨에 진행하였으며, 재무 체질을 개선하기 위한 준비를 시작하였다.

한편, 1994년 후반에는 자산 매각을 축으로 사업재구축을 모색하였는데, 전사적으로 모든 자산의 수익성을 객관적 기준에 의해 재검토할 필요가 있음을 인식하게 되었다. 그 때문에 95년 4월 전체 자산의 평가 리스트를 작성하기 위한 부서(업무기획실)를 설치하고, 현금흐름을 중시하는 수익성 조사를 시작하였다. 구체적으로 빌딩에 대해서는 PI(profitability index),[49] 맨션에 대해서는

49 PI=현금유입(cash inflow)/현금유출(cash outflow)의 현재가치. 이 수치가 1보다 크면 추가 투자가 유리하다는

IRR(internal rate of return)[50]이라는 지표를 이용하였다. 각 분야마다 전체 자산의 성능을 일률적으로 평가하는 방법을 채택하였다. 96년 2월 통일적인 기준에 기초하여 전체 자산의 성능 평가 리스트가 완성되었고, 자산 매각 대상 물건의 선정에 이용하게 되었다. 객관적인 지표에 의거하여 이루어진 빌딩 중심의 자산 성능 평가는, 역사적인 경위와 각 부문의 뿌리 깊은 사고에 사로잡힌 자의적인 평가를 상대화함으로써 체질 개선 계획의 입안에 크게 기여하게 되었다.

1996년 3월 미쓰이부동산 사장 다나카 준이치로는 당시 2대 경영과제였던, ① 본업의 강화·개선, ② 자산 압축에 대하여 그 방향성, 부문 수치 목표, 스케줄을 명확히 도출하였다. 구체적으로 살펴보면, 96년부터 2000년까지 5년 동안 5,000억 엔의 이자 부채 삭감을 목표로 하고 그것을 위해 가동자산을 포함한 자산을 매각함으로써 자금을 회수한다는 것과 최초 2년간(1996~97년) 2,500억 엔의 자산 매각을 실시한다는 것을 목표로 설정하였다.

'구조개혁'의 방침이 강력하다는 것을 보여 주려는 듯, 1995년 6월 다나카 사장 스스로가 진두지휘하는 구조개혁추진본부를 신설하고, 그 휘하에 자산 압축을 목표로 물건 매각을 총괄·조정하는 자산부서, 업무 효율의 개선, 부문간 역할 분담을 되돌아보고 조직·체제를 검토하는 업무개혁 부서를 설치하는 등 구조개혁의 추진 조직을 정비하였다.

그중에서 자산부서는 – 앞서 서술한 바 있듯이 – 전체 자산의 성능 평가 리스트를 기초로 하여, 자산 매각의 방침, 물건마다 매각의 타당성 여부와 수순을 검토하였다. 그리고 1996년 8월 자산 부서는 모든 정보를 장악하여 매각

뜻이다.

50 투자 프로젝트의 평가지표 중 하나로 현금흐름(cash flow)의 현재가치와 투자액의 현재가치가 같아지도록 하는 할인율(=내부수익률)을 구해서 자본비용(cost of capital)보다 크면 그 투자는 유리하고, 자본비용보다 작으면 불리하다고 판정한다.

[표 3-7] 미쓰이부동산의 자산 매각과 이자 부채의 삭감

(단위: 백만 엔)

연도		1994	1995	1996	1997	1998	누계액
판매용 자산 매각(영업수지)							
업무용지	매출액	43,364	31,933	47,914	25,334	15,128	163,673
	이익	-5,930	-20,083	-74,776	3,905	-2,952	-99,836
빌딩 분양	매출액	36,649	49,535	42,317	35,960	2,250	166,711
	이익	19,576	22,032	-9,651	1,850	1,890	35,697
소계	매출액	80,013	81,468	90,231	61,294	17,378	330,384
	이익	13,646	1,949	-84,427	5,755	-1,062	-64,139
고정자산 매각(특별수지)							
	매출액	897	1,466	54,109	107,679	1,598	165,749
	이익	0	-1,428	-39,747	27,339	467	-13,369
자산 매각							
총계	매출액	80,910	82,934	144,340	168,973	18,976	496,133
	이익	13,646	521	-124,174	33,094	-595	-77,508
이자 부채							
총계	잔고	1,336,569	1,291,481	1,126,074	998,895	998,466	
	연간 삭감액	14,650	45,088	165,407	127,179	429	352,753

주: 판매용 부동산(업무용지, 빌딩 분양)의 매각은 영업수지로 인식하며, 고정자산 매각은 특별수지로 인식함. 또한 이자 부채의 삭감액은 전기 말 잔고에서 당기 말 잔고를 차감하여 구한 것임. 1993년 이자 부채액은 1조 3,512억 엔임.

출전: 日本経營史硏究所 편(2012), p. 346에 의해 작성. 원자료는 미쓰이부동산 유가증권보고서, 각 연도.

가격과 수순을 관리하되 실제 자산 매각은 현장에 위임하는 체제를 구축함으로써, 미가동·가동자산의 매각을 본격화하게 되었다. 그 추진 상황은 [표 3-7]에 제시되어 있다. 이로부터 미쓰이부동산은 94년에서 95년에 걸쳐 미반영 손실을 포함하는 업무 용지와 판매용 이외의 고정자산의 매각 손실을 가동자산인 빌딩의 매각 이익과 상쇄하면, 수지가 흑자가 된다는 것을 알 수 있다. 그러나 구조개혁이 본격화된 96년에는 버블기에 취득하여 장부가가 높았던 탓에 미반영 손실이 발생한 자산을 토지, 빌딩을 불문하고 다수 매각하였기 때문에 1,242억 엔이라는 막대한 자산 매각 손실을 계상하게 되었다. 다만 이러한 자산의 압축에 의해 같은 해 일거에 1,654억 엔의 이자 부채를 삭감할 수 있었다. 미쓰이부동산의 활발한 리스트럭처링은 다음 해인 97년에도 계속되었고 1,690억 엔의 자산 매각을 통해 1,272억 엔의 이자 부채를 삭감하였다. 그 결과 1996~97년 이자 부채 삭감(2,926억 엔)은 구조개혁의 당초 목표였던 2,500억 엔을 크게 상회하였고, 이자 부채 잔고는 1조 엔 아래로 떨어졌다.

또 하나의 경영과제는 미쓰이부동산 파이낸스 등 경영이 부진한 관계 자회사를 정리하는 것이었다. 이 문제에 관해서는 1996년 최종적인 해결을 목표로 하였다. 구체적으로 살펴보면, 96년 결산에서 자회사 정리에 따른 손실 등으로 665억 엔의 경상손실을 계상함과 동시에 배당 삭감(96년 하반기 1주당 4.5엔에서 2.5엔으로) 그리고 관련 자회사의 정리를 발표하였다. 미쓰이부동산 파이낸스의 청산에 필요한 570억 엔은 같은 해 상장된 오리엔탈랜드 주식의 매각이익 586억 엔을 이용하여 처리함으로써 국내 사업의 정리는 일단락되었다.

1996년 결산에서 이자 부채 삭감과 자회사 정리에 관한 목표를 수립한 후 97년 4월 미쓰이부동산은 새로운 중기경영계획(1998~2000년도)의 책정에 착수하였다. 그 책정 방침으로는, ① Non-asset 비즈니스의 강화, ② Asset 비즈니스의 효율성, 생산성 향상, ③ 이자 부채 삭감의 지속, ④ 자산 구성, 부채·자본 밸런스의 검토 등 4개를 설정하였다. 이 중 ①과 ②는 기존에 일체로 여겨졌던 개발 기능과 투자 기능을 분리하고, 새로운 형태의 Non-asset 사업을 창조하며, 기존 Asset 사업의 효율화를 꾀하는 것이었다. 고도경제성장기로부터 버블기 동안 자산효과에 의존하였던 개발 사업에서 탈피하여 가급적 자산을 늘리지 않고 비즈니스를 확대하겠다는 목표를 설정한 것이다. 이러한 움직임에 따라 부동산 증권화, Asset management 업무, Property management 업무 등 부동산 비즈니스의 새로운 영역을 따로 개발하게 되었다.

또한 ③의 이자 부채 삭감은 1990년대를 통해 추구해 왔던 최대의 경영과제 중 하나였다. 다만 1996~97년 목표였던 2,500억 엔 삭감의 달성이 전망됨에 따라 이후 대폭 하향 조정되었다. 다만 97년 이후에도 판매용 부동산의 재평가, 해외를 포함한 관계회사의 손실 처리에 의해 거액의 특별손실이 발생하였기 때문에 연결 기준으로 98년에는 357억 엔, 99년에는 584억 엔의 당기순손실이 발생하였다.

스미토모부동산과 모리빌딩은 버블 붕괴 후 저금리를 이용하여 1990년대 전반부터 이자 부채를 활용한 빌딩 건설과 도시 재개발 사업을 계속해서 확대하였다. 그런 의미에서 보면, 90년대 내내 이자 부채의 축소, 자회사 및 해외사업의 손실 처리를 추구하며 신규 투자를 억제해 왔던 미쓰이부동산은 조금 늦은 감이 있다. 이 회사는 98년 이후에야 버블 붕괴에 따라 추진을 미루었던 도심 재개발 사업을 재개하였다.[51] 그 결과 미쓰이부동산의 매출액과 영업이익은 97년에 저점을 찍었고, 98년도 이후에는 급속히 상승하기 시작하였다(日本経營史硏究所 편, 2012, p. 419).

51 1990년대 4대 프로젝트라고 불렀던 니시신주쿠지구(95년 착공, 99년 준공), 진보쵸지구(2000년 착공, 03년 준공), 시바지구(98년 착공, 2002년 준공), 오오사키지구(95년 착공, 99년 준공)와 히기시고탄다지구(99년 착공, 2004년 준공), 시오도메지구(2000년 착공, 03년 준공), 니혼바시지구(2000년 착공, 04년 준공), 롯폰기지구(04년 착공, 07년 준공) 등 신규 프로젝트가 1990년대 말부터 2000년대 초에 일제히 준공되었다(日本経營史硏究所 편, 2012).

참고문헌

建設省建設経済局不動産業課監修(1996),『不動産業統計集(平成8年度版)』, 不動産流通近代化センター.

橘川武郎・粕谷誠編(2007),『日本不動産業史 ― 産業形成からポストバブル期まで』, 名古屋大学出版会.

吉川洋(2002),「土地バブル」, 村松岐夫・奥野正寛編,『平成バブルの研究　上』, 東洋経済新報社, 411~430.

内閣府経済社会総合研究所(各年),『国民経済計算年譜』.

農林水産省経営局農地政策課(各年),『農地の移動と転用 ― 農地移動実態調査結果』, 農林弘済会.

農林水産省経済局農業協同組合課(各年),『総合農協統計表』, 農林統計協会.

農林水産省大臣官房情報課(各年),『食料・農業・農村白書参考統計表』, 農林統計協会.

農林水産省大臣官房調査課(各年),『食料需給表』, 農林統計協会.

農林水産省大臣官房調統計調査部(各年),『耕地及び作付面積統計』.

農林水産省大臣官房統計情報部(各年),『生産農業所得統計』, 農林統計協会.

農政ジャーナリストの会編集部(1966),「岐路に立つ日本の米作」, 農政ジャーナリストの会,『米作の新展開(日本農業の動き5)』, 85.

東京財団(2013),「農業構造改革の隠れた課題 ― 変わる農村・取り残される農政: 政策提言」, 東京財団.

本間正義(2010),『現代日本農業の政策過程』, 慶応義塾大学出版会.

山崎福寿・浅田義久編著(2003),『都市再生の経済分析』, 東洋経済新報社.

山形県議会(1970),「山形県議会議事録(定例会)(昭和45年1月19日)」.

三菱地所株式会社社史編纂室編(1993),『丸の内百年のあゆみ ― 三菱地所社史(全3冊)』, 三菱地所.

森稔(2009),『ヒルズ挑戦する都市』, 朝日新書.

三井不動産企画調査部編,『不動産関連統計集』, 各年, 同部.

石井啓雄・河相一成(1991),『国土利用と農地問題 ― 地価形成と農地流動のメカニズム(食糧・農業問題全集11-A)』, 農山漁村文化協会.

松島茂・竹中治堅編(2011),『日本経済の記録 ― 時代証言集(オーラル・ヒストリー)(バブル/デフレ期の日本経済と経済政策 歴史編3)』, 内閣府経済社会総合研究所.

食糧庁編(各年a),『食糧管理統計年報』, 食糧庁.

食糧庁編(各年b),『米価に関する資料』, 食糧庁.

神門善久(1996),「農地流動化, 農地転用に関する統計的把握」,『農業経営研究』 第34巻 第1号, 62~71.

神門善久(2006),『日本の食と農 ― 危機の本質』, NTT 出版.

神門善久(2010),『さよならニッポン農業』, NTT 出版.

日本経営史研究所編(2012),『三井不動産七十年史』, 三井不動産.

全国農業会議所(各年),『田畑売買価格等に関する調査結果』.

斉藤淳(2010),『自民党長期政権の政治経済学 ― 利益誘導政治の自己矛盾』, 勁草書房.

竹中久二雄・西山久徳(1985),『農業政策と農業法制 ― 戦後農政の展開と農業関係法』, 学陽書房.

中村靖彦(2000),『農林族 — 田んぼのかげに票がある』, 文春新書.
総務省統計局(各年),『長期経済主要指標(GDPデフレーター)』.
総務庁行政鑑察局(1992),『総合的・計画的な農業の振興をめざして — 総務庁の農業振興地域に関する行政監察結果から』, 大蔵省印刷局.
戸田博愛(1986),『現代日本の農業政策』, 農林統計協会.
荒幡克己(2014),『減反40年と日本の水田農業』, 農林統計出版.
荒幡克己(2015),『減反廃地 — 農政大転換の誤解と真実』, 日本経済新聞出版社.

USDA(United States Department of Agriculture) (1990), *Economic Research Service*, *Staff Report*, No. AIB729.

제4장 광공업

구조 변화와 생산성 정체

제1절 제조업의 장기적 동향

제2절 1990년대 이후 TFP 상승 둔화의 원인

제3절 1960년대 이후 건설업 - 정부투자의 역할과 생산성에 대한 영향

제1절 제조업의 장기적 동향 후카오 교지(深尾京司)

제2절 1990년대 이후 TFP 상승 둔화의 원인 후카오 교지(深尾京司)

제3절 1960년대 이후 건설업

- 정부투자의 역할과 생산성에 대한 영향 야마자키 후쿠쥬(山崎福寿) · 하라노 게이(原野啓)

'일본적인' 계열 거래에 의한 기술 이전과 장기고용에 의한 인적자본 투자는 고도성장기에서 안정성장기까지 제조업 총요소생산성의 향상을 가져왔다. 그러나 그 제도는 국경을 넘는 공정 간 분업에 대응할 수 없었고, 장기정체기에는 생산성 둔화의 요인이 되고 말았다. 총요소생산성의 부진은 연구개발을 담당하는 고학력 노동자를 흡수하는 대기업이 해외로 생산을 이전함에 따라 나타나는 직접적인 효과와 대기업이 부품조달과 조립을 전 세계로 확대해 나감에 따라 중소기업으로의 기술 이전이 단절되는 효과로부터 초래되었다. 대기업의 해외 진출에 의한 계열거래의 약체화가 불가피한 것이라면, 제조업의 그리고 일본경제의 생산성 향상을 위해서는 중소기업 스스로의 연구개발과 대학교육의 질 개혁을 통해 중소기업에 취직하는 노동력의 능력을 향상시키는 것이 필요하다. 또한 장기정체기의 초반에는 다른 산업으로부터 중소건설기업으로 노동 이동이 발생하였다. 장기정체기 동안 건설업 중에서도 토목업은 공공사업에 대한 의존도가 높은 반면에 생산성의 부진은 계속되고 있다.

후카오 교지(深尾京司) · 나카무라 쇼지(中村尚史) · 나카바야시 마사키(中林眞幸)

제1절 제조업의 장기적 동향

이 장은 고도성장이 끝난 1973년부터 2010년대까지 일본 제조업과 건설업을 대상으로 한다. 제1절에서는 제조업의 구조 변화와 무역마찰·국제경쟁의 추이를 개관한다. 제2절에서는 1990년대 이후 제조업에서 생산성 상승이 둔화된 원인을 생각해 본다. 제3절에서는 60년대 이후 건설업의 발자취를 되돌아본다.

1. 거시경제에서 차지하는 제조업의 비중 저하

[그림 4-1]은 1970~2012년 기간 중 일본의 명목GDP와 총노동시간 투입에서 차지하는 제조업 비중의 추이를 보여 준다. 거시경제에서 차지하는 제조업의

[그림 4-1] 명목GDP와 총노동시간 투입에서 차지하는 제조업의 비중: 1970~2012년

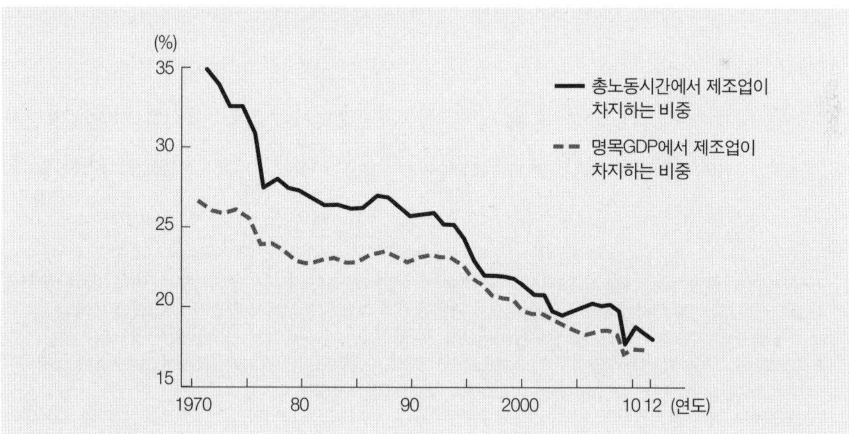

출전: JIP 데이터베이스 2015. 단, 1971~72년의 경우에는 내각부, 「1998년도 국민경제계산」(1990년 기준 · 1968 SNA)을 이용하여 내삽한 것임.

비중은 제2차 세계대전 이후부터 1960년대에 걸쳐 상승하였다. 따라서 (제2차 세계대전 중을 제외하면) 장기적인 추세로 볼 때 정점에 도달하였던 것은 60년대였다. GDP에서 약 1/3, 취업자 수·노동시간에서 약 1/4를 차지하는 상황이 계속되었다. 하지만 70년대 들어 제조업의 비중은 급속히 하락하기 시작하였다.[1] 2012년 제조업의 비중은 GDP의 18%, 총노동시간의 17%까지 떨어졌다(메이지 시대 이후 장기적인 추세에 관해서는 취업자 비중은 본 강좌 제3권 서장, GDP에서 차지하는 비중은 본 강좌 제5권 제5장을 참조할 것).

인구 1인당 GDP가 일본의 1970년 수준에 도달한 후, 경제성장에 따라 거시경제에서 차지하는 제조업의 비중이 하락하는 것은 거의 모든 선진국이 경험한 바 있으므로 일본만의 고유한 현상은 아니다(본 강좌 제5권 제5장을 참조). 이러한 추세가 나타나는 주요 요인은 제조업의 총요소생산성(TFP) 상승률이 다른 모든 산업에 비해 월등히 높았기 때문에[2] 실질생산이 증가하는 만큼 노동과 자본의 투입도 증가하지는 않았다는 점, TFP 상승보다 평균생산비용의 하락이 더 크므로 다른 산업의 산출에 비해 공업제품의 상대 가격이 낮아진다는 점 때문이다.[3]

1970~2012년 동안 일본의 실질GDP는 3배 증가하였음에 비해 제조업의 실질GDP는 3.8배 증가하였다(JIP 데이터베이스 2015). 따라서 상대 가격의 변화에 주

1 거시경제에서 광업이 차지하는 비중은 1970년 이후 1% 미만이었고, 노동시간 면에서도 0.5%에 미치지 못하였다(JIP 데이터베이스 2015). 따라서 본 장에서는 광업에 대해 특별히 분석하지 않겠다. 광업의 추세에 대해서는 經済產業省『本邦鉱業の趨勢』 각 연도판을 참조할 것. 또한 JIP 데이터베이스는 일본의 산업구조와 생산성 상승을 추계하기 위하여 경제산업연구소와 히토츠바시 대학이 공동으로 작성하며, 경제산업연구소의 웹페이지(https://www.rieti.go.jp/jp/database/jip.html)로부터 다운로드할 수 있다.

2 총요소생산성(TFP) 상승률이란, 기술진보 또는 생산효율의 상승에 의해 나타난 실제 생산량의 증가가 노동과 자본 등 생산요소 투입에 의해 나타난 생산량의 증가를 상회하는 정도를 나타낸다. 상세한 내용은 본 강좌 제3권 서장 제1절 및 深尾·宮川(2008)을 참조할 것.

3 가계가 풍요롭게 됨에 따라 소비수요가 서비스로 이동하는 것도 제조업의 비중 하락에 기여한다고 생각된다.

목할 필요가 있는데, 명목GDP에서 차지하는 제조업의 비중이 하락한 주요인은 비교적 높은 TFP 상승에 의해 공업제품이 다른 재화·서비스의 가격보다 싸졌기 때문이다. 이 사실이 시사하는 것은, 생산성 상승의 관점에서 보면 일본 경제에서 제조업의 중요성은 1970년대 이후에도 일관되게 높았다는 것이다. 시장경제 전체의 TFP 상승 중에서 제조업의 TFP 상승이 차지하는 비율[4]은 1970~90년에는 50%, 1990~2012년에는 – 비제조업의 TFP 상승 정체를 반영하여(서장 제1절 참조) – 거의 100%에 달하였다. 또한 거시경제 전체의 노동생산성(노동시간당 실질GDP) 상승 중에서 제조업이 차지하는 비중도 1970~90년에는 30%를 조금 넘는 수준, 1990~2012년에는 40%에 조금 못 미치는 수준에 달하였다.[5]

이제 [그림 4-1] 거시경제에서 차지하는 제조업 비중의 동향으로부터 알 수 있는 것을 정리하면 다음과 같다. 고도성장이 끝나면서 설비투자의 대GDP 비율이 급감하였던 1970년대(설비투자의 동향에 대해서는 서장 제1절 및 권말 부록 [부표 5] 참조), 버블 붕괴 후 설비투자가 부진하였던 90년대, 그리고 세계 금융위기로 인해 세계적으로 설비투자가 감소하였던 2008년 이후 제조업 비중은 현저히 하락하였다. 이는 일본이 생산하는 공업제품 다수가 기계와 소재 등 자본재 및 자본재 생산에 투입되는 중간투입재의 성격이 강하기 때문일 것이다.

2. 제조업 내의 구조 변화

다음으로 제조업의 구성을 살펴보자. [그림 4-2]는 제조업을 12개로 분류하여 1970~2016년 명목부가가치 구성의 추이를 보여 준다. 장기적인 추세를 보

4 거시경제에서 TFP 추계가 어려운 공무, 의료, 교육 등 공공성이 높은 활동을 제외한 부분을 시장경제라 칭한다.
5 JIP 데이터베이스 2015를 이용하여 산출한 것이다.

[그림 4-2] 제조업 명목부가가치의 비중 – 1970~2016년

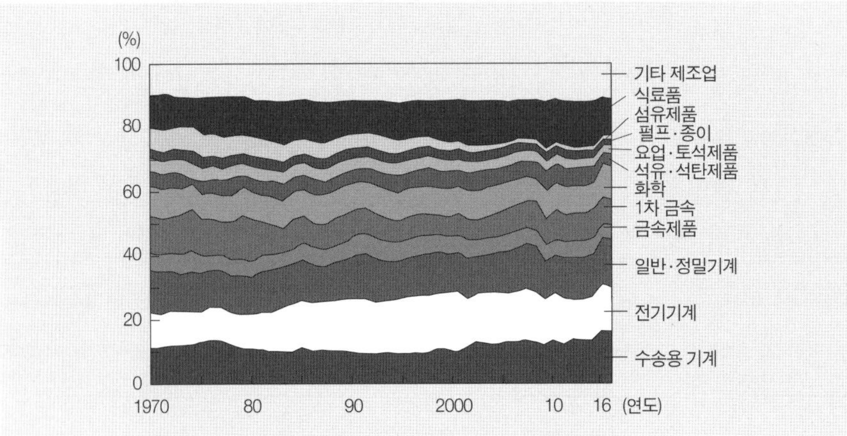

주: 1993년 이전에는 출판업이 제조업으로 분류되었지만 통상산업대신 관방 조사통계부 『공업통계표』(각 연도판)에 근거하여 출판업을 제외하였음. 2014년 이전의 '섬유제품'은 '섬유'와 '의복 등'의 합계치임. '일반·정밀기계'는 14년 이전에는 '일반기계'와 '정밀기계'의 합계치임. 15년에는 '일반용·생산용·업무용 기계'의 값임. 15년 이후의 '전기기계'는 '전자부품·디바이스', '전기기계', '정보·통신기기'의 합계치임. 15년 이후의 '펄프·종이'는 '펄프·종이·종이가공품'의 값임. '기타 제조업'은 1993년 이전에는 '제재·목제품', '가구', '피혁·피혁제품', '고무제품', '인쇄·출판', '기타 제조업'의 합계에서 출판업의 추계치를 뺀 값임. 1994~2014년에는 '제재·목제품', '가구', '피혁·피혁제품', '고무제품', '인쇄', '기타 제조업'의 합계치임. 15년 이후에는 '인쇄업'과 '기타 제조업'의 합계치임. '1차 금속'은 '철강'과 '비철금속'의 합계치임.

출전: 내각부 「국민경제계산 연차 추계」에 근거한 것임. 1970~79년에는 1990년 기준·1968 SNA, 1980~93년에는 2000년 기준·1993 SNA, 1994~2014년에는 2005년 기준·1993 SNA, 2015~16년에는 2011년 기준·2008 SNA의 값임.

면, 기계산업(수송용 기계, 전기기계, 일반·정밀기계)의 비중은 1970년 35%에서 2016년 45%로 상승하였다. 그 내역을 자세히 보면, 수송용 기계는 1970년대 조선의 정체 등으로 인해 하락하였던 반면, 2000년대 이후에는 자동차산업이 주도하여 확대가 이어졌다. 한편, 전기기계의 비중은 1970년대 중반부터 2000년경까지 눈부시게 상승하였지만 2000년대 들어서면서 후술하는 국제경쟁의 격화 탓으로 하락세로 반전되었다. 일반·정밀기계는 2000년대 들어 급속히 상승하였지만 세계 금융위기 후 수년 동안은 세계적인 설비투자 정체 때문에 현저

한 정체를 보였다(Fukao and Yuan, 2009).

에너지와 천연자원 집약적인 소재산업(금속제품, 1차금속, 화학, 석유·석탄제품, 요업·토석제품)의 부가가치는 1970년대 전반에는 제조업 전체의 부가가치 중 35%를 차지하였지만 두 차례의 석유위기와 설비투자 부진으로 인해 80년대에는 30%까지 하락하였고 그 후에는 큰 변화가 없었다.

한편, 노동집약적인 산업이기 때문에(권말 부록 [부표 3] 참조) 임금 상승으로 인해 일본이 일찌감치 비교우위를 상실한 섬유제품의 부가가치 비중은 1970년 이후 계속해서 감소하였다. 또한 펄프·종이의 부가가치 비중도 점차 하락하였다. 식료품의 부가가치 비중은 상승하였지만 이는 임금과 소득 상승으로 인해 가계가 여가시간 등 소비 전반을 확대함으로써 가계 생산시간을 줄였던 것이 일부 요인으로 작용하였을 것이다(제1장 참조).

제조업의 추세를 살펴보았으므로 설비투자의 동향으로 넘어가기로 한다. 여기에는 국제경쟁의 관점이 중요하다. [그림 4-3]에는 10개 산업([그림 4-2]의 12개 산업 중 섬유제품, 석유·석탄제품, 기타 제조업을 합하여 기타 제조업으로 분류하였음)과 제조업 전체의 명목수출·수입액의 국내 부가가치에 대한 비율이 제시되어 있다.

우선 국내 부가가치에 대한 수출입의 비율을 비교해 보면, 다수 산업에서 수출 비율이 수입 비율을 대폭 상회하고 있다. 2014년 수입이 수출을 상회한 것은 식료품, 펄프·종이, 화학, 금속제품, 기타 제조업(섬유제품, 석유·석탄제품 포함) 등 자원집약적인 산업뿐이었다. 이는 저축초과(서장 제1절 참조)를 반영하여 대부분의 시기에 무역수지 흑자를 기록하여 왔음을 의미한다. 또한 이와 더불어 천연자원과 토지의 부존이 적기 때문에, 국내에서 필요한 원재료와 식료의 대부분을 수입한 후 양질의 노동력과 축적된 자본을 이용하여 수입한 원재

[그림 4-3] 제조업의 명목국내부가가치 대비 명목수출입액의 비율 – 1970~2016년

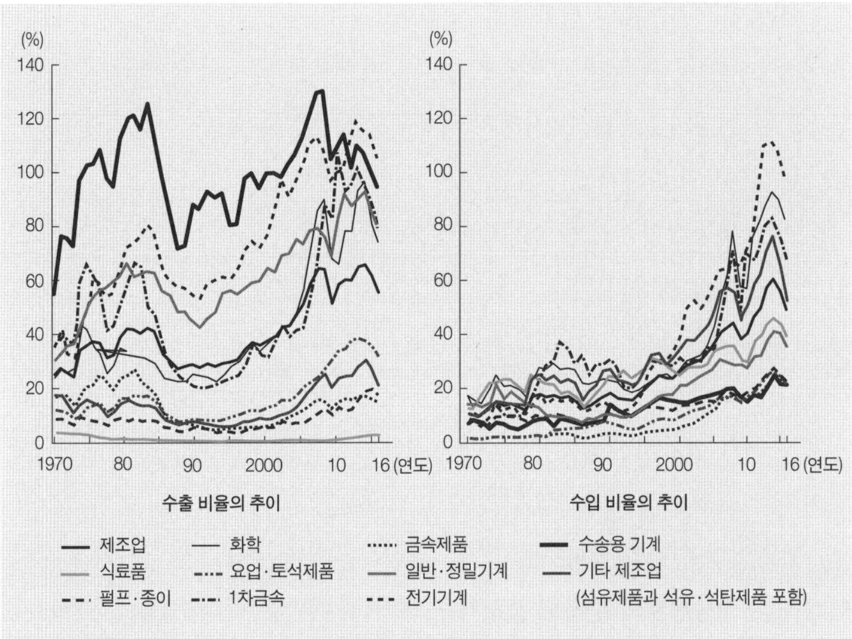

주: 1993년 이전에는 출판업이 기타 제조업으로 분류되었지만 이후에는 출판업이 제외되었음. 따라서 '기타 제조업'은 93년 전후의 엄밀한 비교가 불가능함. '일반·정밀기계'는 '일반기계'와 '정밀기계'의 합계치임. 2013년 이후에는 '일반용·생산용·업무용 기계'를 지칭함. 또한 '기타 제조업'은 '섬유제품', '석유·석탄제품', '기타 제조업'의 합계치임.

출전: 2012년까지는 JIP 데이터베이스 2015의 부가가치와 수입 데이터를 이용하였음. 그 이후는 내각부 「국민경제계산 연차 추계」 2011년 기준 · 2008 SNA의 「경제활동별 국내총생산」 및 「재화·서비스의 공급과 수요」를 이용하여 JIP 데이터베이스의 데이터를 연장하였음. 단, 1971~72년에는 JIP 2015의 데이터가 없기 때문에 내각부 「국민경제계산 연차 추계」 1990년 기준·1968 SNA의 「경제활동별 국내총생산」 및 「재화·서비스의 공급과 수요」를 이용하여 보간 추계한 것임.

료를 가공한 다음에 공업제품을 수출한다는 이른바 가공무역에 특화해 왔음을 보여 준다.[6]

6 일본의 요소부존도와 비교우위에 관한 실증연구로는 清田(2016)을 참조할 것.

1970년대 제조업의 수출구조를 보면 제조업 전체 수출의 48%가 기계, 31%가 자원·에너지 집약적인 화학·금속·요업(화학, 요업·토석제품, 1차금속·금속제품의 합계치. 이 중 절반은 선철·조강 이외의 철강이 차지한다), 10%가 섬유제품이었다(권말 부록 [부표 6] 및 JIP 데이터베이스 2015에 기초하였으며 이하 같다).

기계가 제조업 전체의 수출에서 차지하는 비중은 1970년 48%에서 80년 63%, 90년 76%, 2000년 79%로 급속히 상승한 후 2012년에는 68%까지 낮아졌다. 또한 [그림 4-3]에서 제시된 바와 같이 기계산업의 명목 국내 부가가치에서 차지하는 비율을 보면, 1970년에서 80년대 중반까지 급속히 상승한 후 80년대 후반에는 급락하였고 90년대에서 2008년 세계 금융위기까지 다시 급증하였다. 1980년 후반 수출 비율이 급락한 원인은 플라자합의 후 엔고 때문에 일본 기업의 국제경쟁력이 낮아졌다는 점, 엔고 하에서도 생산과 수출을 과도하게 축소시키지는 않았기 때문에 일본 기업은 엔·달러 환율의 급등에 비해 달러 표시 판매 가격을 소폭 올렸으며 이로 인해 엔화 표시 수출액도 적어졌다는 점, 후술하는 바와 같이 미국 및 유럽 국가와의 심각한 무역마찰에 의해 수출이 제약되었다는 점 등을 지적하고 싶다. 무역수지 흑자와 엔고 등 거시경제 측면의 무역마찰 문제에 대해서는 서장 제1절을 참조하기 바란다.

본 강좌 제5권 서장 제1절에 보았듯이 일본의 기계산업을 지탱한 최종수요 항목은 전간기에는 군사지출, 고도성장기에는 국내 투자수요, 그 이후에는 국내 소비수요였다. 고도성장 후 일본의 기계산업은 국내 자본축적의 속도가 크게 둔화되면서 최종수요로서의 순수출(=수출-수입)에 의존하는 정도가 높아졌다. 권말 부록 [부표 6]에 따르면, 전기기계의 경우 최종수요에서 차지하는 투자(재고투자 포함), 가계·정부소비, 순수출이 차지하는 비중이 1970년대 및 80년대 65.0%, 20.8%, 14.2%에서 최근 52.3%, 18.8%, 28.9%로 변화하였다. 수송기계의 경우에도 70.3%, 6.0%, 23.8%에서 최근 41.8%, 15.0%, 43.2%로 변화하였다. 1970년대에서 80년대까지 최종수요 중에서 순수출의 비중이 거의 2배 가까이 급증하였음을 알 수 있다(재고투자의 범위, 산업분류가 다르기 때문에 70년에 관한 계산 결과는 본 강좌 제5권 서장 제1절에 제시된 값과 다르다).

기계산업의 내역을 보면, 1970년에는 가전제품과 조선 등 노동집약적인 기계의 수출이 중심이었다. '민생용 전자·전기기기'와 조선을 포함한 '기타 수송용 기기'만으로도 제조업 수출의 19%를 차지하였다. 이는 당시 일본이 저렴한 양질의 노동력에 의존하는 노동집약적 제품에 비교우위를 갖고 있었기 때문이라고 생각된다(小宮, 1988, 제4장). 70년대 이후 일본의 기계산업은 엔고와 임금 상승으로 인해 노동집약적인 기계류에서 국제경쟁력을 잃어버렸고(섬유제품 등 그 이외의 노동집약적 산업의 수출 비중도 하락하였다), 자동차와 그 기간부품, 정보통신기기와 그 기간부품, 중(重)전기 등 고도의 기술을 필요로 하는 제품으로 생산이 이동하여 왔다. 이를 배경으로[7] 활발한 연구개발(R&D) 지출이 이루어져 기계산업에서 기술축적이 이루어졌던 점, 교육수준이 높고 상호 협력적인 노동자가 존재하였으며 효율적인 공급자 시스템(supplier system)이 있었기 때문에 기계산업으로 대표되는 가공조립형 산업에서 일본이 비교우위를 가질 수 있었던 점을 지적할 수 있다(小宮, 1988, 제4장).[8] 90년 무렵까지 일본 기계산업

7 고도성장기 이래 일본은 활발하게 연구개발을 수행해 왔다(본 강좌 제5권 서장 제1절 및 OECD, *Science, Technology and Industry Scoreboard*, 각년판 참조). OECD의 국제 비교에 의하면, 2015년에도 일본의 연구개발(R&D) 지출의 대GDP 비율은 3.3%로 이스라엘, 한국, 스위스 다음으로 높은 편이며, 독일 2.9%, 미국 2.8%를 상회한다. 또한 R&D 지출 총액도 미국, 중국 다음으로 많다(OECD, 2017). 미국과 비교할 때 일본 기업에 의한 R&D 지출은 기계산업에 집중하는 경향이 있다. 예를 들어, 2009년 일본 기업에 의한 R&D 지출 총액 중 기계산업의 비중이 59%에 달하였는데, 미국의 경우에는 44%이었다(OECD, *Business enterprise R-D expenditure by industry*(ISIC Rev.3.1)에 관한 데이터(https://stats.oecd.org/Index.aspx?DataSetCode=BERD_INDUSTRY)에 따른 것이다). 현재 미국에서는 군사 등 정부에 의한 연구개발 지출의 비중이 크다는 것에 유의할 필요가 있다.

8 1990년대 이래 일본 기업은 비정규 고용을 확대하고 종업원의 교육·훈련비를 삭감하였는데, 이는 이상과 같은 가공조립형 산업에서 경쟁력을 약화시킬 가능성이 높다.

대부분의 TFP 상승률은 미국보다 높았다(Jorgenson, Nomura, and Samuels, 2016). 다만 90년대 이후에는 기계산업뿐만 아니라 제조업 전체에서도 TFP의 상승이 둔화되었고 상승률도 미국보다 낮았다. TFP 상승 둔화의 원인에 대해서는 제2절에서 검토한다.

한편, 소재산업(화학·금속·요업)이 제조업 수출에서 차지하는 비중은 다음과 같다. 일본은 본래 대규모 장치산업이 많은 편이라서 높은 기술력을 가진 것은 아니라는 점(小宮, 1988, 제4장), 두 번의 석유위기에 따라 에너지 가격이 급등하면서 일본이 비교우위를 상실하였다는 점 때문에 1970년 31%에서 80년 26%, 90년 16%, 2000년 15%로 점차 감소하였다. 그러나 2000년대 이후 회복되었고 2012년에는 23%에 이르고 있다. [그림 4-3]으로부터 알 수 있듯이, 2000년대 이후 국내 부가가치에 대한 소재산업 수출의 비율도 대폭 상승하였다. 그 이유는 파인 케미칼(fine chemical: 소량생산으로 부가가치가 높은 화학제품)과 특수강판 등 고도의 소재에 대한 국내 기계산업 등의 수요가 있었는데 이에 대응하는 방식으로 생산이 이루어지면서 기술이 축적되었고, 그 후 세계시장의 판로를 획득하는 데 성공하였다는 점, 고도의 소재 생산에서는 기술누출이 적어서 아시아 나라들의 추격이 완만하였다는 점 등을 들 수 있다(파인 케미칼에 대해서는 平野, 2016 참조).

3. 무역마찰 및 생산의 해외 이전과 새로운 국제분업의 전개

1970년대 이후 기계산업을 중심으로 수출이 급증함에 따라 미국 및 유럽과의 무역마찰이 70년대부터 80년대에 이르기까지 심각해졌다.[9]

9 본 장에서는 대미 무역마찰을 중심으로 논의한다. 대유럽 무역마찰에 대해서는 Abe(2015)를 참조할 것. 또한 대

1951~69년에 이미 일본은 세계 최대의 면제품 수출국이었으므로 섬유산업에서 무역마찰, 수출자율규제, 상대국에 의한 수입제한은 50년대부터 있었다(山澤, 1984). 50년대 세계 최대의 생산을 자랑하던 미국 철강업은 고임금과 설비투자·연구개발의 정체에 의해 60년대 이후 사양길로 접어들었고, 그 대신 일본으로부터의 수입이 급증하면서 무역마찰이 발생하게 되었다. 또한 60년에서 70년대에는 TV수상기에서도 마찰이 일어났다(近藤, 2011).

1970년대부터 90년대 전반까지 R&D에 기초한 첨단기술과 노동력의 숙련이 중요한 역할을 하였던 자동차와 반도체에서도, 일본의 대미 수출이 급증하면서 무역마찰이 심해졌다.

미국의 자동차산업이 경쟁력을 상실한 이유는 다음과 같다. 우선 휘발유 가격 상승에 따라 소형차로의 수요 이동이 나타나면서 미국 자동차회사의 대응이 지연되었던 점, 강한 노동조합에 의한 임금 상승, 일본 자동차회사가 긴밀한 공급자 네트워크(supplier network)와 노동자의 숙련 형성을 통해 신차 개발 등에서 대단히 효율적 시스템을 구축하였다는 점(Clark, Chew, and Fujimoto, 1987) 등 때문이다. 미국의 신차 판매대수에서 차지하는 일본차의 비중은 1975년 8.6%에서 80년 20.8%까지 급상승하였다. 또한 80년에는 일본의 자동차 생산 대수가 미국을 추월하여 세계 1위가 되었다(武藤, 1984). 이러한 수출 급증에 따라 무역마찰이 격화되었고, 81년에서 94년까지는 '수출자율규제'가 도입되었다(Nelson, 1996). 캐나다와 유럽을 향한 수출에도 비슷한 조치가 적용되었다. 일본 기업은 수출 대수 제한에 대응하여 수출 모델의 고급화를 꾀하는 한편 82년 이후 혼다, 도요타, 닛산이 현지 생산을 개시하였고 1차 공급자를 중심으로 부품

미 무역마찰의 전모에 대해서는 이하에서 참조하는 문헌 이외에 日本興業銀行(1981)이 상세하게 다루고 있다.

생산기업도 뒤를 이었다. 이에 따라 일본의 대미 자동차·자동차부품 수출은 감소하였고, 무역마찰은 잦아들었다. 무역마찰을 뛰어넘기 위한 구미의 현지 생산은 TV수상기와 VTR(비디오 테이프 레코더) 등 전기산업에서도 진행되었다(小宮, 1988, 제5장).

1950년대 미국에서 양산이 시작된 반도체의 경우에도 일본 기업은 미국 기업을 급속히 따라잡았다. 78년에는 반도체 무역에서 미국의 대일 수지가 처음으로 적자가 되었다. 80년에는 모토롤라가 64KB DRAM에서 세계 최대의 시장점유율을 자랑하였지만 일본의 NEC, 히타치, 도시바가 대량 생산을 시작하면서 81년 말에는 일본 제품의 세계시장 점유율이 70%에 달하였다(近藤, 2011). 세계 반도체 생산 상위 40개 기업의 매출을 국가별로 비교해 보면, 일본 기업은 86년에 미국 기업을 추월하였다(Linden, Brown, and Appleyard, 2003). 일본 기업의 급속한 캐치업이 가능하였던 원인으로는 70년대 중반 구 일본전신전화공사가 대형 전기회사와 함께 조직하였던 초LSI 개발 프로젝트와 구 통산성의 주도에 따라 진행된 초LSI 기술연구가 결합되었던 점과 반도체 업계의 구조에 관한 미·일 간의 차이를 지적할 수 있다. 미국에서는 머천트(merchant)라 불리는 외판(外販) 전문 메이커와 자사의 중간투입을 위한 제조를 주로 하는 비교적 대규모의 자가용(自家用) 제조업자(captive producer)로 나누어진다(Irwin, 1996). 반면에 일본의 반도체 생산에서는 종합 전기메이커가 자가용 제조와 외판을 모두 담당한다. 일본 기업은 미국의 머천트에 비해 대규모이고 자금과 인재 확보 면에서 우위에 설 수 있었으며, 또한 다양한 부문을 포괄함에 따라 범위의 경제를 누릴 수도 있었다(新庄, 1984; 近藤, 2011). 결국 반도체 분야에서는 80년대 전반 무역마찰이 격화되었고, 일본의 수출자율규제와 일본 시장으로의 접근성 확대 등을 내용으로 하는 '미일반도체협정'이 86년 체결되었다(Irwin, 1996; 近藤, 2011).

시간이 지나면서 미국에서는 일본으로부터의 수입을 규제하기보다 일본으로의 수출을 중시하는 관점이 더 강해졌다(近藤, 2011). 즉, 1985년에는 전기통신, 의약품·의료기기, 전자기기, 임산물 분야에서 일본 시장으로의 접근성을 개선하려는 MOSS(시장지향형 개별)협의, 89년에는 상관습이나 유통구조를 대상으로 하는 미일구조협의가 개시되었다(伊藤·下井, 2009).

일본은 1955년 GATT, 64년 OECD에 가입한 이후, 수입과 대내 직접투자를 자유화해 왔다. 하지만 경쟁력이 없는 국내 기업을 육성하기 위한 조치로 반도체, 전자계산기 등의 수입 수량 제한, 자동차, 반도체, 전자계산기 등 산업의 경우 대일 투자 제한을 시행하였으며, 이 제한 조치들은 70년대에 들어서야 폐지되었다(伊藤·清野, 1984; 小宮, 1988, 제4장; 본 강좌 제5권 서장 제1절). 또한 상업에 대한 직접투자는 – 취급 상품에 따라 분류한 후 상품별로 분야를 정하여 – 제조업에 대한 직접투자 규제 분야에 대응하여 자유화되었다. 예를 들어, 전자계산기 생산을 위한 투자는 다른 산업보다 늦은 75년에야 자유화되었는데, 전자계산기를 판매하는 외자계 기업의 설립도 그때까지 규제되었다(深尾·天野, 2004, 제2장).[10] 그 이외에도 주식의 기업 간 보유 또는 계열 간 거래 등 M&A를 통한 외자의 참여와 수입을 억제하는 다양한 요인이 있었다. 이처럼 장기간 폐쇄적인 국내 시장을 가진 일본이 상대적으로 개방적이었던 미국 시장을 집중호우식으로 석권하자 미국의 여론은 이를 불공정하게 생각하였다. 결국 이러한 미국의 여론이 자동차와 반도체를 둘러싼 미일 무역마찰을 격화시킨 하나의 요인이 되었다고 생각된다.

10 일본의 이러한 단계적 자유화는 국내 산업을 육성한다는 관점에서 보면 유효성이 있었을 가능성이 높다. 그러나 다른 다수 산업정책의 경우 그 효과에 의문을 제기하는 연구 결과가 많다(특정 산업 육성책에 대해서는 Saxonhouse, 1983 및 Beason and Weinstein, 1996, 연구 컨소시엄에 대해서는 Branstetter and Sakakibara, 2002 참조할 것).

1990년대 이후 전기산업에서는 이전의 일본과 비슷한 정도로 유능하고 저렴한 노동력을 가진 한국, 대만, 중국 등의 기업이 일본 기업을 추격해 왔다.[11] 또한 정보기술(IT)에서는 기초연구와 소프트웨어의 중요성이 높아졌다(Graaf, Lormans, and Toetenel, 2003; Branstetter, Drev, and Kwon, 2015). 이런 이유 때문에 일본 기업이 생산하는 많은 전자기기가 일반상품화(commoditization: 차별화된 고부가가치 상품이 균질화된 일반적인 상품이 되면서 시장 가격이 하락하는 현상)되었고(Kushida, 2015), 일본 기업은 곤란한 처지에 놓이게 되었다. 일본 기업이 경쟁력을 상실하게 됨에 따라 전기산업에서의 미일 무역마찰은 잦아들었다(伊藤·下井, 2009).

일본의 전기산업에서 일반상품화의 정도를 확인하기 위해 마크업(markup)률의 추이를 살펴보자. [그림 4-4]는 권말 부록 [부표 6]의 데이터를 사용하여 산업별로 평균마크업률을 계산한 결과이다.

여기에서 평균마크업률은 자본비용을 포함한 총비용에 대한 총산출액의 비율에서 1을 뺀 값이다. 즉, 어느 정도 총비용을 회수하였는가, 어느 정도 초과이윤을 얻고 있는가를 보여 준다.[12] 제조업 중 다수 산업에서 마크업률이 하락하여 왔지만, 그중에서도 기계산업 중 전기기계의 마크업률은 최근인 2012년 큰 폭의 (–)값을 보이고 있다. 이는 총비용을 회수할 수 없음을 의미한다. 전기기계의 마크업률은 섬유제품만큼 낮지는 않지만 정밀기계와 금속제품보다는 낮은 수준이다. 자본비용을 포함한 총비용의 회수가 불가능한 이들 산업에서는 – 새로운 혁신이 일어나지 않는 한 – 평균적인 기업이 적극적으로 투자

11 일본을 포함한 동아시아 제국의 경우 유능한 노동력과 경제발전, 비교우위의 관계에 대해서는 Romalis(2004) Hanushek and Woessmann(2012)을 참조할 것.

12 권말 부록 [부표 6]에는 원래 데이터인 JIP 데이터베이스 2015가 제시되어 있다. 여기에는 R&D 지출을 포함한 다수 무형자산 투자를 자본스톡과 자본비용의 계산에 산입하지 않는다. 따라서 마크업률이 1보다 높아도 무형자산 투자의 비용을 회수할 수 있는 것은 아니다.

[그림 4-4] 산업별 평균마크업률의 추이

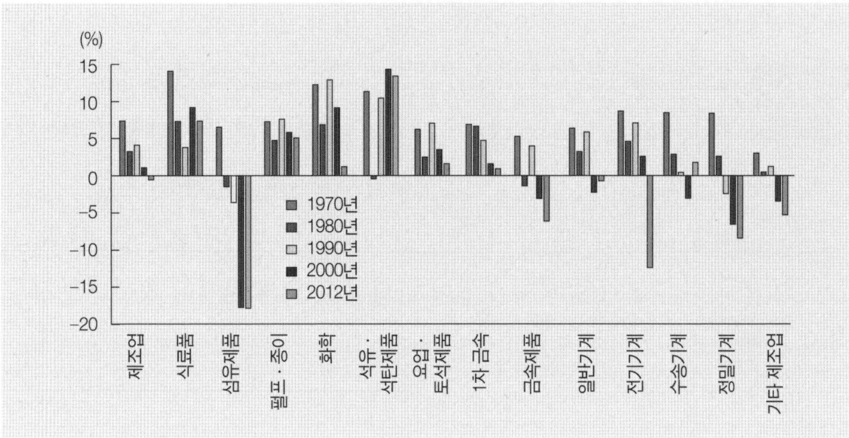

주: 평균마크업률은 (총산출액-(간접세-보조금))(중간투입비+피용자소득+명목자본비용)에서 1을 뺀 값으로 계산하였음. 중간투입비는 권말 부록 [부표 6]에서 총산출액에서 피용자소득, 총영업잉여, 간접세에서 보조금을 뺀 값으로 계산할 수 있음.

출전: 권말 부록 [부표 6]을 사용하여 추계하였음. 각 변수의 정의에 대해서는 深尾 · 宮川(2008)을 참조할 수 있음.

하거나 정규고용을 늘릴 가능성이 낮다.

자동차·전기기계산업에서 이미 살펴보았듯이, 일본 기업은 무역장벽을 뛰어넘기 위해 1980년대부터 유럽과 미국에서의 현지생산을 급속히 확대해 왔다. 또한 90년대 이후 일본 기업은 개도국의 저렴한 노동을 활용하는 방식을 통한 생산비용 삭감과 현지시장에서의 판매 확대를 목표로 동남아시아와 중국 등 개도국에서 생산을 확대해 왔다.[13] 이에 따라 기계산업을 중심으로 일본 기업의 해외 생산 비율은 급상승하였고(제5장 참조), 일본 기업의 다국적화가

13 1960년대 말부터 80년대에 걸쳐, 제조업 기업은 대도시권의 환경규제 강화, 임금률·지가의 급등에 대처하기 위하여 공장의 지방 입지를 진행해 왔다(深尾, 1996). 이는 인적자본 집약적인 제조업의 지방 집적, 동일 산업 내에서 지역 간 TFP 격차 축소를 통해 지역 간 노동생산성의 격차를 축소시키는 데 기여하였다(徳井 외, 2013). 그러나 90년대 이후에는 기업이 국내의 지방이 아니라 개도국으로 입지를 옮겼다. 이로 인해 일본 국내의 지역 간 소득격차를 축소하는 움직임이 둔화되거나 오히려 반전되었을 가능성이 있다.

진행되었다.

대외직접투자를 통한 생산의 해외 이전은 기술지식과 자본 등 일본 기업이 보유한 생산요소의 투입 장소가 국내에서 해외로 이동한다는 것을 의미한다. 국제경제학에 의하면, 생산요소의 국제이동이 유출국에 미치는 효과는 다음과 같다. 즉, 유출국(일본)에서는 이동성이 있는 생산요소의 보수(직접투자의 경우에는 기술지식과 자본의 수익률)를 상승시키는 반면 이동성이 낮은 생산요소(노동이나 토지)의 보수를 하락시킨다. 또한 생산요소의 국제이동이 유입국에 미치는 효과는 다음과 같다. 즉, 유입국에서는 이동성이 낮은 생산요소(노동이나 토지)의 보수를 상승시키는 반면[14] – 유입국으로 유입되는 – 이동성이 높은 생산요소의 보수(현지기업의 기술지식과 자본의 수익률)를 하락시킨다(深尾, 2012, 종장). 따라서 대외직접투자의 전체적인 효과를 일본의 입장에서 정리하면, 기술지식과 자본의 수익률 상승에 의해 주주 등이 얻게 되는 이익은 노동자나 토지 소유자가 입게 되는 불이익보다 보통 더 크다고 알려져 있다. 그러나 무역장벽 등에 기인한 직접투자의 경우 직접투자를 하는 것보다 상대국의 무역장벽을 철폐하는 것이 일본과 상대국 모두에게 이익이 될 가능성이 높다는 점, 또한 후술하듯이 생산의 해외 이전은 여러 가지 공동화 문제를 초래할 가능성이 높다는 점 등에 유의할 필요가 있다. 또한 개도국에 진출한 생산자들의 경우, 비용 삭감을 위해 현지기업으로부터 조달을 늘리거나 또는 현지노동자를 훈련시키는 과정에서 충분한 대가 없이 기술 누출이 일어날 위험이 있다.

1990년대 이후 일본을 포함한 선진 제국과 주로 동아시아 개도국 간에 기계산업을 중심으로 새로운 특징을 가진 국제무역이 확대되었다. 즉, 생산공정

14 일본의 대내 직접투자가 극히 적다는 점을 고려하면(그 역사적 경위에 대해서는 深尾·天野, 2004 및 본 강좌 제4권 및 5권의 서장 제1절 참조), 이 메커니즘이 일본의 임금률·지가를 낮추는 효과를 가져왔다고 생각된다.

이 세분화되면서 각 공정을 가장 싸게 효율적으로 생산할 수 있는 장소로 – 국경을 초월하여 – 입지가 분산되는 형태를 취하게 되었다. 이에 따라 공정 간 무역이나 다국적 기업의 기업 내 무역이 급증하였다(제5장 참조). 글로벌 밸류 체인(GVC)의 심화라고 불리는 현상(Timmer, Los, and de Vries, 2016)이다. GVC 심화의 배경으로는 정보통신기술의 발전과 수송비용의 하락, 무역장벽의 하락에 의해 다국적 기업 내 또는 기업 간 국경을 초월한 공급사슬(supply chain)의 구축·유지가 저렴해졌다는 점, 저렴하고 유능한 노동력이 동아시아에 풍부하였다는 점, 개도국 기업이 기술을 습득하였다는 점 등을 지적할 수 있다. GVC의 심화는 일본 산업집적지 다수를 공동화(空洞化)시켜 국제화에 뒤처진 중소기업에 타격을 주었다.

또한 다국적 기업에 의한 생산의 해외 이전, GVC의 심화, 그리고 아시아 기업을 중심으로 한 개도국 기업의 캐치업 등에 의한 국제분업의 진전은 아시아 및 선진국의 여러 나라를 중심으로 2국 간 동일 산업 내의 수출과 수입을 동시에 늘린다는 산업 내 무역 현상을 확대시켰다. [그림 4-3]이 보여 주듯이, 2000년대 이후 전기기계, 화학, 1차 금속 등 산업에서 국내 부가가치 대비 수입의 비율이 급상승하였는데, 그것은 전기기계 등의 분야에서 일본 기업의 국제경쟁력 하락을 반영할 뿐만 아니라 새로운 타입의 국제분업을 반영한 것이었다고 생각된다.

새로운 국제분업 하에서 일본의 풍요(특히, 노동의 보수)를 높이기 위해서는, 어떻게 하면 고임금 공정(본사 기능 또는 연구개발 기능 등)의 국내 입지를 높일 것인가,[15] 또는 무역 상대국의 시장을 일본에 대해 어떻게 개방시킬 것인가라는

15 정보통신기술의 진보에 의해, 고도의 대(對)사업소 서비스를 비롯하여 서비스산업에서도 공정 간 국제분업이 진전될 가능성이 있다(Baldwin, 2016).

관점이 점점 더 중요해질 것이다.

제2절 1990년대 이후 TFP 상승 둔화의 원인

앞에서 서술한 바와 같이 일본 TFP의 상승은 1990년대 이후 대폭 둔화되었다. 이것이 이후 일본경제 정체의 주요 요인 중 하나라고 생각되므로(서장 제1절 참조) 이하에서는 제조업의 TFP 상승이 둔화된 원인을 생각해 보도록 하자.

1. 어떤 산업이 제조업 전체의 TFP 상승을 둔화시켰는가

[그림 4-5]는 1970~90년(안정성장기)과 1990~2012년(장기정체기) 동안 제조업 전체의 (부가가치 기준) TFP 상승 중에서 제조업의 하위산업(모두 52개 산업)이 얼마나 기여하였는가를 보여 준다(기여의 산출방법에 대해서는 深尾·宮川 편, 2008 참조).

안정성장기와 비교할 때 장기정체기에는 52개 산업 중 70%에 해당하는 36개 산업에서 제조업 전체의 TFP 상승에 대한 기여도가 하락하였다. 그림에서 알 수 있듯이 – 서장 제1절에서 살펴본 바와 같이 비제조업의 경우에도 비슷하였지만 – 두 기간 모두 제조업 전체의 TFP 상승 대부분은 극히 일부 산업에서 이루어졌다. 안정성장기에는 제조업 전체의 TFP 상승이 연 3.6%이었는데, 그 중 절반은 8개 산업, 즉 민생용 전자·전기기기, 자동차부품·동(同)부속품, 전자계산기·동부속품, 의약품, 전자부품, 섬유제품, 선철·조강 이외의 철강, 자동차에서 만들어졌다. 장기정체기에는 제조업 전체의 TFP 상승이 연 1.3%에

[그림 4-5] 제조업 전체의 TFP 상승에서 각 산업의 기여도(연율, %포인트)

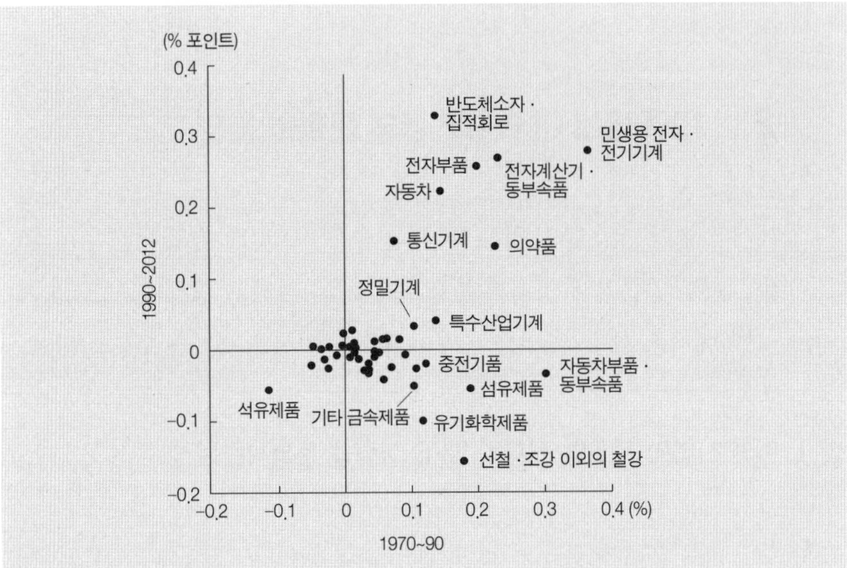

출전: JIP 데이터베이스 2015.

불과하였는데, 가장 기여도가 큰 5개의 산업은 반도체소자·집적회로, 민생용 전자·전기기기, 전자계산기·동부속품, 전자부품, 자동차이었고 이 5개 산업의 TFP 상승 합계는 1.4% 포인트이었다. 따라서 나머지 산업의 경우에는 제조업 전체의 TFP 상승에 전혀 기여하지 못하거나 오히려 TFP를 하락시켜 왔다고 볼 수 있다.

제조업 전체의 TFP 상승률이 안정성장기의 3.6%에서 장기정체기 1.3%로 하락하였던 것도 – [그림 4-5]에서 알 수 있듯이 – 소수 산업에서 TFP 상승 기여가 감소하였기 때문이었다. 제조업 전체의 TFP 상승에 대한 기여도가 특히 크게 하락한 산업은 선철·조강 이외의 철강, 자동차부품·동부속품, 섬유제품,

유기화학제품, 기타 금속제품, 중전기기인데, 이들 6개 산업의 기여도 감소만으로 제조업 전체 TFP 상승률의 하락 2.3% 포인트 중 1.4% 포인트를 설명할 수 있다.

한편, 반도체소자·집적회로, 통신기기, 자동차, 전자부품 등에서는 TFP 상승에 속도가 붙으면서 기여도 또한 증가하였지만 제조업 전체의 TFP 상승 둔화를 반전시킬 만큼의 효과를 지니지는 못하였다. 반도체소자·집적회로, 통신기기, 전자부품 등 정보통신기기산업 다수에서 나타난 TFP 상승률의 향상은 IT의 세계적인 혁신 또는 앞 절에서 설명한 세계적인 GVC의 심화를 반영하므로 일본만의 현상이라고 볼 수는 없다. 하지만 미국의 정보통신기기산업과 비교할 때, 1990년대 이후 일본 정보통신기기산업의 TFP 상승률은 상대적으로 더 낮았다고 볼 수 있다(Jorgenson, Nomura, and Samuels, 2016).

장기정체기 제조업 전체의 TFP 상승에 대한 기여도가 현저히 낮아진 산업 중에는 선철·조강 이외의 철강, 섬유제품, 기타 금속제품 등 한국과 중국을 필두로 한 아시아 나라들과 격렬한 경쟁에 노출되었던 산업이 많다. 한편, 자동차산업의 TFP 상승 기여가 증가하였음에도 불구하고 자동차부품·동부속품의 기여가 감소한 원인으로는 완성차 생산자 또는 대규모 부품 생산자가 해외 생산을 확대하는 한편, 국제화에 뒤처진 중소부품 생산자가 국내에서 도태되었을 가능성이 지적되고 있다. 또한 중전기기의 기여가 감소한 데는 도쿄전력 후쿠시마 제1원전의 사고(2011년 3월)의 영향이 있었을 것이다.

2. 생산성 동학으로부터 본 TFP 상승 둔화의 원인

앞에서 서술한 바와 같이, 1990년대 이후 제조업 전체의 TFP 상승에 대한 기여도가 줄어든 산업은 52개 산업 중 70%나 된다. 정보통신기기산업과 자동차를 제외한 거의 대부분 산업에서 TFP 상승이 둔화되었다고 말할 수 있다. 또한 정보통신기기산업에서도 미국과 비교하면 TFP 상승은 낮았다. 그러므로 이제는 제조업 전체를 대상으로 공장 수준의 데이터를 이용하여 TFP 상승 둔화의 원인을 찾아보기로 하자.

산업 전체의 TFP는 공장 규모를 가중치로 하여 각 공장 TFP의 가중평균을 구한 것과 같다. 따라서 산업 전체의 TFP는 각 공장의 TFP가 상승하는 것(내부효과)뿐만이 아니라 공장 간 자원재분배에 의해서도 상승할 수 있다. 자원재분배의 효과는 TFP 상승이 산업 평균보다 높은 공장의 신설(진입효과), TFP 상승이 산업 평균보다 낮은 공장의 폐쇄(퇴출효과), TFP 상승이 산업 평균보다 높은 공장의 규모 확대 및 TFP 상승이 산업 평균보다 낮은 공장의 규모 축소(재분배효과)의 세 가지로 분해할 수 있다. 이러한 분해를 생산성 동학이라고 부른다. [그림 4-6]은 공업통계조사의 개별 데이터를 이용하여 분해한 결과를 보여 준다.[16]

이 그림으로부터 확인할 수 있는 것은 다음과 같다. 1990년대 이후 제조업의 TFP 상승이 둔화된 주요인은 내부효과(존속공장의 TFP 상승)의 하락이었다. 한편, 재분배효과는 90년대 이후 점차 개선되었지만 내부효과의 하락을 상쇄할 정도는 아니었다. 또한 진입효과는 (+)가 계속되었지만 퇴출효과는 (–)이었고, 특히 2000~05년에는 특별히 큰 폭의 (–)값을 보여 준다. [그림 4-6]으로부터 판단하건대, 1990년대 이후 제조업의 TFP 상승 둔화를 이해하려면 내부효과의 하락과 (–)의 퇴출효과가 강하였기 때문이었음을 알아야 한다.

16 전 공장을 50개 산업으로 분류하고 각 산업 내 생산성 동학을 분석한 후 이것을 집계하여 그림을 그린 것이다. 분석방법의 상세한 것은 Fukao and Kwon(2006) 및 深尾(2012), 제3장을 참조할 것.

[그림 4-6] 제조업의 TFP 상승의 요인 분해 – 생산성 동학 분석(연율, %)

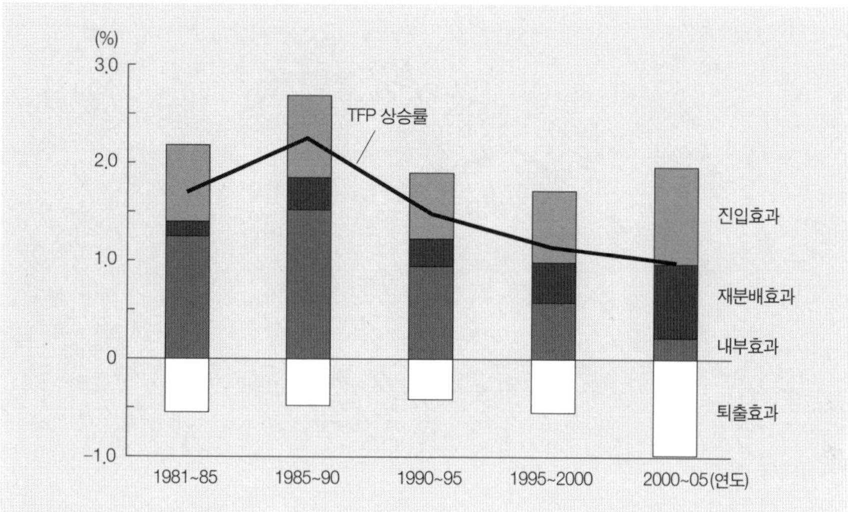

출전: Ahn et al.(2012).

내부효과는 왜 계속해서 하락하였던 것일까? 이 점을 이해하기 위해서 金·深尾·牧野(2010)는 공장 규모별로 존속공장의 TFP 추이를 조사하였다. [그림 4-7]이 그 결과이다.[17] 이 그림에 의하면, 1990년대 내부효과의 하락을 가져온 존속기업의 TFP 상승 둔화는 비교적 소규모인 공장에서 현저하게 나타났고, 가장 규모가 큰 공장 그룹(그 대부분은 대기업이 소유한 것이다)에서는 TFP 상승 둔화가 확실하지 않았다. 즉, 제조업의 TFP 상승 둔화란 중소공장(그 대부분

17 여기에서도 공장을 50개 산업으로 분류하였다. 기간을 5년 간격으로 나눈 후 각 산업 내에서 5년간 존속하였던 공장을 대상으로 규모에 기초하여 4개 그룹으로 나누었다. 규모에 따라 그룹으로 나눌 때 각 그룹의 생산액 합계가 같아지도록 하였다. 즉, 기초(期初)의 생산액이 최대인 공장부터 순서대로 나열한 후, 순차적으로 – 규모가 큰 기업에서 작은 기업으로 – 생산액 누계를 구하고, 그 값이 산업 전체 생산액의 1/4이 되는 규모의 공장을 경계로 삼았다.

[그림 4-7] 존속공장의 TFP 상승률(연율, %)

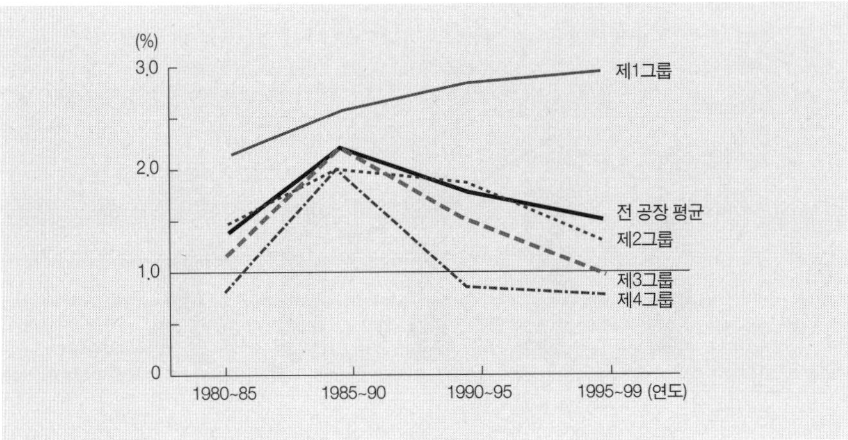

출전: 金·深尾·牧野(2010).

은 중소기업이 소유한 것이다)에서 나타난 현상이고 대규모 공장에서의 TFP 상승은 오히려 빨라졌다. 90년대 제조업의 내부효과 하락은 생산성 측면에서 중소기업이 대기업에 뒤처졌기 때문에 나타난 것이다.

다음으로 (-)의 퇴출효과를 설명해 보자. 1990년대 이후 (-)의 퇴출효과는 제조업 내 거의 대부분의 산업에서 발생하였다. 또한 90년대 이후 2000년대 초까지의 데이터를 보면, 동아시아에서의 생산 확대를 국내 생산으로 나눈 값이 큰 산업(대부분의 전기기계산업과 자동차, 자동차부품·동부속품 등)일수록 큰 폭으로 (-)의 퇴출효과가 발생하였다(深尾, 2012, 제3장, [그림 3-4]). 게다가 퇴출효과를 공장 수준의 데이터를 이용하여 자세히 조사해 보면, 폐쇄된 공장의 대다수는 소규모이고 TFP가 낮았던 공장이지만 대규모이고 TFP가 높은 공장도 소수 폐쇄되었음을 알 수 있다. 그런데 후자의 공장 규모가 크기 때문에, 규모를 가중치로 하여 구한 퇴출효과는 전체적으로 (-)가 되었음을 알 수 있다. 한편, 비교적 TFP가 높은 기업일수록 생산의 해외 이전이 많았다는 점을 알 수 있다(深尾·天野, 2004, 제4장).

이러한 사실들로부터 판단해 보면, 대기업을 중심으로 한 생산의 해외 이전이 (-)의 퇴출효과를 초래하였을 가능성을 지적할 수 있다. 대기업이 생산을 해외로 이전하고 국내 공장을 폐쇄하는 경우 소유하고 있는 공장들 중에서 생산성이 낮은 공장을 우선하여 폐쇄할 것이다. 그런데 후술하듯이 일본에서는 대기업의 TFP가 중소기업의 그것보다 현저히 높다. 따라서 대기업이 폐쇄하는 공장의 TFP 수준은 산업 평균보다 높은 편이다. 결국 대기업 공장의 해외 이전으로 인해 큰 폭의 (-) 퇴출효과가 나타난 것은 아닐까 생각해 본다.

일본에서는 미국 등 다른 선진국들과 비교할 때 R&D 지출이 대기업에 집중되어 있다(OECD, 2017). 특히, 기계산업의 경우에는 조립메이커와 대규모인 1차 공급자가 활발하게 연구개발을 수행한다. 결국 긴밀한 공급자 네트워크에 의해 이들과 거래관계가 있는 중소기업이 기술지식의 파급효과(spillover)를 향유할 수 있었던 것은 아닐까 생각한다. 이에 Fukao et al.(2016)은 공장 수준의 데이터를 사용하여 기술지식의 파급효과에 관한 실증연구를 수행하였다. 그들이 얻은 결과에 따르면, 오이치·가나가와 등 산업집적지에서 R&D 집약적인 기업이 소유한 공장이 폐쇄됨으로써 인근 중소기업으로의 파급효과가 뚜렷이 감소하였음을 알 수 있다.

이상의 분석 결과를 정리하면 다음과 같다. 대기업을 중심으로 하는 생산의 해외 이전과 국내 공장의 폐쇄는 그 자체로 (-)의 퇴출효과를 초래하였을 뿐만 아니라 기술지식의 파급효과도 감소시킴으로써 중소기업의 TFP 상승을 정체시켰을 가능성을 지적할 수 있다.

3. 대기업과 중소기업 간의 생산성 격차 확대

대기업에서 중소기업으로의 기술지식 파급효과가 감소한 데에는 대기업의 해외 생산과 국내 공장 폐쇄 이외에 또 다른 요인이 작용하였을 것이다. 池內 외(2015)는 일본의 자동차산업에서 완성차 생산자와 부품 생산자의 거래관계가 1990~2000년대 어떻게 변화하였는가를 분석한 바 있다. 결과에 따르면, 일본 자동차산업에서 거래관계의 개방화가 진전되면서 부품 생산자 중에서 2개 회사 이상의 완성차 생산자에게 납품하는 기업의 비율은 증가하여 왔다. 물론 1개 회사에만 납품하는 기업도 있다. 그런데 池內 외(2015)는 1개 회사에만 납품하는 기업과 2개 이상의 회사에 납품하는 기업과의 생산성 격차가 확대되고 있다는 분석 결과를 보고하고 있다. 아마도 공급자 관계의 희박화(여러 기업과 거래하는 현상)는 대기업의 해외 이전뿐만 아니라 닛산의 리바이벌 플랜(1999년)으로 대표되는 대기업에 의한 공급자 정리, 모듈화의 진전에 의한 작업의 단순화에 의해서도 생겼을 가능성이 높다. 문제는 공급자 관계가 개방적으로 변화하는 분위기에서 대기업이 공급자에게 기술을 전수할 인센티브는 줄어들 것이라고 생각할 수 있다는 점이다. 결국 공급자 관계의 희박화가 계속되고 있는 일본에서도 미국처럼 중소기업이 스스로 연구개발을 수행할 필요성이 높아지고 있다.

제조업의 경우 생산성 면에서 중소기업이 대기업에 뒤처지고 있다는 것은 다른 데이터를 통해서도 확인할 수 있다. 본래 일본에서는 – 미국을 포함한 다른 선진국들과 비교할 때 – 노동생산성의 규모 간 격차가 큰 편이다(OECD, 2016). 深尾 외(2014)는 법인기업 통계와 임금구조 기본통계조사를 이용하여 기업규모 간 생산성 격차, 임금 격차 그리고 그것을 초래한 요인을 1975~2000년

[그림 4-8] 규모 간 임금 격차의 요인 분해

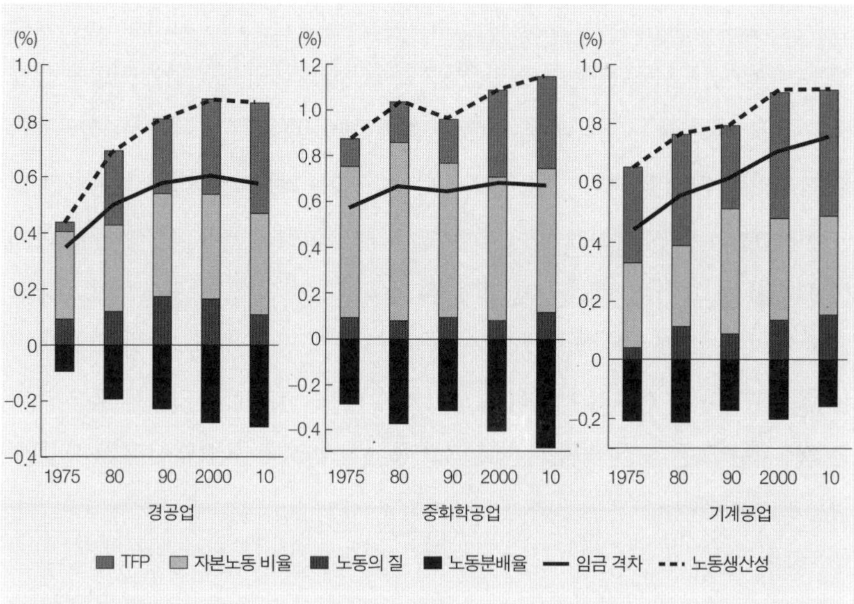

주: 종업원 수 1,000명 이상/100명 미만, 종축은 로그값임.
출전: 深尾 외(2014).

에 걸쳐 5년 간격으로 측정한 바 있다. 그는 제조업과 일부 비제조업에서 대기업과 중소기업 간의 노동생산성 격차가 확대되고 있다는 점, 그리고 노동생산성 격차의 확대는 기업규모 간 자본/노동 비율의 확대뿐만 아니라 TFP 격차의 확대에 의해서도 발생하였다는 점을 지적하고 있다. [그림 4-8]은 제조업의 경우 종업원 수 1,000명 이상인 기업과 종업원 수 100명 미만인 기업 간의 노동생산성(노동시간당 명목총부가가치)의 격차와 임금(노동시간당 임금지불총액)의 격차의 관계를 분석한 결과를 보여 준다.[18]

18 深尾 외(2014)에 의하면, 종업원 수 100~999명인 기업과 종업원 수 100명 미만인 기업 간의 노동생산성, TFP,

기업규모 간 노동생산성 격차(그림에서는 점선)는 규모 간 자본/노동 비율(자본스톡을 노동시간으로 나눈 값)의 격차, 노동의 질의 격차, 잔차로 계산되는 TFP 수준의 격차로 분해할 수 있다.[19] [그림 4-8]에 의하면 제조업에서 노동생산성의 규모 간 격차는 경공업, 중화학공업, 기계공업 모든 분야에서 1975년 이후 거의 일관되게 확대되어 왔고, 2000년 이후에는 2배 이상으로 그 격차가 벌어졌다(그림의 종축이 로그값임에 유의할 것). 노동생산성의 규모 간 격차가 '존재하는 가장 큰 요인'은 자본/노동 비율의 격차이지만 이 요인은 시간이 지나도 크게 달라지지 않았다. 따라서 노동생산성의 규모 간 격차가 '확대된 가장 큰 요인'은 TFP 수준 격차의 확대라고 보아야 한다. 또한 기계공업을 중심으로 한 산업에서는 노동의 질 격차의 확대도 노동생산성 격차를 확대시킨 무시할 수 없는 요인이었다.

한편, 임금(노동시간당 임금지불총액)은 노동생산성(노동시간당 명목총부가가치)과 노동분배율(명목총부가가치에서 임금지불총액이 차지하는 비율)의 곱과 같으므로, 임금의 규모 간 격차는 노동생산성의 규모 간 격차와 노동분배율의 규모 간 격차라는 두 가지 요인으로 분해할 수 있다. [그림 4-8]에 의하면 경공업과 중화학공업에서는 노동분배율의 규모 간 격차가 확대되어 왔기 때문에(대

임금 격차는 작은 편이다. 따라서 [그림 4-8]에는 그 결과를 생략하였다. 요컨대, 생산성과 임금의 격차가 커지는 것은 종업원 1,000명 이상인가 아닌가에 달려 있다.

19 深尾 외(2014)에서는 노동의 질을 측정할 때, Griliches와 Jorgenson이 개발한 방법(深尾·宮川 편, 2008)을 따라 학력(대졸, 고졸 등의 구분)·성·연령·산업·고용형태별로 (해당 산업에서 규모별 그룹에 대하여) 노동시간 투입을 추계하고, 이들의 노동속성별 Man · hour - 투입의 생산에 대한 기여는 동일 산업 내의 시간당 노동비용의 평균이 노동속성 간 격차만큼 다르다고 가정하여 (해당 산업에서 규모별 그룹의) 노동서비스 투입지수를 작성한 후 이를 (해당 산업에서 규모별 그룹의) 총노동시간으로 나누어 계산하였다. 기업규모 간 노동자의 학력, 연령 등이 다르기 때문에 나타나는 임금의 규모 간 격차는 노동의 질이라는 요인에 포함된다([그림 4-8]에서 알 수 있듯이 이것은 그렇게 크지 않다). 반면에 학력·성·연령·산업·고용형태별 데이터로는 포착할 수 없는 노동자의 능력의 차이(예를 들어, 대졸자 간의 능력의 차이나 대기업에서 숙련 축적의 일부 등)도 있다. 이 차이에 기인하는 임금의 규모 간 격차는 TFP 요인에 포함된다.

기업의 노동분배율이 더 낮았다는 점에 주목할 것) 노동생산성의 규모 간 격차가 확대되었음에도 불구하고 그만큼 임금 격차가 확대되지는 않았다. 한편, 기계공업에서는 노동분배율의 규모 간 격차가 거의 일정하였기 때문에 노동생산성의 규모 간 격차 확대가 임금의 규모 간 격차 확대로 직결되었다.

제조업에서 TFP의 규모 간 격차가 거대하다는 것은 중소기업의 TFP를 대기업 수준에 가깝게 끌어올림으로써 GDP를 늘릴 수 있는 여지가 크다는 것을 의미한다. 즉, 제조업에서 종업원 수 1,000명 미만인 기업의 부가가치가 제조업 전체의 50%라고 가정하면, 종업원 수 1,000명 미만인 기업의 TFP를 20% 끌어올리기만 해도 제조업 전체의 GDP를 10%(0.5×0.2=0.1) 확대할 수 있다.

그렇다면 TFP의 규모 간 격차를 초래한 요인은 무엇이었을까? 앞에서도 서술한 바 있는데, 중요한 요인 중 하나는 기술지식을 포함한 무형자산의 격차일 것이다. 또한 노동자 능력의 규모 간 격차도 요인 중 하나일 것이다. [그림 4-8]에서 볼 수 있듯이, 임금의 규모 간 격차는 대단히 크지만 경쟁적인 노동시장을 전제하면, 이 격차의 많은 부분은 노동자 능력의 규모 간 격차를 반영한다고 생각할 수 있다.[20] 각주 19에서 설명한 바와 같이 [그림 4-8]에서 노동자 능력의 규모 간 격차의 많은 부분은 TFP의 규모 간 격차와 혼재되어 있다. 과거 연구에 따르면, 노동자 능력의 규모 간 격차의 원천은 기업 내 숙련 형성의 격차(玄田, 1996)와 동일한 학력자 간 능력의 격차(樋口, 1994, 예를 들어 편차가 큰 대학을 나온 유능한 노동자는 대기업에 취직한다는 요인)가 지적되어 왔다. 이 연구를 준용하면, 공동화(空洞化)에 대한 대책과 함께, 중소기업의 무형자산 투자 및 숙련 형성의 촉진, 대학교육의 질 개선 등이 제조업의 TFP 상승을 위한 중요한

20 다른 설명으로는 대기업의 노동자가 지대(rent)를 얻을 가능성이 있다. 이 점에 대해서는 深尾 외(2014)를 참조할 것.

요인임을 알 수 있다.

본 절의 분석을 정리해 보자. 대기업의 해외로의 생산 이전과 국내 공장의 폐쇄, 그것에 의한 중소기업으로의 파급효과 감소, 특히 이중구조의 재현이 1990년대 이후 정보통신기기산업과 자동차산업을 제외한 거의 모든 제조업에서 TFP 상승 둔화를 초래하였고 그것이 일본경제의 장기정체를 가져왔다.

제3절 1960년대 이후 건설업 - 정부투자의 역할과 생산성에 대한 영향

1. 건설업의 개요

건설업은 경제활동에서 없어서는 안 될 다양한 사회자본을 공급하는 산업이다. 1950년대 이후 일본 전국에 두루두루 정비된 고속도로망과 그것을 연결하는 교량, 해저터널은 전국을 네트워크화하였으며, 이동시간과 비용을 줄이고, 생활권·경제권을 확대하는 등 경제활동의 기초가 되어 왔다. 교통 이외에도 상하수도의 확충, 항만의 정비, 도시개발을 위한 건설업은 불가결하다. 이렇게 정비된 사회인프라를 이용하여 다양한 경제활동이 영위될 수 있었던 것이다.

이렇게 중요한 역할을 담당하였음에도 불구하고 건설업에 대한 경제학자들의 분석이 매우 적은 것은 사실이다. 본 절에서는 1960년대부터 2010년까지 건설업의 시장 환경과 공공사업의 관련성을 검토한 후에, 건설업과 정부투자의 관계가 건설업의 생산성에 어떤 영향을 끼쳐 왔는지에 대해 생각해 보기로 하자.

건설업의 다양성

건설업은 다양한 크기와 광범위한 종류의 건축물을 생산하며, 또한 다양한 업종을 포함하는 산업이다. 건설 대상은 여러 영역에 걸쳐 있으며, 건물 이외에도 도로와 교량, 댐과 공항, 조경과 전기공사 등도 포함된다. 특성이 다른 건축물을 만들기 위해서는 각각의 전문기술자가 필요하기 때문에 건설업은 일본 표준산업분류에서 중분류로는 3종류, 소분류로는 23종류, 세분류로는 55종류나 된다. [표 4-1]은 「건설업의 경영분석」(건설업정보관리센터, 1969~2016)에서 채택된 건설공사의 업종별 분류표인데, 다양한 업종이 있음을 알 수 있다.[21]

건설업의 첫째 특징은 원청회사(주로 토목1식 공사업과 건설1식 공사업)가 전문공사업자(하청업자)에게 외주한 다음, 그들이 다시 하청업자에게 외주한다는 중층적인 하청구조로 되어 있다는 점이다. 전문공사업은 26개 업종으로 분류되는데, 다양한 업무에 대응하고 있다. 또한 사업자의 규모도 히토리 오야카타(一人親方)라 불리는 종업원이 없는 사업주부터 1,000명 규모의 종업원을 고용하는 대형 제네콘까지 넓게 분포되어 있다.

건설업의 둘째 특징은 단품수주 생산이다. 건설업은 일반적으로 품목마다 다른 형태로 주문·시공이 이루어진다. 예를 들어, 도로나 교량의 경우 현장이 다를 뿐만 아니라 폭의 크기와 보도의 유무 등도 다르기 때문에 같은 것을 대량으로 생산할 수는 없다. 이처럼 단품수주 생산이라는 특징으로 인해 작업과 공정을 고정화하는 것이 불가능하기 때문에 원청에서 하청으로 특정의 전

21 일반적으로 건설업과 건축업을 혼동하는 경우가 많다. 건설업이란 모든 건축업, 토목공사업, 설비공사업 등을 포함하는 산업이다. 따라서 건축공사업 내지 건축업이라는 것은 건설업에 포함되는 하나의 업종이다.

[표 4-1] 업종의 분류

대분류	소분류	건설공사의 종류
종합공사업	토목건축공사업 (토목공사가 완성공사금액의 20% 이상, 80% 미만)	
	토목공사업 (토목공사가 완성공사금액의 80% 이상)	토목1식공사, 포장공사, 준설공사, 수도시설공사, 조원(造園)공사
	건축공사업 (토목공사가 완성공사금액의 20% 미만)	건축1식공사
설비공사업		전기공사, 관공사, 기계기구설비공사, 열절연(熱絕緣)공사, 전기통신공사, 작정(作井)공사, 소방시설공사, 청소시설공사
직별 공사업		대공공사, 좌관공사, 토비·토공·콘크리트공사, 석공사, 옥근공사, 타일·기와·블록공사, 강구조물공사, 철근공사, 판금공사, 유리공사, 도장공사, 방수공사, 내장마무리공사, 건구공사

출전: 건설업 정보관리센타(1969~2016).

문 업무를 외주한다는 건설업의 첫째 특징과도 잘 맞는다. 또한 자본금 규모가 작은 사업자가 다수 존재하는 가장 중요한 이유도 이것이라고 생각된다.

거시데이터 추이로 본 건설업

우선 건설투자액과 GDP 비율 추이를 확인해 보자. [그림 4-9]는 1960~2014년 건설투자액과 GDP의 추이(둘 다 명목치임), 건설투자액이 GDP에서 차지하는 비율(건설투자 비율)을 보여 준다. 그림으로부터 알 수 있듯이, 명목GDP는 1990

[그림 4-9] 건설투자액과 GDP의 비율 추이(명목치)

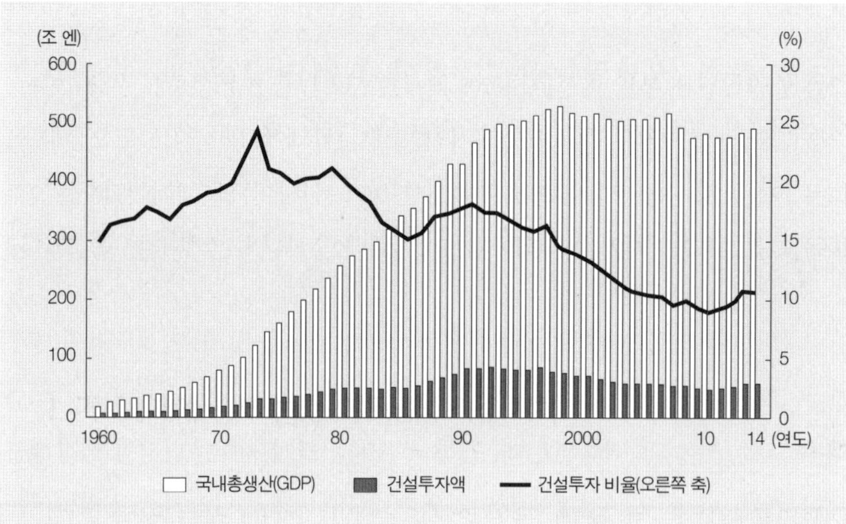

출전: 내각부(2017), 국토교통성(2017a).

년경까지 급속히 증가하였다. 그 후 500억 엔 전후를 유지하였으나 2000년대 이후 디플레이션의 영향으로 하락하였다는 것은 잘 알려져 있다. 한편, 건설투자액은 1970년대 후반까지 순조롭게 증가하였지만 80년대 전반에는 정체가 이어졌으며 80년대 후반에서 90년대 전반까지는 다시 증가세를 보였다. 그 후 투자액은 감소하였지만 최근에는 다시 증가하고 있다.

건설투자액이 GDP에서 차지하는 비율을 보면, GDP 상승과는 달리 1973년도에 가장 높은 수치(약 25%)에 도달하였다. 그러나 오일쇼크로 인해 건설투자는 큰 타격을 입었고 건설투자 비율은 하락하였다. 버블기에 다시 증가하였지만 그 후 일관되게 하락하였다. 2000년 이후에는 다시 완만한 상승 추세를 보이고 있다.

이러한 경향에 대해서는 고도경제성장과 그것으로 인해 생긴 도시화가 왕성한 건설투자 수요를 가져왔기 때문이라고 설명할 수 있다. 인구증가가 그치고 도시화가 가라앉은 후에는 건설업 이외의 제3차 산업의 비율이 증가하면서 상대적으로 건설투자가 하락하였다고 생각할 수 있다.[22]

[그림 4-10]은 실질 건설총투자액과 그것을 발주자(정부와 민간) 및 투자 내용(건축 및 토목)의 4종류로 나누어 각각의 추이를 살펴본 것이다. 또한 그림에는 종업자 수(從業者數)의 추이도 제시되어 있다.[23][24]

건설투자액의 내역([그림 4-10] 아래 부분의 4개 곡선)을 보면, 건설투자의 대부분은 민간건축과 정부토목임을 알 수 있다. 민간건축에 의한 투자액은 1960년대 이후 순조롭게 증가하였는데, 특히 80년대 버블시대에는 현저한 신장세를 보여 90년 49조 엔으로 정점에 도달하였다. 그러나 그 후 감소하였고 최근에는 약 30조 엔 근방에서 움직이고 있다. 또한 2009년 미국의 서브프라임 모기지 사태로 촉발된 세계적인 경기 악화에 따라 투자액은 대폭 감소하고 있다.

다른 한편 정부토목의 투자액도 1960년 이후 순조롭게 증가하였는데, 90년도까지는 민간건축 투자와 비슷한 추이를 보여 왔다. 하지만 버블 붕괴 후에도 정부토목 투자액은 90년대 후반까지 증가하였다. 2000년대 전반의 투자액은 감소 경향을 보이고 있지만 2008년(14조 6,507억 엔) 이후 다시 증가하고 있다. 버블 붕괴 후와 리만 사태 이후 정부토목의 변화는 경기 악화에 대응하여 정부가 공공사업을 증가시킨 정책적 의도를 반영한 것으로 볼 수 있다.

22 경제성장과 도시화의 관계는 상호 의존적이다. 이 점에 대해서는 山崎·淺田(2008)과 佐藤(2014) 등 도시경제학 문헌을 참조하기 바란다.

23 다만 종업자 수 데이터는 「사업소·기업통계조사」 및 「경제센서스」를 이용하고 있기 때문에 수년 동안 1번의 데이터라고 볼 수 있다.

24 이하에서 투자액이란 각 업종의 생산액과 같은 뜻이다. 즉, 민간건축 투자액이라는 것은 민간건축업의 생산액을 나타내는 것이며 건축업에 투입된 설비투자액이 아니다.

[그림 4-10] 건설투자액 내역(실질치)

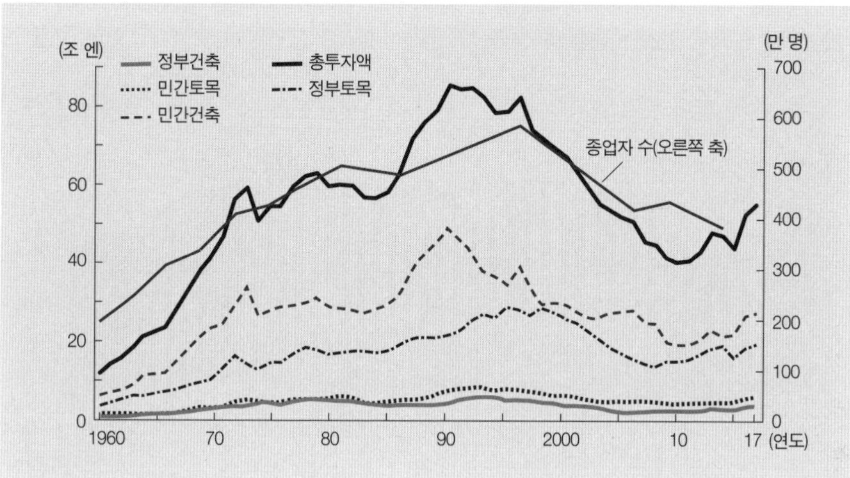

출전: 국토교통성(2017a).

이와 같이 민간과 정부의 투자액은 그 경향이 일치하지 않는다. 민간건축의 투자액은 경기의 영향을 강하게 받는다고 생각할 수 있지만 정부토목의 투자액은 정책적인 의도에 의한 것이든 아니든 간에 경기역행적인(contercyclical) 움직임을 보이고 있다.

총투자액과 종업자 수의 추이([그림 4-10] 윗부분의 2개 곡선)를 보면, 기본적으로는 비슷하게 움직이지만 투자액의 정점은 90년인 반면에 종업자 수의 정점은 96년이다. 수요 변화에 대응하여 고용 조정이 지연되는 현상은 어느 산업에서나 나타나는 일반적인 것이지만 96년 투자액이 91년과 비교하여 크게 감소하였다고 볼 수 없다는 점에 주목해야 한다.

따라서 고용 조정이 지연되었다고 생각하기보다는 오히려 버블 붕괴 후 경기가 악화되고 있던 상황에서, 상대적으로 큰 영향을 받았던 다른 산업으로

[그림 4-11] 연도별 자본금별 허가자 수의 추이

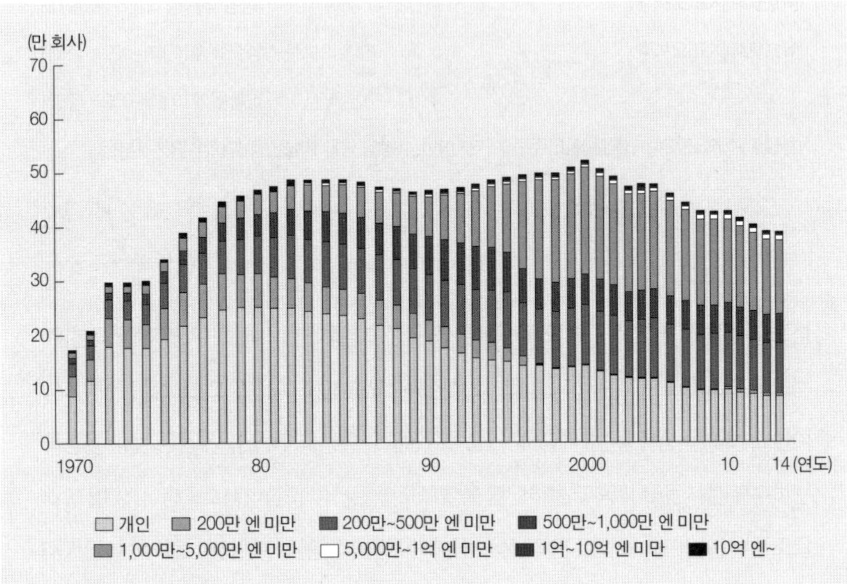

출전: 국토교통성(1970~2016).

부터 많은 노동자가 건설업으로 유입되었다고 생각하는 것이 옳다.

이 점은 건설업자 수의 추이로부터 설명할 수도 있다. [그림 4-11]은 자본금별 허가업자 수의 추이를 연도별로 보여 준다. 허가업자 수는 1970년부터 매년 증가를 거듭해 왔는데 2000년 정점에 도달한 이후 그 수는 약 60만 명에 이르렀다. 즉, 업자 수의 정점은 고용자 수의 정점보다 4년 더 늦는 셈이다. 정점의 지연은 왜 발생한 것일까? 그 후 업자 수는 서서히 감소하였고 2014년에는 약 47만 명의 업자가 등록되어 있다.

여기에서 주목해야 할 것은 자본금별 허가업자 수의 추이이다. [그림 4-11]을 보면, 자본금 '1천만~5천만 엔 미만'의 중규모 건설사업자는 버블 붕괴 이

[그림 4-12] 신설, 유지·수선공사비의 추이(명목치)

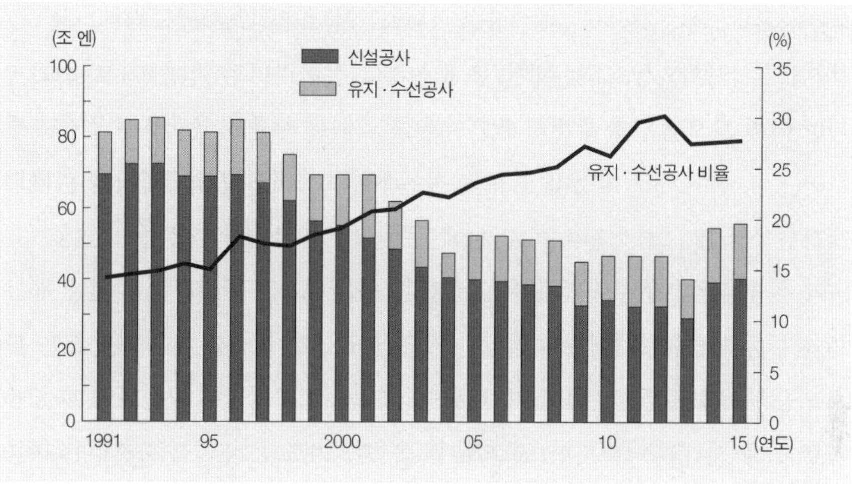

출전: 국토교통성(1991~2015).

후에도 현저히 증가하고 있다. 다른 규모의 허가업자 수는 감소 또는 비슷한 수준을 유지하고 있지만 중규모 허가업자만이 뚜렷하게 증가하고 있으며, 그 증가 크기는 다른 규모의 허가업자의 감소 크기를 상회한다. 그렇기 때문에 버블 붕괴 이후 불황기에도 총허가업자의 수는 증가하였던 것이다. 특히 산업 전체의 고용이 감소하였던 1996년에도 중규모 업자 수는 현저하게 증가하였다.

[그림 4-12]는 신설공사비와 유지·수선공사비의 추이를 보여 준다.[25] 1990년대에는 80조 엔에 이르던 공사비용이 그 후 서서히 감소하여 2000년대 후반에는 50조 엔 이하 수준까지 떨어졌다. 다만 유지·수선공사비는 10조 엔을 약간 넘는 수준에서 안정적으로 지출되었다. 이후 다소의 증감을 보이면서 2015

25 신설공사비 및 유지·수선공사비는 원청 완공 금액을 기준으로 계산되어 있다. 한편, 건설투자액은 거래금액 기준으로 계산된 것이기 때문에 전자의 합계치와는 약간 다르다.

년에는 15.8조 엔에 이르고 있다. 따라서 신설공사비에 대한 유지·수선공사비의 비율은 매년 증가하였는데, 1991년 15.8%에서 2015년 28% 정도까지 커졌다.

고도성장기의 종료 및 버블 붕괴 이후 건설공사비의 절대액은 감소하였지만 이미 건설된 건축물과 사회인프라를 유지·관리하기 위해서는 일정한 투자가 필요하다. 바로 이것이 유지·수선공사비의 비율이 증가한 원인이었다고 생각된다.

지금까지 살펴본 바와 같이 고도성장기 도시화가 진전되는 시기에 정부의 역할을 생각해 보면, 일본경제와 건설업이 상호 영향을 미치는 정도는 다른 산업에 비해 큰 편이었다고 생각된다. 그러나 고도성장기가 끝나고 버블 붕괴로 인해 경기가 악화되면, 건설투자액도 감소하고 GDP에서 차지하는 비중도 최고점 대비 절반 이후로 떨어졌다.

이 와중에 정부에 의한 건설투자가 건설업 전체에서 차지하는 비율은 높아졌고 정부의 영향력은 점차 커져 갔다. 예를 들어, 버블 붕괴 후 또는 리만 쇼크 이후 경기대책으로서 공공사업 관련 정부지출은 증가하고 있다.

정부에 의한 건설투자는 건설업 중에서도 공공사업을 담당하는 토목공사업과 토목건축공사업의 생산활동에 직접 영향을 미칠 뿐만 아니라 고용과 진입의 인센티브를 높임으로써 영향을 미치기도 한다. 그것이 고용자 수 또는 업자 수의 변화에 반영되어 있을지도 모른다. 그러므로 다음 항에서는 정부투자가 건설업의 움직임에 어떤 임팩트를 주었는지를 검토하기로 한다.

2. 건설업과 정부투자의 관계

[그림 4-13]은 업종별 공공사업 수주 비율(=공공공사 완공금액/국내 총완공금액)

[그림 4-13] 업종별 공공사업 수주 비율의 추이

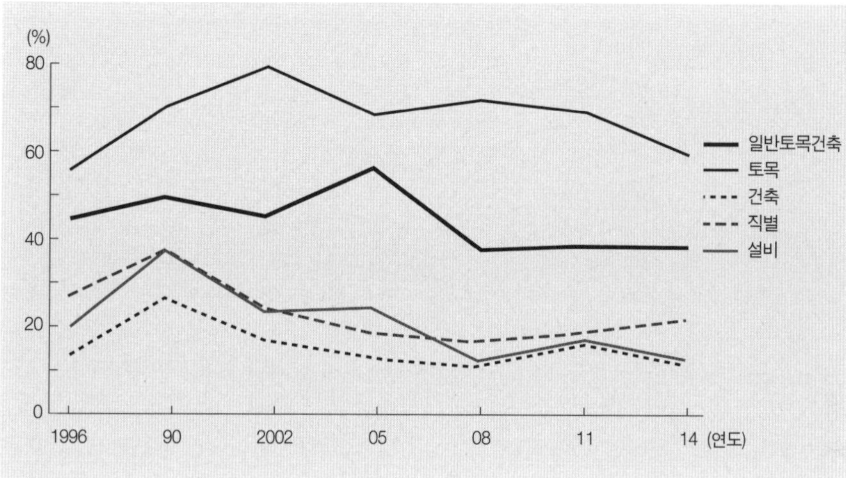

출전: 국토교통성(1996~2014).

의 추이를 보여 준다. 통계의 제약으로 인해 1996년 이후 데이터만을 이용할 수 있는데, 90년대 후반 이후에는 모든 업종에서 수주 비율이 상승하고 있음을 확인할 수 있다. 즉, 이 시기 건설업 자체의 공공사업 의존도가 높아져 왔음을 알 수 있다. 토목공사업의 수주 비율이 유독 높은 편인데 정점은 2002년도이며 그 추세가 이어지고 있기 때문에 토목공사업의 의존도는 건설업의 다른 업종보다도 상대적으로 큰 편이었던 것으로 보인다.

다음으로 공공사업 수주 비율의 추이를 자본금 규모별로 보여 주는 것이 [그림 4-14]이다. 공공사업 수주 비율이 가장 높은 것은 자본금 '3천만~5천만 엔 미만'인 그룹이다. 또한 세 번째로 높은 것은 자본금 '1천만~3천만 엔 미만'인 그룹이다.

자본금 1천만~5천만 엔 미만의 기업은 상대적으로 공공사업 수주율이 높

[그림 4-14] 자본금별 공공사업 수주 비율의 추이

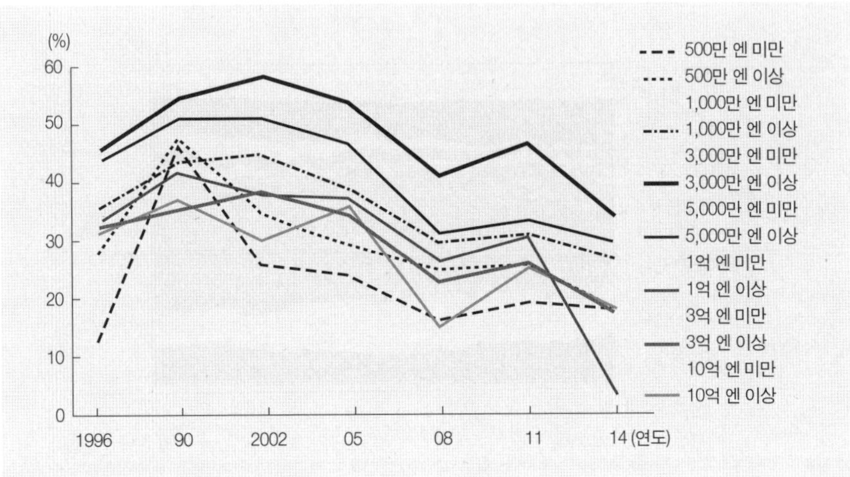

출전: 국토교통성(1996~2014).

은 편이고, 버블 붕괴 후에도 그 경향이 계속되고 있음을 알 수 있다. 이 규모의 업자 수는 이미 서술한 바 있듯이 2000년도까지 증가하여 왔다.

이와 같이 1996년부터 2002년까지 토목공사업의 공공사업 의존도가 상승하였음을 확인할 수 있는데, 그중에서도 중소기업에 대한 영향은 무시할 수 없는 것이었다. 그 이유로는 예전부터 있었던 관공수법(官公需法)의 영향을 들 수 있다. 관공수법이란 1966년 시행된 「관공수에 있어서 중소기업자의 수주 확보에 관한 법률」인데, 국가나 지방자치단체 등의 '물건, 공사 및 역무의 조달에 관해 중소기업자의 수주 기회를 증대시키기 위해' 도입되었던 것이다.

[그림 4-15]는 관공수 중에서 중소기업에게 지불된 실적금액과 그것이 전체에서 차지하는 계약 비율의 추이를 국가 및 지방자치단체로 나누어 각각 보여 주고 있다. 국가 등의 관공수 중에서 차지하는 계약 비율을 보면, 매년 증가

[그림 4-15] 관공수 계약 실적의 추이

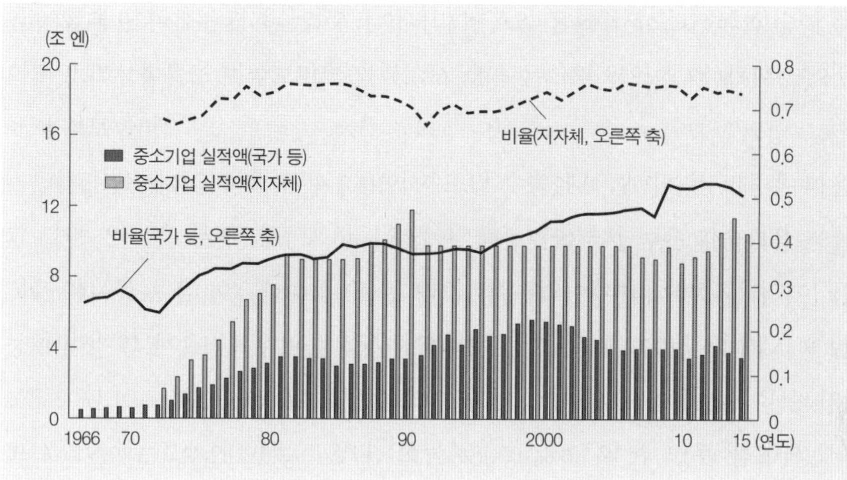

출전: 중소기업청 편(2017).

해 왔는데 2009년도 이후에는 50%를 넘었다. 또한 지방자치단체의 관공수 중에서는 70% 이상의 높은 비율을 유지하고 있다. 버블 붕괴 후부터 1990년대 중반까지의 비율은 큰 변화가 없지만 중소기업이 차지하는 관공수 실적액은 거의 매년 증가해 왔고, 특히 지자체 관공수에서 차지하는 실적액의 증가세는 현저하다.

관공수법에 의해 중소기업의 수주기회가 증가하도록 배려하였지만 그 결과가 반드시 좋았다고 보기는 어렵다. 합리적이지 못한 공사방법이 채택되기도 하였기 때문이다. 예를 들어, 1개의 공공공사를 세분하여 별도의 업자들에게 분할·발주하게 되거나 특정 지역의 경우 특정 업자만이 입찰에 참가할 수 있도록 제한하는 경우가 있었다. 이러한 행위들은 당연히 사업자의 자유로운 경쟁을 억제하게 된다.

공공사업의 입찰제도에 결함이 있을 경우 건설업에는 담합(카르텔)이 생길 수 있는 환경이 쉽게 만들어진다. 전후부터 실질적으로 채용되어 왔던 지명(指名)경쟁입찰에서는 업자의 지명이 자의적으로 선별되면서 입찰참가자가 제한될 수 있기 때문에 카르텔이 형성되기 쉬운 환경을 초래한다는 점을 부정할 수 없다. 또한 이러한 제도하에서 업자는 정치가에게, 정치가는 관료에게 영향력을 행사하는 사건도 종종 발생하여 왔다.[26]

큰 담합사건이 발생할 때마다 일반 경쟁입찰이나 종합평가 방식이 채용되는 등 제도는 개선되어 왔지만 지방의 입찰제도에는 개선해야 할 점이 여전히 많다. 그 때문에 현재에도 담합은 근절되지 않고 있다.

이처럼 관공수법에 의해 공공사업의 다수가 중소기업에게 지출된 결과 토목공사업에서 중소기업의 공공사업 의존도가 현저히 높아졌을 가능성이 있다. 또한 정부에 의한 공공사업 등 토목공사는 관공수법 또는 입찰제도 때문에 민간건축이나 민간토목에 비해 상대적으로 경쟁메커니즘이 작동하기 어려운 시장이라고 생각된다. 그렇다면 이것이 건설업의 생산성에 무시할 수 없는 영향을 미쳐 왔던 것은 아닐까? 건설투자액에서 차지하는 정부토목의 비율을 고려하면, 토목공사업의 생산성은 건설업 전체의 생산성에도 영향을 주었을 가능성이 있다.

건설업의 역사에 근거하여 다음 항에서는 건설업의 노동생산성에 대해 검토하기로 한다. 특히, 업종별 노동생산성의 차이에 대하여 검증하고, 정부에 의한 토목사업 투자와 생산성이 어떤 관계를 갖고 있는지에 대해 고찰하고자 한다.

26 공공사업과 입찰제도 및 담합에 관해서는 山川·神田·藤井(2013)을 참조할 것.

3. 건설업의 노동생산성

내각부(2014)의 추계에 따르면, 1960년 이후 건설업의 노동생산성이 다른 산업에 비해 현저하게 낮다고 보고되어 있다. 또한 深尾 외(2014)에서는 산업별 생산성의 기업규모 간 격차에 대해 검토한 바 있다. 이 연구에 의하면 전 산업의 경우 대기업(종업원 1,000명 이상의 기업)과 중소기업(종업원 수 100명 미만인 기업) 간 노동생산성의 비율은 1975~2010년 약 2.1~2.6배에서 움직여 왔다. 물론 1975~80년에는 격차가 확대되기도 하였지만 이후에는 거의 비슷한 수준을 유지해 왔다.

반면에 건설업에서 대기업과 중소기업의 노동생산성 비율은 1975~80년에는 약 2.05~2.14배 정도 차이가 있었지만 전 산업과 비교할 때 그 격차가 확대되지는 않았다. 그러나 1980~90년에는 2.14배에서 2.54배로 그 격차가 확대되었고, 타 산업과는 다른 움직임을 보여 주었다.

이와 같이 건설업의 노동생산성은 상대적으로 낮고, 기업규모 간 생산성 비율의 추이는 타 산업과 다르다는 것을 지적할 수 있다. 하지만 그 원인이 명확한 것은 아니다. 본 항에서는 深尾 외(2014)와는 다른 데이터를 이용하여 건설업의 노동생산성 추이를 업종별로 다시 추계하고 건설업의 생산성 변화와 그 원인을 재검토하고자 한다.

이용한 데이터와 노동생산성 추계방법

노동생산성을 추계하기 위하여 본 항에서는 「건설업의 경영분석」의 각 연도 데이터를 이용한다. 이 자료는 1963년부터 현재까지 발행되고 있는데, 특히 2005년까지는 조사 대상인 건설업자의 재무제표를 업종별·자본금 규모별로

나누어 평균값을 게재하고 있기 때문에 연도별로 그들의 노동생산성을 추계할 수 있다.[27]

이하에서는 입수가 가능한 1969년 이후 데이터를 이용한다. 87년까지는 조사 대상이 자본금 규모별로 무작위 추출되었기 때문에 재무제표 표본 수는 약 3,400개이다. 반면에 88년 이후에는 경영사항 심사를 받은 건설업자를 조사 대상으로 하였기 때문에 재무제표 표본 수는 9만 개 이상으로 대폭 늘었다. 따라서 추계된 결과를 해석할 때 87년 이전과 이후 집계방법이나 표본 수가 다르다는 점에 주의해야 한다.

데이터는 건설업 전체와 5개의 업종(토목건축공사업, 토목공사업, 건축공사업, 설비공사업, 직별공사업)으로 분류되어 있다. 또한 자본금 규모별로 7개로 분류되어 있다. 이 재무제표를 이용하되 노동생산성은 식 (1)에 의하여 구하였다.[28]

$$\text{기술직원 1인당 노동생산성} = \frac{\text{완성공사금액} - \text{재료비} - \text{외주비}}{\text{기술직원 수}} \tag{1}$$

건설업 전체의 노동생산성 비교

우선 앞에서 언급한 데이터를 이용하여 건설업 전체의 노동생산성 추이를 추계하고 그 결과를 深尾 외(2014)와 비교해 보자. 深尾 외(2014)는 종업원 수 1,000명 이상인 기업과 100명 미만인 기업의 노동생산성을 비교하고 있다. 「건설업의 경영분석」(建設業情報管理センター, 1969~2016)의 재무제표로부터 건설업

27 深尾 외(2014)에서는 『임금구조 기본통계조사』 및 『법인기업 통계연보』를 이용하여 산업별로 기업규모 간 생산성 격차에 대하여 분석하고 있기 때문에 건설업 전체의 생산성에 대한 추계치만을 구할 수 있다. 또한 1975년부터 5년 동안의 데이터에 대해서만 분석하고 있기 때문에 매 연도의 추계치를 구할 수도 없다.

28 「건설업의 경영분석」의 경우 1999년 이후의 데이터에는 '노무외주비' 항목이 새롭게 추가되었다. 본 항에서는 장기의 데이터 분석을 하였기 때문에 식 (1)에는 이 항목을 포함하지 않고 계산하였다.

전체의 자본금 규모별 평균 기술직원 수를 보면, 전 기간 동안 종업원 수가 1,000명 이상이었던 기업은 자본금이 10억 엔 이상인 기업뿐이었다.

따라서 종업원 수 1,000명 이상인 기업의 노동생산성을 비교할 때에는 자본금 10억 엔 이상인 기업의 데이터를 이용하기로 한다. 또한 종업원 수가 100명 미만인 기업은 자본금이 1억 엔 미만인 기업들이었다. 따라서 종업원 수 100명 미만인 기업의 노동생산성을 비교할 때에는 자본금 1억 엔 미만인 5개 계급의 데이터를 통합하여 추계할 필요가 있다. 즉, 5개 계급 각각의 기술직원 수 1인당 노동생산성을 추계한 후 각 계급에 속한 업자 수를 가중치로 하여 노동생산성의 가중평균을 작성하고 이를 종업원 수 100명 미만인 기업의 노동생산성으로 정의하였다.[29]

본 항에서는 생산성의 실질치를 구하기 위하여 국토교통성이 공표하는 복수의 '건설공사비 디플레이터'(2005년 기준) 중에서 '건설종합'의 디플레이터를 이용하였다.[30] 단, 노동생산성의 실질치를 구하기 위해서는 적절한 가격지수를 이용하여 중간투입재를 공제한 부가가치의 실질치를 구해야 한다. 하지만 '건설종합' 디플레이터에는 중간투입재인 각 공사비의 디플레이터가 포함되어 있다. 따라서 이 점에 주의하여 결과를 해석하지 않으면 안 된다.[31]

[그림 4-16]은 앞에서 서술한 방법에 의해 구한 건설업 기술자 1인당 노동생산성을 자본금 규모 10억 엔 이상인 대기업과 1억 엔 미만인 중소기업을 대상으로 계산한 것이다. 그림을 보면 대기업과 중소기업의 노동생산성 둘 다 1993년까지는 상승하였고 그 후에는 하락 경향을 보였음을 확인할 수 있다. 그

29 자본금별 업자 수는 국토교통성이 매년 발표하는 「건설업 허가업자 수 조사의 결과에 대하여」의 데이터를 이용하였다.

30 건설공사비 디플레이터의 상세한 것은 国土交通省(2017b)을 참조할 것(2018년 1월 29일 열람).

31 건설업의 생산성을 측정할 때의 문제점에 대해서는 深尾(2017)를 참조할 것.

[그림 4-16] 건설업의 노동생산성 및 생산성 비율의 추이

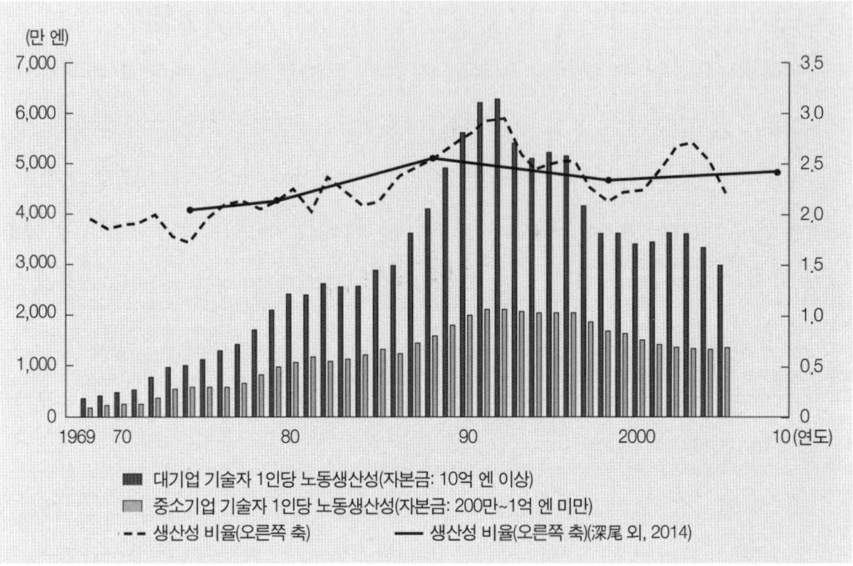

출전: 深尾 외(2014) 및 저자 작성.

러나 버블 붕괴 후 하락 속도는 다르다.

다음으로 노동생산성 비율을 보면 대기업과 중소기업의 경우 1980년대까지는 상승하여 왔지만 버블 붕괴 후 하락세로 반전하였다가 2000년대 이후 다시 상승하였음을 알 수 있다.

참고로 다른 데이터를 이용하여 구한 深尾 외(2014)의 생산성 비율 5개 점을 연결한 곡선이 함께 제시되어 있다. 다른 데이터를 이용하였음에도 불구하고 두 가지 노동생산성 비율이 대체로 비슷한 추세를 따라 움직여 왔음은 중요하게 받아들여져야 한다.

업종별 노동생산성의 추이

다음으로 건설업 노동생산성을 5개의 업종으로 나누어 비교해 보자. 업종은 토목건축공사업, 토목공사업, 건축공사업, 설비공사업, 기타 직별 공사업의 5개이다.[32]

[그림 4-17]은 업종별 노동생산성의 추이이다. 노동생산성은 모든 업종에서 1990년대 초반까지 상승하였고, 그 후 하락 추세를 보이고 있다. 다만 시기에 따라 조금씩 차이가 있기는 하다.

우선 원청이 되는 업종은 종합공사업이고 이 업종으로 분류되는 것은 토목건축공사업·토목공사업·건축공사업이다. 이 업종들의 노동생산성은 1980년대 전반까지 큰 차이를 보이지 않았지만 그 이후에는 건축공사업의 생산성이 다른 2개 업종의 생산성을 상회한다. 특히, 90년대에는 건축공사업의 생산

[그림 4-17] 업종별 노동생산성의 추이

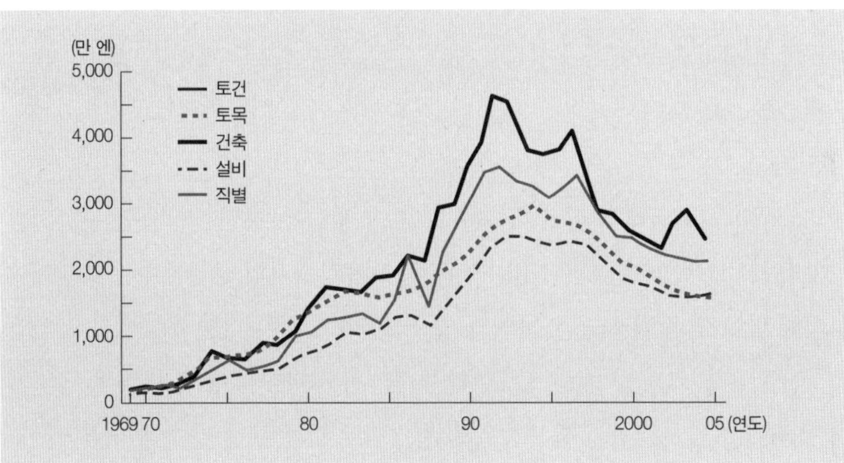

32 각 분류에 포함된 공사업종은 제1항의 [표 4-1]을 참조할 것.

성이 다른 2개 업종의 생산성보다 1.5배 더 높았다. 다음으로 설비공사업과 직별 공사업의 생산성은 80년대 전반까지 다른 업종보다 낮은 수준에 있었다. 그러나 직별 공사업의 생산성은 80년대 후반부터 상승하였고 건축공사업 다음으로 2번째로 높은 생산성을 유지하고 있다.

이와 같이 노동생산성의 추이는 업종에 따라 다르고, 특히 1980년대 후반부터는 업종 간의 차이가 커지기 시작하였다. 그렇다면 이러한 생산성의 차이는 건설업 투자액 또는 투자 주체와 어떤 관계를 갖는 것일까? 전 항에서 살펴본 바 있지만 건설 투자액은 투자 주체별(정부 또는 민간) 및 업종별(건축 또는 토목)로 분리가 가능하다. 하지만 노동생산성은 투자 주체별로 분리하여 추계하는 것이 불가능하기 때문에 이하에서는 건축 및 토목의 업종별로 투자액을 분리하고 각각의 노동생산성 추이를 비교해야 한다.

[그림 4-18]은 실질건설투자액과 노동생산성의 추이를 건축업과 토목업 각각에 대해 보여 주고 있다. 투자액과 노동생산성 모두 1990년 무렵 가장 높은 수치에 도달하였고 이후에는 하락하고 있다. 업종별로 투자액과 생산성의 상관계수를 보면 토목업이 높은 편인데, 건축업은 0.65인 반면에 토목업은 0.93이나 된다.

그러나 1990년대의 상관계수를 보면 그 값들은 하락한다. 즉, 건축업은 0.53이었고 토목업은 0.42가 되었다. 특히, 토목업에서의 상관계수는 90년대에 현저히 낮아졌다. 이 시기 투자액과 생산성이 이전과는 다른 움직임을 보였음을 알 수 있다. 그림을 보면 토목업의 투자액은 90년대를 통해 35조 엔 근방에서 움직이고 있지만 노동생산성은 94년 정점에 이른 후에 계속해서 하락하고 있다. 토목투자액의 대부분은 정부투자이고 버블 붕괴 후 경기대책으로서 공공사업이 증가하였음에 비추어 볼 때, 이 시기 공공사업으로 시행된 토목공사

[그림 4-18] 업종별 건설투자액과 노동생산성의 추이

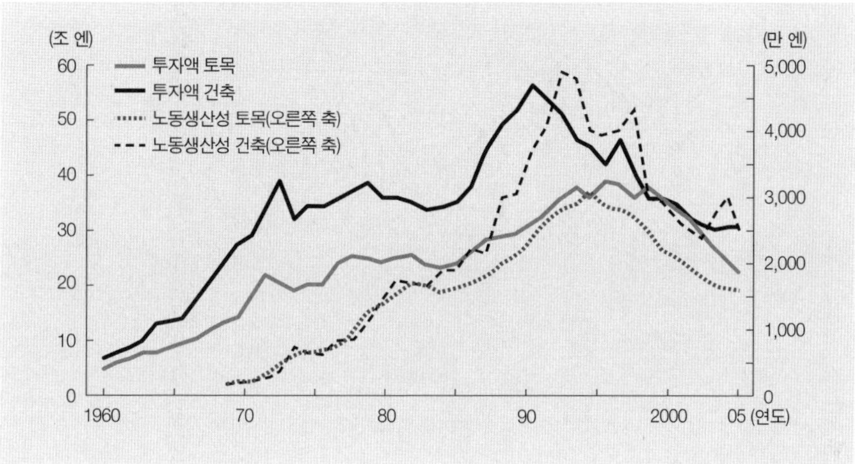

가 토목공사업의 생산성을 떨어뜨렸을 가능성이 있다.

1998년 이후가 되면 토목업에서는 투자액의 감소와 함께 노동생산성이 다시 하락하였다. 다른 한편으로 건축업에서는 투자액 감소가 계속되었음에도 불구하고 노동생산성이 상승하는 시기도 있었다. 즉, 투자액과 생산성의 상관관계가 건축업과 토목업에서 달랐던 것이다.

이와 같이 건설업의 노동생산성은 기본적으로 건설투자액과 상관관계를 갖지만 그 관계가 모든 업종에서 같은 것은 아니다. [그림 4-19]는 건축투자액과 토목투자액의 상대적인 비율과 함께 건축투자액과 토목투자액의 생산성의 상대적인 비율을 비교하고 있다. 투자액 비율은 하락 기조에 있지만 생산성 비율은 상승 경향을 보이고 있다. 토목업의 투자액이 건축업에 비해 증가하면, 토목업의 생산성은 건축업에 비해 하락하는 관계에 있었다.

데이터의 제약이 있기 때문에 상세한 분석을 하기는 어렵다. 하지만 토목

[그림 4-19] 건설투자액 비율과 노동생산성 비율의 추이

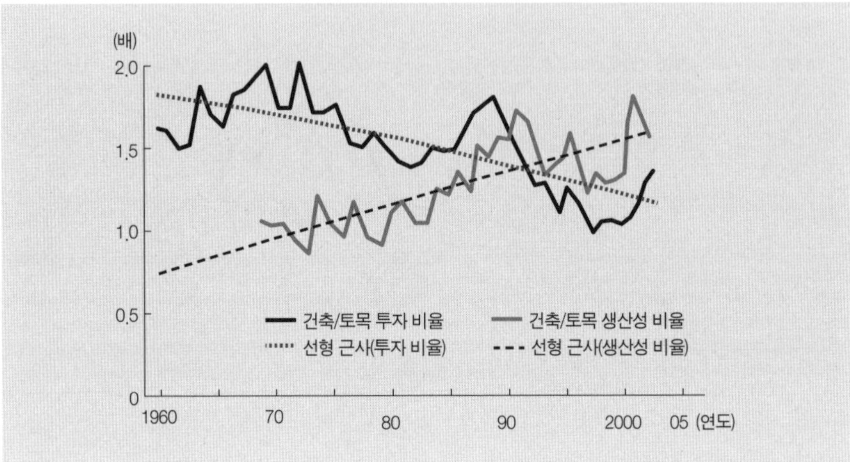

공사업의 생산성이 건축공사의 생산성보다 낮다는 점 그리고 토목투자액의 대부분이 정부에 의한 지출이라는 점을 고려하면, 공공사업이 증가함으로써 투자액에서 차지하는 토목업의 비중이 높아지면 토목업의 생산성은 상대적으로 하락한다고 생각할 수 있다.

물론 이는 가설의 수준을 넘지 못한다. 하지만 관공수법에 의해 정부 토목사업의 절반 이상이 생산성이 낮은 중소기업에 할당되고 있다는 사실은 이 가설을 보강하는 것으로 볼 수 있다.[33] 정리하면 다음과 같다. 공공사업의 대부분을 차지하는 토목공사에서 노동생산성의 상승이 어려운 이유가 무엇이었을까에 대한 답변을 이 데이터로부터 직접 검증하는 것은 불가능하지만, 전 항에서 서술하였듯이 관공수법 또는 입찰제도의 미비 때문에 생산성이 낮은 기

33 역의 인과관계를 생각해 보면, 토목업의 생산성이 건축업에 비해 낮아지고 토목업의 생산량이 건축업의 생산량에 비해 증가하게 된다. 시장메커니즘에서 이 점을 합리적으로 설명하기는 어렵다.

업의 퇴출이 제대로 이루어지지 않았을 가능성이 높다.

제1항에서 살펴본 바 있지만 건설투자액의 정점은 1990년이었음에도 불구하고 종업자 수의 정점은 96년으로 더 늦게 나타났다. 1990년 이후 10년 동안 건설업 하위 업종 중 어느 업종 때문에 건설업 전체의 종업자 수와 허가업자 수가 증가하였는지는 분명하지 않다. 그러나 정부토목의 투자액이 90년대 후반까지 계속해서 지출되었고 관공수법이 중소기업에 대한 공공사업 지출을 증가시켰다는 점으로 인해 건설업의 노동수요가 영향을 받았을 가능성이 있음을 시사하고 있다. 즉, 버블 붕괴 후 경기대책으로 정부투자가 증가한 결과, 관련된 토목공사업의 수요가 증가하였고 그로 인해 종업자 수와 허가업자 수가 증가하였던 것은 아닐까?

또한 정부토목의 투자액은 버블 붕괴 후에도 비슷한 수준에서 지출되었다. 그럼에도 불구하고 토목공사업의 노동생산성이 1994년을 정점으로 하강하였다는 것은 투자액의 증가가 노동생산성을 상승시킨다는 기존의 경향과는 다른 것이었다. 경기대책과 관공수법에 의해 중소기업에게 돌아가는 공공사업이 증가한 결과, 생산성이 반드시 높다고 볼 수는 없는 중소기업에게 수요가 집중되었고 그것으로 인해 토목공사업의 노동생산성이 하락하다 보니 결국 건설업 전체의 생산성에 영향을 주었던 것은 아닐까?

건설업의 노동생산성이 상승하지 않았던 원인으로 종종 지적되어 왔던 것은 건설업이 노동집약적인 업종이라는 점, 단품수주 생산이기 때문에 규모의 경제가 작동하기 어렵다는 점이었다. 그러나 토목공사업이 정부토목에 크게 의존하여 왔다는 점, 그리고 정부지출의 대부분은 관공수로서 중소기업에게 발주되어 왔다는 점도 그 원인이었다고 생각된다.

건설업의 노동생산성과 정부투자

본 절에서는 기존의 연구와는 다른 데이터를 이용하여 기술직원 1인당 노동생산성을 구하였다. 또한 공공사업과의 관련에 초점을 맞추어 건설업의 변화를 검토하였다. 그 결과 건설업 자체의 성격으로 인해 공공사업과의 관계가 밀접할 수밖에 없다는 점 그리고 그것이 건설업의 생산성에 영향을 미칠 수 있다는 점 등 중요한 시사점을 얻게 되었다. 이하에서는 본 절에서 얻은 중요한 결과를 요약하기로 한다.

첫째, 건설투자액의 내역에서 알 수 있듯이, 건설투자의 총액은 고도경제성장과 함께 1960년 이후 증가세를 이어 왔고 90년에는 정점에 이르렀다. 하지만 건설업의 허가업자 수와 정부토목의 투자액은 버블 붕괴 후인 90년대 후반까지 증가해 왔다.

둘째, 건설투자액에서 가장 큰 비중을 차지하는 민간건축의 투자액은 1990년 정점에 도달한 이후 감소하였다. 다른 한편 정부토목의 투자액은 90년대 후반까지 증가하였고 버블 붕괴 후에도 감소하지 않았다. 이는 정부가 경기대책으로 공공사업 등 건설투자를 늘려 왔음을 반영하는 것이다.

셋째, 건설업 중에서도 토목 관련 업종은 상대적으로 공공사업에 대한 의존도가 높은 상황임을 알 수 있었다. 또한 자본금 규모별로 분류하였을 때, 중규모의 기업 수가 1990년부터 10년 동안 증가하였던 데에는 중소기업 대책으로서 관공수법의 영향이 있었다고 생각된다.

넷째, 건설업의 노동생산성을 추계한 결과에 따르면, 건축업의 투자액 대비 토목업의 투자액이 증가하면 건축업의 생산성 대비 토목업의 생산성이 낮아진다는 점이 명확해졌다.

이상의 결과로부터 토목공사업이 정부의 공공사업에 크게 의존하였다는 점, 그리고 정부지출의 대부분이 관공수로서 중소기업에게 발주되었다는 점 때문에 건설업의 노동생산성이 하락해 왔던 것은 아닐까라는 의문이 든다.

고도성장이 끝난 일본에서 건설업의 중요성은 상대적으로 낮아지고 있다. 그러나 사회인프라의 유지·관리는 향후에도 필요한 일이고 그것이 잘못되면 대규모 재해가 발생할지도 모른다. 또한 고속도로와 상하수도의 노후화는 현재에도 진행되고 있기 때문에 단순한 유지·관리만이 아니라 재건설이 필요한 경우도 있을 것이다. 이러한 공공투자는 향후에도 일정 비율로 유지되어야 할 것이므로 그 공사를 담당하는 건설업의 생산성을 향상시키는 것은 일본 경제와 사회는 물론 건설업을 위해서도 중요한 과제이다.

※ 감사의 말씀

본 절을 집필할 때 히토츠바시 대학(一橋大學)의 후카오 교지(深尾京司) 특명교수와 고쿠시칸 대학(國史館 大學)의 아베 다케시(阿部武司) 교수의 귀중한 논평을 받았다. 이에 대해 감사드린다.

참고문헌

建設業情報管理センター(1969~2016),『建設業の経営分析』全47冊, 建設業情報管理センター.

国土交通省(2017b), 「建設工事費デフレーター」(http://www.mlit.go.jp/sogoseisaku/jouhouka/sosei_jouhouka_tk4_000112.html).

国土交通省(建設省)(1970~2016),「建設業許可業者数調査の結果について」.

国土交通省(建設省)(1991~2015),「建設工事施工統計調査」.

国土交通省(建設省)(1996~2014),「建設業の構造分析 — 建設業構造基本調査結果」.

国土交通省総合政策局建設経済統計調査室(2017a),「平成29年度 建設投資見通し」,『全建ジャーナル』第56巻 第8号, 30~36.

近藤誠(2011), 「石油危機後の経済構造調整とグローバリゼーションへの対応(1970年代~84年を中心に)」, 小峰隆夫編, 『日本経済の記録-第2次石油危機への対応からバブル崩壊まで(バブル/デフレ期の日本経済と経済政策1)』, 慶応義熟大学出版会, 1~127(http://www.esri.go.jp/jp/prj/sbubble/history/history_01/analysis_01_01_00_tobira.pdf).

金本良嗣編(1999),『日本の建設産業 — 知られざる巨大業界の謎を解く』, 日本経済新聞社.

金栄愨・深尾京司・牧野達治(2010),「「失われた20年」の構造的原因」,『経済研究』第61巻 第3号, 237~260.

内閣府(2014), 「産業別生産性の動向等について」(http://www5.cao.go.jp/keizai-shimon/kaigi/special/future/wgl/0320/shiryou_02.pdf).

内閣府(2017), 「平成29年度 年次経済財政報告 — 技術革新と働き方革新がもたらす新たな成長」(http://www5.cao.go.jp/j-j/wp/wp-je17/pdf/p00000.pdf).

徳井丞次・牧野達治・深尾京司・宮川努・荒井信幸・新井園枝・乾友彦・川崎一泰・児玉直美・野口尚洋(2013), 「都道府県別産業生産性(R-JIP)データベースの構築と地域間生産性格差の分析」,『経済研究』第64巻 第3号, 218~239.

武藤博道(1984),「自動車産業」, 小宮・奥野・鈴村編(1984), 277~296.

山崎福寿(2014),『日本の都市のなにが問題か』, NTT 出版.

山崎福寿・浅田義久(2008),『都市経済学』, 日本評論社.

山川貴大・神田佑亮・藤井聡(2013), 「公共調達制度の変遷と公益に資する適切な制度設計に関する研究」,『土木計画学研究・講演集』, Vol. 48, 1~13.

山澤逸平(1984),「繊維産業」, 小宮・奥野・鈴村編(1984), 345~367.

小宮隆太郎(1988),『現代日本経済 — マクロ的展開と国際経済関係』, 東京大学出版会.

小宮隆太郎・奥野正寛・鈴村興太郎編(1984),『日本の産業政策』, 東京大学出版会.

新庄浩二(1984),「コンピューター産業」, 小宮・奥野・鈴村編(1984), 297~323.

深尾京司(1996),「国内か海外か — わが国製造業の立地選択に関する実証分析」,『経済研究』第47巻 第1号, 47~63.

深尾京司(2012),『「失われた20年」と日本経済 — 構造的原因と再生への原動力の解明』, 日本経済新聞出版社.

深尾京司(2017), 「サービス産業における価格と生産性の計測」,『ECO-FORUM』第32巻 第3号, 123~133.

深尾京司・宮川努編(2008),『生産性と日本の経済成長 ― JIPデータベースによる産業・企業レベルの実証分析』, 東京大学出版会.

深尾京司・牧野達治・池内健太・權赫旭・金栄愨(2014),「生産性と賃金の企業規模間格差」,『日本労働研究雑誌』, No. 649, 14～29.

深尾京司・天野倫文(2004),『対日直接投資と日本経済』, 日本経済新聞社.

伊藤元重・清野一治(1984),「貿易と直接投資」, 小宮・奥野・鈴村編(1984), 133～157.

伊藤元重・下井直毅(2009),「バブル・デフレ期における日本の通商政策」, 伊藤元重編,『国際環境の変化と日本経済(バブル/デフレ期の日本経済と経済政策　分析・評価編3)』, 慶応義塾大学出版会, 89～122(http://www.esri.go.jp/jp/others/kanko_sbubble/analysis_03_03.pdf).

日本興業銀行(1981),「レポート: 日米経済摩擦(上・下)」,『興銀調査』, No. 207, 2～149, No. 208, 2～92.

佐藤泰裕(2014),『都市・地域経済学への招待状』, 有斐閣.

中小企業庁(2017),「平成29年度　中小企業者に関する国等の契約の基本方針」(http://www.chusho.meti.go.jp/keiei/torihiki/2017/170801houshin2.pdf).

中小企業庁編(2017),「官公需契約の手引き ― 施策の概要　平成29年度版」(http://www.chusho.meti.go.jp/keiei/torihiki/kankouju/tebiki/13100725fytebiki.pdf).

池内健太・深尾京司・鄉古浩道・金栄愨・權赫旭(2015),「取引関係のオープン化が日本の自動車部品産業の生産性に与えた影響の分析」, RIETI Discussion Paper Series, 15-J-017.

清田耕造(2016),『日本の比較優位 ― 国際貿易の変遷と源泉』, 慶應義塾大学出版会.

総務省(総理府・総務庁)統計局(1951～2006),「事業所・企業統計調査」.

総務省統計局(2009～2014),「経済センサス ― 基礎調査」.

樋口美雄(1994),「大学教育と所得分配」, 石川経夫編,『日本の所得と富の分配』, 東京大学出版会.

平野創(2016),『日本の石油化学産業 ― 勃興・構造不況から再成長へ』, 名古屋大学出版会.

玄田有史(1996),「「資質」か「訓練」か? ― 規模間賃金格差の能力差説」,『日本労働研究雑誌』第430号, 17～29.

Abe, Takeshi (2015), "The 'Japan problem': The trade conflict between the European countries and Japan in the last quarter of the 20th century," *Entreprises et histoire*, No. 80, pp. 13~35.

Ahn, Sanghoon, Kyoji Fukao, Younggak Kim, and Hyeog Ug Kwon (2012), "Productivity dynamics: A comparison of the manufacturing sector in Korea and Japan," Powerpoint presented at the Korea-Japan Workshop on Productivity, Seoul National University, Seoul, Korea, December 7, 2012.

Baldwin, Richard E. (2016), *The Great Convergence: Information Technology and the New Globalization*, Cambridge (MA): Belknap Press of Harvard University Press.

Beason, Richard and David E. Weinstein (1996), "Growth, economies of scale, and targeting in Japan (1955-1990)," *The Review of Economics and Statistics*, Vol. 78, No. 2, pp. 286~295.

Branstetter, Lee G. and Mariko Sakakibara (2002), "When do research consortia work well and why?: Evidence from Japanese panel data," *American Economic Review*, Vol. 92, No. 1, pp. 143~159.

Branstetter, Lee G., Matej Drev, and Namho Kwon (2015), "Get with the program: Software-driven innovation in traditional manufacturing," NBER Working Paper, No. 21752.

Clark Kim B., W. Bruce Chew, and Takahiro Fujimoto (1987), "Product development in the world auto industry," *Brookings Papers on Economic Activity*, Vol. 18, Issue 3, Special Issue on Microeconomics, pp. 729~781.

Fukao, Kyoji and Hyeog Ug Kwon (2006), "Why did Japan's TFP growth slow down in the lost decade?: An empirical analysis based on firm-level data of manufacturing firms," *The Japanese Economic Review*, Vol. 57, Issue 2, pp. 195~228.

Fukao, Kyoji and Tangjun Yuan (2009), "Why is Japan so heavily affected by the global economic crisis?" An analysis based on the Asian international input-output tables," *Vox EU*, 07 June (http://voxeu.org/article/why-has-japan-been-so-hard-bit-global-crisis).

Fukao, Kyoji, René Belderbos, Kenta Ikeuchi, Young Gak Kim, and Hyeog Ug Kwon (2016), "Public and private R&D spillovers and productivity at the plant level: Technological and geographic proximity," international association for research in income and wealth ドレスデソ総会 (2016年 8月 21~27日)における 報告論文 (http://www. iariw.org/dresden/fukao.pdf).

Graaf, Bas, Macro Lormans, and Hans Toetenel (2003), "Embedded software engineering: The state of the practice," *IEEE Software*, Vol. 20, No. 6, pp. 61~69.

Hanushek, Eric A. and Ludger Woessmann (2012), "Do better schools lead to more growth?: Cognitive skills, economic outcomes, and causation," *Journal of Economic Growth*, Vol. 17, Issue 4, pp. 267~321.

Irwin, Douglas A. (1996), "The U.S.-Japan semiconductor trade conflict," in Krueger (ed.) (1996), pp. 5~14.

Jorgenson, Dale W., Kyoji Fukao, and Marcel P. Timmer (eds.) (2016), *The World Economy: Growth or Stagnation?* Cambridge (UK): Cambridge University Press.

Jorgenson, Dale W., Kyoji Nomura, and Jon D. Samuels (2016), "A half century of trans-Pacific competition: Price level indices and productivity gaps for Japanese and U. S. industries, 1955-2012," in Jorgenson, Fukao, and Timmer (eds.) (2016), pp. 469~507.

Krueger, Anne O. (ed.) (1996), *The Political Economy of Trade Protection*, Chicago: University Chicago Press.

Kushida, Kenji E. (2015), "The politics of commoditization in global ICT industries: A political economy explanation of the rise of Apple, Google, and industry disruptors," *Journal of Industry, Competition and Trade*, Vol. 15, Issue 1, pp. 49~67.

Linden, Greg, Clair Brown, and Melissa M. Appleyard (2003), "The semiconductor industry's role in the net world order," Institute for Research on Labor and Employment (IRLE) Working Paper, No. 94-03, Berkeley: University of California (http://irle.berkeley.edu/workingpapers/94-03.pdf).

Nelson, Douglas R. (1996), "Making sense of the 1981 automobile VER: Economics, politics, and the political economy of protection," in Krueger (ed.) (1996), pp. 35~42.

OECD (2017), *Science, Technology and Industry Scoreboard 2017*, Paris, OECD.

OECD (The Organisation for Economic Co-operation and Development) (2016), *Entrepreneurship at a Glance 2016*, Paris, OECD.

Romalis, John (2004), "Factor proportions and the structure of commodity trade," *American Economic Review*, Vol. 94, No. 1, pp. 67~97.

Saxonhouse, Gary R. (1983), "What is all this about 'Industrial Targeting' in Japan?" *The World Economy*, Vol. 6, Issue 3, pp. 253~274.

Timmer, Marcel P., Bart Los, and Gaaitzen J. de Vries (2016), "The rise of global manufacturing value chains: A new perspective based on the world input-output detabase," in Jorgenson, Fukao, and Timmer (eds.) (2016), pp. 535~563.

제5장 상업과 서비스

서비스산업의 전개와 정책

제1절 서비스경제화의 가속과 다양화

제2절 무역수지 흑자와 해외직접투자의 진전

제3절 운수와 지역경제

서비스산업으로의 수요 이동과 낮은 생산성 상승에 의한 상대 가격 상승으로 인해 서비스산업이 GDP에서 차지하는 비율은 1970년대 초 50% 남짓에서 2010년대에는 70%를 초과할 정도로 커졌다. 그 사이 유통업과 음식업에서 사업장 규모가 확대되고, 의료 등 전문직 서비스, 기업의 생산활동을 청부하는 대(對)사업장 서비스, 정보통신업이 급성장하였다. 또한 집적의 이익이 생산성을 좌우하는 서비스업의 확대는 경제활동을 대도시에 집중시켰다. 이와 더불어 고속도로망, 항공노선망과 국제허브공항의 정비가 도쿄 일극 집중을 가속화하였다. 고도성장 종언 후 투자 부진에 의한 국내 수요 부족은 무역 흑자 확대로 메꾸었지만 교역조건 악화는 계속되었다. 1980년대 이후 진행된 생산의 해외 이전과 국제적인 공정 간 분업에 의해 북미 및 유럽으로의 최종제품 수출 증가세는 멈추었고, 일본은 동아시아에서 확대된 일본계 기업 등의 생산 네트워크에 기간(基幹) 부품과 자본재를 공급하는 나라로 전환되었다. 한편, 서비스무역은 여전히 적자이고 그 동향이 주목되고 있다.

후카오 교지(深尾京司) · 나카무라 쇼지(中村尚史) · 나카바야시 마사키(中林眞幸)

제1절 서비스경제화의 가속과 다양화

본 절에서는 고도성장기가 끝난 1970년대 전반부터 현재에 이르기까지 서비스산업의 동향을 해설한다. 20세기 초 이후 일본의 산업구조 변화를 조감해 보면, 서비스경제화는 3개 국면으로 나누어 볼 수 있다. 공업화와 서비스경제화가 병행하여 진행되었던 70년경까지의 제1국면(본 강좌 제5권『현대1』참조)에 이어 서비스경제화의 제2 및 제3 국면을 다룬다.[1]

제2국면은 고도성장기에 비해 경제성장률이 대폭 둔화되었지만 일본 거시경제의 성과가 다른 주요국보다 양호하였던 1970년대부터 90년경까지의 시기이다. 산업구조 면에서 제조업의 GDP 비중이 정점에 도달하였고 서비스산업의 비중이 가속적으로 확대되었던 국면이다.

제3국면은 버블 붕괴 후 '잃어버린 20년'에 들어가면서 경제성장률이 한 단계 더 하락하고 경제구조개혁을 위한 규제개혁을 필두로 다양한 시행착오가 행해졌던 시대이다. 서비스산업에 국한하여 말한다면, IT혁명으로 대표되는 기술혁신의 응용, 서비스산업을 대상으로 하는 공적 규제의 완화 등을 배경으로 다양하고 새로운 서비스업종이 탄생하고 성장하였다. 또한 경제의 글로벌화가 심화되고, 제조업의 해외 전개가 진행됨과 동시에 서비스무역도 확대되었던 시기이기도 하였다. 서비스산업의 비중 확대 경향은 한 단계 더 가속화되었고 일본경제 전체의 성과를 규정하게 되었다. 서비스산업 중에서도 ① 정보서비스업으로 대표되는 것으로 다른 기업에 중간 투입되는 사업서비스, ② 개인용 서비스 중에서 의료·건강과 사회보장 관련 서비스업종의 성장이 현

1 본 절이 근거하는 연구는 科學研究費補助金(26285063, 16H06322)의 지원을 받았다.

저하였다. 반면에 인구 감소와 경제 전체의 저성장하에서 음식점, 여관, 골프장 등 몇몇 서비스업종은 한계에 도달하거나 또는 감소세로 전환하는 등 서비스업종 간의 신진대사가 일어났다.

이하 본 절에서는 원칙적으로 '서비스산업', 즉 제3차 산업 전체의 동향과 관련된 정책을 개관한다. 다만 교육·의료·복지 등 공공서비스, 금융업, 운수업 등은 별도의 장과 절에서 상세하게 논할 것이므로 개별 업종을 다룰 때는 주로 도매업·소매업, (협의의) 서비스업, 정보통신업에 초점을 맞춘다.[2]

1. 서비스경제화의 동향과 구조 변화

서비스산업의 동향

가장 먼저 「국민경제계산」의 데이터에 기초하여 1955년 이후 최근까지 산업구조의 변화를 개관한다. 고도성장기 내내 제조업의 명목부가가치 금액의 비중은 상승하기도 하고 하락하기도 하였지만 기조적으로는 증가세를 지속하였고 70년 32%로 정점을 찍었다. 그 후 제조업 비중은 점차 감소하였고, 2010년대에는 20%에도 미치지 못한다. 한편, 서비스산업의 비중은 1970년대 초에 이미 55%가량 되어 경제의 과반을 차지하였지만 2010년대에는 74%까지 확대되었다. 1970년경까지는 농림수산업의 비중이 하락하면서 제조업과 서비스산업의 비중이 함께 증가하였다면 그 이후에는 서비스산업의 확대가 제조업 비중을 축소시키는 양상이 전개되면서 '탈공업화'의 시대에 돌입하였다. 협의의

2 본 절에서 말하는 '(협의의) 서비스업'은 다음과 같이 정의한다. 2002년 개정 전 일본 표준산업분류에서는 서비스업(대분류)에 해당된다. 또한 현재의 일본 표준산업분류에서는 '학술연구, 전문·기술서비스업', '숙박업, 음식서비스업', '생활 관련 서비스업, 오락업', '교육, 학습지원업', '의료·복지', '복합서비스업', '서비스업(기타)'에 해당된다.

서비스업 비중으로 보아도 70년대 초에는 12% 정도였지만 2001년에는 제조업 비중을 처음으로 넘어섰고 2010년대 초에는 22%에 이르렀다.

「국세(國勢)조사」 데이터에 근거한 취업구조를 보아도 비슷한 패턴을 확인할 수 있다. 1975년에는 제3차 산업의 취업자 비중이 과반을 차지하고 2010년에는 70%를 넘었다. 1970~75년에는 건설업 취업자가 증가하였기 때문에 제2차 산업 취업자 비중의 정점은 – GDP 대비 비중의 정점보다는 조금 늦은 – 1975년이다. 하여간 그 후에는 제2차 산업의 취업자 비중이 점차 감소하였다. 업종별로 보면 서비스직업 종사자는 50년의 3.3%에서 70년의 6.1%로 조금씩 증가하였지만 2010년에는 무려 11.5%까지 증가하였다. 또한 기업 내 서비스 생산활동과 제휴된 전문적·기술적 직업 종사자, 사무종사자의 비율도 높아지고 있다.

1970년대 초 제조업 비중이 정점에 도달한 후 하락하였고 서비스경제화가 가속되었던 것은 대체로 국제표준에 부합한다. 산업구조 변화에 관한 최근의 문헌조사 논문인 Herrendorf et al.(2014)는 일본을 포함한 선진 10개국을 대상으로 19세기 이후 초장기로 산업구조 변화를 비교할 때, 모든 나라에서 공통적으로 나타나는 현상은 서비스산업의 비중이 꾸준히 상승한다는 점, 그리고 특히 제조업 비중이 하락하기 시작할 때 서비스산업의 비중 증가 속도가 빨라진다는 점을 지적하고 있다. 제조업의 비중이 하락하기 시작하는 것은 1인당 GDP가 약 8,000달러(1990년 가격)를 넘어섰을 때라고 서술하고 있다. 일본의 1인당 GDP가 이 수준에 도달한 것은 66년경이므로 제조업 비중의 정점은 국제표준보다는 몇 년 늦었다고 할 수 있다. 또한 이 소득수준을 넘어선 후에도 북미 및 유럽 주요국에 비해 일본의 서비스산업 비중은 조금 낮고 제조업 비중은 조금 높다.

서비스산업 내의 구조 변화

본서의 대상인 1970년대 이후의 기간은 '일본산업생산성(JIP) 데이터베이스'의 산업별 데이터를 이용할 수 있기 때문에 비교적 상세한 분류에서 서비스산업 내의 구조 변화를 개관할 수 있다. 1973~2010년 명목산출 비중의 변화를 보면 기타 대사업소 서비스(2.3% 포인트 증가), 의료(민간)(1.8% 포인트 증가), 정보서비스업(1.6% 포인트 증가), 음식점(1.0% 포인트 증가) 등 비중이 증가하였다. 서비스산업 중에서 비중이 줄어든 업종은 적은데, 수운업, 자동차정비·수리업, 출판·신문업의 비중이 조금 줄어들었다.

이 데이터베이스에서 같은 기간 취업자 수의 증가율(연율)을 보면 정보서비스업 8.5%, 업무용 물품 임대업 5.0%, 기타 영상·음성·문자정보 제작업 4.8%, 기타 대사업소 서비스 4.4%, 의료(민간) 4.3% 등은 높은 증가율을 보인 반면 수운업, 철도업 등 취업자 수가 감소한 서비스업종도 몇몇 있었다. 노동시간을 감안한 인·시(Man·hour)의 노동투입량 변화를 보아도 비슷한 패턴을 관찰할 수 있다.

종합해서 말하면, 생산액, 취업자 수 어느 것을 이용해도 정보서비스업을 필두로 대사업소 서비스업의 성장이 눈에 띈다. 이들 서비스는 산업연관 속에서 중간 투입되는 서비스이고, 종래에는 기업 내에서 이루어졌던 생산활동을 타사에 아웃소싱하는 현상, 또는 경제가 글로벌화됨에 따라 생산공정이 세분화되는 현상이 이러한 업종의 성장과 관련되어 있다고 생각된다. 실제로 「산업연관표」로부터 제조업에 대한 서비스의 중간 투입 비율을 보면, 1970년에 13%이었던 것이 2000년에는 27%로 2배나 증가하였다. 외부로부터 조달된 서비스가 증가하였음을 알 수 있다.

이 기간을 통해 다양하고 새로운 서비스업종이 등장하였는데 이것이 산업분류에 큰 영향을 주었다. 1970년대부터 80년대에 걸쳐 이미 정보서비스업(72년), 계량증명업(76년), 경비업(84년)이라는 업종이 일본 표준산업분류의 소분류 항목으로 신설되었다. 가장 큰 변화는 2002년 대분류 수준에서 서비스산업이 대폭 재편된 것이다. 정보통신업, 의료·복지, 교육·학습지원업, 음식점·숙박업, 복합서비스사업이라는 대분류가 신설되었다. 그때까지는 이들 다양한 업종이 협의의 서비스업에 포함되었지만 신설된 대분류로 재편되었다.

더욱이 2007년에는 운수업·우편업, 부동산업·물품임대업, 학술연구·전문·기술서비스업, 생활 관련 서비스업·오락업이 대분류 수준에서 신설되었다. 거대해진 서비스업의 분류 재편은 이전부터 과제였지만 이 두 번에 걸친 대규모 변경을 통해 현재의 분류에 이르게 되었다. 또한 세분류 수준에서 신설된 업종을 보면, 여가·건강 관련, 인터넷 관련 신규 서비스나 드러그스토어(drugstore), 홈센터, 무점포 소매업 등 새롭게 나타난 다양한 서비스업종이 하나의 항목으로 등장·성장하였음을 알 수 있다.

소매업 · 도매업의 동향

소매업 내부에서도 슈퍼마켓과 드러그스토어의 확대, 편의점의 등장·성장 등 큰 구조 변화가 진행되었다. 1972년 슈퍼의 총매출액이 백화점을 넘어섰는데, 다이에이가 백화점의 거인 미쓰코시(三越)를 넘어선 것도 이 해였다. 편의점이 등장한 것도 비슷한 시기인데, 74년 세븐일레븐, 75년 로손, 78년 패밀리마트가 개점하여 프랜차이즈 체인방식이 급격히 확대되었다.

「상업통계」에 기초하여 1972~2007년 동안의 성장 업종과 쇠퇴 업종을 예시한 것이 [그림 5-1]이다(숫자는 종업자 수의 증감). 기타 음식료품 소매업(편의점 등), 각종 식료품 소매업(식품 슈퍼 등), 의료품·화장품 소매업(드러그스토어, 조제

[그림 5-1] 소매업의 구조 변화(종업자 수의 증감)

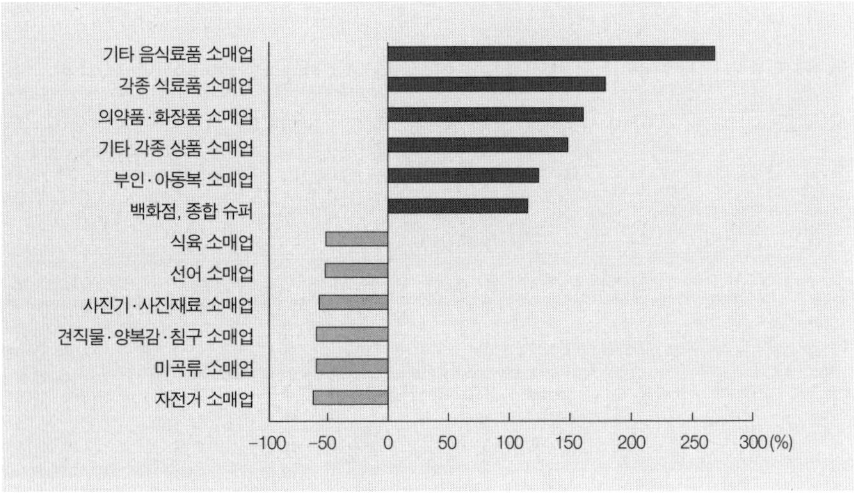

출전: 경제산업성, 「상업통계」(1972~2007)에 근거하여 작성.

약국 등), 기타 각종 상품 소매업(미니 슈퍼 등)이 크게 성장하였다. 1972년과 2007년 점포당 종업자 수를 비교하면, 소매업 전체로는 3.4명에서 6.7명으로 증가하였다. 업종·업태를 가리지 않고 평균 점포 규모의 확대 추세가 보이지만 특히 두드러진 것은 각종 식료품 소매업이다. 이 업종의 경우 사업장 수는 대폭 줄어들었지만 종업자 수는 대폭 증가하여 점포당 종업자 수는 평균 3.7명에서 25.3명으로 약 7배나 늘어 명실공히 대규모화되었다.

대조적으로 자전거 소매업, 미곡류 소매업, 견직물(吳服)·양복감(服地)·침구 소매업, 사진기·사진재료 소매업, 선어 소매업, 식육 소매업 등 특정 품목을 취급하는 소매점은 사업장 수와 취업자 수 모두 50% 이상 감소하고 있다. 이들 업태의 평균 점포 규모는 조금씩 커지고 있지만 영세 소매점이라는 특징은 바뀌지 않았다. 또한 소매점에서 개인사업소의 비율은 1972년 82%에서

2007년 50%로 하락의 길을 걸었다. 다만 이러한 구조 변화는 미국에서도 비슷하게 나타났던 것이고 일본만의 고유한 현상은 아니다.

도매업의 사업소 수는 1972년 26만 개에서 91년 46만 개, 종업자 수는 301만 명에서 471만 명으로 성장하였지만 이 해에 정점에 도달한 후 사업소 수와 종업자 수는 감소세로 반전되었다. 즉, 2007년에는 각각 33만 사업소, 353만 명으로 줄어들었다. 업종별로는 섬유·의복 등 도매업의 비중이 감소하는 반면 기계기구 도매업의 비중은 증가하였다. 하지만 음식료품 도매업, 건축자재·광물·금속재료 등 도매업, 기타 도매업은 종업자 수가 도매업 전체의 20% 정도를 유지하고 있어서 소매업과 같은 극단적인 구조 변화를 겪지는 않았다.

도매업은 소매업과 달리 본래부터 개인사업소의 비율이 낮은 편이지만(1972년 38%), 2007년에는 18%까지 떨어졌다. 도매업 전체의 평균 사업소 규모는 놀랍게도 안정적인데, 사업소당 종업자 수는 1972년 11.6명, 2007년 10.5명이었다.

음식점과 기타 서비스산업

가계의 외식비는 소비지출 전체보다 더 높은 증가세를 지속하였는데, 근로자 세대의 외식비가 소비지출에서 차지하는 비율은 1973년 3.2%에서 2010년 4.5%로 늘어났다(「가계조사」). 소득수준의 상승뿐만 아니라 1인 가구의 증가 또는 라이프 사이클의 변화와도 관련이 있는 것으로 보인다. 1970년대 초부터 스카이락(70년), 로얄 호스트(71년), 데니스(74년) 등 패밀리 레스토랑이 등장하였고, 71년 맥도날드 제1호점이 긴자에서 개점하는 등 소매업과 마찬가지로 체인형의 다점포 전개가 확대되었다. 2007년 라면점, 야키니쿠점, 햄버거점, 오노미야키·야키소바·타코야키점이 산업분류로 개설되는 등 음식점의 다양성이 크게 확대되었다.

그러나 버블 붕괴 후에는 음식점의 성장 국면에도 변화가 생기기 시작하였다.[3] 음식점 수는 1972년 51만 개에서 91년 85만 개로 증가하였지만 그 후에는 점차 감소하여 2009년에는 67만 개까지 줄었다. 유흥음식점을 제외한 일반음식점으로 한정하면, 음식점 수의 정점은 1986년으로 조금 더 빠르다. 다른 한편 음식점의 총종업자 수는 계속 증가하여 72년 206만 명, 91년 387만 명, 2001년 429만 명, 2009년 442만 명에 이르고 있다. 이 결과 소매업과 마찬가지로 평균 사업소 규모는 확대 추세에 있음을 알 수 있는데, 1972년 4.0명에서 2009년 6.6명으로 증가하였다. 다만 자세히 살펴보면, 1980년대까지는 평균 규모의 확대 경향이 나타나지 않았고 90년대 이후에야 평균 규모의 확대가 나타나기 시작하였다. 한편, 총사업소 수의 감소는 주로 영세 음식점을 중심으로 나타났다고 생각된다.

관광·오락 관련 서비스업을 보면, 여관 수는 1980년까지, 여객실 수는 시설의 대형화에 따라 87년까지 둘 다 증가하였지만 그 이후에는 감소 추세로 바뀌었다. 온천 숙박자는 연(延)인원 기준으로 75년 1,215만 명에서 92년 1,432만 명으로 점차 증가하였는데, 그 이후에는 거의 변화가 없거나 아주 조금 감소하는 추이를 보이고 있다. 온천 숙박시설 수도 95년 정점을 찍은 후 감소하였다.

골프장의 연간 이용자 수는 버블경제 시기까지 계속해서 증가하였다. 하지만 1992년 정점에 도달한 후 2002년경부터 감소세로 전환되었다.[4] 그나마 골프장 이용자 수의 감소세 전환은 조금 늦은 편이다. 마작클럽, 바·카바레, 나이트클럽, 테니스장, 볼링장, 골프연습장 등은 1990년대 이후 감소 경향이 현

3 음식점의 사업소 수, 종업자 수는 2006년까지는 「사업소·기업통계 조사」, 그 이후에는 「경제센서스-기초조사」 및 「경제센서스-활동조사」에 의한 것이다.

4 사단법인 일본 골프장 경영자 협회(2014년까지는 일본 골프장 사업협회) 자료에 근거한다.

저하다. 다른 한편 최근에는 피트니스클럽이 급성장하고 있는데, 93년 J리그가 출범하는 등 스포츠 관련 서비스업 내에서 구조 변화가 나타나고 있다. 또한 게임 소프트웨어업, 스포츠·건강교수업, 릴랙세이션(relaxation)업이라는 새로운 여가·오락 계열의 서비스업종이 등장하고 있다. 종합해 보면, 여가활동의 다양화가 진행 중이고 관광·오락 계열 서비스의 구조 변화가 계속되고 있다. 특히 버블경제 시기부터 90년대 전반을 거치면서 성장 업종이 크게 교체되었다는 인상을 강하게 받는다.

이상에서 말한 것 이외에 「사업소·기업 통계」 및 「경제센서스」로부터 90년대 중반 이후 종업자 수의 신장이 큰 서비스업종을 골라보면, 노인복지사업, 아동복지사업, 보육소, 요술업(療術業), 일반진료소, 병원 등 의료·복지 관련 사업이 눈에 띈다. 의료 분야의 경우 직종별로 73년과 2010년의 수치를 비교해 보면, 의사 수는 13만 명에서 30만 명, 치과의사 수는 4만 명에서 10만 명, 약제사 수는 9만 명에서 29만 명으로 크게 증가하였다. 간호사 수(간호사와 준간호사의 합계)는 32만 명에서 132만 명으로 증가하였다.[5]

IT 관련 서비스의 경우 1970년대 시작된 「특정 서비스산업 실태조사」를 보면, 1973~2005년 동안 정보서비스업의 사업소 수는 6.2배, 종업자 수는 11.3배 급증하였다.[6] 다만 1991년까지는 성장률이 극히 높았던 반면에 이후에는 조금씩 증가하는 추이를 보이고 있다. 정보처리서비스업, 정보제공서비스업과 비교할 때, 소프트웨어업의 신장세는 두드러져서 연평균 10%를 넘는 성장을 거두었다. 전수조사인 「국세(國勢)조사」로부터 IT 기술자의 수를 보아도 1970년

5 수치는 「의사·치과의사·약제사 조사」 및 「위생행정보고례」에 근거한다.

6 「특정서비스산업 실태조사」는 2006년 조사부터 모집단 명부를 기존의 업계 단체 명부에서 「사업소·기업 통계」 명부로 변경하였기 때문에 05년과 06년 사이에는 불연속성이 있다.

17만 명에서 2000년 113만 명으로 대폭 증가하였음을 알 수 있다.

이 밖에 경비업의 급성장도 주목할 만하다. 1973년부터 2005년까지 경비업자 수는 1,187명에서 9,266명으로 약 8배, 경비원 수는 5만 명에서 48만 명으로 증가하였다. 향후에도 서비스산업에서는 새로운 산업이 차차 등장할 것이고 서비스업 내에서도 구조 변화가 계속될 것으로 생각된다.

2. 서비스경제화의 메커니즘

서비스경제화의 요인

전 항에서 살펴본 대로 1970년대 이후 제조업의 비중이 낮아짐에 따라 서비스산업의 비중은 가속적으로 확대되었다. 그 배경이 되는 기본 메커니즘은 서비스 수요의 소득탄력성이 높다는 점, 제조업에 비해서 서비스산업의 생산성 상승률이 낮다는 점, 결과적으로 서비스의 상대 가격이 상승한다는 점이다(Schettkat and Yocarini, 2006; 森川, 2014, 2016). 이에 덧붙여, 여성의 노동참가율 상승과 1인 세대의 증가에 따른 가계 내 서비스 생산의 시장화, 기업 내 서비스 생산활동의 아웃소싱 등도 서비스산업의 비중 확대 요인으로 작동하였음을 통계상으로 관측할 수 있다.

이러한 이론적 모형이 일본경제의 서비스화를 설명하는데 타당한가 여부를 확인해 보고 싶다. 우선 수요 측 요인으로 가계의 소득수준과 서비스 소비 비중의 관계를 보면, ① 1970년대 들어 소득 증가와 서비스 소비 비중의 증가가 강한 상관관계를 가졌다는 점, ② 그러나 90년대 중반 이후 실질소득이 증가하지 않는 가운데 서비스 지출 비중이 상승하였다는 점을 알 수 있다([그림 5-2]). 따라서 '잃어버린 20년', 특히 금융위기를 거치면서 실업률이 상승하였다는

[그림 5-2] 가구 소득수준과 서비스 소비 비율

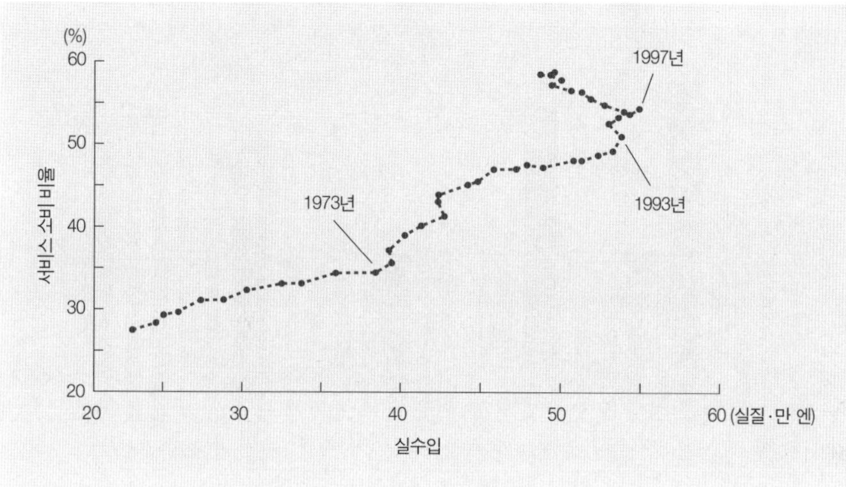

출전: 총무성, 「가계조사」(1963~2010)에 근거하여 작성한 森川(2016)의 그림을 수정한 것임.

것과 함께 디플레이션이 정착한 90년대 후반 이후 고령화, 여성의 노동참가율 상승, 가구 규모의 축소, 신흥국으로부터의 저렴한 공업제품 수입에 의한 소비재의 상대 가격 하락 등 다양한 요인이 소비의 서비스화와 관련되어 있음을 시사한다.

한편, 공급 측 요인은 다음과 같다. 「JIP 데이터베이스」에 기초한 생산성 상승률을 비교해 보면, 시기를 불문하고 서비스산업(제3차 산업)의 총요소생산성(TFP) 상승률은 제조업에 비해 낮았다([그림 5-3]). 1970~2012년 연평균 상승률을 보면, 제조업은 3.2%이었던 데 비해 서비스산업은 1.1%이었다. 노동에서 기계로의 대체 등 자본장비율 향상의 기여를 포함한 노동생산성 상승률로 보아도 결과는 비슷하다. 1990년대 이후 일본경제 전체의 생산성 상승률은 크게 둔화되었는데, 그럼에도 불구하고 제조업과 서비스산업의 생산성 상승률의 상

[그림 5-3] 제조업과 서비스산업의 생산성 상승률

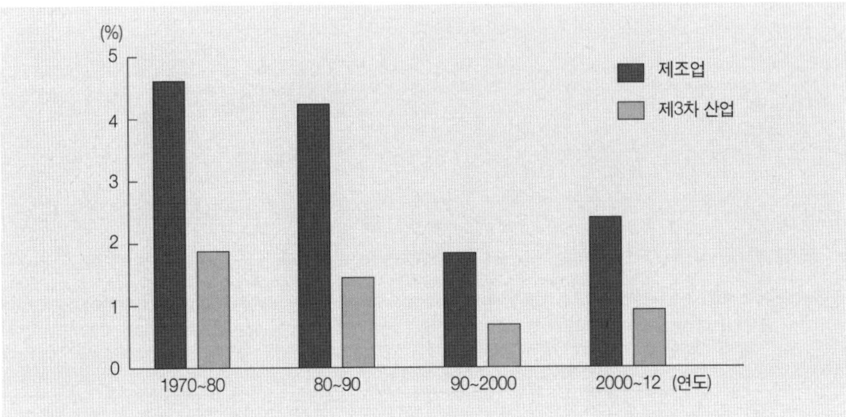

주: 노동 및 자본의 질 향상을 포함한 광의의 부가가치 기준 총요소생산성(TFP) 상승률(연율)을 나타냄.
출전: 「일본산업생산성(JIP) 데이터베이스 2015」(경제산업연구소)에 근거하여 작성한 것임.

대적인 격차는 바뀌지 않았다.

이러한 수요 공급 요인으로 인해 서비스의 상대 가격 상승은 계속되었다. 소비자물가지수의 데이터로부터 1970~2014년 재화와 서비스의 물가지수 동향을 비교해 보면, 공업제품에 비해 서비스물가의 상승률이 높았을 뿐만 아니라 서비스의 상대 가격도 계속 상승하였음을 확인할 수 있다. 연율로 환산하면 공업제품 2.0%에 비해 서비스는 3.2% 상승하였고, 재화에 대한 서비스의 상대 가격은 1970년을 기준연도로 할 때 90년 38%에서 2010년 67%로 높아졌다.

종합하면 다음과 같다. 서비스에 대한 수요 확대와 공급 측 요인으로서 서비스산업의 낮은 생산성 상승률이 맞물리면서 명목부가가치 기준으로 서비스산업의 비중이 증가하였음을 확인할 수 있다. 이는 기본적인 메커니즘이 작동하였음을 의미하는 것이다. 다만 1990년대 후반 이후에는 인구 동태의 변화, 글로벌화 등 다른 요인의 영향이 강하게 작용하였다.

서비스경제화와 '보몰병'

GDP에서 차지하는 서비스산업의 비중이 증가함에도 불구하고 서비스산업의 상대적인 생산성 상승률이 낮다는 특징은 이른바 '보몰병'(Baumol cost disease)과 일맥상통한다. 보몰병이란 생산성 상승률이 높은 제조업과 생산성 상승률이 낮은 서비스업이 병존하는 경제에서, 소득수준이 높아짐에 따라 서비스산업의 비중이 서서히 증가하게 되지만 결과적으로는 장기적 경제성장률의 둔화가 불가피하다는 견해이다. 예를 들어 미국에서 보몰병의 메커니즘은, 20세기 후반(1948~2001년) 경제 전체의 생산성 상승률을 연율 0.5% 포인트 이상 끌어내리는 효과를 가져왔다는 추계가 있다(Nordhaus, 2008).[7]

하지만 서비스산업 중에도 업종에 따라 생산성 상승률의 차이는 큰 편이다. 「JIP 데이터베이스」에 의하면, 가장 TFP 상승률이 높은 전신·전화업은 연율 3.4%이고 도매업 1.9%, 기타 개인서비스업 1.7% 등도 비교적 높은 생산성 상승률을 보이고 있다. 반면에 부동산업, 오락업 등 장기적으로 TFP 상승률이 (–)이었던 업종도 있다.[8] 따라서 서비스산업의 생산성 상승률이 한결같이 낮았던 것은 아니고 업종에 따른 이질성이 컸다는 점에도 주의를 기울여야 한다.

3. 서비스산업 정책의 전개

서비스경제화에 관한 정책 비전

1960년대까지 산업정책의 주요 대상은 제조업, 특히 중화학공업이었고 서

7 다만 1990년대 이후 일본에서는 산업구조 변화가 생산성에 미치는 영향이 제한적이었고, 개별 산업의 생산성 변화가 지배적이었다는 분석 결과가 있다(내각부 편, 2015).

8 1970~2012년 연단위로 환산한 것이다. 이들 수치는 중간 투입의 변화 및 노동·자본의 질 향상을 제외한 총산출 기준의 TFP이다.

비스산업은 시야에서 벗어나 있었다. 그러나 고도성장기가 끝나면서 서비스 산업에 대한 관심이 서서히 고조되었다. 사후적으로 보면, 이 타이밍은 제조업 비중이 정점을 찍고 하강하였던 시기와 거의 일치한다.

효시가 되었던 것은 통상산업성의 소위 「1970년대 비전」(산업구조심의회, 1971)이다. 동 비전은 '산업구조의 지식집약화'를 제창한 것으로 알려져 있다. 이 구상은 21세기에 들어선 현재에도 통용되는 선진적인 사고방식이다. 동 비전은 (1) 연구개발집약산업, (2) 고도조립산업, (3) 패션형 산업, (4) 지식산업의 네 가지를 들었다. 거기에서 언급되는 구체적인 업종 중에서 서비스산업에 속하는 것은 (4)에서 예시된 정보처리서비스, 정보제공서비스, 비디오산업 등 교육 관련, 소프트웨어, 시스템 엔지니어링, 컨설팅이다.

동 비전은 산업구조의 미래 방향에 관하여 「서비스경제화로의 대응」이라는 절에서 따로 논하고 있다. 개인소비와 기업지출 중에서 서비스 관련 지출이 증가할 것임을 예측하였다는 점, 생산성 상승이 용이하지 않아 장기적으로 상대 가격이 등귀할 경향이 있다는 점, 질의 불가측성(不可測性) 또는 생산과 소비의 동시성 때문에 가격 메커니즘의 정상적인 기능을 기대하기 어렵다는 점 등이 지적되었다. 그리고 서비스산업의 생산성 상승, 새로운 서비스 수요의 원활한 산업화가 필요하다는 것, 특히 수요의 신장이 뚜렷한 여가 관련 서비스업이나 기업활동 관련 서비스업이 중시되어야 한다고 제언하고 있다.

「80년대 비전」(산업구조심의회, 1980)도 「서비스경제화의 진전」이라는 절을 구분하여 발전이 기대되는 서비스업종으로 정보산업, 엔지니어링산업, 연구개발서비스업, 광고업, 디자인업, 리스업, 의료·보건·교육, 스포츠 관련 서비스, 문화 관련 서비스, 변호사·공인회계사·변리사 등 전문서비스업을 예시하고 있다. 그리고 구체적인 시책으로 서비스의 생산성 및 품질 향상, 기술개발의 촉진, 공공적 서비스의 산업화, 지역적 특성을 살린 서비스의 육성을 들고 있다. 이들 다수는 21세기 이후 현재에도 정부의 경제성장 전략에서 중시되는 이슈이고 오랜 시간 미해결 정책과제로 남아 있다고 말할 수 있다.

그 후 「90년대 비전」(통상산업성 편, 1990)도 "90년대에도 취업자 수 등의 면에서 높은 성장을 보일 것으로 요망되는 서비스산업의 노동생산성 향상을 꾀한다", "서비스시장의 육성과 확대를 추진한다"고 서술하고 있다. 유통산업 이외에 (1) 정보서비스업, 리스업 등 산업지원서비스업, (2) 고령자 요양 서비스, 육아·가사 등 여성 지원 서비스, (3) 스포츠산업, 생애학습 관련 산업, 문화 관련 산업 등 여가서비스를 지목하여 시책의 방향을 논하고 있다.

최근 「신경제성장전략」(2006년)은 제조업과 서비스산업을 쌍발 엔진으로 할 필요가 있다고 제언하고, 2007년 「경제재정개혁의 기본 방침」은 서비스 혁신 전략을 경제성장정책의 주축으로 설정하였다. 오늘날에는 서비스산업의 생산성 향상이 성장정책의 중점 과제가 되었다.

서비스정책의 구체적 전개

서비스산업의 소관은 많은 성(省)과 청(廳)에 분산되어 있기 때문에 정책의 전체상을 파악하기는 쉽지 않다. 이하에서는 통상산업성(현재는 경제산업성)을 중심으로 개관하고자 한다. 국(局)·과(課)·실(室)의 성청(省廳) 조직 중에서 정책자원(특히 인원)이 어디에 집중되어 있는가를 이해하는 것이 유용하다. 상업, 특히 소매업을 담당하는 과는 전전의 상공성 시절부터 존재하였다. 또한 전력·가스는 제3차 산업으로 분류되었지만 전전부터 제조업과 더불어 중요 산업이었기 때문에 당연히 이들을 담당하는 기구가 존재하였다.

그러나 통상산업성의 조직 속에 상업이나 에너지 이외의 서비스를 명시적으로 담당하는 조직이 생긴 것은 1973년 – 자원에너지청의 창설을 포함한 대규모 조직 재편이 있었을 때 – 상무과의 소관사무에 '서비스업'이 들어갔을 때가 처음이었다. 그 후 상무·서비스산업실(78년), 서비스산업관(84년), 서비스산업과(91년)가 설치되었다. 그리고 2001년 중앙 성청 재편에 따라 경제산업성으로 옮겨진 후 상무정보정책국이 설치되었고 산하에 서비스정책과, 서비스산업과, 문화정보 관련 산업과가 설치되었다(石原 편저, 2011). 서비스산업의 경제적 위치가 크다는 점을 감안하면, 통상산업성에서 서비스 행정기구가 정비된 것은 다소 늦었고 정책자원의 배분도 제한적이었다.[9]

다만 정보서비스업은 예외였는데, 중공업국 산하에 1969년 전자정책과, 70년 정보처리진흥과가 설치되어 있었다. 그리고 73년 대기구 개혁을 할 때 기계공업과 함께 정보산업을 담당하는 기계정보산업국이 설치되었다.

통상산업성에는 다음 해의 예산·재정투융자·세제·법안을 논의하는 '신정책'이라는 프로세스가 있었는데, 보통 예산 편성 요구에 앞서 8월에 다음 연도의 신정책의 중점을 정리한다. 이 '신정책'의 주요 항목 속에 서비스산업이 등장한 것은 1979년의 신정책이 처음이었다. '중소기업정책'이라는 주요 항목하에 '중소 서비스업 진흥정책의 추진'이라는 언급이 나타났고, 그 후 비슷한 내용이 몇 년간 포함되었다. 86년에는 '국민생활'이라는 주요 항목하에 '서비스산업 고도화', 87년에는 '산업의 뉴프런티어 확대'라는 주요 항목하에 '서비스경제화에 대한 적확한 대응'이라는 항목이 포함되었다. 그러나 앞서 서술한 「70년대 비전」, 「80년대 비전」과 비교하면, 구체적인 정책으로서의 우선순위가 반드시 높아졌다고 보기는 어렵다. '신정책'의 몇 개 주요 항목 중 하나로

9 상업에 관해서는 1988년 상무유통심의관이라는 국장급 직책이 신설되어 체제를 강화하였다.

서비스산업이 등장하였던 것은 경제산업성으로 이동한 다음이며, 2007년 신정책에서 비로소 'IT와 서비스산업의 혁신'이라는 주요 항목이 등장하였다. 거기에서 제시된 시책의 구체적인 내용은 '서비스산업 생산성 향상 운동의 전개' 등 「신경제성장전략」(2006년)에 대응하는 것이었다.

비교적 일찍부터 구체적인 조치가 취해진 쪽은 서비스 통계를 충실하게 정비하는 것이었다. 1973년 연차 구조 통계인 「특정 서비스업 실태조사」(현재는 「특정 서비스산업 실태조사」)가 시작되었고, 지식집약도가 높은 전문서비스업에 중점을 두고, 물품임대업, 정보서비스업, 광고업, 디자인업, 컨설턴트업 등 5개에 대한 실태조사가 이루어졌다. 76년부터 영화관, 골프장 등 여가 관련 산업이 추가되었고, 그 후에도 대상 업종이 확대되어 왔다. 또한 제조업의 경우 월차 동태 통계인 「생산 동태 통계」, 「광공업 생산 지수」가 본래부터 있었지만 74년부터는 「제3차 산업 활동 지수」의 개발이 진행되어 78년 공표되기에 이른다. 서비스산업에 관한 통계는 – 상업 및 규제 업종을 대상으로 하는 업무 통계를 제외하면 – 제조업에 비해서 크게 늦은 편이었으므로 서비스산업의 실태 파악에서 시작한 것은 적절하였다고 말할 수 있다.

지식집약형 서비스산업을 대상으로 한 진흥형 정책으로 특히 중시되었던 것은 정보서비스업이었다. 1978년에는 기정법(機情法: 특정 기계 정보산업 진흥 임시조치법)이 통과되어 정보산업이 산업정책에 의한 진흥 대상에 포함되었다. 이에 앞서 70년대에는 정보처리 촉진에 관한 법률이 책정되었고, 동 법에 기초하여 정보처리진흥사업협회(IPA)가 설립되었으며, 프로그램의 개발·보급, 소프트웨어 기술자의 육성 등 정보서비스업의 진흥을 추진하였다(長谷川 편저, 2013). 동 협회는 2004년 독립 행정법인인 정보처리 추진기구로 개조되어 현재에도 IT 인재의 육성, 정보보호(security) 대책 등을 담당하고 있다. 또한 연구개발에서는 1982년부터 10년 넘게 제5세대 컴퓨터 개발 프로젝트가 진행되었는데, 이 프로젝트에서는 하드웨어만이 아니라 새로운 OS(operating system) 등 소프트웨어 개발이 중요한 위치를 차지하고 있다. 한편, 소프트웨어 생산 공업화 시스템(시그마 시스템)의 개발도 85년에 착수하였다.

정보서비스산업은 통신업과 인접 · 중복되는 산업 분야이기 때문에 정보처리의 소관 부처인 통상산업성과 통신의 소관 부처인 우정성(현재는 총무성) 사이에 종종 격렬한 권한 다툼이 일어나곤 하였다. 그러던 중 통신업 분야에서는 1985년 전전공사(電電公社)의 민영화, 전기통신사업법에 의한 신규 진입 규제의 해제가 이루어졌다. 이렇게 하여 1980년대 후반 이후 다양하고 새로운 정보서비스업이 탄생·성장할 여지가 넓어졌다. 현재에 이르기까지 정부 전체의 경제성장정책 중에서도 IT가 주축이 되어 왔다.

이 밖에 통상정책 분야에서는 우루과이 라운드 교섭을 거쳐 1995년 발효된 「서비스무역에 관한 일반협정」(GATS)과 각종 투자 자유화 협정이 이후 서비스산업 글로벌화의 기반이 되어 왔다.

서비스 분야의 규제개혁

1980년대 중반 이후 규제개혁이 정부 전체의 중요한 정책과제가 되었고 지금도 계속되고 있다. 소매업 분야에서는 이미 서술한 대로 슈퍼마켓과 편의점의 성장이 계속되었다. 그런데 「백화점법」(56년)이 개정되어 73년 대규모 슈퍼마켓도 규제 대상이 되는 「대점법」(대규모 소매 점포에서 소매업의 사업활동 조정에 관한 법률)이 성립됨과 아울러 중소소매점을 진흥하기 위하여 「중소소매 상업 진흥법」(73년)이 제정되었다. 그러나 87년 경제심의회 경제구조조정 특별부회 보고서(「제2 마에카와 보고서」)에서 유통 규제 완화의 제언이 있었다. 또한 미일구조협의(90년 최종 보고)에서는 일본 유통기구가 수입에 대한 폐쇄성의 상징적 요소라는 점이 지적되었다. 일본이 이를 받아들임으로써 소매업의 출점 규제도 서서히 완화되었다. 결국 대점법의 완화 개정(91년), 그리고 대점법의 폐지(2000년)가 있었다.[10]

소매업 이외의 서비스산업 중에도 공적 규제의 대상 업종은 많다. 호텔·여관, 이미용업, 클리닝업 등 환경위생법의 대상 업종, 접대음식업, 파칭코, 게임센터 등 풍속영업법의 허가제업종 의료·복지 관련 사업 등이 그러하다.[11] 또한 법무·회계 등 전문 서비스업에서는 직업자격제도가 광범위하게 존재하는데, 업무독점자격 또는 필수자격제도가 된 경우가 적지 않다. 직업자격제도는 소비자·사용자의 보호를 주된 정책 목표로 해서 제2차 세계대전 후 형성된 것이 많았다.

규제개혁은 위에서 언급한 대로 「제2 마에카와 보고서」, 미일구조협의 등을 통해 1980년대 후반부터 중요한 정책 아젠다가 되어 왔다. 버블 붕괴 후인 93년에는 경제개혁연구회가 보고서(「히라이와 보고서」)를 정리하였는데, (1) 경제적 규제는 원칙적으로 자유·예외적으로 규제, (2) 사회적 규제는 재검토하여 투명, 간소화한다는 기본 이념을 제시하였다. 이를 받아들이는 방식으로 규제 완화와 경쟁 도입을 내용으로 하는 '규제완화추진계획'(95년)이 각의에서 결정되었다. 전력·가스사업에 부분적으로 경쟁을 도입하고 요금 규제를 완화하는 전기사업법과 가스사업법의 개정이 이루어진 것도 이 시기의 일이었다.

10 대점법 폐지와 함께 이른바 「마치즈쿠리 3법」이 제정되어 사업 규제라는 관점에서 벗어나 상점가의 진흥이라는 관점으로 전환하여 갔다(역자 주: 마치즈쿠리는 시가지라는 뜻이며, 마치즈쿠리 3법은 도시계획법, 대점입지법, 중심시가지활성화법을 말한다).

11 법률의 정식 명칭은 다음과 같다. 환경위생법은 「생활위생 관계 영업의 운영의 적정화 및 진흥에 관한 법률」이고, 풍속영업법은 「풍속 영업 등의 규제 및 업무의 적정화 등에 관한 법률」이다.

이후 '행정개혁위원회'(무라야마 내각), '규제완화위원회'(하시모토 내각), '규제개혁위원회'(오부치 내각·모리 내각), '종합규제개혁회의'(모리 내각·고이즈미 내각), '규제개혁·민간개방추진회의'(고이즈미 내각), '규제개혁회의'(제1차 아베 내각·후쿠다 내각·아소 내각)로 이름을 바꾸면서 규제개혁은 계속되어 왔다. 이를 통해 경제 활성화에 기여하는 많은 규제 완화가 실시되어 왔다. 그러나 서비스 분야의 규제 다수는 사회적 규제의 성격을 지니고 있기 때문에 여전히 남겨진 과제가 산적해 있음도 사실이다.

4. 서비스경제화와 경제·사회

서비스산업의 대도시 집중

많은 서비스산업은 '생산과 소비의 동시성'이라는 특징을 갖고 있다. 그렇기 때문에 시장의 지리적 범위가 한정되고 대(對)개인 서비스의 경우에는 인구밀도가, 대(對)사업소 서비스의 경우에는 기업이나 취업자의 밀도가 서비스 기업·사업소의 생산성에 큰 영향을 미친다(森川, 2014, 2016). 그 결과 많은 서비스산업이 '도시형 산업'이라는 특징을 갖게 된다.

「국세(國勢)조사」의 취업지를 근거로 산업별 취업자의 대도시 집중도를 보면, 영상·음성·문자 정보 제작업, 인터넷 부수 서비스, 정보서비스업, 통신업, 방송업 등 IT 계통의 서비스업종, 광고업, 전문서비스업, 직업소개·노동자 파견업 등 사업서비스업종의 대도시 집중도는 높다. 또한 지식집약도가 높은 업종은 3대 도시권 중에서도 도쿄권 집중도가 높다. 직종별로 보면 저술가·기자·편집자, 미술가·디자이너·사진가·영상촬영자 등 예술 계통의 직종이나 경영·금융·보험 전문직, 법무 종사자, 기술자 등 지식집약적인 직종의 대도시 집중도가 높다.

고도성장기의 중화학공업 주도 성장 과정에서는 '도쿄·오사카의 2극 구조'로부터 '태평양벨트 지대 구조'로의 변화가 일어났고, 1970년대 이후 서비스경제화 과정에서는 '도쿄 1극 집중 시스템'으로의 이행이 초래되었다고 지적되어 왔다(Fujita and Tabuchi, 1997). 이 과정에서 산업입지정책으로서 88년에는 산업지원서비스업의 지방 분산·집적을 목표로 하는 두뇌입지법이 제정되었다. 특히 92년에는 지방거점법이 제정되어 도쿄권으로의 1극 집중을 시정하고 공장 이외의 산업 업무 기능의 전국적 재배치를 촉진하게 되었다.[12] 그러나 도시형 산업이라는 성격이 강한 서비스산업의 대도시 집중도는 낮아지지 않았고, 특히 도쿄권으로의 집중은 이후에도 계속되었다. 서비스경제 하에서 대도시의 우위성이 강하여 이를 뒤집는 일이 얼마나 어려운 일인가를 시사하는 것이다.

서비스경제화와 여성 취업의 확대

취업자에서 여성이 차지하는 비율은 여성의 취업률이 높은 농촌 비중의 저하, 도시지역의 샐러리맨 세대를 중심으로 하는 전업주부의 증가 등에 따라 제2차 세계대전 이전부터 꾸준히 하락하여 왔다. 그러나 1975년 37%로 바닥을 찍고 상승 반전하여 2010년에는 43%에 이르게 된다. 이 타이밍은 서비스경제화의 가속과 부합된다. 본래부터 서비스산업은 제조업에 비해 여성 취업자가 많다는 특징이 있다. 하지만 고도성장기까지는 제조업, 서비스산업 모두에서 취업자의 여성 비율이 완만하게 상승하여 왔다.

12 법률의 정식 명칭은 다음과 같다. 두뇌입지법은 「지역산업의 고도화에 기여하는 특정 사업의 집적의 촉진에 관한 법률」, 지방거점법은 「지방 거점도시 지역의 정비 및 산업업무시설의 재배치 촉진에 관한 법률」이다.

그러나 제조업의 취업자 비중이 정점으로부터 떨어지기 시작한 1975년경부터 서비스산업의 여성 비율 상승에는 가속도가 붙었고, 95년에는 제1차 산업의 여성 비율보다도 높아지게 되었다. 2010년이 되면 서비스산업의 여성 비율은 49%가 되어 거의 남녀 반반이 되었다. 특히 도매업·소매업, 금융·보험업, 숙박업·음식서비스업, 생활 관련 서비스업·오락업, 교육·학습지원업, 의료·복지에서는 여성 비율이 높아서 50%를 넘었다. 서비스산업의 비중도 확대되었기 때문에 산업구조 변화의 효과도 가세하여 경제 전체적으로 여성 취업률 상승은 가속화되었다.[13] 1975~2010년 동안 경제 전체의 여성 취업자 수는 580만 명(29%) 증가하였지만 제3차 산업의 여성 취업자 수는 851만 명(78%) 증가하였다. 여성 취업자의 80% 이상(남성의 경우에도 60% 이상)이 서비스산업에서 일하는 시대가 되었다.

이러한 취업구조의 변화에는 노동공급 측 요인과 노동수요 측 요인이 함께 작용하였다. 서비스경제화가 여성의 노동공급을 증가시키고, 여성의 노동참가 확대가 서비스경제화를 촉진하는 방식으로 쌍방향의 인과관계가 있다. 보육서비스, 요양서비스의 확대는 종래 가족 내에서 이루어지던 생산활동을 대체하는 것이고 더 나아가 여성의 취업을 촉진하는 효과를 갖는다. 다른 한편 의료·복지를 비롯하여 고령화 시대에 성장성이 높은 서비스산업에서의 고용은 제조업과는 달리 대인 스킬이 중시되므로 대인 스킬이 높은 여성노동자에 대한 수요가 높다. 일본의 노동력 인구는 감소 중에 있으므로 향후에도 이러한 경향은 계속될 가능성이 높다.

13 간단하게 요인분해를 하면 결과는 다음과 같다. 1970년대까지는 여성 비율이 높은 제1차 산업의 비중이 크게 감소하였기 때문에 산업구조의 변화는 경제 전체의 여성 취업자 비율을 낮추는 방향으로 작용하였다. 하지만 90년대 이후에는 산업구조의 서비스화에 의해 경제 전체의 여성 취업자 비율이 상승하였기 때문에 산업구조의 변화는 경제 전체의 여성 취업자 비율을 크게 높이는 방향으로 작용하였다.

서비스산업의 글로벌화

서비스산업은 전통적으로 비교역재(non-tradables)산업으로 간주되는 경향이 있지만 최근에는 서비스산업에서도 글로벌화가 급속히 진행되고 있다. 정보·통신기술의 진보, 해외여행 등 국경을 넘는 이동비용의 하락, 1995년 「서비스무역에 관한 일반 협정」(GATS)으로 상징되는 서비스무역에 관한 제도적 장벽의 축소 등이 기여하였다고 생각된다.

절대액으로 보면 여전히 재화의 무역액보다 서비스의 무역액이 적다. 하지만 1980~2014년간 일본의 서비스 수출 증가율(연 6.5%)은 재화 수출 증가율(연 5.0%)보다 높다. 최근에는 서비스 수출의 한 형태인 외국인 여행객의 일본 국내 소비가 주목받고 있다. 국제경제학에서 새로운 무역이론은 국제무역이 신진대사 효과를 통해 산업 전체의 생산성을 높인다고 지적하고 있으며, 서비스무역의 확대는 서비스산업의 생산성 향상에도 공헌하고 있다고 생각한다.

직접투자를 보아도, 최근에는 서비스산업의 대내·대외 직접투자액이 제조업을 상회하고 있다. 일본 국내의 수요가 포화 상태에 이르렀기 때문에 소매업, 음식업 등 서비스기업도 적극적으로 해외 진출을 진행하고 있는 셈이다. 또한 「세계산업연관표」를 이용하여 국제부가가치 연쇄를 연구한 결과에 따르면, 제조공정의 국제 분업이 심화되면 재화의 무역에 체화된 서비스의 부가가치가 – 특히 선진국을 중심으로 – 비상하게 높아지고 있다. 따라서 제조업의 국제경쟁력을 위해서라도 중간 투입되는 지식집약적 사업서비스의 역할이 점점 더 중요해지고 있음을 명확히 인식해야 한다.

1970년대 초 이후 서비스경제화의 제2국면, 그리고 버블 붕괴 후의 제3국면을 통해 서비스가 일본경제 전체의 성과를 좌우하는 시대가 되었다. 이러한 시대적 흐름 속에서 새로운 과제도 제기되고 있다. 인공지능과 로봇 등 '제4차

산업혁명'을 포함하는 새로운 이노베이션을 서비스산업에서 활용하는 문제, 시장에서 기업의 신진대사 등을 통해 서비스산업을 고도화하고 생산성을 향상시키는 문제가 중요한 과제가 되고 있다(森川, 2016).

제2절 무역수지 흑자와 해외직접투자의 진전

1. 일본의 무역수지 흑자

일본의 고도성장은 수출에 의해 견인된 것이라는 통념이 있지만 사실 일본에서 무역수지 흑자가 정착된 것은 석유위기 이후, 즉 경제성장이 둔화된 이후였다.[14] 무역수지 흑자는 1980년대 급증한 이후 증감을 반복하다가 98년 정점에 도달하였고, 이후 축소 추세로 반전되었던 것으로 보인다. 다만 경상수지 흑자는 계속해서 확대되고 있다.

경상수지 흑자는 국내의 저축과 투자의 차액과 일치한다. 서장에서도 논한 바 있듯이, 일본에서는 고도성장이 끝남과 함께 내수, 특히 국내 민간기업 설비투자의 급속한 확대 경향이 끝났다. 그리고 이 시기에 경상수지 흑자가 정착되는 현상이 동시에 진행되었다. 무역 흑자를 둘러싸고 미국을 포함한 나라들과의 소위 '무역 마찰'이 정치 문제화되었고, 개별 일본 제품의 수출 억제 또는 일본에 의한 수입 확대책을 요구하였다. 하지만 무역 흑자의 배경이 되는

14 고도성장 이전 무역을 재개한 직후부터 한국전쟁에 따른 특수가 있기 전까지는 무역수지 적자가 계속되었다. 또한 고도성장기에도 투자가 과열되면 '국제수지의 천정'이 제약되기도 하였다. 최근에는 동일본 대지진 이후 무역수지 적자가 나타나기도 하였다. 하지만 아직까지는 분석을 뒷받침할 만한 데이터가 축적되었다고 보기 어려우므로 향후의 데이터가 축적되기까지는 기다리는 것이 좋겠다.

것은 어디까지나 일본의 거시경제 균형이므로 이것이 바뀌지 않는 한, 일본의 대외 흑자 기조는 당연히 바뀌지 않을 것이다.[15] 다만 고령화에 의해 저축·투자 균형이 바뀌고 있기 때문에 향후에는 일본의 경상수지 흑자 기조에도 변화가 나타날 수 있다.

경상수지 흑자가 확대되면서 그 내역도 변화하여 왔다. 무역수지 흑자는 앞에서 서술하였듯이 확대와 축소를 반복하였지만 소득수지의 흑자는 계속해서 증가하여 왔다. 즉, 해외직접투자(FDI)의 진전을 배경으로, 경상수지 흑자의 원천이 재화의 순수출에서 해외투자에 의한 소득이 되는 구조로 변화하였다.

기타 항목에서는 재화 무역과 대비하여 서비스무역의 수지를 나타내는 '서비스수지'가 여전히 적자를 이어가고 있다.[16] 특허사용료의 경우, 유럽과 미국으로부터 기술도입에 적극적이었던 시기에는 적자였지만 최근에는 흑자가 늘어나고 있다. 일본 기업의 기술력이 국제적으로 향상되었음을 반영하는 것이기도 하지만, 일본 기업의 해외 생산이 확대되고 국내 모회사가 개발한 특허기술을 해외 자회사의 공장에서 사용하는 경우 다국적기업 내의 모회사가 사용료를 받게 되는데, 이것이 증가한 덕분이기도 하다.

정보통신기술(ICT)의 고도화·보급 등을 배경으로 재화 무역에 비해 서비스무역의 확대가 세계적으로 빨라지고 있다. 제조업 비중이 하락하고 재화의 무역수지 흑자가 줄어드는 일본으로서는 향후 서비스무역의 동향에 주목하지 않으면 안 된다.

이제 '교역조건'(Terms of Trade)에 대해 살펴보자. 교역조건이란 자국이 수

15 무역마찰의 격화를 피하기 위해 양국 간 무역수지 불균형을 축소하기 위한 정책이 정치적으로 긴급과제가 되었던 당시, 小宮(1994)는 저축·투자의 균형관계를 정면으로 주장하였다.

16 2015년이 되면, 엔저와 중국의 경제발전 등에 따라 외국인 관광객이 급증하였고 처음으로 여행수지가 흑자로 반전되었다.

[그림 5-4] 교역조건의 변화

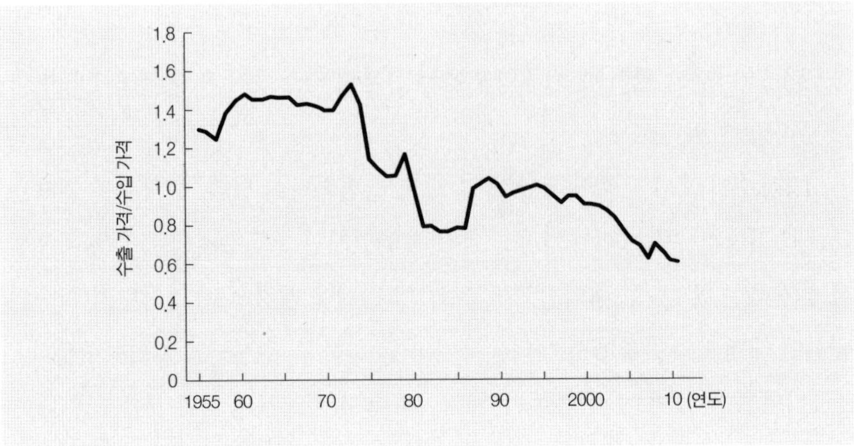

주: 국민경제계산의 재화 · 서비스 디플레이터에 의한 수출/수입 비율.

출하는 재화·서비스의 가격을 수입하는 재화·서비스의 가격으로 나눈 것을 말한다. 국가 전체적인 상대 가격으로서, 외국과의 교역·교환이 유리한가 불리한가를 보여 주는 척도이다. [그림 5-4]에 따르면, 일본의 교역조건은 석유위기 당시 급격히 악화되었고 최근에도 완만하게 악화되는 추세이다.[17] 석유위기 당시 급격한 변화는 주로 원유 가격의 급등으로 인해 수입 가격이 상승하였기 때문이다. 하지만 최근의 변화는 일본이 수출하는 재화의 가격이 상대적으로 하락하는 현상이 영향을 미치고 있다.[18] 최근 무역수지 흑자가 축소되는 이유로 주목해야 한다.

••••••••

17 재화·서비스에 관한 수출·수입 디플레이터를 이용하여 계산한 값을 제시한 것인데, 재화만을 보더라도 큰 차이를 보이지는 않는다. 1994년 이후에는 기준연도가 2005년으로 바뀌었지만 기준연도에 의한 차이도 무시할 만하다.

18 원유 가격은 급등하기만 하였던 것이 아니라 변동이 격렬하였다고 보는 것이 옳다. 반면에 일본의 주력 수출품 중 하나였던 전기제품의 교역조건은 현저하게 악화되었다.

2. 수입 경쟁과 국내 산업

1985년 플라자합의를 계기로 대폭적인 엔고가 급속하게 진행되었기 때문에 일본의 수입은 크게 증가하였다. 90년대에 들어서면 국내 시장 규모에 비해 수입의 증가세가 두드러졌다. 수입침투도(국내 출하에서 차지하는 수입의 비율)는 전반적으로 상승하였지만 비교우위에 따른 영향도 있기 때문에 수입침투도는 업종에 따라 크게 다르다. 예를 들어 [그림 5-5]를 보면, 노동집약적이고 일본이 비교열위에 있다고 생각되는 섬유에서만이 아니라 일본의 수출 증가가 이어지고 있던 전자계산기에서도 수입침투도는 10% 전후까지 급상승하였다. 예를 들어, 전자계산기의 경우 국내 시장의 절반 정도를 수입품이 차지하는 상태가 되었다.[19] 이런 와중에 유럽 및 미국과 마찬가지로 일본에서도 수입 경쟁이 국

[그림 5-5] 수입침투도의 상승

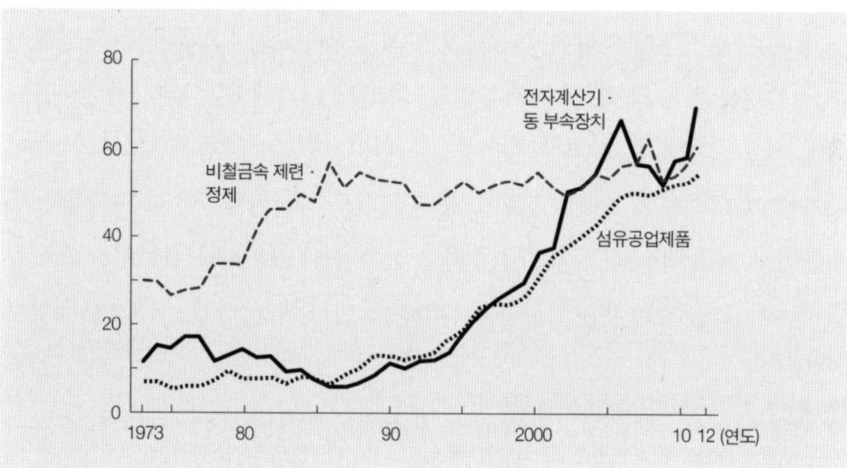

주: 수입/(국내 산출+수입−수출)의 %.
출전: JIP 데이터베이스 2015에 의한 것임.

내 고용에 미치는 영향을 염려하게 된다.

따라서 수입 경쟁이 일본의 국내 고용에 미치는 영향에 대해 살펴보기로 한다. 예를 들어, Tomiura(2003a)는 상세한 390개 업종의 데이터를 이용하여 노동수요함수를 추정하였고, 그 결과로부터 1992~95년에 관찰된 제조업 고용의 3% 감소 중 2%는 수입 가격의 3% 하락에 의한 것임을 발견하였다.[20]

그러나 수입과 고용의 관계를 논의할 때에는 주의해야 할 점이 몇 가지 있다. 우선 수입된 재화가 국산품의 생산에 투입되는 중간재이면 수입품의 가격 하락은 오히려 국내 고용의 증가로 이어질 수 있다는 점이다. 실제로 생산공정의 국제적 분할(fragmentation)을 배경으로 무역에서 중간재가 차지하는 비중은 높아지고 있다. 또한 수입 경쟁과 고용을 분석할 때, 국내 생산을 전제로 하고 있지만 실제로 일본 기업은 해외 생산을 증대시키고 있다. 더욱이 일본 고용의 절반 이상을 이미 서비스업이 흡수하고 있으므로, 수입 경합 산업에서 서비스업으로의 노동력 이동은 무시할 수 없다.

즉, 수입 경쟁의 영향을 측정하기 위해 노동수요함수의 추정치를 이용한다는 것에는 한계가 있을 수밖에 없다. 따라서 여기에서는 팩터 컨텐트(factor content of trade) 분석의 결과를 이용하기로 한다. 이 분석방법은 재화의 수입량 증가를 그 재화의 생산에 투입된 노동의 증가로 환산한 후, 이 값이 국내 노동시장에서 어느 정도의 노동공급 증가로 간주될 수 있는지를 분석함으로써 수입이 국내 고용에 미치는 영향을 계산하는 것이다.[21] Ito and Fukao(2005)에 따르

••••••••

19 상세한 수치에 대해서는 富浦(2009)를 참조할 것.

20 수입침투도를 추정할 때 동시결정성(simultaneity)의 문제를 피할 수 없기 때문에 수입경쟁의 척도로는 상대 수입 가격을 사용하였다. 또한 추정 결과의 강건성을 확인하기 위해 도구변수도 사용하였다.

21 팩터 컨텐트 분석에도 한계는 있다. 예를 들면, 생산기술이 일정하다고 가정하지만, 수입경쟁의 격화에 직면한 일본 기업이 노동절약적인 생산방법으로 변신할 가능성이 있다. (역자 주: 참고로 노동의 net factor content of trade는 수출을 생산하기 위해 얼마나 많은 노동이 사용되었는가에서 수입을 생산하기 위하여 얼마나 많은 노

면, 1980~2000년 동안 일본에서는 자본과 비생산노동의 순수출은 증가하였지만 생산노동의 순수출은 감소하였다. 특히 노동에 대해서는 1980년대 생산노동뿐만 아니라 비생산노동도 순수출이었지만 90년대에는 생산노동뿐만 아니라 비생산노동도 순수입으로 전환되었다.

팩터 컨텐트는 노동 등 생산요소마다 계산할 수 있다. 동일한 한 사람의 노동자가 다양한 업무·기능을 하는 경우도 많은데, 이 경우 노동투입량 중에 무역에 함유되는 노동투입량만을 따로 계산하는 것도 가능하다. Tomiura, Wakasugi, and Zhu(2014)에 의하면, 1995~2005년 일본의 제조업 수출 감소에 따라 재화 수출에 체화된 생산업무의 순수출도 대폭 감소하였다. 게다가 과학·수학을 이용한 사고, 기본시스템, 복잡한 문제 해결에 관한 업무의 순수출도 증가하지 않았다. 이 기간에 눈에 띄게 증가한 것은 대인(對人) 조정, 팀워크 등에 관한 사회적 업무였다. 따라서 향후 일본의 비교우위를 생각할 때, 이 연구 결과는 하나의 실마리를 제공한다고 볼 수 있다.

수입 침투가 국내 고용에 미치는 영향은 업종만이 아니라 지역에 따라서도 다르다. Tomiura(2003b)는 현(縣) 수준의 공업 데이터를 이용하여 1990년대 수입의 침투에 의해 지역 내 산업연관이 단절되고 산업집적이 분산화되었음을 시사한 바 있다. 또한 기업도시[22]에서는 중핵 공장이 해외로 이전함으로써 산업이 공동화될 것을 우려하는 분위기가 역력하다. 따라서 일본에서는 생산의 해외 이전에 따른 영향을 무시할 수 없다.

동이 사용되었는가를 뺀 것으로 정의한다. net factor content of trade가 (+)이면 노동은 순수출이라고 말하며, (-)이면 노동은 순수입이라고 말한다. 자본의 net factor content of trade도 마찬가지로 정의한다).

22 역자 주: 일본에는 특정 기업이 특정 도시의 생산 대부분을 차지하는 경우가 있는데, 이를 企業城下町이라 한다. 우리에게 잘 알려진 도요타시가 그 예이다.

3. 해외직접투자의 진전과 무역구조의 변천

해외직접투자 패턴의 변화

전 항에서 수입 경쟁의 영향을 다룰 때 살펴본 바 있지만 이 시기 일본의 글로벌화를 논함에 있어 FDI의 위치는 중요하다.[23] 일본의 해외 FDI는 대폭 증가하였고 그에 따라 일본 기업의 해외 생산 비율은 지속적으로 상승하였다. 1980년대 후반에는 5%가 채 안 되었지만 2013년에는 해외에 진출하지 않은 기업을 포함한 국내 법인 전체 생산의 약 1/4에 이른다.[24]

그러나 일본 기업의 해외 생산은 시대에 따라 그 지역 구성이 크게 변화하여 왔다. 북미와 중국을 비교한 [그림 5-6]에서 알 수 있듯이, 유럽 및 북미로부터 동아시아 역내로의 FDI와 일본의 FDI의 흐름은 크게 달라졌다. 유럽 및 북미와의 무역마찰이 정치 문제가 되었던 1980년대 전반에는 이 나라들에서의 현지 생산을 주요 목적으로 하였던 자동차 등의 FDI가 눈에 띈다. 하지만 급속한 엔고가 진행되면서 일본 국내 생산이 비용 경쟁력을 상실한 80년대 후반부터 동남아시아로 FDI가 옮겨 갔다. 또한 중국이 개혁개방으로 전환하였던 90년대부터 광범위한 산업에서 대중국 FDI가 대폭 증가하였다. 매출액 비중으로 보면 아직 미국 쪽이 많지만, [그림 5-6]에서 볼 수 있듯이 종업원 수 기준으로는 중국 한 나라가 북미 전체를 뛰어넘는다.

23 본 장에서는 해외직접투자 중 대외투자에 초점을 맞추어 논하고 있다. 淸田(2015)는 일본의 FDI에 관한 경제학 학술논문을 읽기 쉽게 요약하고 있다. 외자 규제가 자유화되었음에도 불구하고 다른 선진국의 대일 투자가 낮은 수준에 그치는 것은 일본경제가 해외 경영자원을 수용하는 데 문제가 된다. 대일 직접투자에 관한 연구는 적은데, 실증연구로 深尾·天野(2004)를 참조할 수 있다.

24 해외에서 생산을 하는 기업의 경우, 해외 생산이 차지하는 비율은 당연히 더 높으며 2005년부터는 30%를 넘었다. 특히 자동차를 포함한 수송기계에서는 40%에 육박한다.

[그림 5-6] 해외 생산지의 변화

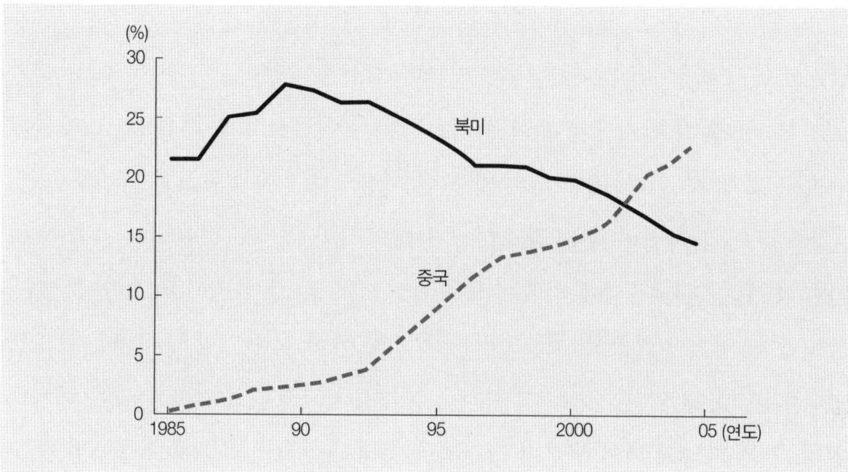

주: 일본 기업의 현지 종업원 수의 전 세계 대비 비율.
출전: JIP 데이터베이스 2011년판에 의한 것임.

일본 기업의 동아시아 무역네트워크

이와 같이 일본의 FDI는 지역 구성의 변화를 수반하면서 확대되어 왔다. 개별 FDI의 투자 목적을 특정하는 것은 데이터 문제로 인해 곤란하지만 국제경제학의 FDI 이론과의 관련을 정리해 볼 수는 있다. 우선 초기에 이루어진 북미 및 유럽에 대한 자동차산업 FDI는 당시의 무역마찰이 원인이었고, 일본 생산을 현지 생산으로 대체함으로써 북미 및 유럽에 의한 수입 제한 조치를 회피하는 것이 목적이었다. 이는 관세회피형(tariff-jumping) FDI의 전형이다. 또한 동남아시아로의 FDI는 수출 비율이 높은 전기산업 등에서 이루어졌는데, 이는 FDI 수입국의 낮은 생산비용을 수출경쟁력에 활용하기 위한 수출기지형(export platform) FDI라고 볼 수 있다. FDI의 이분법에 따르면, 무역비용을 절약하기 위한 전자의 방식을 수평형, 요소가격의 차이를 활용하는 후자의 방식을 수직형이라 분류한다.

이와 같이 FDI는 일본의 무역구조와 표리일체 관계를 갖는다. 북미 및 유럽으로의 수평형 FDI는, 일본에서 생산한 재화를 수출하는 대신에 대상 국가로의 FDI를 통해 현지에서 재화를 생산하는 것이므로 무역과 FDI는 대체관계에 있다고 볼 수 있다. 또한 북미 및 유럽 시장으로의 제품공급과 관련하여, 일본으로부터의 직접 수출은 감소하고 동남아시아·중국으로부터의 수출이 증가한 데에는 일본 기업에 의한 수출기지형 FDI가 작용하였다고 말할 수 있다. 실제로 이 시기 일본으로부터 북미 및 유럽을 향한 최종 제품의 수출은 감소하였다. 다른 한편 일본으로부터 동남아시아·중국으로의 중간재 수출은 증가하였다. 일본 기업의 해외 생산이 진전됨에 따라 가전제품의 최종조립공정 등 노동집약적인 생산활동이 저임금을 따라 동남아시아 개도국으로 이전되었다. 그 결과 일본 국내의 생산은 북미 및 유럽 시장을 향한 수출기지가 아니라 동남아시아 역내의 중간재, 특히 고도의 가공을 요하는 부품, 고기능의 소재 등을 공급하는 거점으로 변모하여 갔다고 말할 수 있다. 하나의 제품을 생산하는 공정이 전부 한 국가 내에 입지하여 완성품을 만들고 이것이 국경을 넘어 무역이 이루어진다는 전통적인 국제 분업의 형태가, 공정마다 적절한 입지를 찾아 해외에서도 생산함으로써 중간재 생산공정의 과정에서 국경을 넘는 무역이 이루어지는 새로운 형태, 즉 산업 내·공정 간 무역이 활발해졌다는 것이다.

그러나 일본에 관한 한, FDI를 이렇게 단순히 분류하는 것은 곤란해졌다. 수평·수직 양면을 모두 갖춘 복합적 측면이 강하기 때문이다. 예를 들면, 자동차산업만 보더라도 어떤 기업이 타국에 대한 투자를 늘리게 되면 수평적 및 수직적인 FDI를 동시에 병행하는 양상으로 바뀌어 갔다. 또한 전기산업의 경우에도 아시아 역내의 비중이 높아지고 있다. 이러한 변화는 ICT의 발달로 인해 원격지 간 치밀한 분업 관리가 가능해졌고, 중국 등의 시장 규모가 확대되었기 때문이라고 말할 수 있다. 또한 아시아 국가들의 기술력도 향상되었기 때문에 일본 이외의 아시아 국가들의 중간재 공급도 증가하게 되었다. 이에 따라 일본이 중간재 공급기지로서 압도적인 지위를 누리던 상황에도 변화가 나타나고 있다. 최종재뿐만 아니라 중간재에서도 동아시아 역내에는 쌍방향으로 복잡한 무역이 이루어지고 있다.

해외로 진출하는 일본 기업의 무역패턴을 살펴보기 위하여 해외 거점의 판매·조달 비율의 변화를 분석한다. 「해외사업활동 기본조사」 통계를 이용하였으며, 1987년과 2010년을 대비하여 보여 주는 것이 [그림 5-7]과 [그림 5-8]이다. 판로를 보여 주는 [그림 5-7]에서 알 수 있듯이, 유럽 및 북미의 거점에서 생산되는 재화는 대체로 현지에서 판매된다. 큰 변화가 나타난 것은 아시아에 입지한 거점의 판로이다. 1987년에는 7.7%의 제품이 북미로 수출되었지만 2010년에는 1.9%로 대폭 감소하였다. 유럽을 향한 수출도 비슷한 정도의 수준까지 낮아졌다. 즉, 일본 기업이 아시아를 저비용 수출기지로 활용하는 FDI는 이미 과거의 일이라고 말할 수 있다. 일본으로 수출되는 비율은 조금씩 증가하고 있지만, 더욱더 중요한 것은 일본을 제외한 아시아 역내에서 판매되는 비율이 높아졌다는 사실이다. 이 비율은 무려 75%를 넘기에 이른다. 이는 일본 기업의 해외 비즈니스의 성패를 좌우하는 정도가 아시아 내수를 장악하는 것에 점점 더 의존하고 있음을 시사하는 것이다. 또한 조달을 보여 주는 [그림 5-8]에 따르면, 해외 거점의 조달에서 차지하는 일본으로부터의 수입의 비율은 모든 지역에서 하락하고 있다. 특히 예전에는 과반을 일본으로부터 수입하던 북미와 유럽에서도 아시아와 마찬가지로 30% 근방에 머물고 있다. 이에 비하여 일본 기업의 해외 거점의 현지 조달률은 상승하였는데, 특히 아시아에서는 70%에 육

[그림 5-7] 해외 거점의 판로

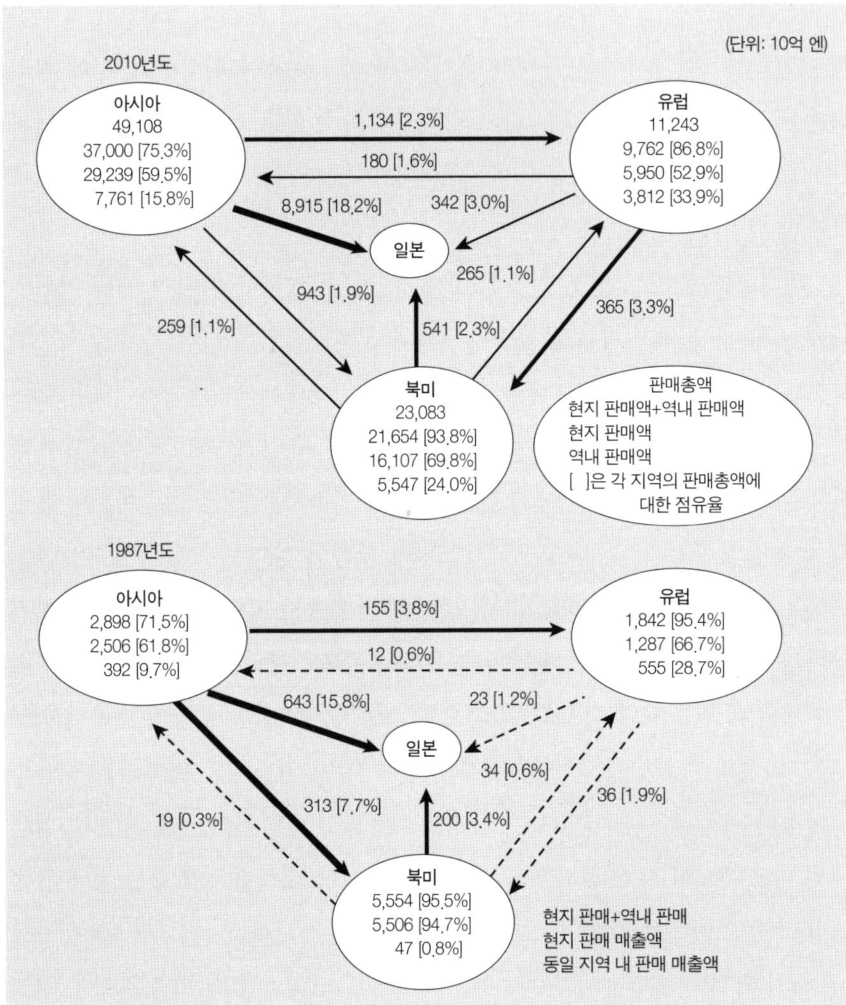

출전: 경제산업성, 「해외사업활동 기본조사」 조사 결과의 개요에 의한 것임.

[그림 5-8] 해외 거점의 조달

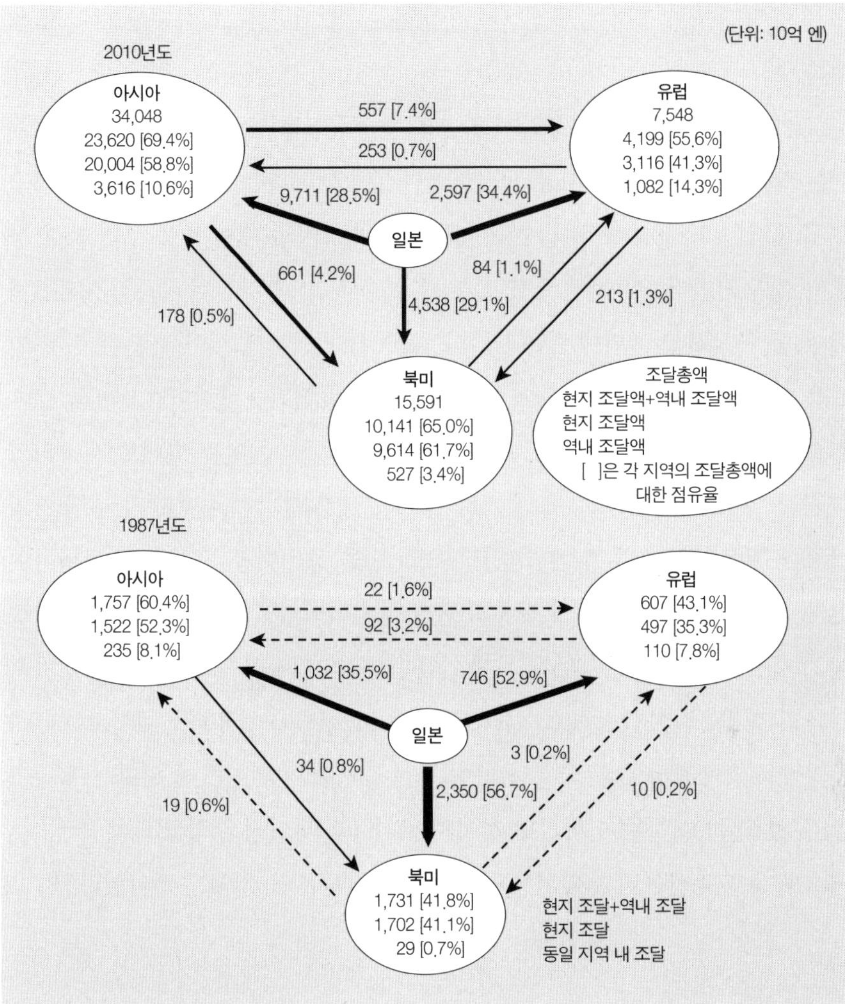

출전: 경제산업성, 「해외사업활동 기본조사」 조사 결과의 개요에 의한 것임.

박한다. 최종 제품의 생산은 해외로 이전하였지만 일본으로부터 일본계 거점으로 중간재를 수출하는 공정 간·기업 내 무역 패턴은 그 비중이 낮아진 셈이다.

무역구조의 변화에 대응하여 일본의 통상정책도 변화하여 왔다. 1980년대에는 북미와 유럽, 특히 미국과의 무역마찰에 대응하는 것이 정치·외교적으로 중시되었고, 대미 승용차 수출자율규제, 미·일반도체협정 등 무역 제한 조치가 강구되었다. 이 과정에서 일본은 호주와 함께 아시아태평양경제협력(APEC)을 구상하고 89년에 발족시켰다. APEC은 – 일본에 이어 꾸준한 경제 발전을 달성하면서 미국과 무역마찰을 겪기 시작하였던 – 아시아 NIEs(한국, 대만, 홍콩)와 ASEAN을 미일과 같은 무역 협상 포럼에 끌어들이는 형태로 시작되었다.[25] 그 후 95년 WTO 발족을 계기로 일본 통상정책의 축은 WTO의 분쟁 처리 절차를 활용하면서 투명성이 높고 규범(rule)을 중시하는 방향으로 이행하여 갔다. 그러나 WTO에서 무역 자유화 협상은 정체되었고 그 대신 자유무역협정이 세계적으로 확대되어 갔다. 이에 일본은 2국간 자유무역협정이었던 싱가포르와의 경제동반자협정(EPA: Economic Partnership Agreement) 체결을 계기로 ASEAN 등과 EPA를 체결하였다. 국경을 넘어 동아시아로 일본 기업이 원활하게 진출할 수 있도록 EPA를 중시하였던 것이지만 미국과의 협정은 없었고 체결된 EPA에서도 주요 농산물이 제외되는 등 무역자유화율은 높지 않은 편이었다.[26]

25 APEC은 2020년까지 역내 무역을 자유화하겠다는 야심적인 장기 목표(1994년 Bogor 선언)를 세웠지만 중국, 러시아, 중남미 나라들로 회원국이 확대되고 통화위기를 촉발시킨 동아시아의 경제위기에 대응하지 못하면서 구심력이 떨어졌다. ASEAN, 한·중·일, 호주·뉴질랜드가 참여한 동아시아 정상회의가 2005년 열렸고, 11년까지는 미국과 함께 러시아도 정식 회원국이 되었다.

26 미국과 일본을 포함한 12개국이 서명한 환태평양경제동반자협정(TPP)의 경우 미국이 2017년 탈퇴를 표명하였지만 이 책의 대상 기간 이후에는 어떻게 될지 알 수 없다.

해외 아웃소싱의 전개

이제까지 재화의 무역, 재화의 해외 생산을 수반하는 FDI에 대해 논하였다. 하지만 실제 경제에서 국제거래의 전모를 파악하려면, 이것으로는 불충분하다. 미국 기업이 2000년 문제를 계기로 소프트웨어 프로그래밍을 인도에 아웃소싱(業務委託, 外注)하게 되면서 국경을 초월한 아웃소싱이 주목받게 되었다.

[표 5-1]에서 알 수 있듯이, 수출, FDI, 해외 아웃소싱을 하는 기업은 극히 일부분이다.[27] 국내의 다른 기업을 매개로 간접적으로 수출 또는 아웃소싱에 관여하는 기업들도 있겠지만 1998년에는 10%도 안 되었다. 일본 기업의 대다수가 중소기업이고 이 표에서도 확인할 수 있듯이 해외 진출과 기업 규모의 상관관계가 강하다고 생각하면 당연한 결과라고 말할 수 있다. 단 해외 아웃소싱 및 FDI뿐만 아니라 수출에 직접 관여하는 기업도 적은 편이라는 점에 주목해

[표 5-1] 세계화와 기업 특성

	O	*X*	*I*	*OX*	*XI*	*OI*	*OXI*
기업 수(%)	1.71	4.35	1.08	0.30	1.23	0.25	0.42
생산성	23.27	10.04	39.92	41.94	67.68	34.06	62.70
기업 규모	70.54	145.34	224.82	173.31	322.27	186.01	341.45

주: 1998년 상공업 실태 기본조사통계의 제조업 기업에 기초한 Tomiura(2007)의 Table 1과 Table 4의 일부를 인용한 것임. '*O*', '*X*', '*I*'는 각각 해외 아웃소싱(해외 기업에게 제조 외주), 수출(자사 제품의 직접 수출), 해외직접투자(해외의 자회사·관계회사 보유)를 한 기업을 나타냄. 기업 수는 전체에서 차지하는 비율임. 생산성은 분자로 부가가치를 이용하여 계산한 노동생산성이며, 기업 규모는 고용자 수를 이용하였음. 생산성과 기업 규모는 로그를 취한 후 세계화되지 않은 기업의 평균값을 뺀 %를 나타냄.

27 [표 5-1]은 1998년 실시된 정부 통계에 근거한 수치이다. 경제산업연구소(RIETI)가 수행한 보다 상세한 설문조사에 따르면, 제조업 기업의 경우 해외로 아웃소싱된 업무는 주로 중간재의 제조 등 생산 관련 업무이고 서비스 업무가 해외로 아웃소싱된 경우는 적다. 상세한 내용은 富浦(2014)를 참조할 것.

야 한다. 유럽과 미국에서도 수출 및 FDI에 대해서는 비슷한 경향을 확인할 수 있다.

또한 [표 5-1]의 생산성 비교에서도 나타나듯이, 해외 아웃소싱을 하거나 또는 수출을 하는 기업의 생산성은 국내에서만 활동하는 기업보다는 높은 편이지만 FDI를 하는 기업만큼 높은 편은 아니다.[28] 물론 해외 진출의 결과로 사업이 효율화되고 생산성이 향상될 가능성을 배제할 수는 없다. 다만 수출 또는 해외 아웃소싱을 하는 기업들은 해외 시장 또는 기업에 대한 지식만 가지면 되지만 해외에서 자회사를 운영하는 기업들은 훨씬 더 많은 준비를 해야 한다. 따라서 생산성이 높은 기업이 아니면 진입 고정비용이 높은 활동 – 예컨대, FDI – 을 하기가 어려울 것임은 이론과도 부합된다고 생각한다. 즉, 해외의 낮은 생산비용을 이용하여 세계화의 이익을 얻는 기업은 생산성이 높은 일부 대기업에 국한된다는 사실에 주의해야 한다.

향후에는 중국의 인건비 상승과 인공지능(AI)에 의한 대체로 인해 단순한 저임금 목적의 아웃소싱은 역풍을 맞게 될 것이다. 다른 한편 ICT 또는 3D프린터의 보급은 해외 아웃소싱 확대로 이어질 것으로 예상된다. 현재로서는 해외 아웃소싱이 일부 대기업에 한정되어 있지만 앞으로는 중소기업에까지 확대될 수 있다. 그렇게 된다면 생산성 향상이 경제 전반으로 확산될 것이다. 하지만 노동시장에 대한 충격도 무시할 수는 없을 것이다. 아웃소싱은 저임금의 노동자가 발전도상국에 있으면서 선진국 기업의 선진 기술과 결합되는 새로운 형태의 국제 분업이다. 즉, 무역, 이민, FDI와도 다른 형태의 국제 분업인 셈이다.

28 수출과 FDI에 대해서는 若杉(2011)를 인용한다. 이 연구에 따르면, 중견·대기업을 망라한 기업활동 기본조사 통계의 데이터를 이용하여 국제적으로 비교 가능한 분석을 해 보면, 국내 기업에 대비한 생산성 프리미엄이 일본에서도 확인되고 있다.

따라서 향후의 전개를 주시할 필요가 있을 것이다.

4. 변화가 예상되는 일본의 국제무역

석유위기 후의 시기에도 일본은 무역수지 흑자를 계속해서 기록하였다. 이러한 무역수지 흑자로 인해 구미 여러 나라들과 무역마찰이 생겼다. 그러나 거시경제 균형의 관점에서 보면, 이러한 무역수지 불균형은 국내 민간기업의 설비투자 후퇴에 따른 것으로 이해하는 것이 좋다.

또한 일본으로부터의 FDI는 무역마찰과 엔고로 인해 대폭 증가하였다. FDI는 유럽과 미국을 향한 수평형으로부터 공정 간 분업에 근거한 동아시아 역내의 수직형으로 바뀌면서 더욱 확대되었고, 해외 생산 비율은 높아졌다. 다른 한편 엔고를 계기로 중국을 필두로 한 발전도상국으로부터의 수입 침투도가 상승하면서 일본의 제조업은 국제경쟁 압력에 노출되었다. 이로 인해 생산 거점의 해외 이전이 계속되었고 국내 생산활동은 축소를 거듭하였다. 무역수지의 흑자도 축소 추세로 반전되었다.

그러나 일본의 무역이 현상(現狀)에 머물 수 있을지에 대해서는 장담하기 어렵다. 인구 감소·고령화의 와중에 저축률 하락, 재정지출의 누적적 증가 등이 나타나면서 저축·투자 균형이 추세적인 변화를 겪고 있으므로 대외수지의 흑자기조에도 변화가 이어지고 있다. 한편, AI가 세계적인 생산입지에 어떤 영향을 미칠 것인가에 대해서 논하는 것은 시기상조이다. 하지만 ICT의 고도화·보급에 의해서 해외 아웃소싱이라는 새로운 형태의 국제 분업이 전개되고 있는 것은 분명하다. 이러한 요인들로 인해 일본의 국제무역은 향후 큰 변화를 맞게 될 것이다.

제3절 운수와 지역경제

1. 자동차 · 항공 · 해운의 추이

본 절에서는 본 강좌 제5권 제5장에 이어 2차 세계대전 이전부터 현재까지 운수에 대하여 지역경제의 관점으로부터 논의한다. 본 절에서 특별히 논의하려 하는 것은 본 강좌 제5권에서 다루지 않았던 자동차, 항공, 해운이다.

우선 [그림 5-9]는 본 절이 대상으로 하는 전전부터 현재(1935~2003)까지 운송 방법별로 국내 화물 수송량(ton)의 비중을 보여 준다. 가장 먼저 전전부터 현재까지 주요 국내 화물 수송 방법은 철도, 선박, 자동차였음을 알 수 있다. 자동차는 1930년대 이미 화물 수송량(ton) 면에서 최대 비중을 차지하였다. 그러

[그림 5-9] 각 교통수단의 수송량(ton) 비중

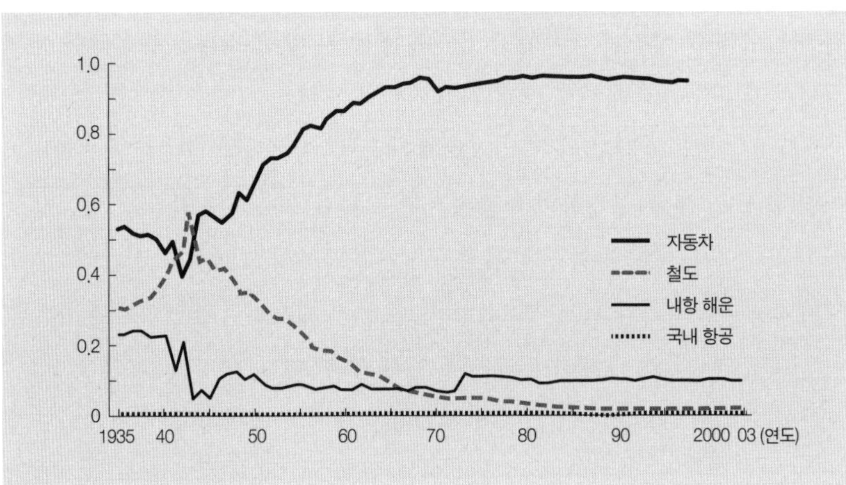

출전: 국토교통성, 「육운 통계 요람」.

[그림 5-10] 각 교통수단의 수송량(ton kilo) 비중

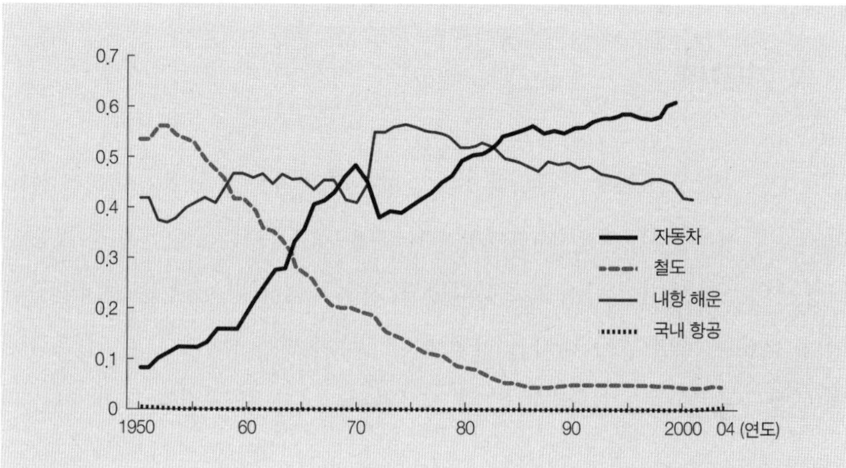

출전: 국토교통성, 「육운 통계 요람」.

나 국내 화물 수송량을 ton kilometer(수송 중량×수송 거리)로 나타낸 [그림 5-10]에 의하면, 자동차 수송의 비중은 50년에도 10%에 미치지 못하였다. 즉, 자동차는 30년대부터 화물 수송에서 큰 비중을 차지하였지만 그 대부분은 단거리 수송에 국한되었음을 알 수 있다. 그러나 [그림 5-10]을 보면 60년대부터 변화가 나타났다. 자동차 화물 수송의 ton kilometer가 급속히 증가하여 철도를 능가하기 시작하였던 것이다. 즉, 전후에는 자동차가 장거리 화물 수송에서도 철도의 비중을 빼앗으며 그 비중을 확대하여 왔다.

제5권 제5장에서 논의한 대로, 운수는 화객(貨客) 수송비용의 변화를 통해 도시 간 또는 도시 내의 경제 공간에 대해 영향을 미친다. 그 상세한 메커니즘에 대해서는 본 강좌 제5권을 참조하기 바란다. 본 절에서는 우선, 이 시기에 극적인 화물 취급량 증가를 보인 자동차, 그리고 항공, 해운에 대한 사실을 정

리하고 그것이 지역경제에 미친 영향에 대해 논한다.

2. 자동차[29]

자동차에 의한 화객의 수송은 1910년경부터 급증하였다. 20년대에는 하이야(역자 주: 임대업자가 운전사와 함께 빌려주는 승용차) 또는 택시, 승합차 등 자동차 교통서비스가 도시를 중심으로 나타났고, 자동차에 의한 여객 수송이 발전하였다. 더욱이 23년 관동 대지진 이후에는 도시 주변을 중심으로 수입 트럭에 의한 화물 수송이 증가하였다. [그림 5-11]은 국내의 도로 거리를 보여 준다.

[그림 5-11] 도로 거리

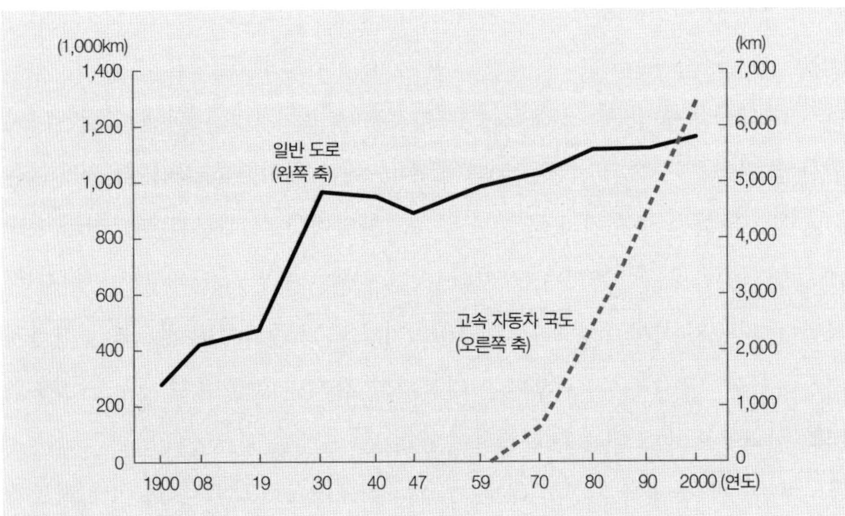

출전: 운수경제연구센터 – 근대 일본 수송사 연구회 편(1979).

29 이 항에서 인용을 굳이 표시하지 않는 내용은 다음에 근거하고 있다. 運輸省50年史 編纂室 편(1999), 山本 편(1986), 운수경제연구센터 近代日本輸送史研究會 편(1979) 등.

년대부터 20년대에 걸쳐 도로 거리가 급속히 길어지고, 자동차 교통 서비스의 급격한 확대와 함께 도로의 정비도 진행되어 왔음을 알 수 있다.

당시 일본 국내에서 운행된 자동차는 모두 수입 자동차이거나 포드, GM으로부터 부품을 수입하여 조립한 것이었다. 하지만 1930년대에 들어서면 닛산·도요타에 의한 국산 자동차도 생산되면서 국내의 자동차 보유 대수는 급증하였다. 원거리 수송에서는 당시 지방도로의 정비가 부족하였던 탓에 철도 수송이 계속해서 주류 지위를 차지하였다. 하지만 도시에서는 버스나 택시에 의한 여객 수송이 증가하였고, 근거리 화물 수송의 경우에도 철도로부터 상당한 규모의 비중을 빼앗고 있었다. 실제로 [그림 5-9]를 보면, 1935년 철도의 화물 수송 비중을 보면 30% 정도였는데 자동차는 이미 50%를 차지하기에 이른다. 또한 도시 교통의 여객 이동의 경우에도 35년이 되면 버스의 수송 분담 비율이 사철(私鐵: 민간철도)을 초과하였고 택시의 수송 분담 비율은 사철에 버금갈 정도로 확대되었다(山本 편, 1986).

이와 같이 motorization이 진전된 것은 제2차 세계대전 이전이지만 전시 중에는 국가 통제, 물자 부족으로 인해 자동차에 의한 여객 수송은 쇠락하고 말았다. 특히, 1938년부터 휘발유 소비 규제가 시작되었고 41년 미국이 대일 석유 수출 금지조치를 취한 이후에는 택시 등 여객 수송에 대한 휘발유 공급이 중지되었다. 트럭 등 화물 수송에 대해서도 3/4 이상이 삭감되었다. 연료, 자재 부족 등으로 인해 패전 당시 자동차 대수는 36년에 비해 1/4로 줄었고, 자동차에 의한 여객 수송은 전쟁으로 괴멸적 타격을 받고 말았다.

종전 후 1947년 공포된 도로운송법에 의해 일반면허제와 자유경쟁에 기초한 도로 수송이 시작되었다. 동시에 전쟁으로 파괴된 도로의 보수도 진행되었다. 정부는 54년 도로정비 5개년 계획을 채택하고, 자동차 교통이 불가능한 지역의 해소, 도로 포장 등을 통해 자동차 교통을 위한 일반적인 도로 서비스의 기초적 정비를 개시하였다. 그 성과는 눈부신 것이어서 54년에는 130km밖에 안 되었던 자동차 통행 가능 도로가 63년에는 600km를 넘는 등 자동차 교통을 위한 도로 정비는 급속히 진행되었다. 동시에 전후 부흥의 과정에서 국내 자동차 회사의 생산 대수도 급증하였고, 국내의 자동차 보유 대수도 급증하였다.

이러한 배경하에서 화객 수송에서 자동차 비중은 점점 증가하였다. 특히 [그림 5-10]에서 알 수 있듯이 수송 전체의 ton kilometer에서 자동차의 비중이 급증하였던 것은 특징적이다. 즉, 전전에는 도시, 근거리 화객 수송이 대부분이었던 자동차 수송이 전후에는 원거리 수송에서도 철도의 비중을 잠식하며 성장하였다. 이는 앞에서 언급한 대로, 일반 도로의 보수·개수에 의해 도로 상황이 극적으로 개선되었을 뿐만 아니라 그것에 이어 고속 자동차 국도, 소위 고속도로가 정비됨으로써 원거리 화객 이동에서도 자동차 비중의 점유율이 높아진 탓이다.

3. 고속도로망의 건설

1957년 국토개발종관자동차도건설법, 고속자동차국도법이 공포·시행됨에 따라 고속도로 건설이 추진되었다. 63년에 메이신(名神) 고속도로가 아마가사키(尼崎)와 릿토우(栗東)를 연결한 것을 필두로 65년 니시노미야(西宮)·고마키(小牧) 간 고속도로, 69년 도메이(東名) 고속도로가 전체 개통되는 등 대도시를 연결하는 고속도로 정비가 급속히 진행되었다.

또한 이 시기에 도시 내의 도시고속도로의 건설도 진행되었다. 1959년 슈토(首都)고속도로공단, 62년에는 한신(阪神)고속도로공단이 설립되어 도시고속도로를 건설하였다. 더욱이 기타 주요 도시(나고야, 후쿠오카, 기타큐슈)에도 잇달아 도시고속도로가 건설되었다. 이렇게 급속히 진행된 고속도로 정비 상황이 [그림 5-11]에 제시되어 있다.

이 같은 고속도로 정비가 지역경제에 대해 미친 영향은, 같은 시기에 진행되었던 신칸센 정비의 영향과는 달랐을 것으로 예상된다. 여객 수송에 특화된 신칸센과 달리 화물 수송비용의 하락을 통해 지역경제에 영향을 미쳤을 것으로 생각되기 때문이다. 斉藤(2008)에 의하면, 1964년 말까지 고속도로 이용이 가능해진 지자체에서는 그렇지 못한 비슷한 지자체보다 1960~70년 인구증가율이 26.3%나 더 높았다. 또한 고속도로 이용이 농업 부문의 취업자 비율을 감소시키고 제조업 부문의 취업자 비율을 증가시켰음을 보여 주는 것이기도 하다. 이로부터 고속도로의 정비가 고속도로 인근에 위치한 지자체의 공업화 속도를 높여 주었다는 결론을 내릴 수도 있다. 그러나 이 시기 대도시권으로의 인구 집중과 지방, 특히 소도시로부터의 인구 유출이 나타난다는 이른바 빨대효과(straw effect)가 관찰된다는 지적도 있다(小池·平井·佐藤, 2012). 더욱이 고속도로의 건설은 인근 지자체의 전체 산업소득, 제조업, 도매업 등에 대해서는 성장효과를 가져왔지만 농업, 소매업에 대해서는 부정적인 효과를 가져왔음이 확인되고 있다. 즉, 인근 및 주변 지자체의 지역경제에 국지적 빨대효과(local straw effect) 등에 의한 영향을 미쳤다고 말한다(要藤·吉村, 2016). 이상으로부터 고속도로 정비는 인근 지역의 공업화에 공헌하는 한편 빨대효과로 인해 소도시로부터 인구 유출이 촉진되었다고 생각된다.

4. 항공[30]

전후의 운수, 특히 1970년대 이후 일본의 교통에서 항공 운수의 확대는 극히 특징적이다. 본 항에서는 전후 항공 운수에 대해 개관한다.

종전 직후 금지되었던 민간항공은 1951년 GHQ의 국내 항공사업 허가를 계기로 국영 일본항공이 설립되어 국내선의 운항이 시작되었다. 또한 일본 최초의 국제선은 54년 하네다-샌프란시스코 간에 취항한 것이었다. 그러나 민간항공이 재개된 시점 일본에는 하네다, 이타미, 나고야, 후쿠오카, 치토세, 미사와, 이와쿠니의 7개 공항밖에 없어서 항공 네트워크의 확충을 위해서는 지방 공항의 정비가 급선무였다. 이러한 배경하에서 56년에는 공항정비법이 제정되고 국가의 보조에 의해서 지방 공항의 정비가 진행되었다. 또한 63년에 제정된 전국종합개발계획 이후 공업활동의 지방 분산을 지향하게 되었는데, 이에 따라 지방의 교통 인프라 정비의 중요성을 강하게 인식하게 되었다. 이러한 흐름 속에서 67년 공항정비 5개년 계획을 책정하고 이에 따라 지방 공항의 정비가 급속하게 진행되었다.

또한 이와 동시에 항공업계에서는 항공회사의 보호정책이 추진되었다. 1972년에는 당시 주요 항공 3사였던 일본항공, 전일공, 동아국내항공의 사업 분야 분할을 명하여, 소위 45·47체제가 확립되었다. 이 체제에서 일본항공에게는 정기편 국제선 전 노선 및 국내 간선, 전일공에게는 국내 간선 및 국내 로컬 노선, 동아국내항공에게는 국내 로컬 노선의 취항이 할당되었다. 이러한 사업 분야의 분할은 항공회사 간의 경쟁을 회피하려는 것이었다. 더욱이 지방

30 이 항에서 인용을 굳이 표시하지 않는 내용은 다음에 근거하고 있다. 運輸省50年史 編纂室 편(1999), 山本 편(1986), 운수경제연구센터 近代日本輸送史硏究會 편(1979), 山重·大和総研經営戰略硏究所 편저(2007) 등.

공항의 개항 시에는 적어도 이 3사 중 하나에게만 취항을 할당함으로써 항공 네크워크의 확대를 꾀하였다. 항공회사는 지방의 적자 노선을 흑자 노선의 내부 보조로 유지할 수 있었기 때문에 급증하는 지방 항공노선 간의 네트워크를 유지·확대하는 것이 가능하였던 것이다. 더 나아가 이들 지방 공항의 국제화도 중점적으로 추진하였다(Barros, Managi, and Yoshida, 2010).

그러나 이들 지방 공항의 정비가 항공 수요의 요청 때문이라기보다는 어디까지나 정치적인 의도 때문에 추진된 것이라서 비효율성이 생겼다는 것도 지적해 두어야 한다. 특히, 1현 1공항 정책의 기치 아래 공항에 대한 충분한 수요가 없는 현에도 공항이 생김에 따라 공급 과잉이라는 의미에서 비효율적인 공항이 다수 건설되고 말았다는 비판이 있다. 또한 지방 공항 건설은 다른 공항의 정비사업보다 우선시되었기 때문에 수요 과다에 따라 규모 확대가 요구되었던 공항의 정비는 오히려 불충분하였을 수도 있었다. 이런 이유로 발생한 비효율도 작지 않았을 것이다. 실제로 급증하는 수요에 대응했어야 하고 활주로 확대 등 대책이 필요하였던 하네다, 나리타, 간사이 국제공항은 지방 공항 정비의 우선 정책으로 인해 뒤로 밀려났다고 지적되고 있다. 이들 공항의 비효율성에 대해서는 Yoshida and Fujimoto(2004)가 혼슈의 지방 공항이 그 이외 지역의 공항보다 실제로 비효율적이었음을 실증적으로 보여 주었다.

이렇게 보호주의적이면서 동시에 정부 주도였던 공항정책은 그 후 항공 수요가 증가함에 따라 서서히 규제 완화로 선회하게 된다. 우선 1986년 전술한 45·47체제는 폐지되었고 국내선 취항은 자유화되었다. 이에 따라 노선 경쟁이 확대되고 항공 운임이 하락하게 되면서 점점 더 항공 여객은 증가하게 되었다. 더욱이 항공산업의 진입과 퇴출이 자유화되면서 97년에는 진입 기준이 폐지되었고, 98년에는 스카이 에어라인즈와 홋카이도 국제항공이 각각 도쿄-후쿠오카, 도쿄–삿포로 노선에 신규 취항하였다.

이상과 같이 전후 항공 및 – 본 강좌 제5권에서 논하였던 – 신칸센 정비에 의한 여객 수송의 고도화는 지역 경제활동에 대하여, 그중에서도 본사 기능의 도쿄 집중이라는 점에서 큰 영향을 미쳤다고 지적되고 있다(八田, 2006). 제5권 제3장에서 지적하였던 대로 전전까지 일본경제는 도쿄·오사카의 2극 구조였고 오사카가 도쿄에 필적하는 경제 규모를 갖고 있었다. 그렇게 되었던 중요한 이유 중의 하나는 국내의 이동비용이 컸기 때문이다. 오사카의 서쪽 서일본권에서 보면 도쿄는 멀기 때문에 만약 도쿄에 본사가 위치하는 경우 본사·사업소 간의 커뮤니케이션이 충분히 이루어지기 곤란할 것이다. 그에 비하여 오사카에 본사가 위치하는 경우 본사·사업소 간의 커뮤니케이션이 상대적으로 원활하게 이루어질 것이다.[31] 후쿠오카에서 도쿄까지는 편도 20시간이 걸리지만 후쿠오카에서 오사카까지는 편도 12시간 정도 걸린다. 따라서 오사카가 서일본 경제권의 중심으로서 특별히 중요한 위치를 차지하였던 것이다.

그러나 본 강좌 제5권 제5장에서 서술하였듯이, 신칸센의 개시 그리고 본 항에서 소개한 민간항공의 발전·자유화는 서일본 경제권과 도쿄의 시간 거리를 대폭 줄여 주었다. 신칸센의 경우, 1975년 후쿠오카–도쿄 노선이 도카이도–산요 노선과 연결됨으로써 서일본 경제권에서 도쿄까지 대량의 고속 여객수송이 가능해졌다. 또한 동시에 진행된 민간항공의 발전, 특히 지방 항공노선의 확대에 의해 서일본 경제권으로부터 도쿄까지의 시간 거리가 극적으로 단축되었다. 그 결과 서일본 경제권과 도쿄는 일일생활권 내에 들어오게 되었고, 도쿄에 본사가 있어도 지방 사업소의 경영이 충분히 가능하게 되었다. 결국 본

31 Giroud(2013) 등의 연구는 본사-사업소 간 커뮤니케이션 비용이 사업소의 생산성에 실제로 영향을 미친다는 것을 보인 바 있다.

사의 입지에 관한 제약이 사라지게 되면서 기업은 보다 집적의 이익을 누릴 수 있는 도쿄로 본사를 이전하게 되었다.

더욱이 항공정책 중 국내 이동의 고속화만이 도쿄로의 1극 집중을 가져왔던 것은 아니다. 국제노선의 정비도 그러하였다. 1994년 간사이 국제공항이 개항할 때까지 도쿄는 도쿄 국제공항 및 신도쿄 국제공항이라는 국제선 허브공항을 가진 유일한 도시였다. 이는 경제가 세계화되는 과정에서 다국적기업이 도쿄에 거점을 두는 중요한 요인이 되었다. 더욱이 국내 기업도 이들 다국적기업과 근접한 입지를 가질 경우 우위성을 가질 수 있기 때문에 본사의 도쿄 이전은 촉진되었다(Fujita et al., 2004). 반면에 일본 제2의 도시인 오사카에서는 이타미 공항 주변의 시가화가 진행되면서 소음 문제가 심각해지자 공항의 확장 정비가 난항을 겪게 되었다. 결국 94년 간사이 국제공항이 개항할 때까지 오랜 기간 허브공항이 정비되지 못하였다. 이는 세계화의 필수 요소라고 할 수 있는 국외 접근성의 측면에서 도쿄에 크게 뒤처지는 결과를 낳고 말았다. 이와 같이 국제공항의 접근성이야말로 이 시기 진행되었던 도쿄 1극 집중을 초래한 요인이 되었던 것이다.

5. 해운

끝으로 본 항에서는 전전부터 전후에 이르기까지 화물 수송, 특히 장거리 대량 수송을 담당하였던 해운에 대해 논한다.

국내 해운은 [그림 5-10]으로부터 명확하지만, 전후 국내의 장거리 대량 수송을 안정적으로 담당하였다. 1930년대 이후 군수공업을 중심으로 중화학공업의 발전이 시작되었다. 그 과정에서 태평양 벨트 이외의 연안부에 대규모 공장이 건설되었고 원료 수송을 위해 임해공업지대에 항만이 정비되었다. 그러나 중일전쟁과 태평양전쟁에 돌입하면서 해운의 전시 통제가 급속히 진행되었고 군에 의한 선박 징발, 공습에 의한 항만과 선박의 파괴, 어뢰에 의한 항로 봉쇄 등에 의해 해운에 의한 수송량은 45년 종전할 때 40년의 24%까지 급감하였다.

전후에는 한국전쟁의 특수와 일본의 중화학공업화 진전에 따라 석탄, 석유의 국내외 조달이 진행되었고 내항 해운 및 외항 해운은 다시금 중요한 역할을 하게 되었다. 1961년에는 항만정비 긴급조치법이 제정되었고 그에 따라 제1차 항만정비 5개년 계획이 수립되었다. 특히 당시 공업의 중심이었던 3대 도시권과 그 주변으로 확대되었던 태평양 벨트의 항만이 중점적으로 정비되었다. 또한 70년대가 되면 국토의 균형 발전 정책을 추진하게 되었는데, 지방으로의 공업 분산을 위해 사회자본 확충이 중요함을 인식하게 되면서 지방 항만 설비의 정비를 적극적으로 추진하게 되었다. Kawakami and Doi(2004)는 이러한 항만 설비의 정비가 실제로 일본의 GDP 확대에 공헌하였음을 보인 바 있다.

또한 1957년 세계 최초로 컨테이너선이 취항하였고 70년대를 거치면서 컨테이너 수송이 폭발적으로 증가하였다. 해상 수송은 컨테이너 수송으로 크게 바뀌었다. 특히 수출 주도의 경제발전을 추구한 NIEs 국가들, 특히 ASEAN 국가들과 중국의 경제성장으로 아시아 전역의 컨테이너 화물이 급증하였는데, 그 과정에서 컨테이너 중계 수송도 확대되었다. 이 흐름에 따라 일본은 컨테이너 수송에 대응하기 위해 항만을 건설하고 정비하였다. 이 시기 일본의 주요 항만은 컨테이너 취급량에서 상위권이었다. 그중에서도 고베항은 81년까지 아시아 최대의 컨테이너 취급량을 자랑하였다. 그러나 NIEs의 약진에 따라 현재 컨테이너 중계 수송의 허브는 한국의 부산과 대만의 가오슝(高雄)으로 옮겨 갔다.

항공에 관한 항에서 서술한 바 있듯이, 1980년대 이후 경제의 세계화가 진전되고 다국적기업이 현저하게 발전하면서 도시 간 경쟁은 점점 더 치열해져 갔다. 도시 간 경쟁은 국내에 그치지 않고 아시아 비즈니스 거점을 유치하기 위한 국제적인 경쟁이 되었다고 생각한다. 경제가 세계화되는 가운데 다국적기업은 다른 도시와 커뮤니케이션이 편리한 도시를 거점으로 선택할 것이고, 또한 제품 제조의 거점에 대해서도 제품과 부품 수송이 편리한 도시를 거점으로 선택하게 될 것이다. 특히 90년대가 되면 동남아시아와의 제조 체인의 긴밀화, 확대가 진행되었기 때문에, 커뮤니케이션 및 편리성의 견지에서 공항·항만의 편리성이 다국적기업의 거점 입지에서 중요한 요인이 되어 왔다. 실제로 수송의 허브가 산업의 집적지로 유리하다는 것은 다양한 연구가 보인 바 있다 (Krugman, 1993; Mori and Nishikimi, 2002). 수출입의 주요 수송 방법인 해운과 항공에서 허브가 된다는 것은 세계화된 도시 간 경쟁 속에서 도시의 매력을 높이는 데 중요한 역할을 하게 된다. 세계화의 진전에 따라 일본 국내에서는 국제 허브공항을 가진 도쿄와 갖지 못한 오사카의 격차로 나타났고, 그 격차가 확대되었던 것이 사실이다. 여객의 수송 편리성은 국내에서만이 아니라 국제적인 도시 간 경쟁에서도 도시의 매력으로 직결되는 요인이 되었다. 즉, 수송정책은 국내의 지역경제에 그치지 않고 국제적인 경제활동의 분포에도 커다란 영향을 주었던 것이다.

6. 운수정책과 지역경제

본 절에서는 전전에서 현대에 이르기까지 운수의 역사에 대해서 지역경제의 관점으로부터 살펴보았다. 본 절에서 주목한 자동차, 항공에 대해서는 다음과 같다. 전후 지역 간 수송비용을 극적으로 낮춤으로써 지역경제에 강한 영향을 미쳤다. 특히, 항공망의 정비 및 국제 허브공항의 존재는 이 시기에 진행된 경제의 세계화와 맞물려 일본경제의 도쿄 1극화에 크게 기여하였다. 동시에 생산의 세계화에 의한 항만 정비도 지역의 경제활동에 큰 영향을 미치게 되었다. 이와 같이 운수의 정비는 단순히 그 지역의 경제활동에만 영향을 미치는 것이 아니라 국내 전체, 더 나아가 국제적인 경제활동의 분포에도 심대한 영향을 준다. 이 점과 관련하여, 운수정책이란 로컬 관점에 그칠 것이 아니라 국내 전체의 후생 관점에서 논의되는 것이 마땅하다고 생각된다.

참고문헌

内閣府編(2015),『平成27年版経済財政白書』, 日経印刷.

山本弘文編(1986),『交通・運輸の発達と技術革新 — 歴史的考察』, 国際連合大学.

産業構造審義会(1971),『70年代の通商産業政策 — 産業構造審義会中間答申』, 大蔵省印刷局.

産業構造審義会(1980),『80年代の通商産業政策 — 産業構造審義会答申』, 産業構造審義会.

山重慎二・大和総研経営戦略研究所編著(2007),『日本の交通ネットワーク』, 中央経済社.

森川正之(2014),『サービス産業の生産性分析 — ミクロデータによる実証』, 日本評論社.

森川正之(2016),『サービス立国論 — 成熟経済を活性化するフロンティア』, 日本経済聞出版社.

石原武政編著(2011),『商務流通政策(通商産業政策史4)』, 経済産業調査会.

小宮隆太郎(1994),『貿易黒字・赤字の経済学 — 日米摩擦の愚かさ』, 東洋経済新報社.

小池淳司・平井健二・佐藤啓輔(2012),「高速道路整備による地域の人口及び経済変化に関する事後分析 — 固定効果モデルによるパネルデータ分析」,『土木学会論文集D3』 第68巻 第4号, 388~399.

深尾京司・天野倫文(2004),『対日直接投資と日本経済』, 日本経済新聞社.

若杉隆平編(2011),『現代日本企業の国際化 — パネルデータ分析』, 岩波書店.

要藤正任・吉村有博(2016),「市町村データを用いた高速道路整備効果の実証分析」, KIER Discussion Paper Series, No. 1603.

運輸経済研究センター近代日本輸送史研究会編(1979),『近代日本輸送史 — 論考・年表・統計』, 成山堂書店.

運輸省50年史編纂室編(1999),「日本鉄道史」, 運輸省50年史編纂室編,『運輸省五十年史』, 運輸省50年史編纂室.

長谷川信編著(2013),『機械情報産業政策(通商産業政策史7)』, 経済産業経調査会.

斉藤淳(2008),「地域経済開発におけるインフラの役割 — 日本の戦後経済成長の経験」,『開発金融研究所報』 第37号, 64~114.

清田耕造(2015),『拡大する直接投資と日本企業』, NTT 出版.

通商産業省編(1990),『90年代の通商政策ビジョン — 地球時代の人間的価値の創造へ』, 通産政策調査会.

八田達夫(2006),「都心回帰の経済学」, 八田達夫編,『都心回帰の経済学 — 集積の利益の実証分析』, 日本経済新聞社, 1~23.

冨浦英一(2009),「輸入競争が日本の国内産業に与えた影響について」, 伊藤元重編,『国際環境の変化と日本経済(バブル/デフレ期の日本経済と経済政策3)』, 慶応義塾大学出版会, 第1章, 3~31.

冨浦英一(2014),『アウトソーシングの国際経済学 — グローバル貿易の変貌と日本企業のミクロ・データ分析』, 日本評論社.

Barros, Carlos Pestana, Shunsuke Managi, and Yuichiro Yoshida (2010), "Productivity growth and biased technological change in Japanese airports," *Transport Policy*, Vol. 17, Issue 4, pp. 259~265.

Fujita, Masahisa and Takatoshi Tabuchi (1997), "Regional growth in postwar Japan," *Regional Science and*

Urban Economics, Vol. 27, No. 6, pp. 643~670.

Fujita, Masahisa, Tomoya Mori, J. Vernon Henderson, and Yoshitsugu Kanemoto (2004), "Spatial distribution of economic activities in Japan and China," in J. Vernon Henderson and Jacques-Francois Thisse (eds.), *Handbook of Regional and Urban Economics*, Amsterdam: Elsevier, Ch. 65.

Giroud, Xavier (2013), "Proximity and investment: Evidence from plant-level data," *The Quarterly Journal of Economics*, Vol. 128, Issue 2, pp. 861~915.

Herrendorf, Berthold, Richard Rogerson, and Ákos Valentinyi (2014), "Growth and structural transformation," in Philippe Aghion and Steven N. Durlauf (eds.), *Handbook of Economic Growth, Volume 2*, Amsterdam: Elsevier, Ch. 6, pp. 855~941.

Ito, Keiko and Kyoji Fukao (2005), "Physical and human capital deepening and new trade patterns in Japan," in Takatoshi Ito and Andrew K. Rose (eds.), *International Trade in East Asia*, Chicago: University of Chicago, Press.

Kawakami, Tetsu and Masayuki Doi (2004), "Port capital formation and economic development in Japan: A vector autoregression approach," *Papers in Regional Science*, Vol. 83, Issue 4, pp. 723~732.

Krugman, Paul (1993), "The hub effect: Or, threeness in interregional trade," in Wilfred J. Ethier, Elhanan Helpman, and J. Peter Neary (eds.), *Theory Policy and Dynamics in International Trade*, Cambridge (UK): Cambridge University Press, pp. 29~37.

Kuznets, Simon (1973), "Modern economic growth: Findings and reflections," *American Economic Review*, Vol. 63, No. 3, pp. 247~258.

Mori, Tomoya and Koji Nishikimi (2002), "Economies of transport density and industrial agglomeration," *Regional Science and Urban Economics*, Vol. 32, Issue 2, pp. 167~200.

Nordhaus, William D. (2008), "Baumol's diseases: A macroeconomic perspective," *The B. E. Journal of Macroeconomics*, Vol. 8, Issue 1, Article 9.

Schettkat, Ronald and Lara Yocarini (2006), "The shift to services employment: A review of the literature," *Structural Change and Economic Dynamics*, Vol. 17, No. 2, pp. 127~147.

Tomiura, Eiichi (2003a), "The impact of import competition on Japanese manufacturing employment," *Journal of the Japanese and International Economies*, Vol. 17, Issue 2, pp. 118~133.

Tomiura, Eiichi (2003b), "Changing economic geography and vertical linkages in Japan," *Journal of the Japanese and International Economies*, Vol. 17, Issue 4, pp. 561~581.

Tomiura, Eiichi (2007), "Foreign outsourcing, exporting, and FDI: A productivity comparison at the firm level," *Journal of International Economics*, Vol. 72, Issue 1, pp. 113~127.

Tomiura, Eiichi, Ryuhei Wakasugi, and Lianming Zhu (2014), "Task content of trade: A disaggregated measurement of Japanese changes," *The Japanese Economic Review*, Vol. 65, Issue 2, pp. 238~251.

Yoshida, Yuichiro and Hiroyoshi Fujimoto (2004), "Japanese-airport bench marking with the DEA and endogenous-weight TFP methods: Testing the criticism of overinvestment in Japanese regional airports," *Transportation Research Part E: Logistics and Transportation Review*, Vol. 40, Issue 6, pp. 533~546.

권말 부록

생산 · 물가 · 소득의 추정

후카오 교지(深尾京司)

[부표 1] 생산·인구·생산요소 투입·분배율·생산성·물가·환율·임금률의 시계열(1970~2017)

	인구1인당 실질GDP	명목GDP				실질GDP			
	1990년 국제달러	100만 엔				2000년 가격(100만 엔, 연쇄방식)			
		거시	제조업	비제조업 (주택·분류 불명은 제외)	비제조업 (시장경제만 포함 주택·분류 불명은 제외)	거시	제조업	비제조업 (주택·분류 불명은 제외)	비제조업 (시장경제만 포함 주택·분류 불명은 제외)
	(1)	(2)	(3)	(4)	(5)	(6)	(7)	(8)	(9)
1970	9,714	74,368,095	25,871,331	43,040,979	36,635,046	184,744,267	32,501,533	137,415,401	105,262,261
1971	10,040	-	-	-	-	-	-	-	-
1972	10,734	-	-	-	-	-	-	-	-
1973	11,434	115,333,692	37,459,413	69,157,339	57,426,486	226,020,198	40,930,290	165,049,348	127,659,275
1974	11,145	136,263,631	42,186,392	84,771,522	69,818,471	223,213,168	40,315,675	162,775,173	124,382,864
1975	11,344	150,019,484	41,347,003	98,645,590	79,654,754	226,652,174	37,201,483	173,104,236	131,163,091
1976	11,669	169,167,318	47,694,889	109,902,371	88,929,400	237,883,568	42,148,042	176,813,463	133,301,393
1977	12,064	187,643,212	51,821,907	122,281,063	98,979,089	246,452,185	43,724,946	182,926,441	137,717,726
1978	12,585	206,681,005	56,649,000	134,674,654	108,909,662	257,922,121	46,146,529	191,455,323	144,415,846
1979	13,163	224,573,509	60,611,571	147,101,349	118,292,004	275,901,631	50,393,267	203,425,769	152,543,842
1980	13,428	243,426,200	64,901,184	160,488,585	127,924,356	291,815,001	54,201,367	214,051,715	161,002,080
1981	13,754	261,245,500	69,927,586	171,372,993	136,481,212	304,680,414	57,692,132	221,558,496	166,811,452
1982	14,078	273,996,200	72,987,177	180,455,249	143,092,677	313,787,490	60,774,977	227,247,012	170,787,661
1983	14,307	284,823,000	76,001,771	187,067,742	147,588,318	321,520,771	63,055,375	231,893,680	173,757,367
1984	14,773	302,555,300	83,360,764	196,839,874	154,811,491	333,833,432	67,309,045	293,378,957	179,910,144
1985	15,331	322,819,800	88,735,353	209,128,989	164,684,249	357,651,681	77,232,865	247,043,001	186,750,684
1986	15,679	337,610,400	90,767,218	220,359,228	173,958,475	364,218,069	77,623,971	252,459,377	192,065,276
1987	16,251	352,726,400	93,069,770	232,158,071	184,635,145	377,780,452	80,672,552	262,696,894	202,413,796
1988	17,185	378,339,600	100,465,419	249,101,142	200,133,560	402,182,712	88,481,254	277,606,780	216,247,709
1989	17,943	406,040,800	108,581,046	267,251,132	215,927,757	422,538,049	95,505,230	289,386,261	227,124,967
1990	18,789	438,983,000	114,184,905	292,300,443	238,436,178	449,712,451	99,729,299	310,960,006	248,070,599
1991	19,368	468,634,800	121,532,280	311,721,120	254,593,142	466,369,791	105,297,488	319,478,321	255,281,647
1992	19,472	479,301,800	120,118,267	321,154,342	260,928,176	468,254,408	103,602,184	321,755,455	256,902,273
1993	19,455	482,000,600	114,013,700	326,924,113	264,280,473	467,434,451	99,627,834	323,455,588	257,475,817
1994	19,553	484,954,500	109,849,445	332,297,618	266,889,948	468,685,443	98,052,144	325,762,482	258,055,419
1995	19,888	489,684,300	111,058,300	334,538,126	266,403,082	477,292,449	102,204,998	329,119,110	259,658,049
1996	20,360	500,772,600	113,376,244	341,684,214	271,132,169	490,994,003	105,955,127	337,993,714	267,307,806
1997	20,634	510,537,900	114,756,968	348,910,075	276,218,443	497,553,335	108,404,249	341,517,088	269,757,573
1998	20,171	501,697,900	109,589,193	344,660,578	270,175,857	488,566,028	102,788,838	338,148,269	265,056,127
1999	20,087	495,804,600	105,932,592	342,159,542	266,859,482	488,783,885	102,011,783	338,894,251	264,026,495
2000	20,497	499,683,400	106,969,839	344,200,867	267,101,010	499,683,400	106,969,839	344,200,867	267,101,010
2001	20,516	491,307,800	99,406,133	343,132,184	264,239,392	497,205,890	100,632,032	348,187,776	269,247,698
2002	20,533	486,412,300	96,736,633	340,634,082	260,548,289	500,396,031	99,331,955	352,559,263	271,645,699
2003	20,850	486,031,800	98,423,542	338,018,179	257,228,602	509,946,581	105,593,525	355,358,469	271,906,227
2004	21,318	492,383,200	101,444,377	340,707,716	258,718,647	523,465,601	112,827,884	361,024,588	275,616,157
2005	21,952	498,152,800	103,983,577	343,561,714	260,316,029	539,648,689	119,686,522	370,102,206	282,587,177
2006	21,956	501,060,800	103,892,185	346,051,538	261,708,651	550,326,500	124,759,924	375,391,372	286,031,693
2007	22,428	507,142,000	105,557,068	349,654,680	263,806,519	564,747,932	132,845,286	381,403,726	290,020,681
2008	22,193	494,493,200	99,680,153	342,392,909	255,966,040	557,264,929	132,122,788	373,644,686	281,647,820
2009	20,980	460,660,400	81,798,964	326,169,723	239,255,262	514,877,739	104,918,112	354,711,212	261,081,695
2010	21,990	474,071,589	90,915,051	329,999,491	242,218,872	537,024,834	123,667,808	360,263,781	266,284,106
2011	21,909	465,531,931	86,466,492	326,046,137	236,993,344	539,310,334	126,262,982	360,296,562	264,754,549
2012	22,308	469,133,245	85,226,058	330,616,746	239,848,787	545,421,381	122,413,787	368,258,251	269,847,401
2013	22,632								
2014	22,651								
2015	22,791								
2016	22,944								
2017									

[부표 1] 계속

	실질자본스톡				명목자본스톡			
	2000년 가격(100만 엔)				당해연도 가격(100만 엔)			
	거시 (10)	제조업 (11)	비제조업 (주택·분류 불명은 제외) (12)	비제조업 (시장경제만 포함 주택·분류 불명은 제외) (13)	거시 (14)	제조업 (15)	비제조업 (주택·분류 불명은 제외) (16)	비제조업 (시장경제만 포함 주택·분류 불명은 제외) (17)
1970	279,614,486	68,639,678	175,788,886	148,416,666	130,288,605	33,132,560	84,733,260	68,741,600
1971	311,673,867	75,860,095	190,967,726	163,002,632	144,291,151	36,816,894	91,457,812	75,459,169
1972	344,850,923	81,041,047	208,771,502	179,524,050	165,641,587	40,124,759	103,220,671	86,321,961
1973	380,661,341	86,600,464	226,208,397	195,715,222	215,920,619	49,687,653	131,683,592	111,890,220
1974	414,641,070	91,984,317	241,798,769	210,136,816	281,252,516	65,015,207	169,290,173	144,610,649
1975	446,095,144	95,387,541	256,801,108	223,182,949	306,399,278	68,134,742	183,262,161	156,695,620
1976	476,953,065	97,680,295	272,682,068	236,882,316	343,906,953	72,295,136	203,306,754	173,950,620
1977	509,762,119	99,814,706	291,213,752	252,016,310	379,584,626	76,439,925	224,513,941	191,661,747
1978	545,655,112	100,701,066	314,284,434	270,145,674	420,044,944	79,606,912	250,302,668	212,848,765
1979	583,450,736	102,474,425	339,806,805	290,379,512	483,826,400	85,057,475	288,858,380	245,006,326
1980	619,468,880	104,850,343	364,734,952	310,078,462	547,696,548	92,974,127	329,309,626	278,517,837
1981	653,468,991	108,074,958	387,906,397	327,961,134	583,776,056	98,286,466	354,839,133	298,560,329
1982	686,563,870	111,883,914	410,120,359	344,338,010	618,485,004	103,076,803	377,883,395	316,299,406
1983	716,482,113	115,639,986	431,104,490	359,823,847	646,228,567	107,091,427	397,631,376	330,971,525
1984	748,527,570	120,767,323	454,048,313	378,079,216	686,368,408	113,796,163	424,562,586	352,752,115
1985	783,603,967	128,026,705	478,185,331	397,841,277	718,421,877	121,122,700	445,791,987	370,719,703
1986	818,870,107	134,474,313	502,943,569	417,839,249	746,086,793	136,262,926	465,774,632	386,636,908
1987	858,467,312	138,744,499	532,132,497	441,793,946	788,061,390	129,663,974	494,925,855	410,404,324
1988	906,190,745	145,558,607	565,123,711	469,539,472	841,467,241	137,645,520	531,056,111	440,514,803
1989	958,806,761	156,033,260	599,178,704	499,017,646	930,635,156	152,938,781	587,189,815	488,553,822
1990	1,017,877,569	169,274,419	635,819,648	530,176,138	1,019,512,949	171,575,714	642,318,892	535,101,117
1991	1,077,559,429	185,286,301	670,912,801	559,073,702	1,101,649,476	191,387,085	691,160,844	575,706,071
1992	1,128,898,836	196,425,980	704,799,856	686,057,946	1,165,681,078	204,263,417	732,815,383	608,098,531
1993	1,173,862,809	301,212,112	738,183,907	609,270,494	1,212,786,313	207,808,098	765,726,389	631,863,691
1994	1,210,082,167	202,884,180	763,692,062	626,876,526	1,245,616,304	208,101,011	788,542,909	647,443,645
1995	1,245,059,875	205,255,284	788,634,167	644,292,191	1,278,286,546	209,757,988	812,232,208	664,081,398
1996	1,285,918,990	209,543,461	815,334,701	663,167,324	1,319,269,243	213,324,603	837,978,239	682,268,614
1997	1,322,171,025	214,128,862	840,109,884	680,850,549	1,366,470,804	220,185,621	869,877,495	705,719,424
1998	1,351,833,727	218,586,811	861,302,575	695,279,582	1,378,205,694	223,800,290	879,963,614	710,689,261
1999	1,372,838,441	218,686,021	877,759,850	705,301,972	1,380,387,385	220,442,204	883,552,611	710,153,564
2000	1,392,996,684	219,046,323	893,076,222	714,703,009	1,392,996,684	219,046,323	893,076,222	714,703,009
2001	1,410,743,435	220,026,492	906,988,480	723,913,515	1,387,649,796	216,808,526	891,652,462	711,695,707
2002	1,421,981,921	218,448,296	918,116,716	730,773,472	1,379,392,077	211,941,327	889,454,680	707,636,210
2003	1,428,483,966	217,291,895	924,461,424	734,830,233	1,381,045,454	208,785,463	891,550,687	708,240,464
2004	1,436,643,946	219,403,691	929,098,580	739,526,545	1,393,851,665	210,465,389	898,414,159	714,634,074
2005	1,446,861,607	223,196,485	934,735,422	745,335,137	1,410,649,200	214,337,414	908,537,805	723,611,621
2006	1,455,547,313	228,222,789	937,662,005	749,123,476	1,438,773,718	220,720,993	924,067,284	737,513,903
2007	1,461,513,481	234,725,629	937,787,589	750,188,419	1,469,301,546	229,211,243	939,580,893	750,401,656
2008	1,462,957,062	239,984,532	935,731,666	748,907,845	1,503,408,677	237,734,236	959,270,016	765,508,214
2009	1,457,662,939	240,094,904	933,660,140	745,854,936	1,454,089,861	232,852,605	928,002,418	739,177,839
2010	1,449,452,641	238,029,597	931,084,148	742,676,318	1,438,223,751	228,056,009	920,339,935	731,786,828
2011	1,442,389,913	234,586,522	929,804,288	740,308,793	1,380,336,390	219,786,135	882,278,714	700,207,207
2012	1,437,391,941	233,566,925	927,905,670	737,089,908	1,367,151,360	219,044,458	874,390,495	692,424,012
2013								
2014								
2015								
2016								
2017								

[부표 1] 계속

	자본투입지수				자본비용 비중				맨 아워			
	연쇄지수(2000년=1)				자본비용과 노동비용의 합에서 자본비용이 차지하는 비중				1,000명×총 실노동시간			
	거시 (18)	제조업 (19)	비제조업(주택·분류 불명은 제외) (20)	비제조업(시장경제만 포함, 주택·분류 불명은 제외) (21)	거시 (22)	제조업 (23)	비제조업(주택·분류 불명은 제외) (24)	비제조업(시장경제만 포함, 주택·분류 불명은 제외) (25)	거시 (26)	제조업 (27)	비제조업(주택·분류 불명은 제외) (28)	비제조업(시장경제만 포함, 주택·분류 불명은 제외) (29)
1970	0.206	0.285	0.190	0.187	0.353	0.315	0.346	0.339	117,207,113	30,925,560	86,266,507	74,058,569
1971	0.220	0.307	0.201	0.204	0.287	0.285	0.273	0.260	117,879,014	30,498,204	87,365,403	74,799,739
1972	0.234	0.318	0.214	0.221	0.233	0.215	0.221	0.210	118,429,690	30,444,115	87,969,984	75,099,395
1973	0.253	0.334	0.229	0.240	0.225	0.204	0.207	0.209	119,786,996	31,192,372	88,578,430	75,443,962
1974	0.270	0.349	0.241	0.255	0.328	0.299	0.294	0.303	116,387,825	29,639,335	86,732,365	73,444,027
1975	0.285	0.356	0.253	0.267	0.260	0.257	0.233	0.242	114,703,578	27,453,166	87,233,331	736,526,966
1976	0.299	0.358	0.265	0.281	0.260	0.240	0.225	0.234	116,940,853	28,069,419	88,855,283	74,983,699
1977	0.314	0.362	0.279	0.295	0.251	0.232	0.223	0.230	118,769,899	27,998,662	90,755,553	76,537,505
1978	0.333	0.365	0.298	0.313	0.228	0.221	0.198	0.203	120,230,953	27,567,332	92,648,291	77,930,204
1979	0.355	0.373	0.322	0.336	0.246	0.205	0.222	0.229	121,547,610	27,767,635	93,764,176	78,402,840
1980	0.381	0.387	0.350	0.365	0.344	0.261	0.295	0.309	122,352,212	28,423,394	93,913,601	78,545,534
1981	0.406	0.405	0.376	0.390	0.338	0.275	0.298	0.310	122,372,551	28,458,912	93,898,377	78,136,669
1982	0.429	0.425	0.400	0.412	0.355	0.291	0.313	0.328	122,986,695	28,229,523	94,741,867	78,618,001
1983	0.451	0.446	0.423	0.434	0.318	0.266	0.285	0.296	124,173,236	28,781,612	95,376,397	78,741,539
1984	0.477	0.474	0.450	0.462	0.350	0.285	0.316	0.325	125,698,391	29,757,460	95,925,867	78,946,945
1985	0.508	0.517	0.481	0.493	0.357	0.298	0.320	0.335	125,076,932	29,879,491	95,182,894	78,235,193
1986	0.538	0.551	0.514	0.525	0.309	0.280	0.282	0.294	125,877,912	29,636,371	96,226,569	79,056,272
1987	0.573	0.574	0.554	0.564	0.287	0.247	0.256	0.266	126,357,479	29,421,023	96,920,965	79,608,174
1988	0.616	0.614	0.600	0.611	0.248	0.220	0.223	0.227	128,045,566	30,345,060	97,685,117	80,426,823
1989	0.665	0.675	0.650	0.663	0.263	0.230	0.237	0.242	128,628,328	30,688,783	97,924,044	80,723,033
1990	0.715	0.744	0.697	0.711	0.338	0.295	0.305	0.313	129,639,380	30,785,291	98,837,988	81,622,210
1991	0.763	0.822	0.741	0.756	0.352	0.316	0.315	0.326	129,534,907	30,798,107	98,720,790	81,543,516
1992	0.802	0.874	0.779	0.794	0.351	0.327	0.319	0.330	128,849,730	29,898,232	98,934,899	81,713,209
1993	0.832	0.894	0.813	0.827	0.344	0.319	0.306	0.316	126,171,076	28,305,338	97,848,976	80,588,815
1994	0.853	0.899	0.836	0.849	0.338	0.314	0.297	0.307	125,190,200	27,421,797	97,751,227	80,267,687
1995	0.878	0.914	0.864	0.879	0.313	0.297	0.278	0.289	126,295,917	26,778,941	99,499,763	81,687,750
1996	0.914	0.942	0.902	0.919	0.289	0.267	0.252	0.262	126,668,971	26,613,601	100,038,884	81,963,412
1997	0.944	0.968	0.935	0.950	0.330	0.288	0.289	0.303	125,533,605	26,339,735	99,178,227	80,810,120
1998	0.966	0.993	0.958	0.970	0.327	0.310	0.287	0.302	122,215,889	24,707,221	97,493,631	78,852,867
1999	0.982	0.994	0.978	0.985	0.310	0.299	0.272	0.287	119,402,570	23,954,566	95,433,739	75,778,633
2000	1.000	1.000	1.000	1.000	0.334	0.307	0.293	0.306	119,243,173	23,887,434	95,342,692	76,333,641
2001	1.020	1.009	1.025	1.023	0.327	0.311	0.287	0.300	117,456,867	23,041,509	94,402,560	75,405,934
2002	1.032	1.005	1.043	1.040	0.296	0.298	0.258	0.272	114,587,457	21,874,158	92,700,389	73,408,514
2003	1.042	1.007	1.057	1.055	0.276	0.278	0.239	0.252	114,337,247	21,571,046	92,753,409	72,911,476
2004	1.056	1.032	1.070	1.076	0.273	0.272	0.234	0.249	114,700,225	21,318,787	93,368,788	72,718,589
2005	1.074	1.066	1.086	1.100	0.250	0.265	0.214	0.227	114,245,017	21,055,818	93,176,938	72,186,952
2006	1.090	1.102	1.098	1.121	0.253	0.267	0.217	0.234	115,079,653	21,587,616	93,479,967	72,186,736
2007	1.103	1.147	1.103	1.133	0.244	0.269	0.204	0.223	115,249,208	21,712,843	93,524,910	72,302,900
2008	1.107	1.181	1.102	1.135	0.383	0.352	0.333	0.359	113,633,207	21,005,193	92,616,455	71,396,129
2009	1.103	1.180	1.098	1.129	0.319	0.356	0.267	0.289	108,862,477	18,475,458	90,375,146	69,500,019
2010	1.095	1.167	1.093	1.122	0.380	0.356	0.333	0.358	109,633,808	19,075,077	90,546,532	69,093,013
2011	1.091	1.168	1.090	1.116	0.304	0.259	0.259	0.281	108,990,368	18,892,017	90,085,521	68,082,029
2012	1.089	1.160	1.092	1.115	0.274	0.306	0.229	0.251	109,613,567	18,878,501	90,720,944	68,030,876
2013												
2014												
2015												
2016												
2017												

[부표 1] 계속

	노동투입지수				노동의 질 지수				자본장비율			
	연쇄지수(2000년=1)				연쇄지수(2000년=1)				자본투입지수/노동투입지수(2000년=1)			
	거시 (30)	제조업 (31)	비제조업(주택·분류불명은 제외) (32)	비제조업(시장경제만 포함, 주택·분류 불명은 제외) (33)	거시 (34)	제조업 (35)	비제조업(주택·분류불명은 제외) (36)	비제조업(시장경제만 포함, 주택·분류 불명은 제외) (37)	거시 (38)	제조업 (39)	비제조업(주택·분류불명은 제외) (40)	비제조업(시장경제만 포함, 주택·분류 불명은 제외) (41)
1970	0.732	1.018	0.568	0.697	0.745	0.787	0.728	0.718	0.281	0.280	0.288	0.269
1971	0.750	1.016	0.682	0.723	0.759	0.796	0.744	0.737	0.293	0.303	0.295	0.283
1972	0.768	1.034	0.700	0.740	0.773	0.811	0.759	0.753	0.305	0.308	0.305	0.299
1973	0.787	1.061	0.716	0.758	0.783	0.813	0.771	0.767	0.322	0.315	0.320	0.317
1974	0.774	1.029	0.709	0.745	0.793	0.829	0.780	0.775	0.349	0.340	0.340	0.342
1975	0.770	0.961	0.721	0.756	0.800	0.836	0.788	0.783	0.370	0.370	0.351	0.353
1976	0.794	0.986	0.745	0.780	0.809	0.839	0.799	0.794	0.376	0.363	0.356	0.360
1977	0.811	0.989	0.766	0.803	0.815	0.844	0.805	0.800	0.387	0.366	0.364	0.368
1978	0.825	0.975	0.786	0.822	0.818	0.845	0.809	0.805	0.403	0.374	0.379	0.381
1979	0.845	0.989	0.808	0.841	0.829	0.851	0.822	0.819	0.420	0.377	0.398	0.400
1980	0.865	1.031	0.823	0.859	0.843	0.866	0.835	0.835	0.441	0.376	0.426	0.425
1981	0.879	1.040	0.837	0.868	0.856	0.873	0.850	0.848	0.462	0.390	0.449	0.449
1982	0.894	1.039	0.856	0.887	0.866	0.880	0.862	0.861	0.480	0.409	0.467	0.465
1983	0.917	1.068	0.878	0.906	0.881	0.887	0.878	0.878	0.492	0.417	0.482	0.479
1984	0.941	1.119	0.895	0.920	0.892	0.898	0.890	0.890	0.507	0.424	0.503	0.502
1985	0.946	1.134	0.898	0.924	0.902	0.907	0.900	0.901	0.537	0.456	0.536	0.533
1986	0.958	1.124	0.915	0.941	0.907	0.906	0.907	0.908	0.562	0.490	0.562	0.558
1987	0.971	1.123	0.932	0.957	0.916	0.912	0.917	0.918	0.590	0.511	0.594	0.589
1988	0.990	1.169	0.944	0.973	0.922	0.920	0.921	0.923	0.622	0.525	0.636	0.628
1989	1.000	1.187	0.953	0.984	0.927	0.924	0.928	0.930	0.665	0.569	0.683	0.674
1990	1.005	1.194	0.957	0.993	0.925	0.926	0.924	0.929	0.711	0.623	0.728	0.716
1991	1.010	1.193	0.963	0.999	0.930	0.925	0.930	0.935	0.756	0.689	0.769	0.757
1992	1.008	1.167	0.967	1.002	0.933	0.932	0.932	0.936	0.795	0.749	0.805	0.792
1993	0.995	1.120	0.963	0.996	0.940	0.945	0.938	0.943	0.836	0.799	0.844	0.830
1994	0.994	1.092	0.969	0.999	0.947	0.952	0.945	0.950	0.858	0.822	0.863	0.850
1995	1.014	1.080	0.997	1.026	0.958	0.963	0.956	0.959	0.865	0.846	0.866	0.857
1996	1.016	1.072	1.002	1.028	0.957	0.962	0.955	0.958	0.899	0.879	0.900	0.893
1997	1.012	1.066	0.998	1.017	0.961	0.966	0.959	0.960	0.933	0.909	0.937	0.935
1998	1.002	1.017	0.998	1.008	0.977	0.983	0.976	0.976	0.964	0.977	0.960	0.962
1999	0.985	0.991	0.983	0.988	0.984	0.989	0.983	0.982	0.997	1.003	0.994	0.998
2000	1.000	1.000	1.000	1.000	1.000	1.000	1.000	1.000	1.000	1.000	1.000	1.000
2001	0.979	0.965	0.983	0.982	0.994	1.000	0.992	0.995	1.041	1.046	1.043	1.041
2002	0.970	0.929	0.981	0.971	1.009	1.015	1.009	1.010	1.064	1.082	1.064	1.071
2003	0.974	0.924	0.988	0.967	1.016	1.023	1.015	1.013	1.069	1.090	1.070	1.091
2004	0.986	0.922	1.003	0.971	1.025	1.034	1.024	1.019	1.071	1.118	1.067	1.108
2005	1.005	0.932	1.024	0.988	1.049	1.058	1.048	1.045	1.069	1.144	1.060	1.113
2006	1.030	0.972	1.045	1.006	1.068	1.076	1.066	1.064	1.058	1.134	1.050	1.114
2007	1.025	0.970	1.040	1.004	1.061	1.067	1.060	1.060	1.076	1.183	1.061	1.128
2008	1.015	0.944	1.034	0.997	1.065	1.073	1.064	1.065	1.091	1.251	1.066	1.139
2009	0.974	0.819	1.016	0.976	1.067	1.059	1.071	1.072	1.133	1.440	1.081	1.157
2010	0.989	0.871	1.021	0.973	1.076	1.091	1.075	1.075	1.107	1.340	1.071	1.153
2011	0.987	0.865	1.019	0.960	1.080	1.094	1.079	1.077	1.106	1.349	1.070	1.163
2012	1.000	0.875	1.034	0.967	1.088	1.107	1.087	1.085	1.089	1.327	1.056	1.153
2013												
2014												
2015												
2016												
2017												

[부표 1] 계속

	총요소생산성(TFP)				노동생산성				인구 1인당 노동시간	인구 1인당 GDP
	(2000년=1)				2000년 가격(시간당 엔)				시간	2000년 가격(1,000엔)
	거시 (42)	제조업 (43)	비제조업(주택·분류 불명은 제외) (44)	비제조업(시장경제만 포함, 주택·분류 불명은 제외) (45)	거시 (46)	제조업 (47)	비제조업(주택·분류 불명은 제외) (48)	비제조업(시장경제만 포함, 주택·분류 불명은 제외) (49)	거시 (50)	거시 (51)
1970	0.743	0.426	0.852	0.819	1.576	1.051	1.593	1.421	1.130	1.781
1971	-	-	-	-	-	-	-	-	1.121	-
1972	-	-	-	-	-	-	-	-	1.101	-
1973	0.814	0.499	0.914	0.873	1.887	1.312	1.863	1.692	1.098	2.072
1974	0.798	0.498	0.896	0.848	1.918	1.360	1.877	1.694	1.053	2.019
1975	0.802	0.480	0.930	0.874	1.976	1.355	1.984	1.781	1.025	2.025
1976	0.813	0.533	0.917	0.857	2.034	1.502	1.990	1.778	1.034	2.103
1977	0.817	0.550	0.917	0.856	2.075	1.562	2.016	1.799	1.040	2.159
1978	0.833	0.586	0.927	0.870	2.145	1.674	2.066	1.853	1.044	2.239
1979	0.861	0.629	0.948	0.888	2.270	1.815	2.170	1.946	1.046	2.375
1980	0.877	0.650	0.964	0.904	2.385	1.907	2.279	2.050	1.045	2.493
1981	0.888	0.679	0.965	0.910	2.490	2.027	2.360	2.135	1.038	2.584
1982	0.887	0.706	0.956	0.902	2.551	2.153	2.399	2.172	1.036	2.643
1983	0.879	0.709	0.942	0.890	2.589	2.191	2.431	2.207	1.039	2.690
1984	0.880	0.720	0.942	0.895	2.656	2.262	2.495	2.279	1.045	2.775
1985	0.919	0.797	0.950	0.907	2.859	2.585	2.595	2.387	1.033	2.955
1986	0.910	0.792	0.939	0.903	2.893	2.619	2.624	2.429	1.035	2.994
1987	0.918	0.814	0.945	0.921	2.990	2.742	2.710	2.543	1.034	3.091
1988	0.945	0.853	0.970	0.953	3.141	2.916	2.842	2.689	1.043	3.277
1989	0.966	0.891	0.986	0.973	3.285	3.112	2.955	2.814	1.044	3.430
1990	1.003	0.903	1.036	1.036	3.469	3.240	3.146	3.039	1.049	3.638
1991	1.014	0.925	1.040	1.041	3.600	3.419	3.236	3.131	1.044	3.758
1992	1.001	0.906	1.028	1.028	3.634	3.465	3.252	3.144	1.034	3.759
1993	0.995	0.889	1.023	1.022	3.705	3.520	3.306	3.195	1.010	3.741
1994	0.990	0.889	1.017	1.013	3.744	3.576	3.333	3.215	999	3.742
1995	0.985	0.929	0.997	0.990	3.779	3.817	3.308	3.179	1.006	3.801
1996	1.000	0.960	1.009	1.006	3.876	3.981	3.379	3.261	1.006	3.901
1997	1.007	0.979	1.013	1.014	3.964	4.116	3.443	3.328	995	3.944
1998	0.987	0.952	0.996	0.995	3.998	4.160	3.468	3.361	966	3.863
1999	0.994	0.961	1.003	1.001	4.094	4.259	3.551	3.439	943	3.859
2000	1.000	1.000	1.000	1.000	4.190	4.478	3.610	3.499	939	3.937
2001	1.003	0.962	1.017	1.014	4.233	4.367	3.688	3.571	923	3.905
2002	1.012	0.976	1.026	1.026	4.367	4.541	3.803	3.700	899	3.925
2003	1.025	1.041	1.026	1.026	4.460	4.895	3.831	3.729	895	3.994
2004	1.039	1.106	1.027	1.032	4.564	5.292	3.867	3.790	898	4.096
2005	1.052	1.154	1.032	1.039	4.724	5.684	3.972	3.915	894	4.224
2006	1.049	1.156	1.028	1.033	4.782	5.779	4.016	3.962	900	4.303
2007	1.077	1.220	1.048	1.046	4.900	6.118	4.078	4.011	900	4.411
2008	1.069	1.225	1.031	1.021	4.904	6.290	4.034	3.945	887	4.351
2009	1.016	1.066	0.992	0.962	4.730	5.679	3.925	3.757	850	4.021
2010	1.052	1.213	1.005	0.985	4.898	6.483	3.979	3.854	856	4.194
2011	1.059	1.244	1.007	0.989	4.948	6.683	3.999	3.889	853	4.219
2012	1.061	1.199	1.018	1.003	4.976	6.484	4.059	3.967	859	4.275
2013										
2014										
2015										
2016										
2017										

[부표 1] 계속

	소비자 물가지수 (종합)	기업물가 지수 (총평균)	GDP 디플레이터	수입물가 지수 (총평균)	수입물가 지수(석유·석탄·천연가스)	명목 엔-달러환율 (엔/달러)	기업물가지수에 의한 실질 엔-달러환율 (엔/달러)	GDP디플레이터에 의한 실질 엔-달러환율(엔/달러)	실질실효 환율지수 (엔/외화)	명목임금률			
	(2000년=1)						(1970년=명목률)			(시간당 엔)			
										거시	제조업	비제조업(주택·분류 불명은 제외)	비제조업(시장경제만 포함, 주택·분류 불명은 제외)
	(52)	(53)	(54)	(55)	(56)	(57)	(58)	(59)	(60)	(61)	(62)	(63)	(64)
1970	0.318	0.566	0.400	0.639	0.265	357.95	357.95	357.95	357.95	354	390	341	314
1971	0.338	0.562	0.423	0.638	0.307	314.75	327.72	313.03	345.21	419	456	406	384
1972	0.355	0.571	0.447	0.611	0.297	301.10	322.17	295.87	307.31	496	527	485	456
1973	0.397	0.661	0.503	0.741	0.320	271.67	283.97	249.80	276.66	610	635	602	560
1974	0.488	0.842	0.607	1.242	0.938	292.08	284.73	242.53	277.16	787	861	761	709
1975	0.545	0.866	0.651	1.334	1.120	296.79	307.31	251.03	278.95	932	989	914	834
1976	0.596	0.914	0.703	1.403	1.204	296.55	304.39	245.23	263.84	1,035	1,077	1,022	931
1977	0.645	0.944	0.750	1.338	1.157	268.50	283.38	220.90	238.82	1,131	1,173	1,118	1,019
1978	0.673	0.939	0.785	1.105	0.936	210.44	240.37	177.03	201.68	1,200	1,238	1,189	1,084
1979	0.697	0.986	0.807	1.421	1.239	219.15	268.37	194.22	230.62	1,261	1,306	1,248	1,140
1980	0.752	1.134	0.851	2.058	2.145	226.69	275.52	207.69	250.97	1,327	1,390	1,308	1,196
1981	0.788	1.149	0.878	2.092	2.354	220.55	288.64	214.27	240.27	1,415	1,472	1,398	1,282
1982	0.810	1.154	0.892	2.255	2.604	249.06	331.08	252.71	266.21	1,487	1,554	1,467	1,341
1983	0.825	1.147	0.900	2.080	2.296	237.48	321.85	248.23	248.79	1,547	1,605	1,530	1,412
1984	0.844	1.148	0.916	2.009	2.183	237.53	329.24	252.62	242.76	1,604	1,669	1,584	1,468
1985	0.862	1.139	0.925	1.960	2.191	238.53	331.54	259.26	240.23	1,655	1,719	1,634	1,510
1986	0.867	1.086	0.942	1.258	1.104	168.52	238.62	183.52	188.03	1,729	1,775	1,715	1,581
1987	0.867	1.052	0.941	1.155	0.966	144.61	216.83	161.50	179.80	1,793	1,809	1,788	1,651
1988	0.873	1.047	0.944	1.102	0.808	128.13	200.84	147.65	170.89	1,865	1,855	1,868	1,731
1989	0.893	1.066	0.965	1.185	0.883	137.98	222.85	161.59	186.25	1,969	1,967	1,970	1,835
1990	0.920	1.082	0.986	1.288	1.093	144.81	238.87	171.99	208.65	2,018	2,055	2,006	1,877
1991	0.952	1.093	1.012	1.182	0.988	134.51	219.98	160.82	195.99	2,172	2,189	2,167	2,024
1992	0.967	1.084	1.028	1.110	0.883	126.67	210.24	152.50	190.09	2,274	2,306	2,265	2,110
1993	0.980	1.067	1.032	0.995	0.730	111.18	190.19	136.51	162.06	2,336	2,360	2,330	2,166
1994	0.986	1.049	1.033	0.940	0.622	102.22	180.18	128.06	154.78	2,388	2,398	2,385	2,215
1995	0.985	1.040	1.028	0.939	0.629	94.05	173.15	120.90	153.25	2,428	2,478	2,414	2,228
1996	0.986	1.023	1.023	1.030	0.804	108.77	208.39	143.10	182.84	2,447	2,498	2,434	2,246
1997	1.004	1.030	1.028	1.107	0.925	121.02	230.12	161.13	194.85	2,512	2,567	2,498	2,300
1998	1.010	1.014	1.027	1.053	0.730	130.89	246.46	176.30	195.27	2,558	2,638	2,538	2,330
1999	1.007	1.000	1.014	0.955	0.708	113.85	219.28	157.56	174.00	2,534	2,602	2,516	2,294
2000	1.000	1.000	1.000	1.000	1.000	107.74	219.41	154.64	164.94	2,544	2,610	2,527	2,322
2001	0.993	0.977	0.989	1.025	1.066	121.52	265.19	180.45	184.90	2,497	2,587	2,475	2,269
2002	0.984	0.957	0.975	1.010	1.046	125.28	263.40	191.61	197.69	2,494	2,588	2,471	2,251
2003	0.981	0.949	0.959	1.001	1.116	115.92	259.00	183.79	196.91	2,511	2,625	2,485	2,262
2004	0.981	0.961	0.948	1.043	1.240	108.16	253.41	178.16	195.28	2,479	2,704	2,427	2,207
2005	0.978	0.976	0.938	1.180	1.720	110.15	272.52	189.38	208.36	2,526	2,765	2,471	2,258
2006	0.981	0.998	0.930	1.344	2.176	116.28	294.68	207.81	230.42	2,589	2,818	2,536	2,329
2007	0.981	1.015	0.923	1.445	2.359	117.77	307.44	217.72	251.93	2,551	2,742	2,506	2,299
2008	0.995	1.062	0.914	1.569	3.168	103.33	283.21	196.59	234.45	2,563	2,791	2,511	2,299
2009	0.981	1.006	0.909	1.171	1.875	93.53	246.70	180.38	208.77	2,536	2,743	2,494	2,278
2010	0.974	1.005	0.891	1.254	2.191	87.77	247.57	174.72	207.57	2,524	2,776	2,471	2,280
2011	0.972	1.019	0.876	1.348	2.746	79.78	241.56	164.85	204.91	2,521	2,840	2,455	2,267
2012	0.971	1.010	0.869	1.345	2.910	79.79	245.02	169.26	207.54	2,499	2,872	2,422	2,251
2013	0.975	1.023	0.867	1.540	3.392	97.60	297.79	211.02	260.43				
2014	1.001	1.056	0.882	1.605	3.516	105.84	315.80	229.00	276.30				
2015	1.009	1.032	0.901	1.424	2.321	121.02	342.75	259.02	295.34				
2016	1.008	0.996	0.904	1.190	1.592	108.84	311.03	235.23	260.70				
2017	1.013	1.019	0.901	1.319	2.131	112.16	326.85	247.50	274.57				

[부표 1] 계속

주·출전:

(1) 1990년 국제달러 기준의 인구 1인당 GDP(계열(1))은 2010년 이전에는 New Maddison Project Database(http://www.ggdc.net/maddison/maddison-project/data.htm)에 의거함. 그 이후에는 The Conference Board. 2016. The Conference Board Total Economy Database™, May 2016(http://www.conference-board.org/data/economydatabase/)에 의거함. 이 시계열의 증가율과 [부표 1]의 인구 1인당 GDP, 2000년 가격, 1,000엔(계열(51))의 증가율은 일치하지 않는데, 이는 계열(1)이 국민경제계산에 주로 의거하고 있는 반면 계열(51)은 JIP 데이터베이스 2015에 주로 의거하고 있기 때문임. JIP 데이터베이스의 작성 방법에 대해서는 深尾·宮川 편(2008)을 참조할 것.

(2)~(51) JIP 데이터베이스 2015에 의거함. 따라서 국민경제계산에 의거한 다른 시계열과 반드시 정합적이지는 않음. JIP 데이터베이스 2015와 마찬가지로 제조업은 출판·인쇄업을 포함하고 있지 않음. 인구는 정부의 인구 추계 장기시계열(http://www.stat.go.jp/data/jinsui/2.htm)에 의거함. 1971~72년 실질부가가치와 생산성에 관한 데이터는 JIP 데이터베이스에 연차 산업연관표가 없기 때문에 공란으로 두었음. 국민경제계산에 의거한 1971~72년 실질부가가치에 대해서는 본 강좌 제5권 권말 부록 [부표 1]을 참조할 것.

(52) 소비자물가지수는 총무성 통계국 웹사이트(http://www.stat.go.jp/data/cpi/historic.htm)로부터 구한 2015년 소비자물가지수(종합)임.

(53) 기업물가지수(총평균)는 일본은행 시계열 데이터 검색사이트(http://www.stat-search.boj.or.jp/)로부터 구한 2015년 기업물가지수(총평균)임.

(54) GDP디플레이터는 내각부 「국민경제계산 연차 추계」. 1979년 이전은 1990년 기준·1968 SNA, 1980~1993년은 2000년 기준·1993 SNA, 1994~2016년은 2011년 기준 · 2008 SNA에 의한 것임. 단, 2017년 4분기 GDP는 속보치로 2017년 10~12월 제2차 속보치임(2018년 3월 8일 공표).

(55) 수입물가지수(총평균)는 일본은행 시계열 데이터 검색 사이트로부터 구한 2015년 기준 수입물가지수임(엔 기준, 총평균).

(56) 수입물가지수(석유·석탄·천연가스)는 일본은행 시계열 데이터 검색 사이트로부터 구한 2015년 기준 수입물가지수임(엔 기준, 석유·석탄·천연가스).

(57) 1972년 이전의 엔-달러 환율은 일본은행 100년사 편집위원회(1986), 그 이후의 자료는 일본은행 시계열 데이터 검색 사이트로부터 구한 연평균치임. 또한 서장 [그림 0-5]의 4분기 기준 데이터 중에서 1972년 12월까지의 엔-달러 환율은 東京銀行 조사부, 『東京銀行月報』, 實業之日本社, 1970년 3월호~1974년 2월호의 「당행 대고객 외국환율 시세(전신환) 일람표」의 엔-달러 환율(월중 평균)을 이용하였음.

(58) 일본의 기업물가지수는 일본은행 시계열 데이터 검색 사이트 「기업물가지수(2015년 기준)」로부터 구한 연평균치임. 미국의 기업물가지수는 U.S. Bureau of Labor Statistics 웹사이트(http://www.bls.gov/PPI/#dat)로부터 구한 연평균치임.

(59) 일본 GDP디플레이터는 1979년까지는 1990년 기준·1968 SNA, 1980~1993년은 2000년 기준·1993 SNA, 1994~2016년은 2011년 기준·2008 SNA에 의한 것임. 단, 2017년 4분기 GDP는 속보치로 2017년 10~12월 제2차 속보치임(2018년 3월 8일 공표). 미국의 GDP디플레이터는 Bureau of Economic Analysis 웹사이트(http://bea.gov/iTable/index_nipa.cfm)에 의거함. 또한 서장 [그림 0-5]의 4분기 기준 데이터에서 1994년 이후 일본의 GDP디플레이터는 2017년 10~12월 제2차 속보치(2018년 3월 8일 공표)이고 미국의 GDP디플레이터는 Bureau of Economic Analysis 웹사이트로부터 구한 것임.

(60) 실질실효환율은 1993년 이전은 BIS Effective Exchange Rate, Real (CPI-based), Narrow Indices(25개국 대상, Monthly averages; 2010=100, http://www.bis.org/

statistics/eer.htm)임. 그 이후는 BIS Effective Exchange Rate, Real (CPI-based), Broad Indices(61개국 대상, Monthly averages; 2010=100, http://www.bis.org/statistics/eer.htm)임. Narrow Indices를 1994년 Broad Indices에 접속하였음.

(61)~(64) JIP 데이터베이스 2015에 의거함. JIP 데이터베이스 2015와 같이 제조업은 출판·인쇄업을 포함하고 있지 않음.

[부표 2] 노동생산성 상승의 원천-성장회계분석

거시경제(전 산업)

	1970~75	1975~80	1980~85	1985~90	1990~95	1995~2000	2000~05	2005~12	1970~80	1980~90	1990~2000	2000~12
노동생산성 상승률	4.52	3.76	3.63	3.86	1.71	2.07	2.40	0.74	4.14	3.75	1.89	1.43
자본장비율 상승의 기여	1.57	0.91	1.35	1.63	1.36	0.91	0.43	0.09	1.24	1.49	1.13	0.23
노동의 질 향상률	1.44	1.04	1.35	0.50	0.70	0.87	0.96	0.52	1.24	0.92	0.78	0.70
TFP 상승률	1.51	1.81	0.93	1.74	-0.35	0.29	1.01	0.13	1.66	1.33	-0.03	0.50

제조업

	1970~75	1975~80	1980~85	1985~90	1990~95	1995~2000	2000~05	2005~12	1970~80	1980~90	1990~2000	2000~12
노동생산성 상승률	5.08	6.83	6.08	4.52	3.28	3.20	4.77	1.88	5.96	5.30	3.24	3.08
자본장비율 상승의 기여	1.47	0.06	1.09	1.60	1.92	0.98	0.79	0.68	0.77	1.35	1.45	0.73
노동의 질 향상률	1.22	0.71	0.91	0.43	0.79	0.75	1.12	0.65	0.97	0.67	0.77	0.85
TFP 상승률	2.39	6.06	4.08	2.49	0.57	1.47	2.86	0.55	4.22	3.28	1.02	1.51

비제조업(주택·분류 불명은 제외)

	1970~75	1975~80	1980~85	1985~90	1990~95	1995~2000	2000~05	2005~12	1970~80	1980~90	1990~2000	2000~12
노동생산성 상승률	4.39	2.77	2.60	3.85	1.00	1.75	1.91	0.31	3.58	3.22	1.38	0.98
자본장비율 상승의 기여	1.05	0.89	1.41	1.59	1.08	0.79	0.34	-0.01	0.97	1.50	0.93	0.13
노동의 질 향상률	1.60	1.16	1.48	0.52	0.69	0.91	0.94	0.51	1.38	1.00	0.80	0.69
TFP 상승률	1.75	0.72	-0.29	1.74	-0.76	0.05	0.63	-0.19	1.23	0.72	-0.35	1.05

비제조업(시장경제만 포함, 주택·분류 불명은 제외)

	1970~75	1975~80	1980~85	1985~90	1990~95	1995~2000	2000~05	2005~12	1970~80	1980~90	1990~2000	2000~12
노동생산성 상승률	4.51	2.81	3.05	4.83	0.90	1.92	2.24	0.19	3.66	3.94	1.41	1.04
자본장비율 상승의 기여	1.47	0.88	1.44	1.57	1.16	0.89	0.60	1.05	1.17	1.51	1.02	0.34
노동의 질 향상률	1.74	1.27	1.54	0.60	0.64	0.84	0.88	0.54	1.50	1.07	0.74	0.68
TFP 상승률	1.30	0.67	0.06	2.66	-0.89	0.19	0.76	-0.49	0.99	1.36	-0.35	0.03

주·출전: JIP 데이터베이스 2015에 의거함. 성장회계분석의 방법에 대해서는 深尾·宮川 편(2008)을 참조할 것.

[부표 3] 산업별 부가가치와 생산요소 투입(1970, 80, 90, 2000, 12년)

	1970						
	명목부가가치(10억 엔)	실질부가가치(연쇄방식, 2000년 가격, 10억 엔)	취업자 수(만 명)	총 실노동시간(만 명×총 실노동시간)	노동의 질(2000년 전 산업(기하) 평균=1, 거시경제만 2000년=1)	명목 자본스톡(10억 엔)	실질 자본스톡(2000년 가격, 10억 엔)
농림수산업	4,148.6	8,422.8	1,077.6	1,923,105.0	0.458	15,205.4	34,796.3
광업	611.0	962.2	23.4	55,078.0	1.223	886.3	1,765.7
제조업	26,150.6	33,792.1	1,398.8	3,127,759.7	0.970	33,379.8	69,262.9
식료품	3,936.1	11,180.2	127.0	280,713.9	0.949	2,516.8	4,959.2
섬유	2,146.0	3,142.4	199.5	431,808.4	0.832	2,406.9	4,993.3
펄프·종이	694.8	1,641.1	40.6	90,384.4	1.047	1,342.6	2,588.8
화학	2,023.1	1,166.1	60.5	128,637.5	1.056	4,295.3	8,857.2
석유·석탄제품	1,358.3	11,646.0	4.9	10,932.6	1.054	1,394.1	2,814.6
요업·토석제품	999.9	2,407.9	66.6	151,049.4	1.056	1,765.4	3,771.2
1차 금속	3,018.5	3,811.9	105.9	241,293.0	1.166	6,571.6	14,129.0
금속제품	1,409.3	2,631.1	101.2	240,439.3	1.047	1,659.0	3,822.7
일반기계	2,314.1	3,229.7	125.5	288,932.7	1.089	2,957.6	6,372.5
전기기계	2,492.5	351.8	147.1	310,351.9	0.777	2,420.5	4,598.4
수송기계	2,285.3	2,033.7	107.5	247,832.1	1.117	2,455.9	4,907.3
정밀기계	422.1	444.2	28.9	63,656.5	0.972	264.5	564.3
기타제조업	3,050.8	9,493.9	283.8	641,728.0	0.922	3,347.6	6,884.5
건설업	5,693.8	32,133.4	443.0	1,060,110.2	1.060	5,585.3	10,481.7
전기·가스·수도업	1,549.9	3,673.5	28.0	59,403.0	1.382	10,003.9	21,219.1
도매·소매업	9,031.4	15,377.6	839.9	1,945,307.7	0.861	6,362.8	13,389.7
금융·보험업	3,220.5	4,820.7	130.4	268,064.2	0.928	3,929.8	7,375.2
부동산업	1,400.2	5,098.7	35.0	69,766.4	0.832	3,384.1	9,556.6
운수·통신업	5,171.5	12,867.2	305.8	710,558.6	1.278	17,878.9	37,264.0
서비스업(민간비영리)	7,561.1	36,295.3	848.4	1,865,292.8	0.838	9,977.2	19,662.5
서비스업(정부)	4,373.6	24,605.9	295.5	634,761.1	1.279	11,254.5	19,654.8
주택(자가)	4,258.9	15,728.1	-	-	-	12,422.8	35,185.9
사회자본	-	-	-	-	-	7,742.6	19,846.0
거시경제	74,368.1	184,744.3	5,426.5	11,720,711.3	0.745	138,031.2	299,460.5

[부표 3] 계속

	1980						
	명목부가가치 (10억 엔)	실질부가가치 (연쇄방식, 2000년 가격, 10억 엔)	취업자 수 (만 명)	총 실노동시간 (만 명×총 실노동시간)	노동의 질 (2000년 전 산업(기하) 평균=1, 거시경제만 2000년=1)	명목 자본스톡 (10억 엔)	실질 자본스톡 (2000년 가격, 10억 엔)
농림수산업	8,420.2	7,981.7	759.0	1,318,138.0	0.511	38,816.3	44,424.6
광업	1,294.4	1,096.3	14.0	32,406.5	1.226	1,637.8	1,812.2
제조업	65,947.1	56,177.1	1,356.8	2,883,948.9	1.071	93,776.2	105,803.3
식료품	9,411.7	14,310.3	129.8	276,628.5	1.012	6,963.3	7,897.6
섬유	3,722.1	4,158.1	171.4	354,434.0	0.880	5,432.0	6,293.0
펄프·종이	1,847.4	1,947.8	35.8	75,493.8	1.149	3,156.7	3,612.4
화학	4,658.6	2,562.4	51.8	102,269.6	1.205	10,193.2	11,543.5
석유·석탄제품	2,667.0	3,579.6	5.7	11,984.3	1.185	3,950.0	4,433.4
요업·토석제품	2,528.0	2,639.9	63.7	137,040.8	1.134	3,894.1	4,469.2
1차 금속	7,598.6	5,691.2	85.5	180,336.4	1.269	18,780.5	21,027.5
금속제품	3,455.1	3,734.2	95.8	211,688.9	1.105	3,764.6	4,297.7
일반기계	5,818.0	6,377.5	132.8	289,964.7	1.227	7,526.8	8,410.5
전기기계	6,966.9	1,804.9	159.4	328,220.3	0.940	7,271.1	8,151.4
수송기계	6,743.4	6,031.9	112.0	243,750.2	1.220	12,241.6	13,614.8
정밀기계	1,290.4	1,153.4	33.6	70,949.9	1.041	1,242.7	1,354.0
기타제조업	9,240.0	11,560.1	279.5	601,187.5	1.027	9,359.6	10,698.2
건설업	21,784.2	38,043.7	590.7	1,329,115.0	1.138	11,933.7	13,404.2
전기·가스·수도업	5,861.0	6,564.4	35.4	71,776.3	1.356	52,988.1	60,511.9
도매·소매업	31,777.5	31,627.6	1,002.2	2,191,169.1	0.954	34,853.9	38,875.6
금융·보험업	12,621.6	10,544.3	175.4	347,540.2	1.006	7,807.8	8,699.7
부동산업	5,236.2	8,883.9	60.1	115,779.0	0.937	28,722.7	34,159.5
운수·통신업	14,624.1	17,163.7	339.6	761,594.4	1.328	68,556.8	73,057.4
서비스업(민간비영리)	36,888.1	61,874.7	1,164.7	2,427,048.7	0.899	44,913.9	47,350.0
서비스업(정부)	20,935.2	33,638.8	367.2	755,183.5	1.345	38,276.5	41,486.9
주택(자가)	16,320.4	28,484.4	–	–	–	125,412.8	149,883.6
사회자본	–	–	–	–	–	43,852.8	53,251.4
거시경제	243,426.2	291,815.0	5,865.8	12,235,221.2	0.843	591,549.3	672,720.3

[부표 3] 계속

	1990						
	명목부가가치 (10억 엔)	실질부가가치 (연쇄방식, 2000년 가격, 10억 엔)	취업자 수 (만 명)	총 실노동시간 (만 명×총 실노동시간)	노동의 질 (2000년 전 산업(거하) 평균=1, 거시경제만 2000년=1)	명목 자본스톡 (10억 엔)	실질 자본스톡 (2000년 가격, 10억 엔)
농림수산업	10,001.1	5,031.6	564.9	886,544.0	0.529	62,354.5	63,470.1
광업	1,065.5	453.8	9.9	21,852.5	1.286	1,844.1	1,856.1
제조업	115,913.2	11,887.2	1,488.3	3,122,692.5	1.143	173,618.4	171,253.2
식료품	13,676.5	1,787.1	151.5	308,559.4	1.044	12,966.9	12,803.3
섬유	4,907.5	934.2	161.3	327,003.3	0.922	7,369.3	7,414.5
펄프·종이	3,231.5	358.5	38.5	79,825.6	1.184	5,441.8	5,432.0
화학	8,840.3	781.5	52.2	103,241.6	1.287	16,079.7	15,935.3
석유·석탄제품	4,191.8	640.1	4.2	8,815.9	1.385	4,308.6	4,271.5
요업·토석제품	4,143.6	532.8	57.6	125,276.8	1.221	5,759.4	5,808.6
1차 금속	9,084.3	1,063.0	66.6	143,786.8	1.325	25,234.6	25,153.2
금속제품	6,920.8	678.8	113.3	247,325.4	1.176	6,206.5	6,065.8
일반기계	12,544.2	1,030.9	154.8	340,765.8	1.282	16,245.5	15,665.9
전기기계	18,950.3	774.1	238.8	485,061.8	1.069	25,406.6	24,386.3
수송기계	11,301.9	1,167.0	119.5	261,468.5	1.248	25,466.9	25,336.5
정밀기계	1,917.9	201.6	32.7	68,037.3	1.125	2,882.2	2,780.7
기타제조업	16,202.8	1,937.6	297.3	623,524.3	1.102	20,250.5	20,199.7
건설업	42,720.3	3,219.2	617.0	1,348,849.7	1.227	19,704.5	19,571.9
전기·가스·수도업	10,957.4	893.1	39.6	79,210.0	1.314	88,011.3	88,499.7
도매·소매업	52,768.2	4,775.1	1,042.6	2,105,070.5	1.056	54,452.8	53,988.5
금융·보험업	28,903.6	1,778.5	213.8	399,270.2	1.037	13,130.2	12,478.1
부동산업	9,457.3	4,187.8	93.8	178,334.5	0.981	87,683.6	90,434.1
운수·통신업	26,453.5	2,838.2	365.7	822,848.5	1.285	120,187.0	116,637.8
서비스업(민간비영리)	73,921.2	4,271.7	1,621.8	3,255,723.8	0.986	123,440.0	118,663.1
서비스업(정부)	34,323.9	3,885.1	368.9	741,931.7	1.419	69,468.1	58,241.5
주택(자가)	30,198.1	36,566.0	–	–	–	205,618.3	212,783.5
사회자본	–	–	–	–	–	98,077.5	99,674.6
거시경제	438,983.0	43,221.4	6,427.1	12,963,938.0	0.925	1,117,590.4	1,117,552.1

[부표 3] 계속

	2000						
	명목부가가치 (10억 엔)	실질부가가치 (연쇄방식, 2000년 가격, 10억 엔)	취업자 수 (만 명)	총 실노동시간 (만 명×총 실노동시간)	노동의 질 (2000년 전 산업(기하)평균=1, 거시경제만 2000년=1)	명목 자본스톡 (10억 엔)	실질 자본스톡 (2000년 가격, 10억 엔)
농림수산업	8,047.5	8,047.5	386.6	581,556.3	0.585	78,526.3	78,526.3
광업	598.2	598.2	6.7	13,907.9	1.345	1,781.0	1,781.0
제조업	108,929.6	108,929.6	1,252.0	2,427,519.2	1.236	221,899.2	221,899.2
식료품	16,113.7	16,113.7	150.9	279,237.0	1.073	18,089.4	18,089.4
섬유	2,598.3	2,598.3	91.2	167,917.7	0.936	7,620.2	7,620.2
펄프·종이	3,008.8	3,008.8	33.7	64,963.4	1.211	6,808.3	6,808.3
화학	8,505.2	8,505.2	50.0	93,443.6	1.355	20,323.8	20,323.8
석유·석탄제품	5,560.0	5,560.0	3.5	7,075.5	1.419	7,077.4	7,077.4
요업·토석제품	3,559.9	3,559.9	46.5	93,035.5	1.281	6,003.1	6,003.1
1차 금속	6,682.1	6,682.1	53.0	105,859.9	1.347	26,101.4	26,101.4
금속제품	5,769.6	5,769.6	98.7	197,600.2	1.227	7,281.5	7,281.5
일반기계	10,801.2	10,801.2	137.7	279,052.8	1.341	21,581.5	21,581.5
전기기계	19,277.5	19,277.5	206.8	394,787.0	1.223	39,211.0	39,211.0
수송기계	10,853.0	10,853.0	109.7	220,016.2	1.329	32,536.8	32,536.8
정밀기계	1,631.5	1,631.5	21.2	40,845.6	1.236	3,728.4	3,728.4
기타제조업	14,568.8	14,568.8	249.0	483,684.8	1.181	25,536.5	25,536.5
건설업	36,384.5	36,384.5	638.9	1,280,508.1	1.295	27,179.4	27,179.4
전기·가스·수도업	13,295.7	13,295.7	44.6	81,642.4	1.319	120,930.9	120,930.9
도매·소매업	64,922.7	64,922.7	1,053.0	1,840,898.8	1.104	59,821.5	59,821.5
금융·보험업	28,408.4	28,408.4	190.7	344,734.2	1.154	17,024.0	17,024.0
부동산업	7,315.8	7,315.8	104.5	176,535.5	1.041	117,548.6	117,548.6
운수·통신업	31,968.4	31,968.4	387.8	791,771.5	1.254	169,277.5	169,277.5
서비스업(민간비영리)	105,387.9	105,387.9	2,094.5	3,702,881.2	1.083	177,589.2	177,589.2
서비스업(정부)	45,912.1	45,912.1	365.1	681,057.5	1.507	120,544.9	120,544.9
주택(자가)	47,536.4	47,536.4	–	–	–	280,874.1	280,874.1
사회자본	–	–	–	–	–	161,536.5	161,536.5
거시경제	499,683.4	499,683.4	6,525.2	11,924,317.3	1.000	1,554,533.2	1,554,533.2

[부표 3] 계속

	2012						
	명목부가가치 (10억 엔)	실질부가가치 (연쇄방식, 2000년 가격, 10억 엔)	취업자 수 (만 명)	총 실노동 시간 (만 명×총 실노동시간)	노동의 질 2000년 전 산업(기하) 평균=1, 거시경제만 2000년=1)	명목 자본스톡 (10억 엔)	실질 자본스톡 (2000년 가격, 10억 엔)
농림수산업	6,346.4	7,500.8	291.1	430,128.1	0.770	82,477.7	81,002.3
광업	331.4	320.1	3.2	6,426.2	1.394	1,467.5	1,477.7
제조업	86,503.7	123,608.8	997.2	1,918,296.5	1.364	221,471.3	236,250.6
식료품	13,671.6	14,001.8	127.8	235,366.2	1.101	18,541.3	20,074.5
섬유	1,301.2	1,444.9	41.7	75,370.2	0.983	5,313.2	5,751.4
펄프·종이	2,086.8	2,203.6	23.3	44,272.9	1.259	6,357.0	6,716.5
화학	6,368.0	9,195.4	39.8	74,949.3	1.412	24,689.7	26,082.9
석유·석탄제품	5,855.9	4,040.6	2.9	5,695.9	1.449	8,627.8	8,694.4
요업·토석제품	2,291.8	2,812.9	30.4	58,348.3	1.384	5,642.1	5,938.4
1차 금속	5,642.0	3,314.5	50.1	100,012.8	1.365	26,607.6	27,272.6
금속제품	3,901.3	3,529.5	78.6	153,339.2	1.278	6,213.5	6,531.0
일반기계	10,127.1	13,524.8	130.7	257,900.3	1.413	21,941.1	23,421.8
전기기계	10,559.0	67,076.7	153.7	290,439.6	1.434	39,315.0	43,834.3
수송기계	13,151.7	17,331.9	129.3	259,030.7	1.393	31,308.1	32,511.2
정밀기계	1,354.3	2,211.8	17.3	34,273.4	1.393	3,778.0	4,060.6
기타제조업	10,193.0	12,397.2	171.6	329,297.9	1.276	23,136.8	25,361.1
건설업	28,648.7	29,588.4	492.5	987,736.9	1.364	21,794.0	22,600.9
전기·가스·수도업	7,690.6	9,662.7	42.9	78,292.9	1.317	119,478.5	120,488.0
도매·소매업	57,666.0	58.919.3	951.0	1,487,339.6	1.202	51,258.4	55,864.5
금융·보험업	22,051.7	25,089.3	182.7	335,587.9	1.195	16,371.4	24,324.4
부동산업	7,681.4	9,441.8	102.2	169,010.1	1.099	111,060.0	112,867.3
운수·통신업	31,815.1	39,299.1	355.1	710,720.8	1.279	184,778.3	190,860.4
서비스업(민간비영리)	121,345.6	135,462.9	2,540.6	4,258,938.0	1.192	159,431.8	189,234.7
서비스업(정부)	45,762.2	52,216.6	326.7	577,467.6	1.662	123,846.1	126,327.6
주택(자가)	52,779.8	53,807.0	–	–	–	273,716.4	275,919.3
사회자본	–	–	–	–	–	194,336.4	178,909.5
거시경제	469,133.2	545,421.4	6,285.9	10,961,356.7	1,088	1,561,487.8	1,616,127.3

[부표 3] 계속

주·출전:

본 표의 다수 시계열은 기본적으로 JIP 데이터베이스 2015에 의거하여 작성되었으며, 본 강좌 제5권 권말 부록 [부표 2]와는 추계의 기초 데이터가 다름. 따라서 1970년대의 경우 동일 시계열은 두 표에서 차이가 있을 수 있음.

[부표 1]의 제조업은 출판·인쇄업을 포함하지 않지만 본 표의 제조업(기타제조업)은 출판·인쇄업을 포함함. [부표 1]의 제조업의 범위는 JIP 데이터베이스 2015의 정의를 따르고, 본 표의 제조업의 범위는 1993 SNA의 정의를 따르기 때문임.

명목부가가치의 경우 거시경제는 분류 불명을 포함하기 때문에 각 산업의 합계와 거시경제는 일치하지 않음. 또한 실질부가가치는 연쇄방식에 의해 계산된 것이므로 거시경제에 분류 불명을 포함하지 않아도 각 산업의 합계와 거시경제는 일치하지 않음.

취업자 수, 총 실노동시간의 경우 거시경제는 분류 불명을 포함하기 때문에 각 산업의 합계와 거시경제는 일치하지 않음. 또한 주택(자가)의 취업자 수, 총 실노동시간은 JIP 데이터베이스 2015에서 0으로 되어 있음.

자본스톡(명목, 실질)의 경우 거시경제는 사회자본을 포함함. 자가 이외의 주택은 부동산업에 포함됨. 또한 분류 불명의 자본스톡은 JIP 데이터베이스에 0으로 되어 있음.

산업별 노동의 질 지수는 2000년 노동의 질 산업 간 격차지수(전 산업 (기하)평균=1)를 계산한 후 이를 기준으로 산업별 노동의 질 지수(2000년=1)의 변화율을 소급·연장하였음. 노동의 질 격차지수의 계산방식에 대해서는 德井·深尾 · 牧野 편(근간)을 참조할 것.

거시경제의 노동의 질 지수는 JIP 데이터베이스 2015에서 거시경제(전체)의 노동의 질 지수(2000년=1)를 그대로 이용한 것임.

[부표 4] 명목 및 실질 사회자본스톡의 추이

실질자본스톡(2000년 가격, 100만 엔)	1970	1980	1990	2000	2012
사회자본 계	19,846,001	53,251,437	99,674,562	161,536,540	178,909,528
유료도로 이외의 도로	12,481,448	34,626,984	66,370,916	110,040,516	127,174,448
치수	4,737,490	12,724,268	22,804,566	34,745,872	34,788,185
치산	1,207,564	2,813,167	4,636,326	6,997,723	6,691,911
해안	963,847	1,811,589	2,718,731	3,886,620	3,741,490
도시공원	455,653	1,275,429	3,144,024	5,865,810	6,513,494
디플레이터(2000년=100)	**1970**	**1980**	**1990**	**2000**	**2012**
사회자본 계	39.0	82.4	98.4	100.0	108.6
유료도로 이외의 도로	39.6	82.2	98.0	100.0	109.4
치수	38.5	81.8	99.0	100.0	106.1
치산	35.6	86.8	100.2	100.0	111.2
해안	37.6	83.4	98.6	100.0	105.1
도시공원	40.0	81.3	98.4	100.0	05.4
명목자본스톡(100만 엔)	**1970**	**1980**	**1990**	**2000**	**2012**
사회자본 계	7,742,561	43,852,779	98,077,471	161,536,540	194,336,417
유료도로 이외의 도로	4,946,078	28,456,164	65,076,113	110,040,516	139,187,986
치수	1,822,097	10,407,609	22,584,797	34,745,872	36,904,596
치산	429,415	2,440,746	4,644,156	6,997,723	7,444,702
해안	362,888	1,511,385	2,679,954	3,886,620	3,933,210
도시공원	182,083	1,036,876	3,092,451	5,865,810	6,865,923

주·출전: R-JIP 데이터베이스 2017에 의거한 것임. 추계의 상세한 내용에 대해서는 德井·深尾·牧野 편(근간)을 참조할 것.

[부표 5] 명목 국내총지출의 구성(1970~2017)

	국내총지출	민간최종소비지출	정부최종소비지출 중 방위관계비 이외	정부최종소비지출 중 방위관계비	민간고정자본형성	공적고정자본형성	재고변동	수출	수입	참고계열	
										민간최종소비지출(조정치)	정부최종소비지출 중 방위관계비 이외(조정치)
1970	100	52.3	6.7	0.7	27.5	8.0	3.5	10.8	9.5	50.0	9.7
1971	100	53.6	7.2	0.8	25.3	8.9	1.5	11.7	9.0	51.3	10.3
1972	100	54.0	7.4	0.8	24.5	9.6	1.4	10.6	8.3	51.6	10.6
1973	100	53.6	7.5	0.8	26.8	9.6	1.7	10.0	10.0	51.2	10.7
1974	100	54.3	8.3	0.8	25.8	9.0	2.5	13.6	14.3	51.6	11.8
1975	100	57.1	9.1	0.9	23.4	9.0	0.3	12.8	12.8	54.0	13.1
1976	100	57.5	9.0	0.9	22.4	8.7	0.7	13.6	12.8	54.2	13.2
1977	100	57.7	8.9	0.9	21.1	9.1	0.7	13.1	11.5	54.3	13.2
1978	100	57.7	8.8	0.9	20.6	9.8	0.5	11.1	9.4	54.1	13.3
1979	100	58.7	8.8	0.9	21.7	9.9	0.8	11.6	12.5	55.0	13.4
1980	100	54.5	13.2	0.9	22.3	9.4	0.6	13.5	14.4		
1981	100	53.9	13.2	0.9	21.4	9.3	0.5	14.5	13.8		
1982	100	55.1	13.4	0.9	20.8	8.7	0.4	14.3	13.6		
1983	100	55.8	13.6	1.0	19.6	8.3	0.1	13.7	12.0		
1984	100	55.2	13.3	1.0	19.7	7.8	0.3	14.8	12.2		
1985	100	54.3	13.0	0.9	21.0	6.7	0.7	14.2	10.8		
1986	100	54.0	12.9	1.0	21.0	6.7	0.5	11.2	7.3		
1987	100	54.4	13.0	1.0	21.8	6.7	0.1	10.2	7.2		
1988	100	53.4	12.6	1.0	23.5	6.7	0.7	9.8	7.7		
1989	100	53.0	12.5	0.9	24.9	6.4	0.7	10.3	8.8		
1990	100	53.0	12.4	0.9	25.6	6.5	0.6	10.4	9.4		
1991	100	52.5	12.5	0.9	25.2	6.5	0.7	9.9	8.3		
1992	100	53.2	12.9	0.9	23.1	7.5	0.2	9.8	7.7		
1993	100	54.0	13.3	1.0	21.1	8.2	0.1	9.1	6.9		
1994	100	53.5	14.1	0.9	20.4	9.1	0.0	9.0	7.1		
1995	100	53.5	14.5	0.9	20.6	8.9	0.3	9.0	7.7		
1996	100	53.3	14.5	0.9	21.2	9.2	0.5	9.5	9.0		
1997	100	53.4	14.7	0.9	20.9	8.5	0.5	10.5	9.5		
1998	100	53.7	15.1	0.9	20.1	8.1	0.3	10.5	8.7		
1999	100	54.8	15.6	0.9	19.2	8.6	−0.7	10.0	8.4		
2000	100	54.4	16.0	0.9	19.8	7.6	−0.1	10.6	9.2		
2001	100	55.2	16.6	0.9	19.3	7.3	0.0	10.2	9.6		
2002	100	55.9	17.1	1.0	18.1	6.9	−0.4	11.0	9.7		
2003	100	55.7	17.2	1.0	18.0	6.4	−0.1	11.6	9.9		
2004	100	55.5	17.2	0.9	18.2	5.8	0.3	13.0	11.0		
2005	100	55.6	17.2	0.9	19.3	5.3	0.1	14.0	12.5		
2006	100	55.9	17.1	0.9	19.6	5.1	0.0	15.9	14.5		
2007	100	55.7	17.0	0.9	19.2	4.9	0.4	17.5	15.6		
2008	100	56.6	17.5	0.9	19.1	4.8	0.6	17.4	17.0		
2009	100	58.5	18.6	1.0	17.0	5.4	−1.0	12.5	12.0		
2010	100	57.8	18.6	0.9	16.2	5.1	0.0	15.0	13.6		
2011	100	58.3	19.3	0.9	17.0	4.9	0.2	14.9	15.5		
2012	100	58.6	19.4	0.9	17.5	4.9	0.2	14.5	16.1		
2013	100	59.0	19.3	0.9	18.1	5.2	−0.1	15.9	18.2		
2014	100	58.4	19.3	0.9	18.7	5.3	0.0	17.5	20.0		
2015	100	56.6	18.9	0.9	18.7	5.1	0.2	17.6	18.0		
2016	100	55.7	18.9	0.9	18.6	5.0	0.0	16.1	15.1		
2017	100	55.5	18.7	0.9	19.0	5.1	−0.1	17.7	16.8		

[부표 5] 계속

주·출전:

국민경제계산에 의거한 것이므로 JIP 데이터베이스 2015에 의거한 [부표 6]과 반드시 일치하지는 않음.

1970~79년은 내각부, 「국민경제계산 연차 추계」 1990년 기준·1968 SNA의 국내총지출의 내역에 의한 것임. 1980~93년은 내각부, 「국민경제계산 연차 추계」 2000년 기준·1993 SNA, 1994~2016년은 내각부, 「국민경제계산 연차 추계」 2011년 기준·2008 SNA의 국내총지출의 내역에 의한 것임. 2017년은 내각부, 「국민경제계산 분기별 GDP 속보」 2017년 10~12월 제2차 속보(2018년 3월 8일 공표)에 의한 것임.

1970~2017년의 방위관계비는 아사구모(朝雲)신문사 편, 『방위핸드북』, 각 연도판에 의거한 것임. 방위관계비는 SACO/미군 재편을 제외한 것임.

가계에 대한 일반정부로부터의 이전지출(의료비 중 사회보장기금으로부터의 급여와 교과서 구입비)은 1993 SNA 이후 정부최종소비지출로 분류되고 있지만 1968 SNA까지는 민간최종소비지출로 분류되어 있음. 따라서 1979년까지 민간최종소비지출과 정부최종소비지출의 값은 1980년 이후와 연속적이지 않음. 참고계열은 이 갭을 좁히기 위하여 1970~79년의 민간·정부최종소비지출(방위관계비 이외)을 간편한 방법으로 조정한 수치임. 민간최종소비지출(조정치)은 건강보험조합 연합회 편, 『사회보장연감』, 동양경제신문사, 각 연도판, 문부과학성 초등중등교육국, 「교과서제도의 개요」(http://www.mext.go.jp/a_menu/shotou/kyoukasho/gaiyou/ 04060901.htm) 등에 기초하여 가계에 대한 일반정부로부터의 이전지출 추계치를 '민간최종소비지출'에서 차감한 값임. 또한 정부최종소비지출 중 방위관계비 이외(조정치)는 가계에 대한 일반정부로부터의 이전지출의 추계치를 '정부최종소비지출 중 방위관계비 이외'에 더한 값임.

[부표 6] 산업별 명목 총산출액과 그 용도 및 명목부가가치의 구성(1970, 80, 90, 2000, 12년)

	1970										
	총 산출액(10억 엔)	중간 투입(10억 엔)	정부 소비(10억 엔)	민간 소비(비영리+가계, 10억 엔)	자본(고정자본형성(민간·정부)+재고순증, 10억 엔)	수출(10억 엔)	수입(10억 엔)	고용자소득(자영업·무급가족종업자 포함, 10억 엔)	총영업잉여(영업잉여+고정자본소모, 10억 엔)	명목자본비용(명목자본서비스가격×실질자본스톡, 10억 엔)	간접세-보조금(10억 엔)
농림수산업	7,002.9	6,103.3	0.0	1,604.7	673.1	82.3	-1,460.5	1,886.9	2,357.8	2,570.2	-96.1
광업	994.2	2,863.5	0.0	16.5	54.8	4.5	-1,945.1	314.5	333.9	170.3	-37.4
제조업	79,112.5	51,213.2	75.3	13,001.3	11,706.6	6,098.6	-2,976.5	12,372.4	11,096.9	5,590.0	2,681.3
식료품	9,670.5	2,965.1	68.0	6,681.9	325.9	139.3	-509.7	1,411.0	1,552.3	453.9	972.8
섬유	6,241.5	3,229.0	0.0	2,266.1	281.9	612.7	-148.2	1,324.8	775.4	391.2	45.7
펄프·종이	2,647.7	2,312.0	0.0	303.5	41.3	58.9	-68.1	281.0	391.7	216.7	22.1
화학	6,065.9	5,199.2	0.0	538.1	203.7	492.9	-368.1	635.4	1,314.1	669.5	73.6
석유·석탄제품	3,179.1	2,984.1	0.0	335.1	66.4	43.9	-250.4	109.9	452.3	217.3	796.1
요업·토석제품	2,696.9	2,476.0	0.0	57.0	62.5	119.1	-17.7	514.9	459.5	313.5	25.5
1차 금속	13,739.3	13,221.6	0.0	65.5	-45.3	1,046.3	-542.8	1,060.8	1,848.5	1,045.4	109.2
금속제품	3,700.5	3,167.4	0.0	122.2	204.0	230.9	-23.9	922.8	455.6	290.7	30.9
일반기계	5,997.6	2,024.4	0.0	13.9	3,672.8	597.4	-310.8	1,406.8	820.3	491.5	86.9
전기기계	7,300.1	2,931.9	0.0	909.1	2,840.9	855.8	-237.5	1,356.6	995.9	453.9	140.1
수송기계	7,578.0	3,093.7	0.0	267.9	3,150.8	1,239.6	-173.9	1,051.6	982.2	422.1	251.5
정밀기계	1,081.4	480.4	0.0	189.8	287.8	213.3	-89.8	269.3	128.6	44.1	24.2
기타제조업	9,213.9	7,128.4	7.4	1,251.2	613.9	448.6	-235.5	2,027.6	920.5	580.1	102.7
건설업	15,976.2	1,559.8	0.0	0.0	14,416.3	0.0	0.0	3,884.3	1,680.4	1,252.2	129.1
전기·가스·수도업	2,521.4	1,918.5	0.0	602.9	0.0	0.1	0.0	395.4	1,013.5	1,651.4	141.0
도매·소매업	14,549.2	6,305.6	0.6	5,662.7	2,263.4	420.1	-103.3	6,080.9	2,523.5	1,289.8	427.1
금융·보험업	4,413.2	3,329.4	0.0	1,088.4	0.0	15.6	-20.3	1,556.1	1,594.7	832.0	69.7
부동산업	1,592.8	1,027.5	0.0	557.8	0.0	7.5	0.0	248.6	1,098.2	404.1	53.5
운수·통신업	7,637.2	4,581.0	0.6	2,144.3	149.1	1,077.0	-314.8	3,607.4	1,457.6	2,727.5	106.5
서비스업(민간비영리)	15,640.8	7,210.0	2,069.6	6,404.9	0.0	36.8	-80.6	5,384.4	1,706.1	2,108.1	470.7
서비스업(정부)	6,225.1	92.2	5,914.3	244.8	0.0	7.6	-33.7	3,517.7	851.0	2,523.9	4.9
거시경제	163,371.6	89,009.5	8,060.5	36,252.9	29,263.2	7,882.4	-7,091.0	39,466.2	30,679.3	22,617.0	4,222.6

[부표 6] 계속

	1980										
	총 산출액 (10억 엔)	중간 투입 수요 (10억 엔)	정부 소비 (10억 엔)	민간 소비 (비영리 +가계, 10억 엔)	투자(고정 자본형성 (민간 · 정부)+재고 순증, 10억 엔)	수출 (10억 엔)	수입 (10억 엔)	고용자소득(자영업 · 무급 가족종업자 포함, 10억 엔)	총영업 잉여(영업잉여+ 고정자본소모, 10억 엔)	명목자본비용(명목자본 서비스가격 ×실질자본스톡, 10억 엔)	간접세-보조금 (10억 엔)
농림수산업	15,950.2	15,328.0	0.0	4,327.7	22.7	75.4	-3,803.5	5,045.0	3,565.7	5,303.4	-190.6
광업	2,647.0	17,417.1	0.0	28.5	163.9	19.8	-14,982.3	494.0	784.6	260.2	15.8
제조업	233,717.5	157,445.4	157.1	39,273.1	23,398.9	25,655.8	-12,209.0	37,222.8	21,502.0	14,027.0	7,222.4
식료품	26,828.0	9,363.4	140.2	19,849.5	-574.8	283.2	-2,233.4	4,272.9	2,781.1	1,080.6	2,357.6
섬유	11,629.0	5,749.5	0.0	5,517.6	281.0	963.4	-882.5	2,995.9	584.2	754.8	142.0
펄프 · 종이	7,896.3	8,745.8	0.0	-826.7	146.4	181.2	-350.3	979.0	772.2	427.2	96.1
화학	19,389.3	17,616.5	0.0	1,343.8	128.0	1,637.5	-1,336.5	1,785.1	2,607.0	1,421.1	266.5
석유 · 석탄제품	18,677.1	17,651.1	0.0	2,953.7	-251.5	373.6	-2,049.9	358.7	429.6	520.2	1,878.8
요업 · 토석제품	8,214.8	7,635.9	0.0	124.5	101.1	434.9	-81.5	1,680.6	723.4	556.2	124.0
1차 금속	37,236.5	35,241.3	0.0	198.1	-201.0	3,716.9	-1,715.1	2,576.8	4,683.6	2,587.7	338.2
금속제품	10,195.5	8,262.0	0.0	458.6	714.2	858.0	-97.2	2,856.6	468.1	632.8	130.4
일반기계	16,469.0	5,888.0	0.0	28.8	7,831.2	3,265.0	-543.9	4,029.1	1,595.0	1,150.8	193.9
전기기계	21,544.5	8,991.3	0.0	2,355.7	6,566.0	4,389.2	-757.7	4,413.6	2,058.6	1,210.1	494.6
수송기계	25,143.7	9,336.7	0.0	2,373.0	6,607.0	7,456.4	-629.3	3,469.7	2,671.8	2,010.0	601.9
정밀기계	3,329.5	1,058.7	0.0	703.5	915.9	1,042.8	-391.5	894.4	314.5	222.2	81.6
기타제조업	27,164.2	21,905.4	16.9	4,192.9	1,135.4	1,053.7	-1,140.1	6,910.2	1,813.0	1,453.2	516.8
건설업	54,646.6	4,399.9	0.0	0.0	50,246.7	0.0	0.0	16,504.1	4,747.1	2,007.5	533.0
전기 · 가스 · 수도업	13,757.4	10,522.0	0.0	3,239.9	0.0	8.4	-12.9	1,699.3	3,409.2	6,217.4	752.4
도매 · 소매업	51,517.8	23,569.0	1.3	21,979.7	4,910.7	1,424.7	-367.6	22,583.1	7,685.1	6,409.2	1,509.3
금융 · 보험업	17,466.5	13,065.7	0.0	4,367.0	0.0	107.8	-74.0	7,109.5	5,754.6	1,352.0	-242.5
부동산업	5,936.0	3,400.6	0.0	2,535.5	0.0	0.1	-0.1	972.1	3,944.4	4,599.9	319.7
운수 · 통신업	26,083.4	15,726.8	1.1	8,470.5	344.9	3,456.4	-1,916.3	11,719.3	2,405.2	9,555.3	499.7
서비스업(민간비영리)	68,821.4	31,987.7	9,588.1	27,762.9	0.0	156.4	-673.6	25,475.4	9,773.3	8,806.3	1,639.5
서비스업(정부)	27,287.2	679.5	24,809.4	1,818.5	0.0	21.2	-41.4	17,072.2	3,832.7	6,838.0	30.3
거시경제	544,273.7	300,851.2	34,620.6	132,620.6	79,087.7	32,456.0	-35,295.0	146,858.6	84,338.2	85,030.5	12,229.5

[부표 6] 계속

	1990										
	총 산출액(10억 엔)	중간 투입 수요(10억 엔)	정부 소비(10억 엔)	민간 소비(비영리+가계, 10억 엔)	투자(고정자본형성(민간 · 정부)+재고순증, 10억 엔)	수출(10억 엔)	수입(10억 엔)	고용자소득(자영업 · 무급가족종업자 포함, 10억 엔)	총영업잉여(영업잉여+고정자본소모, 10억 엔)	명목자본비용(명목자본서비스가격×실질자본스톡, 10억 엔)	간접세-보조금(10억 엔)
농림수산업	17,927.5	16,105.2	0.0	4,414.4	435.3	48.6	-3,075.9	4,068.7	5,674.8	5,533.8	257.6
광업	2,227.2	9,833.9	0.0	0.2	-40.0	5.2	-7,572.2	466.2	530.9	275.5	68.5
제조업	336,592.6	215,306.9	235.6	61,492.0	47,187.7	34,835.7	-22,465.2	62,554.1	40,158.4	26,786.9	13,200.7
식료품	37,783.9	14,163.2	213.1	26,856.8	-125.3	207.4	-3,531.4	6,165.5	3,330.9	2,057.1	4,180.1
섬유	14,484.2	7,240.9	0.0	8,072.4	498.7	704.0	-2,031.7	4,040.3	543.6	1,048.6	323.5
펄프 · 종이	9,977.5	9,929.9	0.0	257.2	-13.3	245.3	-441.6	1,566.0	1,420.7	746.8	244.7
화학	26,651.0	23,524.8	0.0	2,820.2	105.3	2,338.7	-2,137.9	3,005.0	5,205.3	2,297.1	630.0
석유 · 석탄제품	11,524.1	10,268.9	0.0	2,628.1	105.2	364.1	-1,842.3	344.3	1,332.2	517.5	2,515.2
요업 · 토석제품	10,351.9	9,767.6	0.0	365.7	98.6	441.3	-321.2	2,421.4	1,409.7	794.8	312.4
1차 금속	34,952.3	35,623.7	0.0	149.0	50.5	2,038.7	-2,909.6	3,703.7	4,650.7	3,264.4	729.9
금속제품	17,020.0	15,466.8	0.0	418.5	839.9	567.8	-272.9	4,860.0	1,619.4	1,062.2	441.4
일반기계	32,108.6	10,239.0	0.0	80.1	17,675.8	5,200.9	-1,087.2	7,508.8	4,274.9	2,699.7	760.4
전기기계	49,810.5	21,098.3	0.0	5,910.6	14,801.8	10,341.0	-2,341.1	10,444.7	7,413.7	4,372.7	1,091.9
수송기계	44,971.8	21,762.1	0.0	6,367.1	8,780.2	9,736.1	-1,673.7	6,248.8	4,186.5	3,991.0	866.5
정밀기계	4,674.8	1,432.3	0.0	895.7	1,670.4	1,262.9	-586.4	1,353.9	449.8	538.0	114.2
기타제조업	42,281.9	34,789.5	22.5	6,670.7	2,700.0	1,387.6	-3,288.3	10,891.6	4,320.9	3,396.9	990.4
건설업	89,797.5	7,656.4	0.0	0.0	82,141.1	0.0	0.0	26,490.8	14,289.2	3,097.7	1,940.3
전기 · 가스 · 수도업	19,348.7	13,866.2	0.0	5,475.1	0.0	9.7	-2.2	2,821.5	7,072.3	8,718.9	1,063.7
도매 · 소매업	82,414.3	31,815.3	1.6	37,483.6	11,201.4	2,745.5	-833.0	36,158.8	12,616.2	8,946.2	3,993.3
금융 · 보험업	39,407.1	27,846.9	0.0	11,940.4	0.0	352.7	-732.9	13,118.0	15,109.4	2,277.8	676.2
부동산업	11,287.6	6,608.7	0.0	4,679.2	0.0	0.1	-0.5	2,852.6	5,878.4	9,168.1	726.3
운수 · 통신업	43,077.0	26,476.3	1.0	14,957.4	777.7	3,370.3	-2,505.9	18,522.9	5,981.4	14,634.0	1,949.2
서비스업(민간비영리)	136,181.0	64,120.7	17,399.5	53,440.7	3,751.4	778.2	-3,309.4	51,317.4	18,391.7	24,034.8	4,212.1
서비스업(정부)	46,094.2	1,504.8	41,621.8	2,954.3	0.0	33.2	-19.9	26,337.4	7,943.1	10,186.3	43.4
거시경제	866,171.4	427,188.4	59,259.5	232,857.7	145,454.6	43,266.6	-41,855.5	245,096.4	165,127.9	133,596.7	28,758.7

[부표 6] 계속

	2000										
	총 산출액 (10억 엔)	중간 투입 수요 (10억 엔)	정부 소비 (10억 엔)	민간 소비 (비영리 +가계, 10억 엔)	투자(고정 자본형성 (민간·정 부)+재고 순증, 10억 엔)	수출 (10억 엔)	수입 (10억 엔)	고용자소 득(자영 업·무급 가족종업 자 포함, 10억 엔)	총영업 잉여(영 업잉여+ 고정자 본소모, 10억 엔)	명목자본비 용(명목자본 서비스가격 ×실질자본 스톡, 10억 엔)	간접세- 보조금 (10억 엔)
농림수산업	14,353.1	11,418.9	0.0	3,805.2	951.6	65.0	-1,887.6	2,978.1	4,757.9	6,393.2	311.5
광업	1,460.5	9,026.1	0.0	-6.7	-15.8	15.0	-7,558.3	392.4	131.5	218.6	74.3
제조업	303,711.6	192,845.9	355.5	59,342.9	39,136.2	42,363.4	-30,332.2	61,614.7	31,585.2	28,004.5	15,729.8
식료품	38,047.2	14,077.3	322.8	27,382.6	230.7	169.9	-4,136.1	6,498.6	5,360.3	2,450.8	4,254.8
섬유	7,065.8	4,035.0	0.0	4,987.3	218.3	527.9	-2,702.7	2,804.5	-488.2	915.9	282.0
펄프·종이	8,751.2	8,600.9	0.0	354.3	8.5	226.3	-438.7	1,482.5	1,197.3	742.3	329.0
화학	25,708.8	22,205.2	0.0	2,723.4	-7.4	3,208.0	-2,420.4	3,149.5	4,485.6	2,446.1	870.1
석유·석탄제품	13,763.1	11,281.7	0.0	3,832.4	36.6	265.1	-1,652.8	322.7	2,035.2	669.9	3,202.1
요업·토석제품	8,319.4	7,902.6	0.0	309.6	-60.4	524.1	-356.6	2,210.3	952.5	712.5	397.2
1차 금속	23,274.8	23,012.2	0.0	68.6	199.8	2,191.4	-2,197.2	2,912.2	2,892.7	2,629.2	877.1
금속제품	13,422.3	12,552.8	0.3	402.1	327.7	466.5	-327.0	4,659.0	567.8	1,001.2	542.8
일반기계	28,432.5	9,029.3	0.0	73.3	14,254.8	6,826.1	-1,751.0	7,714.6	2,126.0	2,796.5	960.5
전기기계	53,463.7	24,544.8	0.0	7,576.3	14,589.6	14,648.3	-7,895.3	11,422.2	6,298.7	5,099.0	1,556.5
수송기계	42,414.1	22,045.0	0.0	5,154.6	6,262.3	10,640.3	-1,688.2	6,777.6	3,032.0	4,268.9	1,043.4
정밀기계	3,912.1	1,240.5	0.2	919.8	1,593.1	1,128.9	-970.4	1,190.8	300.7	542.1	140.0
기타제조업	37,136.6	32,318.6	32.2	5,558.6	1,482.3	1,540.6	-3,795.7	10,470.2	2,824.5	3,729.9	1,274.2
건설업	77,977.0	9,970.6	0.0	0.0	68,006.4	0.0	0.0	30,890.2	3,393.3	2,881.7	2,101.1
전기·가스·수도업	24,591.3	17,619.2	0.0	6,945.6	0.0	28.3	-1.8	3,751.8	8,038.9	9,278.7	1,505.0
도매·소매업	97,620.3	37,998.1	3.7	45,437.8	10,602.1	4,203.2	-624.5	42,126.2	16,407.0	8,232.8	6,389.5
금융·보험업	42,857.1	31,808.9	0.0	11,019.6	0.0	370.1	-341.6	12,556.8	16,212.6	2,822.9	-361.0
부동산업	9,679.7	4,273.1	1.4	5,404.8	0.0	0.6	-0.1	3,197.0	3,354.0	10,624.0	764.7
운수·통신업	56,467.3	33,793.2	2.6	20,584.4	736.6	4,095.6	-2,755.1	19,687.7	9,123.1	15,744.6	3,157.6
서비스업(민간비영리)	185,511.3	81,057.5	27,799.5	70,462.3	9,143.4	1,461.8	-4,413.2	75,584.5	24,526.8	30,555.3	5,276.5
서비스업(정부)	63,235.4	2,521.1	57,175.1	3,502.2	0.0	58.0	-20.9	32,798.6	13,045.7	12,873.5	67.8
거시경제	936,382.0	436,698.6	85,340.0	281,265.7	128,560.5	52,682.4	-48,165.2	285,903.6	178,651.9	151,905.8	35,127.9

[부표 6] 계속

	2012										
	총산출액(10억 엔)	중간투입수요(10억 엔)	정부소비(10억 엔)	민간소비(비영리+가계, 10억 엔)	투자(고정자본형성(민간·정부)+재고순증, 10억 엔)	수출(10억 엔)	수입(10억 엔)	고용자소득(자영업·무급가족종업자 포함, 10억 엔)	총영업잉여(영업잉여+고정자본소모, 10억 엔)	명목자본비용(명목자본서비스가격×실질자본스톡, 10억 엔)	간접세-보조금(10억 엔)
농림수산업	12,812.8	11,128.2	0.0	3,512.2	584.5	53.4	-2,465.5	3,327.9	2,931.2	3,602.7	87.3
광업	993.3	23,714.9	0.0	-8.0	-106.1	42.3	-22,649.4	178.3	101.7	113.5	51.4
제조업	288,406.2	195,115.7	273.5	54,251.4	31,683.5	52,213.9	-45,131.9	51,137.5	22,987.5	24,273.5	12,378.7
식료품	34,980.7	15,270.2	249.8	24,636.2	200.6	286.4	-5,662.4	5,695.5	4,221.4	2,050.5	3,754.7
섬유	3,635.3	3,142.9	0.0	3,548.6	160.6	419.2	-3,636.0	1,373.5	-184.7	551.9	112.4
펄프·종이	6,909.9	6,848.4	0.0	257.8	24.8	275.0	-496.1	1,023.0	852.2	538.3	211.5
화학	29,296.3	27,310.9	0.0	2,379.8	84.1	5,003.8	-5,482.2	2,825.8	2,832.4	2,539.9	709.8
석유·석탄제품	20,890.6	16,774.4	0.0	6,430.9	-153.2	1,216.8	-3,378.4	296.3	2,788.9	728.2	2,770.7
요업·토석제품	5,903.6	5,305.6	0.0	183.7	43.8	890.1	-519.7	1,445.9	609.8	539.6	236.1
1차 금속	35,646.5	34,092.2	0.0	114.4	420.8	5,357.7	-4,338.6	2,659.8	2,325.6	2,107.5	656.6
금속제품	10,480.3	10,015.0	0.3	281.4	275.4	650.8	-742.7	3,458.3	98.1	753.3	344.9
일반기계	27,370.6	8,302.1	0.0	77.0	12,692.5	8,733.2	-2,434.2	7,065.6	2,311.0	2,566.3	750.5
전기기계	32,516.4	17,103.9	0.0	5,608.9	8,160.8	11,937.0	-10,294.3	8,844.1	803.4	5,018.2	911.6
수송기계	49,030.1	24,699.7	0.0	6,303.4	7,011.7	13,336.0	-2,320.8	7,981.5	4,225.0	3,345.6	945.2
정밀기계	3,314.2	1,051.9	0.1	798.0	1,608.7	1,283.8	-1,428.2	1,004.1	240.8	509.7	109.4
기타제조업	28,431.7	25,198.4	23.3	3,631.2	1,152.9	2,824.3	-4,398.4	7,464.1	1,863.7	3,024.5	865.2
건설업	60,068.8	9,928.6	0.0	0.0	50,140.2	0.0	0.0	23,617.4	3,065.5	1,716.8	1,965.8
전기·가스·수도업	25,641.4	18,295.1	0.0	7,311.0	0.0	36.8	-1.4	3,356.4	3,319.7	5,634.0	1,014.4
도매·소매업	83,724.3	28,618.0	4.5	39,189.4	8,748.2	8,115.5	-951.3	36,999.4	15,586.8	6,123.6	5,079.8
금융·보험업	35,979.2	24,452.8	0.0	11,862.6	11,862.6	432.0	-768.2	11,627.7	10,282.3	3,008.2	141.7
부동산업	9,940.1	3,811.0	3.2	6,110.0	0.0	16.7	-0.8	2,945.2	3,773.9	6,417.8	962.3
운수·통신업	55,032.9	31,383.1	2.5	21,504.1	697.4	4,493.2	-3,047.3	17,256.1	12,257.0	10,298.6	2,302.1
서비스업(민간비영리)	206,028.2	82,203.3	40,090.3	76,396.2	8,804.2	1,914.8	-3,380.6	85,236.6	28,971.0	21,321.0	7,138.1
서비스업(정부)	64,037.7	3,129.4	57,195.6	3,698.8	3,698.8	28.8	-14.9	28,668.9	17,017.2	6,854.4	76.1
거시경제	905,609.4	436,476.5	97,574.7	282,674.8	100,551.9	67,451.6	-79,119.8	264,697.5	173,084.8	103,206.7	31,351.0

주·출전: 거시경제는 주택(자가), 분류 불명을 포함함. 데이터의 출처와 작성방법에 대해서는 [부표 3]의 주를 참조할 것. 기본적으로 JIP 데이터베이스 2015에 의거하여 작성하였으므로 국민경제계산에 의거한 [부표 5], [부표 7]과는 반드시 일치하지는 않음.

총산출은 중간투입수요, 정부소비, 민간소비, 투자, 수출의 합에서 수입을 뺀 값과 같음. 고용자소득, 총영업이익, 간접세-보조금의 합은 [부표 3]의 명목부가가치와 같음.

[부표 7] 저축·투자균형의 추이(명목GDP 대비 비율, 1955~2016)

	민간 투자	민간 저축	일반정부 재정적자	경상수지 흑자		민간 투자	민간 저축	일반정부 재정적자	경상수지 흑자
1955	19.7	21.5	0.8	1.1	1986	23.5	29.1	1.4	4.2
1956	23.2	22.4	−0.8	0.0	1987	23.8	27.6	0.4	3.4
1957	27.2	24.0	−1.4	−1.8	1988	25.9	28.1	−0.5	2.7
1958	22.9	23.9	−0.1	1.1	1989	27.3	28.1	−1.3	2.1
1959	24.9	25.2	−0.8	1.2	1990	27.9	27.3	−2.0	1.5
1960	29.0	27.7	−1.7	0.5	1991	27.6	27.8	−1.8	2.0
1961	32.9	28.8	−2.4	−1.6	1992	25.2	27.6	−0.6	3.0
1962	29.6	28.2	−1.4	0.0	1993	23.2	28.8	2.5	3.0
1963	29.2	27.2	−1.0	−1.0	1994	22.9	29.3	3.8	2.7
1964	30.1	28.8	−0.8	−0.5	1995	23.5	29.9	4.3	2.0
1965	27.4	28.1	−0.5	1.1	1996	24.2	30.6	4.9	1.4
1966	27.7	29.3	0.3	1.3	1997	23.9	29.6	3.5	2.2
1967	31.1	30.3	−0.8	0.0	1998	22.7	31.1	5.6	2.8
1968	32.5	32.4	−0.8	0.8	1999	20.9	30.2	6.8	2.5
1969	33.3	33.4	−1.2	0.3	2000	21.8	31.8	7.4	2.7
1970	34.5	33.9	−1.6	1.0	2001	21.1	29.4	6.2	2.0
1971	30.7	32.1	−1.1	2.5	2002	19.5	29.6	7.4	2.7
1972	30.1	32.4	0.1	2.2	2003	19.7	30.4	7.6	3.1
1973	32.4	31.9	−0.5	0.0	2004	20.1	30.4	6.5	3.8
1974	32.1	30.8	−0.4	−1.0	2005	20.7	29.3	5.0	3.6
1975	27.5	30.2	2.8	−0.1	2006	21.0	28.2	3.4	3.9
1976	26.7	31.0	3.7	0.7	2007	20.9	28.5	2.9	4.7
1977	25.3	30.7	3.8	1.5	2008	21.0	28.1	4.2	2.9
1978	24.8	32.0	5.5	1.7	2009	17.4	29.4	9.2	2.8
1979	26.2	30.0	4.7	−0.9	2010	17.6	30.6	9.2	3.9
1980	26.4	30.0	4.7	−1.1	2011	18.5	29.7	9.1	2.1
1981	25.3	29.8	4.1	0.5	2012	19.0	28.4	8.4	1.0
1982	24.3	29.0	4.0	0.7	2013	19.3	27.9	7.7	0.9
1983	22.6	28.6	4.2	1.8	2014	20.0	26.5	5.7	0.8
1984	22.8	28.3	2.8	2.8	2015	20.3	27.8	4.4	3.1
1985	23.8	28.9	1.4	3.7	2016	19.9	28.0	4.3	3.8

주·출전: 1955~79년: 내각부, 「국민경제계산확보(確報)」 1990년 기준·1968 SNA, 1980~93년: 내각부, 「국민경제계산확보(確報)」 2000년 기준 · 1993 SNA, 1994~2016년: 내각부, 「국민경제계산확보(確報)」 2011년 기준 · 2008 SNA에 각각 의거한 것임.

일반정부 재정적자=정부투자−정부저축. 정부투자에 군사지출은 포함하지 않음. 공기업의 투자·정부에 의한 주택투자는 민간에 포함됨.

민간저축=민간투자+일반정부 재정적자+경상수지흑자.

일반정부 재정적자로부터 당해 연도만의 특수요인(공기업 민영화 등에 기인함)은 제외하였음.

참고문헌

徳井丞次・深尾京司・牧野達治編(近刊), 『日本の地域別生産性と格差 — R-JIPデータベースの構築による産業別分析』, 東京大学出版会.

深尾京司・宮川努編(2008), 『生産性と日本の経済成長 — JIPデータベースによる産業・企業レベルの実証分析』, 東京大学出版会.

日本銀行百年史編纂委員会(1986), 『日本銀行百年史 資料編』, 日本銀行.

※ 본 부록 작성에 관하여는, 一橋大学経済研究所의 牧野達治와 柿埜眞吾가 데이터 수집·추계 작업에 최선을 다하였다. 기록하여 감사를 표한다.

찾아보기

ㅍ

ㅎ

【역자】

윤종인

서울대학교 국제경제학과(학사, 석사), 경제학부(박사)
현 백석대학교 경상학부 교수

"Do Small Firms Grow Faster than Large Firms?,"『산업조직연구』, 2019(in Korean)
"The Growth of Employment and Gibrat's Law,"『경제학연구』, 2019(in Korean)
"Top Income Share and Income Distribution Function,"『통계연구』, 2018(in Korean)
"A Study on the Age Effects and the Cohort Effects of Income Distribution in Korea,"『경제학연구』, 2018(in Korean)
"Empirical Studies on the Income Distributions using the Life-time Incomes: Focusing on the Cohort Effects,"『재정학연구』, 2017(in Korean)
"A Cohort Analysis of the Household Savings in Korea,"『재정학연구』, 2016(in Korean)

【편집자】

후카오 교지(深尾京司) : 본권 책임 편집

1956년생. 히토츠바시(一橋)대학 경제연구소 교수·일본무역진흥기구 아시아경제연구소장
연구 분야: 거시경제학, 국제경제학, 경제사

나카무라 쇼지(中村尙史)

1966년생. 도쿄(東京)대학 사회과학연구소 교수
연구 분야: 일본경제사, 일본경영사, 철도사, 지역경제사

나카바야시 마사키(中林眞幸)

1969년생. 도쿄(東京)대학 사회과학연구소 교수
연구 분야: 경제사, 경영사, 거래시스템, 비교제도분석

【편집협력】

데라니시 쥬로(寺西重郎)
제2장 「금융」 담당
1942년생. 히토츠바시(一橋)대학 명예교수
연구 분야: 금융론, 일본경제론

미야모토 마타오(宮本又郎)
제5장 「상업과 서비스」 담당
1943년생. 오사카(大阪)대학 명예교수
연구 분야: 일본경제사, 일본경영사

아베 다케시(阿部武司)
제4장 「광공업」 담당
1952년생. 고쿠시칸(国土舘)대학 정경학부 교수
연구 분야: 근대일본경영사, 비교경영사

사카네 요시히로(坂根嘉弘)
제3장 「농업과 토지이용」 담당
1956년생. 히로시마슈도(広島修道)대학 상학부 교수
연구 분야: 일본경영사, 일본농업사

가와구치 다이지(川口大司)
제1장 「노동과 인구」 담당
1971년생. 도쿄(東京)대학 대학원 경제학연구과 교수
연구 분야: 노동경제학

【집필자】

후카오 교지(深尾京司)
【편집자】 참조

오시오 다카시(小塩隆士)
히토츠바시(一橋)대학 경제연구소 교수
연구 분야: 공공경제학

미나미 료신(南亮進)
히토츠바시대학 명예교수
연구 분야: 경제발전론, 일본경제론, 중국경제론

마키노 후미오(牧野文夫)
호세이(法政)대학 경제학부 교수
연구 분야: 경제발전론, 일본과 중국의 비교경제발전

가와구치 다이지(川口大司)
【편집협력】 참조

무로가 기호(室賀貴穂)
도쿄대학 대학원 경제학연구과 특임연구원
연구 분야: 노동경제학

우치다 히로후미(內田浩史)
고베(神戸)대학 대학원 경영학연구과 교수
연구 분야: 금융

아라하타 가츠미(荒幡克己)
기후(岐阜)대학 응용생물과학부 교수
연구 분야: 농업경제학

고도 요시히사(神門善久)
메이지(明治)학원대학 경제학부 교수
연구 분야: 경제발전론, 농업경제학

나카무라 쇼지(中村尙史)
【편집협력】 참조

야마자키 후쿠쥬(山崎福寿)
니혼(日本)대학 경제학부 교수
연구 분야: 법과 경제학, 도시경제학

하라노 게이(原野啓)
일본주택종합센터 수석주임연구원
연구 분야: 도시경제학, 부동산경제학

모리카와 마사유키(森川正之)
경제산업연구소 부소장
연구 분야: 경제정책, 산업구조

도미우라 에이이치(冨浦英一)
히토츠바시대학 대학원 경제학연구과 교수
연구 분야: 국제경제학

나카지마 겐타로(中島賢太郎)
히토츠바시대학 이노베이션연구센타 준교수
연구 분야: 공간경제학